संन्यासी की तरह सोचें

संन्यासी की तरह सोचें

अपने मस्तिष्क को शांति और उद्देश्य पाने हेतु प्रशिक्षित करें

जय शेट्टी

अनुवाद : डॉ. सुधीर दीक्षित

मंजुल पब्लिशिंग हाउस

MANJUL

मंजुल पब्लिशिंग हाउस

कॉर्पोरेट एवं संपादकीय कार्यालय

• द्वितीय तल, उषा प्रीत कॉम्प्लेक्स, 42 मालवीय नगर, भोपाल-462 003

विक्रय एवं विपणन कार्यालय

• सी-16, सेक्टर 3, नोएडा, उत्तर प्रदेश, 201301

वेबसाइट : www.manjulindia.com

वितरण केन्द्र

अहमदाबाद, बेंगलुरू, भोपाल, कोलकाता, चेन्नई,
हैदराबाद, मुम्बई, नई दिल्ली, पुणे

मंजुल पब्लिशिंग हाउस प्रा. लि. द्वारा सर्वप्रथम 2020 में
हार्पर कॉलिन्स पब्लिशर्स इंडिया प्रा. लि. के सहयोग से प्रकाशित

©2020, 108 एन्टरटेन्मेंट इन्कॉर्पोरेटिड

सर्वाधिकार सुरक्षित

जय शेट्टी द्वारा लिखित *थिंक लाइक ए मंक:*
ट्रेन यौर माइंड फ़ॉर पीस ऐण्ड पर्पस एवरी डे का हिन्दी अनुवाद

Think Like a Monk: Train your mind for peace and purpose every day
by *Jay Shetty* – Hindi Edition

यह हिन्दी संस्करण 2020 में पहली बार प्रकाशित
तृतीय आवृत्ति 2021

ISBN 978-93-90085-27-9

हिन्दी अनुवाद : डॉ. सुधीर दीक्षित

कवर डिजाइन : जैकी शॉ
कवर चित्र © स्टीव अर्ल

मेरी पत्नी के लिए,
जो इतनी संन्यासी है
जितना मैं कभी नहीं बन पाऊँगा

अनुक्रम

भाग तीन

समर्पित करना

प्रस्तावना

यदि आप कोई नया विचार चाहते हैं, तो कोई पुरानी पुस्तक पढ़ें।
—इवान पाव्लोव (अन्य के साथ)

जब मैं अठारह साल का था और लंदन के कैस बिज़नेस स्कूल में फ़र्स्ट ईयर में पढ़ रहा था, तो मेरे एक दोस्त ने मेरे सामने एक विचित्र प्रस्ताव रखा। उसने मुझसे कहा कि मैं उसके साथ एक संन्यासी का व्याख्यान सुनने चलूँ।

मैंने प्रतिरोध करते हुए कहा, "मैं किसी संन्यासी का व्याख्यान सुनने क्यों जाऊँ?"

मैं अक्सर कैंपस में कंपनियों के सीईओ, मशहूर हस्तियों और दूसरे सफल लोगों के व्याख्यान सुनने जाता रहता था, लेकिन किसी संन्यासी का व्याख्यान सुनने में मेरी कोई रुचि नहीं थी। और होती भी क्यों? मुझे उन वक्ताओं को सुनना ज़्यादा पसंद था, जिन्होंने जीवन में असली चीज़ें *हासिल* की थीं।

मेरे मित्र ने ज़िद पकड़ ली, इसलिए आख़िरकार मैं बोला, "अगर व्याख्यान के बाद तुम मुझे बार में ले चलो, तो मैं चलता हूँ।" 'प्रेम में पड़ना' एक ऐसी अभिव्यक्ति है, जिसका इस्तेमाल लगभग हमेशा रोमांटिक संबंधों के संदर्भ में किया जाता है, लेकिन उस रात जब मैंने उस संन्यासी के अनुभव सुने, तो मैं प्रेम में पड़ गया। मंच पर लगभग तीस साल का भारतीय युवक था। उनका सिर मुँडा हुआ था और वे केसरिया वस्त्र पहने थे। वे बुद्धिमान, वाक्पटु और करिश्माई थे। उन्होंने 'निस्वार्थ त्याग' के सिद्धांत के बारे में बताया। जब उन्होंने कहा कि हमें ऐसे पेड़ लगाने चाहिए, जिनकी छाया के नीचे हम बैठने की योजना न बना रहे हों, तो मुझे अपने शरीर में एक अपरिचित सिहरन महसूस होने लगी।

मैं ख़ास तौर पर प्रभावित हुआ, जब मुझे पता चला कि वे आईआईटी, बॉम्बे के विद्यार्थी थे, जो अमेरिका के एमआईटी जैसा होता है और एमआईटी की ही तरह उसमें भी प्रवेश पाना लगभग असंभव होता है। उन्होंने संन्यासी बनने के लिए उस अवसर को छोड़ दिया। वे हर उस चीज़ से दूर चले गए, जिसके पीछे मेरे दोस्त और मैं भाग रहे थे। इसके दो ही मतलब हो सकते थे : या तो वे सनकी थे या फिर उन्हें कोई गोपनीय रहस्य का पता चल गया था।

ज़िंदगीभर मैं उन लोगों से मंत्रमुग्ध रहा हूँ, जो शून्य से शिखर तक पहुँचे हैं – ग़रीबी से अमीरी की कहानियाँ। यहाँ पहली बार मैं किसी ऐसे शख़्स के सामने था, जिसने जान-बूझकर इसका उलटा किया था। उन्होंने उस जीवन को त्याग दिया था, जिसकी इच्छा संसार के हिसाब से हम *सभी* को करनी चाहिए, लेकिन उनमें असफलता का कोई नामोनिशान नज़र नहीं आ रहा था। इसके बजाय वे सुखी, आत्मविश्वासी और शांत नज़र आ रहे थे। वास्तव में वे इतने खुश नज़र आ रहे थे, जितना मैंने पहले कभी किसी को नहीं देखा था। अठारह साल की उम्र तक मैं बहुत से अमीर लोगों के संपर्क में आया था। मैंने बहुत से लोगों के व्याख्यान सुने थे, जो मशहूर, शक्तिशाली, आकर्षक या तीनों थे, लेकिन मैं नहीं सोचता कि मैं किसी ऐसे व्यक्ति से मिला था, जो सचमुच खुश था।

बाद में मैंने भीड़ में से रास्ता बनाया और उन्हें बताया कि वे कितने अद्भुत थे और उन्होंने मुझे कितना ज़्यादा प्रेरित किया था। मेरे मुँह से अचानक यह निकल पड़ा, “मैं आपके साथ ज़्यादा समय कैसे बिता सकता हूँ?” मेरे मन में ऐसे लोगों के आस-पास रहने की इच्छा उत्पन्न हुई, जिनके पास मेरे मनचाहे मूल्य हों। वे चीज़ें न हों, जो मैं चाहता था।

संन्यासी ने मुझे बताया कि वे यात्रा कर रहे हैं और उस पूरे सप्ताह इंग्लैंड में व्याख्यान देने वाले हैं और मैं उनके बाक़ी के व्याख्यानों में भी आ सकता हूँ। बाद में मैं सचमुच उनके सभी व्याख्यान सुनने गया।

संन्यासी का नाम था गौरंग दास और मेरे मन में उनकी पहली छवि यह थी कि वे एक सही चीज़ कर रहे थे। बाद में मुझे पता चला कि विज्ञान भी इसका समर्थन करता है। 2002 में तिब्बत के योगी मिंग्युर रिनपोचे नामक संन्यासी काठमांडू, नेपाल के बाहर के एक इलाक़े से निकलकर यूनिवर्सिटी ऑफ़ विस्कॉन्सिन-मेडिसन गए, ताकि शोधकर्ता उनके ध्यान करते समय उनके मस्तिष्क की गतिविधि देख सकें। वैज्ञानिकों ने संन्यासी के सिर पर शॉवर कैप जैसा यंत्र लगा दिया (ईईजी), जिसमें से 250 से ज़्यादा सेंसर वाले छोटे-छोटे तार बाहर निकल रहे थे। अध्ययन के समय तक संन्यासी जीवन में 62,000 घंटों का ध्यान लगा चुके थे।

वैज्ञानिकों की टीम में कुछ वैज्ञानिक भी ध्यान लगाने में माहिर थे। जब उन्होंने नियंत्रण कक्ष से देखा, तो संन्यासी ने ध्यान शुरू कर दिया, जैसा शोधकर्ताओं का आग्रह था – करुणा पर एक मिनट तक ध्यान लगाना, इसके बाद तीस सेकंड तक विश्राम करना और फिर यही चक्र दोहराना। उन्होंने यह चक्र चार बार लगातार दोहराया, जिसका संकेत एक अनुवादक उन्हें देता जा रहा था। शोधकर्ताओं ने आश्चर्यमिश्रित श्रद्धा से देखा कि जिस पल संन्यासी ने अपना ध्यान शुरू किया, ठीक उसी पल ईईजी की गतिविधि में अचानक और भारी उछाल नज़र आने लगा। वैज्ञानिकों को लगा कि ऐसा बड़ा और त्वरित उछाल इस वजह से आया होगा, क्योंकि संन्यासी ने मुद्रा बदली होगी या शरीर को हिलाया–ढुलाया होगा, लेकिन सबको साफ़ दिख रहा था कि वे पूरी तरह स्थिर बैठे थे।

संन्यासी के मस्तिष्क की गतिविधि की निरंतरता उल्लेखनीय थी, जैसे गतिविधि और विश्राम अवधि के बीच 'चालू' और 'बंद' होना। इसके अलावा यह उल्लेखनीय तथ्य भी था कि उन्हें किसी 'वार्म अप' अवधि की ज़रूरत नहीं थी। यदि आप ध्यान करते हैं या आपने अपने मस्तिष्क को शांत करने की कोशिश की है, तो आप जानते हैं कि आपके मन में मँडराने वाले विचारों को शांत करने में थोड़ा समय लगता है। रिनपोचे को ऐसे किसी 'वार्मअप' की ज़रूरत नहीं थी। दरअसल, वे तो शक्तिशाली ध्यान की अवस्था के अंदर ऐसे जा रहे थे, जैसे कोई स्विच चालू कर दिया गया हो और उससे बाहर ऐसे निकल रहे थे, जैसे उस स्विच को बंद कर दिया गया हो। इन शुरुआती अध्ययनों के दस साल बाद इकतालीस साल के संन्यासी के मस्तिष्क का स्कैन किया गया। इससे यह पता चला कि उनकी उम्र उनके समकक्षों की तुलना में धीमी गति से बढ़ रही थी। शोधकर्ताओं का कहना था कि उनका मस्तिष्क उनकी उम्र से लगभग दस साल ज़्यादा जवान है।

जिन शोधकर्ताओं ने बौद्ध संन्यासी मैथ्यू रिकार्ड के मस्तिष्क की स्कैनिंग की, उन्होंने बाद में उन पर 'संसार का सबसे सुखी आदमी' का लेबल लगा दिया। इसका कारण यह था कि रिकार्ड के मस्तिष्क में गामा वेव्ज़ का इतना ऊँचा स्तर पाया गया, *जितना विज्ञान में पहले कभी नहीं नापा गया था।* गामा वेव्ज़ का संबंध ध्यान, स्मृति, सीखने और खुशी से होता है। सामान्य से इतने ऊँचे स्तर की गामा वेव्ज़ वाला एक संन्यासी किसी अपवाद की तरह नज़र आता, लेकिन रिकार्ड अकेले नहीं हैं। ध्यान के दौरान जिन इक्कीस अन्य संन्यासियों के मस्तिष्क की स्कैनिंग की गई थी, उनमें भी गामा वेव्ज़ के स्तर ज़्यादा ऊँचे और स्थायी थे (नींद के दौरान भी), जो ध्यान न करने वालों की तुलना में बहुत ज़्यादा थे।

हमें संन्यासियों की तरह क्यों सोचना चाहिए? अगर आप यह जानना चाहते हैं कि बास्केटबॉल कोर्ट पर धूम कैसे मचानी है, तो आप माइकल जॉर्डन के पास जाएँगे।

अगर आप नवाचार करना चाहते हैं, तो आप इलॉन मस्क के तौर-तरीक़ों का विश्लेषण करेंगे। प्रस्तुति कैसे देनी है, यह सीखने के लिए आप बियॉन्से का अध्ययन कर सकते हैं। अगर आप मन को शांत करने और उद्देश्यपूर्ण जीवन जीने के लिए प्रशिक्षित करना चाहते हों, तो कहाँ जाएँ? संन्यासी इसके विशेषज्ञ हैं। gratefulness. org/ की सह स्थापना करने वाले बेनडिक्टीन संन्यासी ब्रदर डेविड स्टिंडल-रैस्ट लिखते हैं, "संन्यासी वह आम आदमी है, जो चेतन होकर वर्तमान पल में निरंतर सजीव रहने का लक्ष्य रखता है।"

संन्यासी प्रलोभनों को झेल सकते हैं, आलोचना से बच सकते हैं, दर्द और चिंता से निपट सकते हैं, अहं को शांत कर सकते हैं और उद्देश्य व अर्थ से भरपूर जीवन बना सकते हैं। हम संसार के सबसे शांत, सुखी और उद्देश्यपूर्ण लोगों से क्यों न सीखें? शायद आप सोच रहे होंगे कि शांत और तनावरहित रहना संन्यासियों के लिए आसान होता है। वे शांत जगहों पर छुपे बैठे रहते हैं, जहाँ उन्हें नौकरियों, प्रेमिकाओं और ट्रैफ़िक के व्यस्त घंटों से नहीं जूझना पड़ता। *शायद आप सोच रहे होंगे, संन्यासी की तरह सोचने से मुझे आधुनिक संसार में मदद कैसे मिल सकती है?*

सबसे पहली बात, कोई भी संन्यासी के रूप में पैदा नहीं होता है। संन्यासी सभी तरह की पृष्ठभूमियों से आते हैं, जो अपनी काया-कल्प करने का चयन करते हैं। 'संसार के सबसे सुखी आदमी' मैथ्यू रिकार्ड संन्यासी बनने से पहले जीववैज्ञानिक थे। मेडिटेशन एप हेडस्पेस के सह-संस्थापक एंडी पडीकॉम्बे सर्कस में काम करने के लिए प्रशिक्षित थे। मैं ऐसे संन्यासियों को जानता हूँ, जो इससे पहले वित्त और रॉक बैंड जैसे क्षेत्रों में थे। आपकी ही तरह वे भी शहरों में बड़े हुए हैं, आपकी ही तरह वे भी स्कूलों में पढ़े हैं। मैं यह बताना चाहूँगा कि संन्यासी बनने के लिए आपको अपने घर में मोमबत्तियाँ जलाने, नंगे पैर घूमने या किसी पर्वत शिखर पर वृक्षासन करते हुए अपने फ़ोटो पोस्ट करने की ज़रूरत नहीं होती। संन्यासी बनना तो एक मानसिकता है, जिसे कोई भी अपना सकता है।

आज के ज़्यादातर संन्यासियों की तरह मैं आश्रम में पला-बढ़ा नहीं था। मैंने अपना ज़्यादातर बचपन ऐसी चीज़ें करने में बिताया, जो कहीं से कहीं तक संन्यासियों जैसी नहीं थीं। चौदह साल की उम्र तक मैं काफ़ी आज्ञाकारी बच्चा था। मैं उत्तरी लंदन में अपने माता-पिता और छोटी बहन के साथ रहता था। मैं मध्यवर्गीय भारतीय परिवार का हूँ। बहुत से माता-पिताओं की तरह मेरे माता-पिता भी मेरी शिक्षा के प्रति समर्पित थे और वे मुझे अच्छे भविष्य के लिए भरसक तैयार कर रहे थे। मैं मुश्किलों से दूर रहा, स्कूल में अच्छा प्रदर्शन किया और हर एक को खुश करने की पूरी कोशिश की।

लेकिन सेकंडरी स्कूल शुरू करने के बाद मैं ग़लत दिशा में मुड़ गया। बचपन में मेरा शरीर भारी था, जिस वजह से लोग मुझे ताने मारते थे। सेकंडरी स्कूल तक

मैंने अपना वज़न कम कर लिया और सॉकर तथा रग्बी खेलने लगा। मैं उन विषयों की ओर मुड़ा, जिन्हें पारंपरिक भारतीय माता-पिता आमतौर पर पसंद नहीं करते, जैसे कला, डिज़ाइनिंग और दर्शन। इस सबमें कोई दिक्क़त नहीं थी; दिक्क़त की बात तो यह थी कि मैं ग़लत लोगों के साथ उठने-बैठने भी लगा। मैं बुरी चीज़ों में शामिल हो गया। नशीले पदार्थों के प्रयोग, लड़ाई-झगड़ा करना, ज़रूरत से ज़्यादा शराब पीना। इसका परिणाम अच्छा नहीं रहा। हाई स्कूल में मुझे तीन बार सस्पेंड किया गया। आख़िरकार, स्कूल ने मुझे निकालने का निर्णय लिया।

"मैं बदल जाऊँगा," मैंने वादा किया। "अगर आप मुझे नहीं निकालेंगे, तो मैं बदल जाऊँगा।" स्कूल ने मुझे एक मौक़ा और दिया तथा मैंने उस मौक़े का पूरा फ़ायदा उठाया।

आख़िरकार कॉलेज में मैंने कड़ी मेहनत, त्याग, अनुशासन, लक्ष्य के प्रति लगन का महत्त्व समझ लिया। समस्या यह थी कि उस वक़्त मेरे पास कोई ख़ास लक्ष्य नहीं थे। मेरे लक्ष्य वही थे, जो बाक़ी सब बच्चों के थे, जैसे अच्छी नौकरी हासिल करना, शादी करना, परिवार बसाना सामान्य बातें। मुझे कभी-कभी लगता था कि इससे भी ज़्यादा गहरी कोई चीज़ थी, लेकिन मैं नहीं जानता था कि यह कौन सी चीज़ थी।

जिस समय गौरंग दास मेरे कॉलेज में व्याख्यान देने आए, उस समय मैं नए विचारों को टटोलने के लिए तैयार था। तब तक मैं जीने के एक नए मॉडल या मार्ग पर चलने को तैयार था, जो उस मार्ग से बिलकुल अलग था, जिसके बारे में हर व्यक्ति (मैं भी) सोचता था कि मैं चलूँगा। मैं मनुष्य के रूप में विकास करना चाहता था। मैं विनम्रता, करुणा और परानुभूति को केवल अमूर्त विचारों की तरह नहीं जानना चाहता था; मैं तो उन्हें जीना चाहता था। मैं नहीं चाहता था कि अनुशासन, चरित्र और सत्यनिष्ठा बस ऐसी चीज़ें टों, जिनके बारे में मैं पढ़ूँ। मैं उन्हें जीना चाहता था।

अगले चार साल तक मैं दोनों संसारों के बीच झूलता रहा। मैं कभी शराबख़ानों और स्टीकहाउसेस में जाता था, तो कभी ध्यान और फ़र्श पर सोने की विपरीत जीवनशैली अपनाता था। लंदन में मैंने प्रबंधन का अध्ययन किया, जिसका ज़ोर व्यवहारवादी विज्ञान पर था, फिर मैंने एक बड़ी परामर्शदाता फ़र्म में इंटर्नशिप की और अपने दोस्तों तथा परिवार के साथ समय बिताया। और मुंबई के एक आश्रम में मैंने प्राचीन ग्रंथ पढ़े और क्रिसमस और गर्मी की ज़्यादातर छुट्टियाँ संन्यासियों के साथ बिताई। मेरे मूल्य धीरे-धीरे बदलते गए। मैंने पाया कि मैं संन्यासियों के *आस-पास* रहना चाहता था। सच तो यह था कि मैं संन्यासी मानसिकता में *डूबना* चाहता था। मेरे अंदर दिनों-दिन यह अहसास बढ़ता गया कि मैं कॉर्पोरेट जगत में जो काम कर रहा था, उसमें अर्थ का अभाव था। अगर इसका किसी पर कोई सकारात्मक प्रभाव ही नहीं पड़ता, तो इसका क्या तुक था?

जब मैंने कॉलेज की पढ़ाई पूरी की, तो मैंने सूट की जगह भगवा चोला पहना और आश्रम में चला गया, जहाँ हम फर्श पर सोते थे और हमारा पूरा सामान जिम लॉकर में रहता था। मैंने भारत, इंग्लैंड और यूरोप की यात्रा की तथा वहाँ रहा। मैं हर दिन कई घंटे ध्यान करता था और प्राचीन ग्रंथों का अध्ययन करता था। मुझे अपने साथी संन्यासियों के साथ सेवा करने का अवसर भी मिला। मुझे मुंबई के बाहर एक गाँव के आश्रम को ईको- फ्रेंडली स्पिरिच्युअल रिट्रीट (गोवर्धन ईकोविलेज) में रूपांतरित करने के काम में मदद करने का अवसर मिला। इसके अलावा, एक भोजन योजना (अन्नामृत) में स्वयंसेवी बनने का अवसर भी मिला, जो एक दिन में दस लाख से ज़्यादा को भोजन बाँटती है।

अगर मैं संन्यासी की तरह सोचना सीख सकता हूँ, तो यह काम कोई भी कर सकता है।

जिन हिंदू संन्यासियों के साथ मैंने अध्ययन किया, वे वेद को बुनियादी ग्रंथ मानते हैं। (संस्कृत शब्द *वेद* का मतलब है ज्ञान। संस्कृत एक प्राचीन भाषा है, जो आज दक्षिण एशिया में बोली जाने वाली ज़्यादातर भाषाओं की जननी है।) आप तर्क दे सकते हैं कि दर्शन धर्मग्रंथों के इस प्राचीन संग्रह से शुरू हुआ, जिसका उद्गम कम से कम तीन हज़ार साल पहले उस इलाक़े में हुआ, जिसमें वर्तमान पाकिस्तान के कुछ हिस्से और उत्तर-पश्चिम भारत शामिल है। वेद हिंदू धर्म का आधार हैं।

होमर के महाकाव्यों की तरह ही वेद भी पहले मौखिक रूप से संप्रेषित हुए, फिर अंततः उन्हें लिखा गया, लेकिन सामग्री इतनी भंगुर थी (ताड़ के पत्ते और भोज वृक्ष की छाल!) कि मूल ग्रंथ समय के साथ नष्ट हो गए। वर्तमान में जो दस्तावेज़ बचे हैं, उनकी उम्र हज़ार साल से भी कम है। वेदों में स्तुतियाँ, ऐतिहासिक कथाएँ, कविताएँ, प्रार्थनाएँ, मंत्र, कर्मकांडीय परंपराएँ और दैनिक जीवन के लिए सलाह शामिल हैं।

अपने जीवन और इस पुस्तक में मैं भगवद्गीता (जिसका मतलब है 'भगवान का गीत') का बार-बार ज़िक्र करता हूँ। यह उपनिषदों पर आधारित है, जिन्हें 800 ई.पू. से 400 ई.पू. के बीच लिखा गया। भगवद्गीता को एक तरह की शाश्वत और कालजयी जीवन नियमावली माना जाता है। यह प्रवचन किसी संन्यासी को नहीं दिया गया है, न ही इसकी पृष्ठभूमि आध्यात्मिक है। यह प्रवचन तो एक विवाहित आदमी को दिया गया है, जो एक प्रतिभाशाली धनुर्धर भी है। इसका उद्देश्य केवल एक धर्म या क्षेत्र तक सीमित रहने का नहीं था – यह ग्रंथ तो पूरी मानवता के लिए है। एकनाथ ईश्वरन प्रख्यात आध्यात्मिक लेखक और प्रोफ़ेसर हैं, जिन्होंने भगवद्गीता सहित भारत के कई धर्मग्रंथों का अनुवाद किया है। वे कहते हैं कि भगवद्गीता 'विश्व को भारत का सबसे महत्त्वपूर्ण उपहार' है। अपने 1845 के जनरल में रैल्फ़

वाल्डो इमर्सन ने लिखा था, "भगवद्गीता के साथ मेरा एक शानदार दिन गुज़रा – मेरा और मेरे मित्र का। यह पुस्तकों में सर्वप्रथम है। ऐसा लगा जैसे कोई साम्राज्य हमसे बोल रहा हो। इसकी आवाज़ छोटी या हल्की नहीं थी। यह तो एक बड़ी, शांत, निरंतर, प्राचीन बुद्धिमत्ता की आवाज़ थी, जिसने एक भिन्न युग और परिवेश में उन्हीं प्रश्नों पर विचार किया था और समाधान बताया था, जो आज हमारे सामने मौजूद हैं।" कहा जाता है कि किसी भी अन्य धर्मग्रंथ के बजाय गीता पर सबसे ज़्यादा टीकाएँ लिखी गई हैं।

इस पुस्तक में मेरा एक लक्ष्य आपको इसकी अमर बुद्धिमत्ता से जोड़ने में मदद करना है। इसके अलावा, मैं आपको दूसरी प्राचीन शिक्षाओं से भी जोड़ना चाहूँगा, जो संन्यासी के रूप में मेरी शिक्षा का आधार थीं। ये सभी उन चुनौतियों के संदर्भ में बहुत ज़्यादा प्रासंगिक हैं, जिनका आज हम सब सामना कर रहे हैं।

जब मैंने संन्यासी दर्शन का अध्ययन किया, तो मुझे सबसे ज़्यादा आश्चर्य इस बात से हुआ कि पिछले तीन हज़ार सालों में इंसान बिलकुल भी नहीं बदले हैं। निश्चित रूप से हम ज़्यादा लंबे हुए हैं और औसतन हमारा जीवन भी ज़्यादा लंबा हुआ है, लेकिन मैं यह पाकर हैरान और प्रभावित था कि क्षमा, ऊर्जा, इरादों, उद्देश्यपूर्ण जीवन और दूसरे विषयों पर दी गई संन्यासी की नसीहतें आज भी उतनी ही प्रासंगिक और प्रभावी हैं, जितनी कि तब थीं, जब उन्हें लिखा गया था।

इससे भी ज़्यादा प्रभावित करने वाली बात यह है कि विज्ञान भी काफ़ी हद तक संन्यासी की बुद्धिमत्ता का समर्थन करता है, जैसा हम इस पूरी पुस्तक में देखेंगे। हज़ारों सालों से संन्यासी मानते आए हैं कि ध्यान और चेतन मनन आपको फ़ायदा पहुँचाते हैं, कृतज्ञता आपके लिए अच्छी है, सेवा आपको ज़्यादा सुखी बनाती है आदि-इत्यादि। उन्होंने इन विचारों के आधार पर बहुत पहले परंपराएँ और प्रथाएँ विकसित कीं और आधुनिक विज्ञान आज उनकी वैधता को प्रमाणित कर रहा है।

ऐल्बर्ट आइंस्टाइन ने कहा था, "अगर आप किसी चीज़ को सरलता से स्पष्ट नहीं कर सकते, तो आप इसे पर्याप्त अच्छी तरह नहीं समझते हैं।" जब मैंने देखा कि मैं जो सबक़ सीख रहा था, वे आधुनिक संसार के लिए कितने ज़्यादा प्रासंगिक थे, तो मैं उन्हें ज़्यादा गहराई से समझना चाहता था, ताकि मैं यह लाभ दूसरे लोगों तक भी पहुँचा सकूँ।

जब मैं मुंबई रहने लगा, उसके तीन साल बाद मेरे गुरु गौरंग दास ने मुझसे एक महत्त्वपूर्ण बात कही। उन्होंने कहा कि अगर मैं आश्रम छोड़ दूँ और मेरी सीखी हुई चीज़ें संसार को बताऊँ, तो मैं ज़्यादा मूल्यवान और उपयोगी सेवा कर सकता हूँ। संन्यासी के रूप में मेरे तीन साल जीवन की पाठशाला जैसे थे। संन्यासी बनना मुश्किल था, लेकिन उसे छोड़ना तो और भी ज़्यादा मुश्किल था। बहरहाल,

उस जीवन की बुद्धिमत्ता को आश्रम के बाहर असली दुनिया में लागू करना, यानी उसका सबसे कठिन हिस्सा अंतिम परीक्षा जैसा महसूस हुआ। हर दिन मैं यह पा रहा हूँ कि संन्यासी वाली मानसिकता काम करती है और प्राचीन बुद्धिमत्ता आज भी आश्चर्यजनक रूप से प्रासंगिक है। इसीलिए मैं इसे आपको बता रहा हूँ।

मैं खुद को अब भी संन्यासी ही मानता हूँ, हालाँकि मैं आम तौर पर खुद को 'पूर्व' संन्यासी कहता हूँ, क्योंकि मैं शादी-शुदा हूँ, जबकि संन्यासियों को शादी करने की इजाज़त नहीं होती है। मैं लॉस एंजेलिस में रहता हूँ। लोग मुझसे कहते हैं कि यह शहर भौतिकता, आडंबर, फंतासी और फ़रेब की राजधानी है, लेकिन ऐसी जगह पर क्यों रहें, जो पहले से ही प्रबुद्ध और ज्ञानी हो? अब इस संसार और इस पुस्तक में मैं जीवन के अपने अनुभव बताता हूँ और वह बताता हूँ, जो मैंने सीखा है। यह पुस्तक पूरी तरह से पंथनिरपेक्ष है। इसमें छलकपट से धर्मांतरण करने वाली कोई चाल नहीं है। मैं वचन देता हूँ! मैं यह वादा भी कर सकता हूँ कि मैं जो कुछ बता रहा हूँ, यदि आप मनोयोग से उसका अभ्यास करते हैं, तो आपको अपने जीवन में सच्चा अर्थ, जोश और उद्देश्य मिल जाएगा।

पहले कभी इतने सारे लोग इतने ज़्यादा असंतुष्ट नहीं रहे। पहले कभी इतने ज़्यादा लोग 'सुख' के पीछे भागने में व्यस्त नहीं रहे। हमारी संस्कृति और मीडिया हमारे सामने छवियाँ और विचार परोसता है कि हम क्या हैं और हमें क्या बनना चाहिए। यह हमारे सामने उपलब्धि और सफलता के मॉडल रखता है। शोहरत, पैसा, ग्लैमर, सेक्स – अंत में इनमें से कोई भी चीज़ हमें संतुष्ट नहीं कर सकती। हम बस अधिक और अधिक चाहते रहेंगे। यह एक ऐसा चक्र है, जो इंसान को कुंठा, मोहभंग, असंतुष्टि, अप्रसन्नता और थकान की ओर ले जाता है।

मैं संन्यासी मानसिकता और बंदर मन के बीच के अंतर भी स्पष्ट करना चाहूँगा। हमारा दिमाग़ हमें ऊपर उठा सकता है और यह हमें नीचे भी गिरा सकता है। आज हम सभी अति सोच, टालमटोल और चिंता से जूझ रहे हैं, लेकिन यह नहीं जानते हैं कि यह बंदर मन को शह देने का परिणाम है। बंदर मन एक विचार से दूसरे विचार तक, एक चुनौती से दूसरी चुनौती तक निरुद्देश्य कूदता रहता है और दरअसल, कुछ भी नहीं सुलझा पाता है, लेकिन हम जो चाहते हैं, अगर हम उसकी जड़ तक खुदाई करें और विकास के लिए कार्य योग्य क़दम उठाएँ, तो हम संन्यासी मानसिकता तक ऊपर उठ सकते हैं। संन्यासी मानसिकता हमें दुविधा तथा भटकाव से बाहर निकालती है और स्पष्टता, अर्थ व दिशा खोजने में हमारी मदद करती है।

बंदर मन	संन्यासी मस्तिष्क
बहुत सारी शाखाओं से अभिभूत	मुद्दे की जड़ पर केंद्रित
यात्री सीट पर मस्त बैठता है	इरादे और चेतना के साथ जीता है
शिकायत करता है, तुलना करता है, आलोचना करता है	करुणा, परवाह करने वाला, सहयोगी
ज़रूरत से ज़्यादा सोचता है और टालमटोल करता है	विश्लेषण करता है और व्यक्त करता है
छोटी-छोटी चीज़ों से ध्यान भटक जाता है	अनुशासित
अल्पकालीन संतुष्टि	दीर्घकालीन लाभ
माँग करने वाला और हक़ समझने वाला	उत्साही, संकल्पवान, धैर्यवान
एक सनक से बदल जाता है	मिशन, स्वप्न या लक्ष्य के प्रति समर्पित होता है
नकारात्मकताओं और डरों को बढ़ाता-चढ़ाता है	नकारात्मकताओं और डरों को तोड़ने पर काम करता है
आत्म-केंद्रित और जुनूनी	सेवा के लिए खुद की परवाह
मल्टीटास्किंग यानी एक साथ कई काम	एक काम पर केंद्रित
क्रोध, चिंता और डर से नियंत्रित	ऊर्जा को बुद्धिमानी से नियंत्रित करता है और लगाता है
जो भी अच्छा महसूस होता है, वही करता है	आत्म-नियंत्रण और स्व-विजय चाहता है
खुशी की तलाश करता है	अर्थ की तलाश करता है
अल्पकालीन समाधानों की तलाश करता है	सच्चे समाधानों की तलाश करता है

'संन्यासी की तरह सोचने' का मतलब है जीवन को देखने और जीने का एक अलग तरीक़ा। विद्रोह, अनासक्ति, नई खोज, उद्देश्य, एकाग्रता, अनुशासन और सेवा करने का तरीक़ा। संन्यासी सोच का लक्ष्य एक ऐसा जीवन है, जो अहंकार, ईर्ष्या, लोभ, चिंता, क्रोध, कटुता, अनावश्यक बोझ से मुक्त हो। मुझे लगता है कि संन्यासी मानसिकता को लागू करना संभव भी है और *आवश्यक* भी। हमारे पास इसके सिवाय दूसरा कोई विकल्प नहीं है। हमें शांति, स्थिरता और सुख पाने की ज़रूरत है।

मुझे संन्यासी पाठशाला का अपना पहला दिन पूरी स्पष्टता से याद है। मैंने अभी-अभी अपना सिर मुँडाया था, लेकिन मैं अब भी चोगा नहीं पहन रहा था और मैं अब भी वैसा ही दिख रहा था, जैसे मैं लंदन से आया था। मैंने एक बाल संन्यासी पर ग़ौर किया। वह दस साल से ज़्यादा का नहीं होगा, जो पाँच साल के बच्चों के समूह को सिखा रहा था। उसका आभामंडल बेहतरीन था और वह किसी वयस्क के संतुलन और आत्मविश्वास से भरपूर था।

मैंने पूछा, "तुम क्या कर रहे हो?"

उसने कहा, "हमने अभी-अभी उनकी पहली कक्षा ली है," फिर उसने पूछा, "आपने स्कूल के अपने *पहले* दिन में *क्या* सीखा था?"

"मैंने वर्णमाला और अंक सीखना शुरू किया था। *उन्होंने* क्या सीखा?"

"हम उन्हें पहली चीज़ यह सिखाते हैं कि साँस कैसे लेना है।"

मैंने पूछा, "क्यों?"

"क्योंकि जिस पल आप पैदा होते हैं, तब से लेकर जब आप मरते हैं, तब तक केवल एक ही चीज़ आपके साथ रहती है और वह है आपकी साँस। आपके सारे मित्र, परिवार, देश जिसमें आप रहते हैं, वह सब बदल सकता है। वह एक चीज़ जो आपके साथ हमेशा रहती है, वह है आपकी साँस।"

दस साल के उस संन्यासी ने आगे कहा, "जब आप तनावग्रस्त होते हैं – तो क्या बदलता है? आपकी साँस। जब आप नाराज़ होते हैं – तो क्या बदलता है? आपकी साँस। हम साँस बदलकर हर भावना का अनुभव करते हैं। जब आप अपनी साँस को नियंत्रित करना और इसका प्रबंधन करना सीख लेते हैं, तो आप जीवन में किसी भी स्थिति को नियंत्रित कर सकते हैं और उसका प्रबंधन कर सकते हैं।"

मुझे सबसे महत्त्वपूर्ण सबक़ सिखाया जा रहा था : पेड़ की पत्तियों यानी समस्या के लक्षणों पर नहीं, बल्कि चीज़ों की जड़ पर ध्यान केंद्रित करो। मैं प्रत्यक्ष अवलोकन से सीख रहा था कि कोई भी संन्यासी बन सकता है, भले ही उसकी उम्र अभी पाँच या दस साल हो।

जब हम पैदा होते हैं, तो हमें जो पहली चीज़ करनी ही होती है, वह है साँस लेना, लेकिन जब जीवन उस नवजात शिशु के लिए ज़्यादा जटिल हो जाता है, तो स्थिर बैठना और साँस लेना बहुत चुनौतीपूर्ण हो सकता है। इस पुस्तक में मैं आपको संन्यासी का मार्ग दिखाने की कोशिश कर रहा हूँ – हम चीज़ों की जड़ तक जाते हैं, स्व-परीक्षण की गहराई में जाते हैं। केवल इस उत्सुकता, विचार, प्रयास और प्रकटीकरण के ज़रिये ही हम शांति और उद्देश्य का अपना मार्ग खोज पाते हैं। मुझे आश्रम में मेरे गुरुओं ने जो बुद्धिमत्ता दी, उसका इस्तेमाल करते हुए मैं यहाँ आपका मार्गदर्शन करने की आशा करता हूँ।

आगे दिए पन्नों में आप संन्यासी मानसिकता में ढलने की तीन अवस्थाओं के बारे में जानेंगे। सबसे पहले, तो हम जाने देंगे या छोड़ेंगे, खुद को बाहरी प्रभावों, आंतरिक बाधाओं और डरों से मुक्त करेंगे, जिन्होंने हमें पीछे रोक रखा है। आप इसे एक तरह की सफ़ाई मान सकते हैं, जिससे विकास के लिए जगह ख़ाली होगी। दूसरी अवस्था में हम विकास करेंगे। मैं आपके जीवन को दोबारा आकार देने में आपकी मदद करूँगा, ताकि आप इरादे, उद्देश्य और आत्मविश्वास के साथ निर्णय ले सकें। अंत में हम अपने से बाहर के संसार को देखते हुए देने का अभ्यास करेंगे, कृतज्ञता के अपने अहसास का विस्तार करेंगे और लोगों को बताएँगे और हमारे संबंधों को गहरा करेंगे। हम दूसरों को अपने उपहार तथा प्रेम देंगे और सेवा के सच्चे आनंद और आश्चर्यजनक लाभ खोजेंगे।

रास्ते में मैं आपको तीन बहुत अलग-अलग प्रकार के ध्यान भी बताऊँगा और मेरी सलाह है कि आप उन्हें करें : साँस, मानसिक चित्रण और ध्वनि। तीनों के लाभ हैं, लेकिन उनमें भेद करने का सबसे सरल तरीक़ा यह जानना है कि आप साँस के अभ्यास शारीरिक लाभ पाने के लिए करते हैं - स्थिरता और संतुलन खोजने के लिए, खुद को शांत करने के लिए आदि। मानसिक चित्रण आप मनोवैज्ञानिक लाभों के लिए करते हैं - अतीत के उपचार के लिए और भविष्य की तैयारी के लिए। और मंत्रोच्चारण आप आत्मिक लाभों के लिए करते हैं - अपने सबसे गहरे स्वरूप से और सृष्टि से जुड़ने के लिए, वास्तविक शुद्धिकरण के लिए।

इस पुस्तक से लाभ पाने के लिए आपको ध्यान करने की ज़रूरत नहीं है, लेकिन अगर आप ऐसा करते हैं, तो मेरे दिए गए औज़ार ज़्यादा पैने होंगे। मैं तो यहाँ तक कहना चाहूँगा कि यह पूरी पुस्तक एक ध्यान है, जिसमें हमारी मान्यताओं और मूल्यों और इरादों पर चिंतन-मनन किया गया है। इसमें इस बारे में आपको नई दृष्टि मिलेगी कि हम खुद को कैसे देखते हैं, हम कैसे निर्णय लेते हैं, अपने मस्तिष्क को कैसे प्रशिक्षित करें और चयन करने तथा लोगों से व्यवहार के हमारे तरीक़े क्या हैं और क्या होने चाहिए। ऐसी गहरी स्व-जागरूकता को हासिल करना ही ध्यान का उद्देश्य और पुरस्कार है।

कोई संन्यासी इसके बारे में किस तरह सोचेगा? हो सकता है कि आप इस वक़्त खुद से यह सवाल न पूछ रहे हों। मेरे ख़याल से तो इसकी शून्य संभावना है, लेकिन इस पुस्तक के अंत में आप खुद से यह सवाल ज़रूर पूछेंगे।

भाग एक

मुक्त करें

अध्याय 1

पहचान

मैं वह हूँ, जो मैं सोचता हूँ कि मैं हूँ

*किसी दूसरे के जीवन की नक़ल को पूर्णता के साथ जीने से
ज़्यादा अच्छा यह है कि आप अपनी ख़ुद की तक़दीर
को अपूर्णता के साथ जिएँ।*
—भगवद्गीता 3.35

1902 में समाजशास्त्री चार्ल्स हॉर्टन कूली ने लिखा था : "मैं वह नहीं हूँ जो मैं सोचता हूँ कि मैं हूँ, और मैं वह नहीं हूँ, जो आप सोचते हैं कि मैं हूँ। मैं तो वह हूँ, जो मैं सोचता हूँ कि आप सोचते हैं कि मैं हूँ।"

इससे एक पल के लिए आपके दिमाग़ में उथल-पुथल मच जाएगी, लेकिन इसे समझें, क्योंकि यह महत्त्वपूर्ण है।

हमारी पहचान इसमें लिपटी रहती है कि दूसरे हमारे बारे में क्या सोचते हैं या ज़्यादा सटीकता से कहें, तो हमारी पहचान उसमें लिपटी रहती है, जो हम सोचते हैं कि दूसरे हमारे बारे में सोचते हैं।

न सिर्फ़ हमारी स्व-छवि इससे बँधी होती है कि हमारे हिसाब से दूसरे हमें कैसा मानते हैं, बल्कि स्व-सुधार की हमारी ज़्यादातर कोशिशों का मक़सद भी यही होता है कि हम दरअसल उस काल्पनिक आदर्श के अनुरूप जीने की कोशिश करें। अगर हमारे हिसाब से हमारा प्रशंसनीय व्यक्ति दौलत को सफलता का पर्याय मानता है, तो उसे प्रभावित करने के लिए हम भी दौलत के पीछे भागने लगते हैं। अगर

हम कल्पना करते हैं कि कोई मित्र हमारे चेहरे-मोहरे का मूल्यांकन कर रहा है, तो हम प्रतिक्रिया में अपने चेहरे-मोहरे पर ज़्यादा ध्यान देते हैं। वेस्ट साइड स्टोरी में मारिया एक लड़के से मिलती है, जो उससे प्रेम करने लगता है। उसका अगला गीत क्या था? "मैं सुंदर महसूस करती हूँ।"

यह पांडुलिपि लिखे जाने तक डेनियल डे-लुइस विश्व के एकमात्र अभिनेता हैं, जिन्होंने सर्वश्रेष्ठ अभिनेता का ऑस्कर तीन बार जीता है, हालाँकि 1998 से अब तक उन्होंने केवल छह फ़िल्मों में ही काम किया है। वे हर भूमिका की तैयारी बड़े पैमाने पर करते हैं और अपने किरदार में पूरी तरह से डूब जाते हैं। मार्टिन स्कोसेस की *गैंग्स ऑफ़ न्यू यॉर्क* में उन्होंने बिल कसाई की भूमिका निभाई थी। इसके लिए उन्होंने कसाई बनने का प्रशिक्षण लिया, मोटे आइरिश लहज़े में बोलने का अभ्यास किया, सेट पर और बाहर भी और चाकू फेंकना सीखने के लिए सर्कस के कलाकारों की मदद भी ली। और यह केवल शुरुआत थी। उन्होंने केवल उन्नीसवीं सदी के कपड़े पहने और उस किरदार में रोम में घूमे, जिससे अजनबियों से बहस और झगड़े शुरू हो गए। शायद उन कपड़ों की बदौलत ही उन्हें निमोनिया भी हुआ।

डे-लुइस मेथड एक्टिंग नामक तकनीक का इस्तेमाल कर रहे थे, जिसके लिए यह आवश्यक होता है कि अभिनेता जिस किरदार को निभा रहा है, वह यथासंभव उसी की तरह जिए। यह एक अविश्वसनीय योग्यता और कला है, लेकिन अक्सर मेथड एक्टर्स अपने किरदार में इतने डूब जाते हैं कि वह मंच या पर्दे के आगे भी उन पर हावी रहता है। डे-लुइस ने बरसों बाद *द इंडिपेंडेंट* को बताया था, "मैं स्वीकार करूँगा कि मैं पागल हो गया था, पूरी तरह पागल।" उन्होंने स्वीकार किया कि "वह किरदार मेरी शारीरिक या मानसिक सेहत के लिए ज़्यादा अच्छा नहीं था।"

अचेतन रूप से हम सभी किसी न किसी हद तक मेथड एक्टिंग करते हैं। हमारे भी किरदार होते हैं, जिन्हें हम ऑनलाइन, ऑफ़िस में, मित्रों के साथ और घर पर खेलते हैं। इन अलग-अलग किरदारों या छवियों के अलग-अलग फ़ायदे होते हैं। इनकी वजह से हमें पैसा कमाने में मदद मिलती है, जिससे हम अपने बिल चुकाते हैं। इनकी वजह से हमें एक ऐसे ऑफ़िस में काम करने में मदद मिलती है, जहाँ हम हमेशा आरामदेह महसूस नहीं करते। इनकी वजह से हमें उन लोगों के साथ संबंध क़ायम रखने में मदद मिलती है, जिन्हें हम दरअसल पसंद नहीं करते, लेकिन जिनके साथ संबंध बनाना ज़रूरी होता है, लेकिन अक्सर हमारी पहचान की इतनी सारी परतें हो जाती हैं कि हमारा असली स्वरूप खो जाता है। यह हमें दिखाई देना बंद हो जाता है, बशर्ते हमें कभी यह पता रहा हो कि हमारा असली स्वरूप क्या है। हम अपने कामकाजी किरदार को अपने साथ घर ले आते हैं और हम अपने मित्रों के साथ जो किरदार निभाते हैं, उसे अपनी रूमानी ज़िंदगी में ले आते हैं, और यह सब बिना किसी चेतन नियंत्रण या इरादे के होता है। हम अपने किरदारों को कितनी

ही सफलता से निभाएँ, अंततः हम असंतुष्ट, उदास, महत्त्वहीन और नाखुश महसूस करते हैं। जो 'मैं' शुरुआत में छोटा और असुरक्षित होता है, वह विकृत हो जाता है।

हम उसके अनुरूप जीने की कोशिश करते हैं, जो हम सोचते हैं कि दूसरे हमारे बारे में सोचते हैं और इस कोशिश में हम अपने मूल्यों तक की कुर्बानी दे देते हैं।

शायद ही कभी हम चेतन रूप से, इरादे के साथ, अपने खुद के मूल्य गढ़ते हैं। हम कौन हो सकते हैं, हम क्या *हो सकते* हैं, इसके बारे में दो बार प्रतिबिंबित होने वाली इस छवि के आधार पर हम जीवन के विकल्प चुनते हैं और इस बारे में हम दरअसल अच्छी तरह सोचते भी नहीं हैं। कूली ने इस प्रक्रिया को 'लुकिंग-ग्लास सेल्फ़' कहा है।

हम अपनी अनुभूति की अनुभूति में जीते हैं। परिणाम यह होता है कि हम अपने सच्चे स्वरूप या स्व को खो देते हैं। जब हम किसी दूसरे के सपनों के विकृत प्रतिबिंब के पीछे भाग रहे हों, तो हम यह कैसे पहचान सकते हैं कि हम कौन हैं और हमें किस चीज़ से खुशी मिलती है?

आप सोच सकते हैं कि संन्यासी बनने का मुश्किल हिस्सा मज़ेदार चीज़ों को छोड़ना है : पार्टीबाज़ी, सेक्स, टीवी देखना, चीज़ों का स्वामित्व, पलंग पर सोना (ठीक है, पलंग वाला हिस्सा सचमुच कठोर था), लेकिन वह क़दम उठाने से पहले मुझे एक ज़्यादा बड़ी बाधा को पार करना था : अपने माता-पिता को बताना कि मैंने यह 'करियर' चुना है।

कॉलेज के अपने आख़िरी साल तक मैंने निर्णय ले लिया था कि मैं किस मार्ग पर चलना चाहता था। मैंने अपने माता-पिता को बता दिया कि मैंने नौकरियों के प्रस्ताव ठुकरा दिया था, जो मेरे रास्ते आए थे। मैं हमेशा मज़ाक़ करता हूँ कि जहाँ तक मेरे माता-पिता का गागला था, मेरे पास करियर के सिर्फ़ तीन ही विकल्प थे : डॉक्टर, वकील या असफलता। आप संन्यासी बनना चाहते हैं, अपने माता-पिता को यह बताने का मतलब एक तरह से उन्हें यह बताना था कि उन्होंने आपके लिए जो कुछ भी किया था, वह सब बेकार गया था।

सभी माता-पिताओं की तरह मेरे माता-पिता के भी मेरे लिए सपने थे, लेकिन कम से कम मैंने उनके दिमाग़ में यह विचार डाल दिया कि मैं संन्यासी बन सकता हूँ। अठारह साल का होने के बाद मैं हर साल अपनी गर्मी की इंटर्नशिप का हिस्सा लंदन में वित्तीय इंटर्नशिप में बिताता था और साल में कुछ अवधि तक मुंबई के आश्रम में प्रशिक्षण लेता था। जब मैंने अपना निर्णय लिया, तो मेरी माँ की पहली चिंता वही थी, जो हर माँ की होती है : मेरी सेहत। क्या मुझे इलाज की सुविधाएँ मिलेंगी? क्या 'प्रबुद्धता खोजना' बस 'सारे दिन बैठे रहना' कहने का एक आकर्षक तरीक़ा है।

मेरी माँ के लिए और भी ज़्यादा चुनौतीपूर्ण यह था कि हम ऐसे मित्रों और परिवार के सदस्यों से घिरे थे, जिनके मन में भी सफलता की डॉक्टर-वकील-असफलता वाली परिभाषा बैठी हुई थी। ख़बर फैल गई कि मैं यह क्रांतिकारी कदम उठाने जा रहा हूँ। यह सुनकर माँ की सहेलियाँ कहने लगीं, "लेकिन तुमने उसे पढ़ाने में इतने सारे पैसे लगाए हैं," और "उसकी ब्रेनवॉशिंग कर दी गई है," और "वह अपनी ज़िंदगी बरबाद करने जा रहा है।" मेरे दोस्तों ने भी सोचा कि मैं जीवन में असफल हो रहा हूँ। मैंने सुना, "तुम्हें दोबारा कभी नौकरी नहीं मिलेगी" और "तुम आजीविका कमाने की हर उम्मीद को ठोकर मारकर जा रहे हो।"

जब आप अपना सबसे वास्तविक जीवन जीने की कोशिश करते हैं, तो आपके कुछ संबंध ख़तरे में पड़ जाएँगे। उन्हें खोने का जोखिम लेने लायक है; उन्हें अपने जीवन में बनाए रखने का कोई तरीक़ा खोजने की चुनौती भी लेने लायक है।

सौभाग्य से, मेरे विकसित हो रहे संन्यासी मस्तिष्क के लिए मेरे माता-पिता और उनके दोस्तों की आवाज़ें वे सबसे महत्त्वपूर्ण दिशा-निर्देश नहीं थे, जिनका इस्तेमाल मैंने यह निर्णय लेते समय किया। इसके बजाय मैंने अपने खुद के अनुभव पर भरोसा किया। अठारह साल की उम्र के बाद हर साल मैंने दोनों जीवनों का स्वाद चखा था। मैं गर्मियों की वित्तीय नौकरी से जब घर लौटता था, तो डिनर की भूख के सिवाय कुछ महसूस नहीं करता था, लेकिन जब भी मैं आश्रम से लौटता था, तो हर बार मैं यही सोचता था, *यह अद्भुत था। मेरी ज़िंदगी का सर्वश्रेष्ठ समय यही था।* इन बिलकुल अलग-अलग अनुभवों, मूल्यों और विश्वास तंत्रों के साथ प्रयोग करने से मुझे अपने खुद के मूल्य समझने में मदद मिली।

मैंने जब संन्यासी बनने का विकल्प चुना, तो इस पर होने वाली प्रतिक्रियाएँ उन बाहरी दबावों के उदाहरण हैं, जिनका सामना हम सभी जीवन भर करते हैं। हमारे परिवार, हमारे यार-दोस्त, समाज, मीडिया - हम छवियों और आवाज़ों से घिरे हुए हैं, जो हमें बताती हैं कि हमें क्या बनना चाहिए और क्या करना चाहिए।

उनकी राय, अपेक्षाओं और दायित्वों का शोर आपको चारों तरफ़ सुनाई देता है। हाई स्कूल से सीधे सबसे अच्छे कॉलेज में पढ़ने जाओ, अच्छे पैसों वाली नौकरी खोजो, शादी कर लो, घर ख़रीदो, बच्चे पैदा करो, प्रमोशन पाओ। सांस्कृतिक पैमानों के पीछे एक कारण होता है - ऐसे समाज में कुछ ग़लत नहीं है, जो आपके सामने इस तरह का मॉडल पेश करता हो कि संतुष्टिदायक और सुखी जीवन कैसा दिख सकता है, लेकिन अगर हम इन लक्ष्यों को बिना सोच-विचार के अपना लेते हैं, तो हम कभी नहीं समझ पाएँगे कि हम किसी घर के मालिक क्यों नहीं हैं या जहाँ हम रहते हैं, वहाँ खुश क्यों नहीं हैं या हमारी नौकरी खोखली क्यों महसूस होती है या हम शादी करना भी चाहते हैं या नहीं या और कोई लक्ष्य, जिसे हम हासिल करने की कोशिश कर रहे हैं।

जैसे ही मैंने आश्रम में रहने जाने का निर्णय लिया, मेरे आस-पास की चिंताओं और रायों का सुर ऊँचा हो गया, लेकिन अच्छी बात यह थी कि आश्रम में मुझे जो अनुभव हुए थे, उन्होंने मुझे ऐसे औज़ार दे दिए थे, जो उस शोर को बाहर रखने के लिए ज़रूरी थे। कारण और समाधान एक ही थे। मैं अपने आस-पास के शोर के प्रति कम संवेदनशील था, जो चीख-चीखकर बार-बार बताता रहता था कि सामान्य, सुरक्षित, व्यावहारिक और सर्वश्रेष्ठ रास्ता कौन सा था। मैंने उन लोगों की आवाज़ों को नज़रअंदाज़ नहीं किया, जो मुझसे प्रेम करते थे। मैं उनकी परवाह करता था और यह नहीं चाहता था कि वे चिंता करें, लेकिन मैं यह भी नहीं चाहता था कि सफलता और खुशी की उनकी परिभाषाओं के हिसाब से अपने विकल्प चुनूँ। यह उस वक़्त तक, वह सबसे कठोर निर्णय था, जो मैंने कभी लिया था, लेकिन यह सही निर्णय था।

माता-पिता, दोस्तों, शिक्षा और मीडिया की आवाज़ें युवा मस्तिष्क पर हमला कर देती हैं और उसमें मान्यताओं और मूल्यों के बीज बो देती हैं। सुखी जीवन की समाज की परिभाषा हर एक की है और किसी की भी नहीं है। अर्थपूर्ण जीवन बनाने

का एकमात्र तरीक़ा इस शोर को बाहर रखना और अंदर देखना है। यह संन्यासी मस्तिष्क को बनाने की दिशा में पहला क़दम है।

हम इस यात्रा को उसी तरह शुरू करेंगे, जिस तरह संन्यासी करते हैं, यानी हम सबसे पहले भटकाने वाली चीज़ों या अवरोधों को दूर हटाएँगे। शुरुआत में हम उन बाहरी शक्तियों पर नज़र डालेंगे, जो हमें आकार देती हैं और हमें अपने मूल्यों से दूर भटकाती हैं, फिर हम उन मूल्यों की थाह लेंगे, जो वर्तमान में हमारे जीवन को आकार देते हैं और चिंतन-मनन करेंगे कि क्या वे उसके सामंजस्य में हैं, जैसे हम बनना चाहते हैं और जैसे हम जीना चाहते हैं।

यह धूल है या यह मैं हूँ?

बाहरी प्रभाव हमारे सच्चे स्व को कैसे धुँधला करते हैं, यह दिखाने के लिए गौरंग दास ने मुझे एक सुंदर उपमा बताई।

हम एक स्टोररूम में हैं। वहाँ बरसों से ऐसी किताबें और सामान से भरे बक्से रखे हैं, जो उपयोग में नहीं आते हैं। बाक़ी का आश्रम हमेशा साफ़-सुथरा रहता है, लेकिन इस जगह पर धूल भरी है और घने जाले भी लगे हैं। वरिष्ठ संन्यासी मुझे दर्पण तक ले जाते हैं और पूछते हैं, "तुम्हें क्या दिखाई देता है?"

दर्पण पर धूल की मोटी परत जमी हुई है, इसलिए मैं अपना प्रतिबिंब तक नहीं देख सकता। मैं यह बात कह देता हूँ, जिस पर संन्यासी सिर हिलाते हैं, फिर वे अपने चोगे की बाँह से काँच को साफ़ कर देते हैं। धूल का बवंडर मेरे चेहरे से टकराता है, मेरी आँखों में जलन होने लगती है और मेरे गले में धूल भर जाती है।

वरिष्ठ संन्यासी कहते हैं, "तुम्हारी पहचान एक ऐसा दर्पण है, जो धूल से छिप गया है। जब तुम पहली बार दर्पण में देखते हो, तो तुम कौन हो और तुम किसे महत्त्व देते हो, यह सच्चाई छिप जाती है। हो सकता है कि इसे साफ़ करना आनंददायक न हो, लेकिन जब तक धूल नहीं हटेगी, तब तक तुम कभी अपना सच्चा प्रतिबिंब नहीं देख सकते।"

यह सोलहवीं सदी के बंगाली हिंदू संत चैतन्य के शब्दों का व्यावहारिक उदाहरण था। चैतन्य ने इस स्थिति को *मन के अशुद्ध दर्पण को साफ़ करना* कहा था।

जितने भी आश्रम या मठ हैं, लगभग उन सभी की परंपराओं की बुनियाद उन भटकावों को हटाना है, जो हमें सबसे महत्त्वपूर्ण चीज़ पर ध्यान केंद्रित करने से रोकते हैं, यानी शारीरिक और मानसिक इच्छाओं पर विजय पाकर जीवन में अर्थ खोजना। कुछ परंपराओं में मौनव्रत होता है, कुछ में सेक्स का त्याग किया जाता है,

कुछ सांसारिक वस्तुओं का त्याग करती हैं और कुछ में इन तीनों को ही त्याग दिया जाता है। आश्रम में हम सिर्फ़ उतनी ही चीज़ों के साथ जीते थे, जितनी चीज़ों की हमें ज़रूरत थी... इससे ज़्यादा कुछ नहीं। मैंने खुद छोड़ने की प्रबुद्धता का प्रत्यक्ष अनुभव किया। जब हम ग़ैर-ज़रूरी चीज़ों में दफ़न रहते हैं, तो हम यह भूल जाते हैं कि सचमुच महत्त्वपूर्ण क्या है। मैं आपसे इनमें से कोई चीज़ छोड़ने को नहीं कह रहा हूँ, लेकिन मैं चाहता हूँ कि आप बाहरी प्रभावों को पहचान लें और उनके शोर को बाहर रखना सीख लें। इसी तरह हम धूल को साफ़ कर सकते हैं और यह देख सकते हैं कि क्या वे मूल्य सचमुच आपका प्रतिबिंब हैं।

मार्गदर्शक मूल्य वे सिद्धांत हैं, जो हमारे लिए सबसे ज़्यादा महत्त्वपूर्ण हैं और जिनके बारे में हम यह महसूस करते हैं कि उन्हें हमारा मार्गदर्शन करना चाहिए : हम क्या बनना चाहते हैं, हम अपने साथ और दूसरों के साथ किस तरह का बरताव करते हैं। प्रायः मूल्यों में एक शब्द की अवधारणा होती है, जैसे स्वतंत्रता, समानता, करुणा, ईमानदारी। यह थोड़ा अमूर्त और आदर्शवादी लग सकता है, लेकिन मूल्य दरअसल व्यावहारिक होते हैं। वे एक तरह से नैतिक जीपीएस हैं, जिनका इस्तेमाल करके हम जीवन की यह यात्रा सही तरीक़े से कर सकते हैं। यदि आप अपने मूल्यों को जानते हैं, तो आपके सामने अपनी दिशा स्पष्ट होती है। आपके मूल्य उन लोगों, कार्यों और आदतों की ओर संकेत कर देते हैं, जो आपके लिए सर्वश्रेष्ठ हैं। जब हम किसी नए क्षेत्र में जाते हैं, तो हम मूल्यों के बिना निरुद्देश्य भटकते हैं, ग़लत मोड़ मुड़ जाते हैं, रास्ता भटक जाते हैं और अनिर्णय के शिकार हो जाते हैं। मूल्य होने पर आपके लिए यह ज़्यादा आसान हो जाता है कि आप खुद को सही लोगों से घेर लें, करियर संबंधी मुश्किल विकल्प चुनें, अपने समय का ज़्यादा समझदारी से इस्तेमाल करें और अपना ध्यान वहाँ केंद्रित करें, जहाँ यह मायने रखता है। मूल्य न हों, तो हम रास्ते में आने वाले भटकावों की वजह से भटक जाएँगे।

मूल्य कहाँ से आते हैं

हमारे मूल्य सोते समय नींद में हमारे पास नहीं आते हैं। हम चेतन रूप से उन्हें सोचते भी नहीं हैं। हम उन्हें शायद ही कभी शब्दों में व्यक्त करते हैं, लेकिन इसके बावजूद वे मौजूद होते हैं। हर व्यक्ति निश्चित परिस्थितियों में पैदा होता है और हमें जो अनुभव मिलते हैं, उससे हमारे मूल्य तय होते हैं। हम मुश्किलों में पैदा हुए थे या विलासिता में? हमें प्रशंसा कहाँ मिली थी? माता-पिता या अभिभावक अक्सर हमारे सबसे बड़े प्रशंसक और आलोचक होते हैं, हालाँकि हम किशोरावस्था के वर्षों में विद्रोह कर सकते हैं, लेकिन आमतौर पर हममें उन्हें खुश करने और उनका अनुकरण करने की प्रवृत्ति होती है। पीछे पलटकर सोचें कि आपके माता-पिता के

साथ आपका समय कैसे गुज़रा था। खेलने में, बातचीत का आनंद लेने में, मिलकर प्रोजेक्ट्स पर काम करने में? उन्होंने अपनी बातचीत में आपको क्या बताया था कि कौन सी चीज़ सबसे ज़्यादा महत्त्वपूर्ण है और क्या यह उसके सामंजस्य में था, जो उनके लिए सबसे ज़्यादा महत्त्वपूर्ण था? वे आपको क्या बनाना चाहते थे? वे आपको क्या हासिल करते देखना चाहते थे? वे आपसे किस तरह का व्यवहार चाहते थे? क्या आपने उन आदर्शों को आत्मसात कर लिया और क्या उनसे आपको फ़ायदा हुआ?

शुरुआत से ही हमारी शिक्षा का हम पर बहुत ज़्यादा प्रभाव पड़ता है। हमें कौन से विषय पढ़ाए गए? वे हमें किस सांस्कृतिक कोण से पढ़ाए गए? हमसे किस तरह सीखने की अपेक्षा की जाती थी? तथ्यों से संचालित पाठ्यक्रम सृजनात्मकता को प्रोत्साहित नहीं करता है। संकीर्ण सांस्कृतिक नीति विभिन्न पृष्ठभूमियों और स्थानों के लोगों के प्रति सहिष्णुता को बढ़ावा नहीं देती। इस परिवेश में खुद को अपने जोश में डुबाने के बहुत कम अवसर होते हैं, भले ही हम उनके बारे में बचपन से जानते हों। इसका मतलब यह नहीं है कि स्कूल हमें जीवन के लिए तैयार नहीं करता है। स्कूलों में अलग-अलग शैक्षणिक मॉडल होते हैं, जिनमें से कुछ ज़्यादा स्वतंत्रता प्रदान करते हैं, लेकिन एक क़दम पीछे हटकर यह विचार करना उचित है कि आपने स्कूल से जो मूल्य ग्रहण किए हैं, क्या वे आपके लिए सही महसूस होते हैं?

मीडिया आपके मन से खेलता है

संन्यासी के रूप में मैंने जल्दी ही सीख लिया कि हमारा मन जिसमें तल्लीन होता है, वही हमारे मूल्यों को प्रभावित करता है। हम अपने मस्तिष्क या मन नहीं हैं, लेकिन मस्तिष्क वह वाहन है, जिससे हम निर्णय लेते हैं कि हमारे हृदय में क्या महत्त्वपूर्ण है। जो फ़िल्में हम देखते हैं, जो संगीत हम सुनते हैं, जो किताबें हम पढ़ते हैं, जो टीवी शो हम तल्लीनता से देखते हैं, जिन लोगों को हम ऑनलाइन और ऑफलाइन फ़ॉलो करते हैं। आपकी न्यूज़ फ़ीड में जो होता है, वह आपके मस्तिष्क को पोषण देता है, चाहे वह अच्छ हो या बुरा। हम फ़िल्मी सितारों की गपशप, सफलता की छवियों, हिंसक वीडियो गेम्स और नकारात्मक ख़बरों में जितने ज़्यादा डूबते हैं, हमारे मूल्य ईर्ष्या, आलोचना, प्रतिस्पर्धा और असंतुष्टि से उतने ही ज़्यादा दूषित होते हैं।

इसे आज़माएँ : **आपके मूल्य कहाँ से आए हैं?**

इन अनायास प्रभावों का हम पर कितना असर होता है, उसे भाँपना मुश्किल हो सकता है। मूल्य अमूर्त और गूढ़ होते हैं। जिस संसार में हम रहते हैं, वह लगातार खुलकर या छुपकर इस तरह के सुझाव देता रहता है कि हमें किन चीज़ों की इच्छा करनी चाहिए और हमें कैसे जीना चाहिए और हमें अपने बारे में कैसे विचार रखने चाहिए कि हम कौन हैं।

कुछ मूल्य लिखें, जो आपके जीवन को आकार देते हैं। हर एक के सामने यह भी लिखें कि वह मूलतः कहाँ से आया है। जो मूल्य आपमें सचमुच हो, उस हर मूल्य के सामने सही का निशान लगा लें।

उदाहरण :

मूल्य	उद्गम	क्या यह मेरे बारे में सच है?
दया	अभिभावक	हाँ
हुलिया	मीडिया	उस तरह से नहीं
दौलत	अभिभावक	नहीं
अच्छे ग्रेड	स्कूल	इसने सचमुच सीखने में हस्तक्षेप किया
ज्ञान	स्कूल	हाँ
परिवार	परंपरा	परिवार : हाँ, लेकिन पारंपरिक नहीं

अवलोकन और मूल्यांकन संन्यासी की तरह सोचने की कुंजी हैं। ये रिक्त स्थान और स्थिरता से शुरू होते हैं। बाहरी प्रभावों के शोर को दूर रखने के लिए संन्यासी जो पहला क़दम उठाते हैं, वह यह है कि वे भौतिक चीज़ों का त्याग कर देते हैं। मैंने तीन बार आश्रम में समय बिताया, कॉलेज की पढ़ाई पूरी की, फिर पक्का संन्यासी बन गया। लंदन के उत्तर में भक्तिवेदांत मैनर नामक मंदिर में दो महीनों तक प्रशिक्षण लेने के बाद मैं भारत गया। वहाँ मैं सितंबर 2010 की शुरुआत में गाँव के आश्रम में पहुँच गया। मैंने अपने फ़ैशनेबल कपड़ों की जगह पर दो चोगे ख़रीद लिए (एक पहनने के लिए और दूसरा धोने के लिए)। मैंने अपनी काफ़ी शानदार हेयरकट की भी कुर्बानी दी... सिर के सारे बाल हटा दिए गए थे। और मुझे अपने हुलिये की जाँच करने के लगभग सारे अवसरों से वंचित कर दिया गया था – आश्रम में एक भी दर्पण नहीं था, सिवा उस एकमात्र दर्पण के, जो मुझे स्टोररूम में बाद में दिखाया गया। इस तरह हम संन्यासियों को अपने हुलिये की ज़्यादा परवाह करने से रोका गया। हम सादा भोजन खाते थे, जो शायद ही कभी बदलता था। हम फ़र्श पर चटाई बिछाकर सोते थे। और संगीत के नाम पर बस

मंत्रोच्चारण और घंटियाँ सुनाई देती थीं, जो हमारे ध्यान और धार्मिक क्रियाओं के बीच में गूँजते रहते थे। हम फ़िल्में या टीवी शो नहीं देखते थे। और तो और, सीमित ख़बरें और ईमेल भी हमें सामुदायिक क्षेत्र में साझे डेस्कटॉप कंप्यूटर पर ही मिलते थे।

जब ये व्यवधान या भटकाव चले गए, तो उनकी जगह किसने ली? रिक्त स्थान, स्थिरता और मौन *ने*। **जब हम अपने आस-पास के संसार की राय, अपेक्षाओं और दायित्वों से दूर हो जाते हैं, तो हम खुद को सुनने लगते हैं।** उस ख़ामोशी में मैंने बाहरी शोर और अपनी खुद की आवाज के बीच के फ़र्क़ को पहचानना सीखा। दूसरों की धूल साफ़ करने के बाद मैं अपने बुनियादी विश्वासों को देख सकता था।

मैंने आपसे वादा किया था कि मैं आपसे आपका सिर मुँडाने और चोगा पहनने को नहीं कहूँगा, लेकिन आधुनिक संसार में जागरूकता बढ़ाने के लिए हम खुद को रिक्त स्थान, मौन और स्थिरता कैसे दे सकते हैं? हममें से ज़्यादातर लोग बैठकर अपने मूल्यों के बारे में विचार नहीं करते हैं। हमें अपने विचारों के साथ अकेले रहना पसंद नहीं होता है। हममें यह प्रवृत्ति होती है कि हम मौन या ख़ामोशी से बचें, अपने दिमाग़ भरने की कोशिश करें और बढ़ते रहें। अध्ययनों की एक श्रृंखला में वर्जीनिया यूनिवर्सिटी और हार्वर्ड के शोधकर्ताओं ने प्रतिभागियों से कहा कि वे एक कमरे में छह से पंद्रह मिनट तक अकेले रहें, जिसमें कोई स्मार्टफ़ोन नहीं था, लिखने का कोई साधन नहीं था और पढ़ने के लिए कुछ नहीं था, फिर शोधकर्ताओं ने उन्हें संगीत सुनने दिया या उनके फ़ोन का इस्तेमाल करने दिया। प्रतिभागियों ने न सिर्फ़ अपने फ़ोन और संगीत को ज़्यादा पसंद किया, बल्कि उनमें से कई ने तो एक अजीब विकल्प चुना। उन्होंने अपने विचारों के साथ अकेले रहने के बजाय *बिजली का झटका झेलने का विकल्प* चुना। यदि आप हर दिन किसी नेटवर्किंग ईवेंट में जाते हैं और आपको लोगों को बताना पड़ता है कि आप आजीविका के लिए क्या करते हैं, तो आप जो हैं, उसके ह्रास से दूर क़दम रखना मुश्किल होता है। अगर आप हर रात *रियल हाउसवाइव्ज़* देखते हैं, तो आप यह सोचने लग सकते हैं कि अपने मित्रों के चेहरे पर शराब के गिलास फेंकना सामान्य व्यवहार है। जब हम अपने जीवन को भर लेते हैं और चिंतन-मनन के लिए ज़रा सी भी जगह ख़ाली नहीं छोड़ते हैं, तो व्यवधान स्वचालित ढंग से हमारे मूल्य बन जाते हैं।

जब हम व्यस्त होते हैं, तो हम अपने विचारों का विश्लेषण नहीं कर सकते और अपने मस्तिष्क की पड़ताल नहीं कर सकते। घर में बस बैठने रहने से भी आप कुछ नहीं सीखते हैं। मैं आपको तीन तरीक़े सुझाता हूँ, जिनसे आप चिंतन-मनन के लिए सक्रियता से जगह बना सकते हैं। पहला सुझाव, हर दिन

बैठकर मनन करें कि आपका दिन कैसा गुज़रा और आप कौन सी भावनाएँ महसूस कर रहे हैं। दूसरा सुझाव, महीने में एक बार आप लगभग वैसा ही परिवर्तन कर सकते हैं, जैसा मुझमें आश्रम में हुआ था, अगर आप किसी ऐसी जगह जाएँ, जहाँ आप पहले कभी नहीं गए हैं, ताकि आप एक अलग परिवेश में अपनी पड़ताल कर सकें। यह पार्क या लाइब्रेरी जैसी कोई भी जगह हो सकती है, जहाँ आप इससे पहले कभी नहीं गए थे। अंतिम सुझाव, किसी ऐसी चीज में शामिल हों, जो आपके लिए अर्थपूर्ण है - कोई हॉबी, परोपकारी संस्था, राजनीतिक मुहिम।

जगह बनाने का एक और तरीक़ा इस बात का जायज़ा लेना है कि हमारे पास जो जगह है, उसे हम कैसे भर रहे हैं और क्या वे चयन हमारे सच्चे मूल्यों को प्रतिबिंबित करते हैं।

अपने जीवन का ऑडिट करें

आपके जीवन मूल्य क्या हैं, इस बारे में आप चाहे जो *सोचते* हों, आपके कार्य असली कहानी बता देते हैं। हम अपने ख़ाली समय में क्या करते हैं, उसी से यह पता चलता है कि हम किसे महत्त्व देते हैं या मूल्यवान मानते हैं। मिसाल के तौर पर, हो सकता है कि परिवार के साथ समय बिताना आपके मूल्यों की सूची में सबसे ऊपर हो, लेकिन अगर आप अपना सारा ख़ाली समय गोल्फ़ खेलने में लगा देते हैं, तो आपके कार्य आपके मूल्यों के सामंजस्य में नहीं हैं और आपको थोड़ा स्व-परीक्षण करने की ज़रूरत है।

समय

सबसे पहले तो आइए, इस बात का आकलन करते हैं कि जब आप सोते नहीं हैं या काम नहीं करते हैं, तो आप अपने समय का क्या करते हैं। शोधकर्ताओं ने पाया है कि हमारे जीवन के अंत तक औसतन हममें से हर व्यक्ति बिस्तर पर 33 साल बिताएगा (जिनमें से सात साल हम सोने की कोशिश करेंगे), एक साल और चार महीने व्यायाम करने में लगाएँगे और तीन साल से ज़्यादा समय वैकेशन में लगाएँगे। अगर आप महिला हैं, तो आप तैयार होने में 136 दिन बिताएँगी। अगर आप पुरुष हैं, तो यह संख्या घटकर 46 दिन हो जाती है। ज़ाहिर है ये सिर्फ़ आकलन हैं, लेकिन समय संबंधी हमारे दैनिक चयन संचित होते जाते हैं।

इसे आज़माएँ : अपने समय का ऑडिट करें

एक सप्ताह तक निगरानी करें कि आप इन चीज़ों में कितना समय ख़र्च करते हैं : परिवार, मित्र, स्वास्थ्य और स्वयं। (ग़ौर करें कि हम सोने, खाने और काम करने को छोड़ रहे हैं। काम का चाहे जो रूप हो, यह सीमाएँ लाँघ सकता है। यदि आपके मामले में यह सच है, तो फिर अपनी ख़ुद की परिभाषा तय करें कि कब आप 'आधिकारिक रूप से' काम पर हैं और 'अतिरिक्त काम' की एक श्रेणी भी बना लें।) आप जिन क्षेत्रों में सबसे ज़्यादा समय बिताते हैं, वे वही होने चाहिए, जिन्हें आप सबसे ज़्यादा मूल्यवान या महत्त्वपूर्ण मानते हैं। मान लें कि आप अपनी नौकरी में जितना समय लगाते हैं, वह आपके लिए उसके महत्त्व की तुलना में ज़्यादा है। यह एक संकेत है कि आपको उस निर्णय को बहुत ग़ौर से देखने की ज़रूरत है। आप उस चीज़ में समय लगाने का निर्णय ले रहे हैं, जो आपको महत्त्वपूर्ण महसूस नहीं होती। उस निर्णय के पीछे के जीवनमूल्य क्या हैं? क्या आपकी नौकरी की आमदनी से आपके मूल्यों को अंततः लाभ हो रहा है?

मीडिया

जब आपने अपना ऑडिट किया, तो बिना किसी शक के एक बात तो तय है : मीडिया को पढ़ने या देखने में आपका काफ़ी समय लगा था। शोधकर्ताओं का अनुमान है कि हममें से हर व्यक्ति औसतन जीवन के ग्यारह साल से ज़्यादा समय टीवी और सोशल मीडिया देखने में बिताता है! शायद आपके मीडिया के विकल्प सामान्य महसूस हो सकते हैं, लेकिन समय मूल्यों का प्रतिबिंब दिखा देता है।

मीडिया के कई रूप हैं, लेकिन क्या हममें से ज़्यादातर लोग फ़िल्मों, टीवी या पत्रिकाओं में ज़्यादा समय नहीं लगा रहे हैं। यह तो यंत्रों के बारे में है। सुविधाजनक बात यह है कि आपका आईफ़ोन आपको सटीकता से बता देगा कि आप इसका इस्तेमाल कैसे कर रहे हैं। सेटिंग्स के नीचे पिछले सप्ताह की स्क्रीन टाइम रिपोर्ट दी हुई रहती है। इस पर नज़र डालें। इससे आपको दिख जाएगा कि आप सोशल मीडिया, गेम्स, मेल और वेब ब्राउज़िंग में कितना समय ख़र्च कर रहे हैं। आपको जो दिखता है, अगर वह आपको पसंद नहीं है, तो आप अपने लिए सीमाएँ भी तय कर सकते हैं। एंड्रॉइड पर आप सेटिंग्स के नीचे अपने बैटरी यूसेज पर नज़र डाल सकते हैं और फिर मेन्यू से 'शो फ़ुल डिवाइस यूसेज' को चुन सकते हैं, या फिर आप सोशल फ़ीवर या माइएडिक्टोमीटर जैसा कोई ऐप डाउनलोड कर सकते हैं।

पैसा

समय की तरह ही आप यह भी देख सकते हैं कि आप अपना पैसा कैसे ख़र्च कर रहे हैं, ताकि आपको यह पता चल जाए कि क्या आप इसे अपने जीवनमूल्यों के अनुरूप ख़र्च कर रहे हैं। घर, आश्रितों, कार, बिलों, भोजन और कर्ज़ जैसी आवश्यकताओं को हटा दें। अब स्वविवेक से किए गए व्यय पर नज़र डालें। इस महीने आपका सबसे बड़ा ख़र्च क्या था? किन क्षेत्रों में आप सबसे ज़्यादा ख़र्च कर रहे हैं, जो अनिवार्य या आवश्यक नहीं हैं? क्या आपका ख़र्च उसके अनुरूप है, जो आपके लिए सबसे ज़्यादा महत्त्वपूर्ण है? कौन सी चीज़ 'इस लायक़' है, इस बारे में हमारा अक्सर एक अजीब दृष्टिकोण होता है, लेकिन जब हम अपने कुल व्यय पर नज़र डालते हैं, तो हमें असलियत पता चल जाती है। मैं एक महिला को परामर्श दे रहा था, जिसने शिकायत की कि बच्चों की संगीत कक्षाओं पर ज़रूरत से ज़्यादा ख़र्च हो रहा था… लेकिन कुल ख़र्च पर नज़र डालने के बाद उस महिला को यह अहसास हुआ कि वह बच्चों की संगीत कक्षाओं पर जितना ख़र्च कर रही थी, उससे ज़्यादा तो अपने जूतों पर कर रही थी।

सोशल मीडिया पर मैंने पोस्ट देखे, जिनमें ख़र्च और हमारी प्राथमिकताओं की तुलना की गई थी। इसके बाद मैं यह सोचने लगा कि हम अपने समय और पैसे को किस तरह ख़र्च करते हैं, वह किस तरह हमारे मूल्यों को उजागर करता है।

60 मिनट का टीवी शो ('एक झटके में चला गया!')

माता-पिता के साथ 60 मिनट का लंच ('यह कभी ख़त्म होगा!')

हर दिन की कॉफ़ी की आदत (4 डॉलर प्रतिदिन, लगभग 1,500 डॉलर प्रति वर्ष) ('इसकी ज़रूरत है!')

ताज़े स्वस्थ भोजन के विकल्प (अतिरिक्त 1.5 डॉलर प्रति दिन, लगभग 550 डॉलर प्रति वर्ष) ("इस लायक़ नहीं!")

15 मिनट सोशल मीडिया पर समय बिताना ('मेरे मनोरंजन का समय!')

15 मिनट का ध्यान ('कोई समय नहीं!')

सब कुछ आपके दृष्टिकोण पर निर्भर करता है। जब आप एक महीने के ख़र्च पर नज़र डालें, तो इस बारे में सोचें कि आपने जो स्वविवेक से व्यय किया था, वह अल्पकालीन निवेश था या दीर्घकालीन - बाहर बेहतरीन डिनर करना या डांस क्लास? यह मनोरंजन के लिए था या ज्ञानार्जन के लिए? ख़ुद के लिए था या किसी दूसरे के लिए? अगर आपके पास जिम की सदस्यता है, लेकिन आप इस महीने केवल एक ही बार वहाँ गए और शराब पर ज़्यादा पैसे ख़र्च किए, तो आपको थोड़ा पुनर्विचार करने की ज़रूरत हो सकती है।

तुलनात्मक ख़र्च

(और यह मूल्यों को कैसे प्रदर्शित करता है)

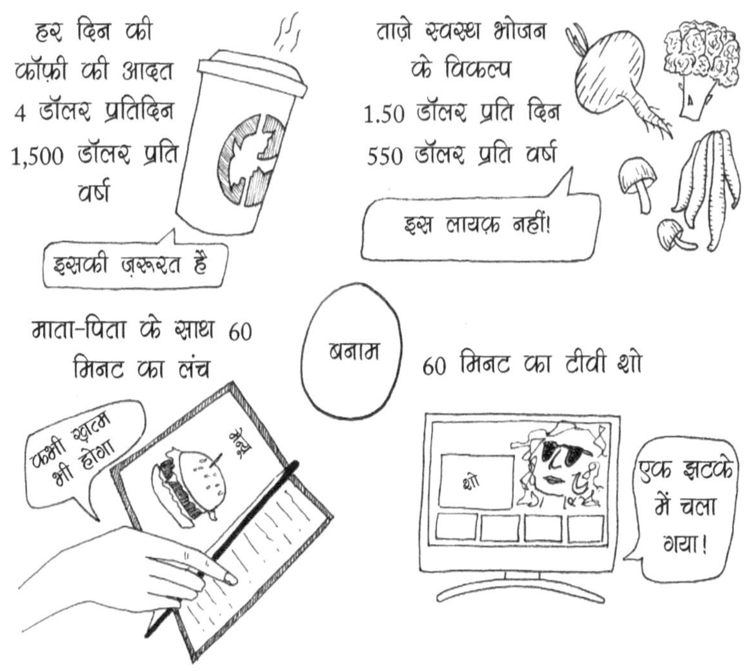

अपने मूल्यों को व्यवस्थित करें

स्वयं का ऑडिट करने से आपको उन मूल्यों का पता चलता है, जो आपके जीवन में अपने आप आ गए हैं। अगला क़दम यह निर्णय लेना है कि आपके मूल्य क्या हैं और क्या आपके चुने हुए विकल्प उनके सामंजस्य में हैं। संन्यासी के मूल्यों पर मनन करने से आपको अपने ख़ुद के मूल्य पहचानने में मदद मिल सकती है। आश्रम में हमारे गुरुओं ने यह स्पष्ट किया कि मूल्य उच्च और निम्न दोनों तरह के होते हैं। उच्च मूल्य हमें ख़ुशी, संतुष्टि और अर्थ की ओर ऊपर उठाते हैं। निम्न मूल्य हमें तनाव, डिप्रेशन और दुख की ओर गिराते हैं। गीता के अनुसार उच्च मूल्य और गुण ये हैं : निडरता, मस्तिष्क की शुद्धता, कृतज्ञता, सेवा और परोपकार, स्वीकृति, त्याग करना, गहन अध्ययन, आत्मसंयम, स्पष्टवादिता, अहिंसा, सत्यवादिता, क्रोध का अभाव, परित्याग, परिप्रेक्ष्य, दोष खोजने में संयम, सभी जीवों के प्रति करुणा भाव,

संतुष्टि, नम्रता/दया, सत्यनिष्ठा, संकल्प। (ग़ौर करें कि इन मूल्यों में खुशी और सफलता शामिल नहीं हैं। ये मूल्य नहीं हैं, ये तो पुरस्कार हैं - अंतिम परिणाम - और हम अध्याय चार में उन पर आगे बात करेंगे।)

छह निम्न मूल्य हैं लोभ, काम, क्रोध, अहं, मोह और ईर्ष्या। निम्न मूल्यों की बुरी बात यह है कि वे हम पर तुरंत हावी हो जाते हैं, जब हम उन्हें ऐसा करने की जगह देते हैं, लेकिन अच्छी बात यह है कि वे संख्या में बहुत कम हैं या जैसा मेरे गुरु गौरंग दास ने हमें याद दिलाया, नीचे गिरने के बजाय ऊपर चढ़ने के हमेशा ज़्यादा तरीक़े होते हैं।

हम हवा में से मूल्यों को निकालकर रातों-रात भारी परिवर्तन नहीं कर सकते। इसके बजाय हम झूठे मूल्यों को छोड़ सकते हैं, जिन्होंने हमारे जीवन में जगह को भर रखा है। आश्रम ने हम संन्यासियों को प्रकृति के अवलोकन का अवसर दिया। हमारे गुरुओं ने हमारा ध्यान सभी जीवित चीज़ों के चक्रों की ओर आकर्षित किया। पत्तियाँ उगती हैं, बदलती हैं और गिर जाती हैं। सरीसृप, पक्षी और स्तनपायी अपनी त्वचा, पंख और बाल छोड़ देते हैं। छोड़ना प्रकृति की लय का एक बड़ा हिस्सा है, जैसा कि पुनर्जन्म है। हम इंसान चीज़ों को कसकर जकड़ते हैं - लोग, विचार, भौतिक वस्तुएँ, मैरी कॉन्डो की पुस्तक की प्रतियाँ। हम यह मान लेते हैं कि छोड़ना अस्वाभाविक है, लेकिन छोड़ना अच्छी चीज़ों के लिए जगह ख़ाली करने और स्थिरता हासिल करने का सीधा मार्ग है। हम खुद को उन लोगों और विचारों से अलग कर लेते हैं - अगर शारीरिक रूप से नहीं, तो भावनात्मक रूप से - जो हमारे जीवन को भरते हैं और फिर हम उन प्राकृतिक रुझानों का अवलोकन करते हैं, जो हमें प्रेरित करते हैं।

हर दिन हमारे सामने विकल्प होते हैं, हर दिन हमें चयन करने होते हैं और हम उनमें मूल्यों का इस्तेमाल करना शुरू कर सकते हैं। जब भी हम कोई चयन करते हैं, चाहे यह शादी करने जितना बड़ा निर्णय हो या किसी मित्र के साथ बहस करने जितना छोटा निर्णय हो, तो हम अपने मूल्यों से संचालित होते हैं, चाहे वे उच्च हों या निम्न। यदि ये चयन हमारे लिए सही तरीक़े से काम करते हैं, तो इसका मतलब है कि हमारे मूल्य हमारे कार्यों के सामंजस्य में हैं, लेकिन जब परिणाम सही न हों, तो यह सोच-विचार करना उचित होगा कि आपने वह निर्णय क्यों लिया था।

इसे आज़माएँ : अतीत के मूल्य

आपने अब तक जीवन में जो तीन सर्वश्रेष्ठ और तीन सबसे बुरे चयन किए हैं, उन पर मनन करें। आपने उन्हें क्यों किया? आपने क्या सीखा? आप किस तरह भिन्न तरीक़े से चुनाव कर सकते थे?

ऊपर दिए प्रश्नों के जवाबों को ग़ौर से देखें – उनमें आपके मूल्य छुपे हुए हैं। आपने कोई चयन क्यों किया? हो सकता है कि आप एक ही कारण से सही या ग़लत व्यक्ति के साथ हों : क्योंकि आप प्रेम को महत्त्व देते हैं या शायद आप देहात में रहने चले गए, क्योंकि आप परिवर्तन चाहते थे। निहित मूल्य साहसिक कार्य हो सकता है। अब भविष्य के लिए भी यही चीज़ करें। अपने सबसे बड़े लक्ष्यों पर निगाह डालकर देखें कि क्या उन्हें आपने खुद तय किया है या फिर वे दूसरे लोगों, परंपरा या मीडिया के दिए आदर्श जीवन के विचारों से संचालित हैं।

इसे आज़माएँ : मूल्य-संचालित निर्णय

अगले सप्ताह आप जब भी किसी ग़ैर–ज़रूरी चीज़ पर पैसे ख़र्च करें या यह योजना बनाएँ कि आप अपना ख़ाली समय कैसे बिताएँगे, तो थोड़ा ठहरें और सोचें : इस चयन के पीछे कौन सा मूल्य है? सोच–विचार करने में केवल एक पल लगता है। आदर्श दृष्टि से यह क्षणिक ठहराव सहज बोध बन जाता है, ताकि आप उन चीज़ों के बारे में चेतन निर्णय लें, जो आपके लिए महत्त्वपूर्ण हैं और यह देखें कि आप उनमें कितनी ऊर्जा लगाते हैं।

दूसरों के शोर को अनसुना न करें, बल्कि नज़रअंदाज़ करें

एक बार जब आप दूसरों की रायों, अपेक्षाओं और ज़िम्मेदारियों के शोर को बाहर रखना सीख लेते हैं, तो आप संसार को अलग आँखों से देखेंगे। अगला क़दम संसार को अंदर आने के लिए आमंत्रित करना है। जब मैं आपसे बाहरी प्रभावों को हटाने को कहता हूँ, तो मैं यह नहीं चाहता कि आप हमेशा के लिए पूरे संसार को बाहर रखें। आपका संन्यासी मस्तिष्क दूसरे लोगों से बहुत कुछ सीख सकता है और इसे सीखना चाहिए। चुनौती यह है कि यह काम चेतन रूप से खुद से सरल सवाल पूछकर किया जाए : परिवार, मित्रों या सहकर्मियों में मैं किन गुणों की तलाश या प्रशंसा करता हूँ? क्या वे विश्वास, आत्मविश्वास, संकल्प, ईमानदारी हैं? ये गुण चाहे जो हों, ये दरअसल हमारे खुद के मूल्य हैं – ध्रुवतारा, जिसका इस्तेमाल हमें अपने जीवन में मार्गदर्शन के लिए करना चाहिए।

जब आप अकेले न हों, तो खुद को ऐसे लोगों से घेर लें, जिनके जीवनमूल्य आपके जीवनमूल्यों के अनुरूप हों। ऐसा समुदाय खोजने से मदद मिलती है, जो उसे प्रतिबिंबित करे, जो आप बनना चाहते हैं। एक ऐसा समुदाय, जो उस भविष्य जैसा दिखता है, जिसे आप चाहते हैं। याद रखें कि मेरे लिए कॉलेज के आख़िरी साल में संन्यासी का जीवन शुरू करना कितना मुश्किल था? और अब, मेरे लिए लंदन

में रहना मुश्किल होता है। जिन लोगों के साथ मैं पला-बढ़ा और जिनके जीने के तौर-तरीक़े कभी मेरे भी थे, उनसे घिरने पर मेरे मन में सोने, गपशप करने, दूसरों की आलोचना करने का प्रलोभन आ जाता है! एक नई संस्कृति ने ख़ुद को दोबारा परिभाषित करने में मेरी मदद की और एक दूसरी संस्कृति ने मुझे अपने मार्ग पर चलते रहने में मदद की।

जब भी आप घर बदलते हैं या नौकरी बदलते हैं या नए संबंध में पहुँचते हैं, तो हर बार आपके पास ख़ुद को नए सिरे से ढालने का सुनहरा अवसर होता है। बहुत से अध्ययन दिखाते हैं कि हम अपने आस-पास के संसार से जिस तरह पेश आते हैं, वह संक्रामक होता है। मैसाचुसेट्स के एक कस्बे में रहने वाले लोगों का बीस साल का अध्ययन किया गया, जिससे यह पता चला कि ख़ुशी और डिप्रेशन दोनों ही सामाजिक दायरों के भीतर फैलते थे। किसी व्यक्ति के एक मील के भीतर रहने वाला मित्र अगर ख़ुश हो जाता है, तो वह उसके ख़ुश होने की संभावना को भी 25 प्रतिशत तक बढ़ा देता है। यह परिणाम पड़ोसियों के मामले में और भी ज़्यादा होता है।

आप जिन लोगों के आस-पास रहते हैं, उनसे आपको अपने जीवनमूल्यों से चिपके रहने और अपने लक्ष्य हासिल करने में मदद मिलती है। आप मिलकर विकास करते हैं। अगर आप 2:45 मैराथन दौड़ना चाहते हैं, तो आप उन लोगों के साथ प्रशिक्षण नहीं लेते हैं, जो 4:45 दौड़ते हैं। अगर आप ज़्यादा आध्यात्मिक बनना चाहते हैं, तो दूसरे आध्यात्मिक लोगों के साथ अपने अभ्यास का विस्तार करें। अगर आप अपने व्यवसाय का विस्तार करना चाहते हैं, तो स्थानीय चैंबर्स ऑफ़ कॉमर्स में शामिल हो जाएँ या व्यवसाय मालिकों के ऑनलाइन समूह से जुड़ें, जो सफलता की उसी दिशा में जा रहे हों, जिधर आप जाना चाहते हैं। यदि आप ज़्यादा बर्ग़म से परेशान अभिभावक हैं, जो अपने बच्चों को प्राथमिकता बनाना चाहते हैं, तो दूसरे अभिभावकों से संबंध बनाएँ, जो उनके बच्चों को प्राथमिकता देते हैं, ताकि आप समर्थन और सलाह का आदान-प्रदान कर सकें। इससे भी बेहतर है, जहाँ संभव हो, समूहों को आपस में जोड़ लें : परिवार-आधारित आध्यात्मिक उद्यमियों के साथ संबंध बढ़ाएँ, जो मैराथन दौड़ते हैं। ठीक है, मैं मज़ाक़ कर रहा था, लेकिन आज के संसार में लोगों से जुड़ने के पहले से ज़्यादा तरीक़े मौजूद हैं। लिंक्डइन और मीटअप जैसे मंच हैं। फ़ेसबुक समूह भी अपना समुदाय खोजने काम काम पहले से ज़्यादा आसान बना देते हैं। अगर आप प्रेम की तलाश कर रहे हैं, तो मूल्य-संचालित जगहों पर इसकी तलाश करें, जैसे सेवा के अवसर, फ़िटनेस या खेल गतिविधियाँ, आपकी रुचि के किसी विषय पर व्याख्यानों की श्रृंखला।

अगर आपको पक्का नहीं है कि दूसरे आपके मूल्यों के संबंध में कहाँ फ़िट होते हैं, तो ख़ुद से एक सवाल पूछें : जब मैं इस व्यक्ति या समूह के साथ समय

बिताता हूँ, तो क्या मैं ऐसा महसूस करता हूँ, जैसे मैं अपने लक्ष्य के क़रीब पहुँच रहा हूँ या दूर जा रहा हूँ? इससे आपके सामने स्पष्ट हो जाएगा कि आप जो बनना चाहते हैं, उसमें सामने वाला सकारात्मक योगदान दे रहा है या नकारात्मक। अगर आप पीएस2 पर फ़ीफ़ा सॉकर खेलने में एक बार में चार घंटे लगा रहे हैं (मैंने ऐसा कभी नहीं किया), तो जवाब स्पष्ट है। जवाब तब भी स्पष्ट है, अगर आप अर्थपूर्ण वार्तालाप में संलग्न होते हैं, जो आपके जीवन की गुणवत्ता को बढ़ाता है। या जवाब कई बार अस्पष्ट हो सकता है - जब किसी के साथ समय बिताने के बाद आपके मन में चिढ़ या मानसिक धुँधलेपन की भावना आ जाती है। उन लोगों के आस-पास रहना अच्छा महसूस होता है, जो हमारे लिए अच्छे हैं। उन लोगों के आस-पास रहने में अच्छा महसूस नहीं होता, जो हमारा समर्थन नहीं करते या हमारी बुरी आदतों को प्रोत्साहित करते हैं।

इसे आज़माएँ : साथी का ऑडिट

उन लोगों की सूची बनाएँ, जिनके साथ आप एक सप्ताह में सबसे ज़्यादा समय बिताते हैं। साथ ही उन मूल्यों को भी लिखें, जो आपमें और प्रत्येक व्यक्ति में समान हैं। क्या आप उन लोगों को सबसे ज़्यादा समय दे रहे हैं, जो आपके मूल्यों के सबसे क़रीबी सामंजस्य में हैं?

आप किससे बात करते हैं, आप क्या देखते हैं, आप अपने समय का क्या करते हैं, ये सारे स्रोत मूल्यों और विश्वासों को धकाते हैं। अगर आप अपने मूल्यों पर प्रश्न किए बिना ही ज़िंदगी गुज़ार रहे हैं, तो आप आसानी से इस बात से प्रभावित हो जाएँगे कि दूसरों के हिसाब से आपको क्या सोचना चाहिए - आपके परिवार वालों से लेकर मार्केटिंग करने वाले ढेर सारे लोगों तक। मैं सारे समय स्टोररूम वाले दर्पण को याद करता रहता हूँ। जब भी मेरे मन में कोई विचार आता है, तो मैं खुद से पूछता हूँ, *क्या यह मेरे चुने हुए मूल्यों के अनुरूप है या फिर यह उन मूल्यों के अनुरूप है, जो दूसरों ने मेरे लिए चुने हैं? यह धूल है या यह मैं हूँ?*

जब आप खुद को जगह और स्थिरता देते हैं, तो आप धूल साफ़ करके खुद को देख सकते हैं, दूसरों की आँखों से नहीं, बल्कि भीतर से। अपने मूल्यों को पहचानने और उन्हें अपना मार्गदर्शक बनाने से आपको बाहरी प्रभावों को फ़िल्टर करने या साफ़ करने में मदद मिलेगी। अगले अध्याय में ये योग्यताएँ अवांछित नज़रियों और भावनाओं को साफ़ करने में भी आपकी मदद करेंगी।

अध्याय 2

नकारात्मकता

बुरा राजा भूखा रह जाता है

दूसरों के दुख की बुनियाद पर अपने सुख का
महल खड़ा करना असंभव है।
—दाइसाकू इकेदा

कॉलेज के मेरे थर्ड ईयर के बाद की गर्मियाँ हैं। मैं आश्रम में एक महीने रहकर लौटा हूँ और अब एक वित्तीय फ़र्म की इंटर्नशिप कर रहा हूँ। मैं अपने दो सहकर्मियों के साथ लंच ले रहा हूँ। हमने सैंडविच उठा लिए हैं और उन्हें इमारत के सामने कंक्रीट के अहाते में ले आए हैं, जहाँ नीची दीवारें मुँडेर का काम करती हैं और सूट-बूट में युवा लोग फटाफट लंच करते हैं, धूप में सर्दी दूर करते हैं और उसके बाद भारी एयर-कंडीशन्ड इमारत में लौटते हैं। मैं एक ऐसा संन्यासी हूँ, जो उतनी ही ग़लत जगह पर है, जितनी ग़लत जगह पर मछली पानी के बिना होती है।

"क्या तुमने गेब के बारे में सुना?" मेरा एक मित्र तेज़ फुसफुसाहट में कहता है। "पार्टनरों ने उसकी प्रस्तुति के परखच्चे उड़ा दिए।"

दूसरा मित्र सिर हिलाते हुए कहता है, "वह तो टाइटैनिक जितनी तेज़ी से डूब रहा है।"

मुझे गौरंग दास का एक व्याख्यान याद आता है, जो उन्होंने कक्षा में दिया था। इसका विषय था, 'मन के कैंसर : तुलना करना, शिकायत करना, आलोचना करना।' उस कक्षा में हमने नकारात्मक वैचारिक आदतों पर बात की थी, जिसमें गपशप

शामिल थी। हमने एक अभ्यास यह किया कि जब भी हमारे मन में या ज़बान पर आलोचना आती थी, तो हम उसकी संख्या लिख लेते थे। और फिर एक आलोचना पर हमें उस व्यक्ति के बारे में दस अच्छी बातें लिखनी होती थीं।

यह मुश्किल था। हम साथ-साथ रह रहे थे। आपसी समस्याएँ होती रहती थीं, जिनमें से ज़्यादातर महत्त्वहीन होती थीं। संन्यासी के शॉवर का औसत समय चार मिनट था। जब शॉवर के लिए लाइन लगती थी, तो हम शर्त लगाते थे कि कौन ज़्यादा समय लगा रहा है। (यह एकमात्र शर्त थी, जो हम लगाते थे। क्योंकि : संन्यासी।) और हालाँकि खर्राटे लेने वालों को उनके खुद के कमरे में पहुँचा दिया जाता था, लेकिन कई बार नए अभ्यासी आ जाते थे और हम उनके खर्राटों की तुलना मोटरसाइकलों के पैमाने पर करते थे : यह संन्यासी वेस्पा की तरह खर्राटे ले रहा है; वह वाला हार्ले-डेविडसन की तरह ले रहा है।

मैंने आलोचना वाला अभ्यास किया और ईमानदारी से हर आलोचना को दर्ज किया, जो मुझसे भूलवश हुई। इसके बाद मैंने हर आलोचना के सामने दस सकारात्मक गुण लिखे । इस अभ्यास का उद्देश्य जानना मुश्किल नहीं था। हर व्यक्ति जितना बुरा होता है, उससे ज़्यादा अच्छा होता है, लेकिन इसे पेज पर देखने से अनुपात ज़्यादा स्पष्ट हो जाता था और दिल में उतर जाता था। इससे मुझे अपनी खुद की कमज़ोरियों को अलग तरीक़े से देखने में मदद मिली। मुझमें अपनी ग़लतियों पर ध्यान केंद्रित करने की प्रवृत्ति थी और उस वक़्त मैं अपनी शक्तियों को याद नहीं रखता था। उस अभ्यास के बाद जब मुझे लगता था कि मैं अपनी आलोचना कर रहा हूँ, तो मैं खुद को याद दिलाता था कि मुझमें भी सकारात्मक गुण हैं। इस तरह मैं अपने नकारात्मक गुणों को सही परिप्रेक्ष्य में देखने लगा। मैं खुद में भी वही अनुपात पहचानने लगा कि मैं जितना बुरा हूँ, उससे ज़्यादा अच्छा हूँ। हमने क्लास में इस फ़ीडबैक लूप के बारे में बात की : जब हम दूसरों की आलोचना करते हैं, तो हम खुद की बुराई पर ग़ौर किए बिना नहीं रह सकते, लेकिन जब हम दूसरों में अच्छाई की तलाश करते हैं, तो हम खुद में भी सर्वश्रेष्ठ देखने लगते हैं।

दीवार पर मेरे बग़ल में बैठे आदमी ने कोहनी मारकर मुझे तंद्रा से बाहर निकाला, "तुम्हें क्या लगता है, वह कितने समय तक टिक पाएगा?"

मैं भूल ही गया था कि हम किस बारे में बात कर रहे हैं। मैं पूछता हूँ, "कौन?"

"गेब – उसे तो नौकरी देनी ही नहीं चाहिए थी, है ना?"

"ओह, क्या पता," मैं कहता हूँ।

आश्रम में समय गुज़ारने के बाद मैं गपशप के प्रति बहुत संवेदनशील हो गया था। मैं मूलतः सकारात्मक ऊर्जा से भरपूर चर्चाओं का आदी हो चुका था। इसके बाद

जब मैं पहली बार संसार में लौटा, तो मैं अजीब तरीक़े से ख़ामोश रहने लगा। मैं नैतिक पुलिस वाला नहीं बनना चाहता था, लेकिन मैं उनकी आलोचना या गपशप में शामिल भी नहीं होना चाहता था। जैसी बुद्ध ने सलाह दी थी, "अपना ध्यान इस पर मत दो कि दूसरे क्या करते हैं या नहीं करते हैं; इस पर ध्यान दो कि तुम क्या करते हो या नहीं करते हो।" मैंने जल्दी ही इस तरह की बातें कहना सीख लिया, "ओह, मुझे पक्का नहीं है…" या "मैंने कुछ नहीं सुना है।" फिर मैं बातचीत को थोड़ा ज़्यादा सकारात्मक मोड़ दे देता था। "क्या तुमने सुना, उन्होंने मैक्स से रुकने को कहा है? मैं इससे खुश हूँ।" कुछ स्थितियों में गॉसिप या गपशप का महत्त्व होता है : इससे समाज को स्वीकार्य व्यवहार के प्रबंधन में मदद मिलती है। हम अक्सर यह देखने के लिए इसका इस्तेमाल करते हैं कि क्या बाक़ी लोग दूसरे लोगों के व्यवहार के बारे में हमारे मूल्यांकन से और इस तरह हमारे मूल्यों से सहमत होते हैं। इन प्रश्नों पर बातचीत करने के ज़्यादा अच्छे तरीक़े भी हैं। अक्सर हम गपशप का इस्तेमाल दूसरों को नीचा दिखाने के लिए करते हैं, ताकि हम उनसे श्रेष्ठ महसूस कर सकें और/या समूह में अपने रुतबे को बढ़ा सकें।

मेरे कुछ मित्रों और सहकर्मियों ने तो मेरे साथ गपशप करना ही छोड़ दिया; अब हमारे बीच असली बातचीत होने लगी। कुछ ने मुझ पर ज़्यादा भरोसा किया, क्योंकि उन्होंने यह अहसास हो गया कि चूँकि मैं उनके सामने किसी दूसरे की बुराई नहीं करता था, इसलिए मैं दूसरों के सामने उनकी बुराई भी नहीं करूँगा। शायद कुछ लोगों ने सोचा हो कि मैं बहुत बोरिंग बंदा हूँ! देखिए, मुझे उनसे कोई शिकायत नहीं है और मैं उनकी बुराई नहीं करना चाहता।

नकारात्मकता हर जगह है

आप जागते हैं। आपके बिखरे हुए बाल काफ़ी बुरे दिखते हैं। आपका पार्टनर शिकायत करता है कि कॉफ़ी ख़त्म हो गई है। ऑफ़िस जाते समय किसी ड्राइवर की वजह से ट्रैफ़िक की हरी बत्ती लाल हो जाती है, क्योंकि वह मोबाइल पर मैसेज करने में जुटा हुआ है। रेडियो पर ख़बरें कल से भी ज़्यादा बुरी हैं। आपका सहकर्मी आपको फुसफुसाकर बताता है कि कैंडेस ने एक बार फिर बीमारी का नाटक किया है… नकारात्मकता हर दिन हम पर हमला करती है। कोई हैरानी नहीं कि हम नकारात्मक देखते, सुनते और बाँटते हैं, क्योंकि यह लाज़िमी है। दिन में हमें जो छोटी-छोटी खुशियाँ मिलीं, उनके बजाय हम अपने कष्ट और दुख ज़्यादा बताते हैं। हम अपनी तुलना अपने पड़ोसियों से करते हैं, अपने पार्टनर्स की शिकायत करते हैं, मित्रों की पीठ पीछे उनके बारे में ऐसी बातें कहते हैं, जो हम उनके सामने कभी नहीं कहते, सोशल मीडिया पर लोगों की आलोचना करते हैं, बहस करते हैं, धोखा देते हैं, यहाँ तक कि गुस्से में फट भी पड़ते हैं।

यह नकारात्मक चटर-पटर तब भी होती है, जब हमारा दिन अच्छा गुज़रता है। देखिए, कोई भी नकारात्मक होने का इरादा नहीं रखता है या इसकी योजना नहीं बनाता है। मेरे ख़याल से कोई भी उठते ही यह नहीं सोचता है, *आज मैं दूसरे लोगों को कैसे नीचा दिखा सकता हूँ या उनके साथ बुरा बरताव कर सकता हूँ?* या आज मैं दूसरों को बुरा महसूस कराकर ख़ुद को अच्छा महसूस कैसे करा सकता हूँ? बहरहाल, इस बात पर ग़ौर करें कि नकारात्मकता प्रायः भीतर से आती है। हमारी तीन मूल भावनात्मक आवश्यकताएँ हैं, जिन्हें मैं शांति, प्रेम और समझ कहता हूँ (निक लोव और एल्विस कॉस्टेलो को धन्यवाद)। नकारात्मकता - बातचीत, भावनाओं और कार्यों में - अक्सर तब उत्पन्न होती है, जब इन तीनों आवश्यकताओं में से किसी पर जोखिम आता है : यह डर कि बुरी चीज़ें होने वाली हैं (शांति का नुक़सान), प्रेम न किए जाने का डर (प्रेम का नुक़सान), या असम्मानित होने का डर (समझ का नुक़सान)। इन डरों से सभी तरह के भाव उत्पन्न होते हैं - अभिभूत, असुरक्षित, आहत, प्रतिस्पर्धी, ज़रूरतमंद आदि महसूस करना। हमारे भीतर की ये नकारात्मक भावनाएँ शिकायतों, तुलनाओं, और आलोचनाओं और अन्य नकारात्मक व्यवहारों के रूप में बाहर निकलती हैं। उन मंदबुद्धि लोगों के बारे में सोचें, जो सोशल मीडिया में कूद पड़ते हैं और अपने लक्ष्य पर दुर्भावना का कीचड़ फेंक देते हैं। शायद उन्हें इस बात का डर होता है कि उनका सम्मान नहीं किया जाता है और वे महत्त्वपूर्ण महसूस करने के लिए सोशल मीडिया पर जान-बूझकर दूसरों की आपत्तिजनक निंदा करते हैं। या शायद उनकी राजनीतिक मान्यताएँ यह डर उत्पन्न कर रही हैं कि उनका संसार असुरक्षित है। (या शायद वे बस अपने समर्थक बनाने की कोशिश कर रहे हैं - डर निश्चित रूप से संसार के हर आपत्तिजनक संदेश भेजने वाले को प्रेरित नहीं करता है।)

एक और उदाहरण लेते हैं। हम सभी के ऐसे मित्र होते हैं, जो हाल-चाल पूछने के सामान्य फ़ोन को अंतहीन शिकायतों के सिलसिले में बदल देते हैं। वे अपनी नौकरी, अपने जीवनसाथी, अपने परिवार के सदस्यों के बारे में विस्तार से बताते हैं - क्या ग़लत है, क्या अनुचित है, क्या कभी नहीं बदलेगा। इन लोगों को कोई चीज़ कभी सही नज़र नहीं आती। वह बंदा अपना डर बता रहा है कि बुरी चीज़ें होने वाली हैं - शांति और सुरक्षा की उनकी बुनियादी आवश्यकता ख़तरे में है।

बुरी चीज़ें होती हैं। हमारे जीवन में हम सभी किसी न किसी बिंदु पर परिस्थितियों के शिकार होते हैं - चाहे हमारे साथ प्रजातीय भेदभाव किया जाए या ट्रैफ़िक में कोई हमें कट मारकर चला जाए, लेकिन अगर हम शिकार या पीड़ित मानसिकता अपनाते हैं, तो हमारे भीतर अहंकारपूर्ण हक़ का अहसास आ जाएगा और हम स्वार्थपूर्ण तरीक़े से व्यवहार करेंगे। स्टैनफ़र्ड के मनोवैज्ञानिकों ने 104 प्रतिभागियों को लिया और उन्हें दो समूहों में बाँट दिया - एक समूह को उस समय

के बारे में छोटा निबंध लिखने को कहा गया, जब वे बोर हो चुके थे, और दूसरे समूह को उस समय के बारे में लिखना था, जब जीवन अन्यायपूर्ण था या जब उन्हें महसूस हुआ था कि "किसी ने उनके साथ ग़लत किया था या नीचा दिखाया था।" बाद में प्रतिभागियों से पूछा गया कि क्या वे एक आसान काम करके शोधकर्ताओं की मदद करना चाहेंगे। जिन्होंने अन्यायपूर्ण जीवन पर लिखा था, दूसरे समूह की तुलना में उनके शोधकर्ताओं की मदद करने की 21 प्रतिशत कम संभावना थी। इसी तरह के एक अध्ययन में शिकार मानसिकता वाले प्रतिभागियों के बाद में स्वार्थपूर्ण नज़रिये व्यक्त करने की न सिर्फ़ ज़्यादा संभावना थी, बल्कि इस बात की भी ज़्यादा संभावना थी कि वे कचरा फैलाकर जाएँगे, यहाँ तक कि प्रयोगकर्ताओं के पेन भी चुराकर ले जाएँगे!

नकारात्मकता संक्रामक होती है

हम सामाजिक प्राणी हैं। हम जीवन में जो चाहते हैं - शांति, प्रेम और समझ - वह हमें उसी समूह से सबसे ज़्यादा मिलता है, जिसे हम अपने आस-पास इकट्ठा करते हैं। हमारे मस्तिष्क अपने आप सद्भाव और असहमति दोनों के लिए तालमेल बैठा लेते हैं। हम पहले ही इस बारे में बात कर चुके हैं कि हम अचेतन रूप से दूसरों को खुश करने की कोशिश कैसे करते हैं। देखिए, हम दूसरों के साथ सहमत भी होना चाहते हैं। शोध ने यह साबित किया है कि ज़्यादातर इंसान सामाजिक अनुकूलन को इतना ज़्यादा महत्त्व देते हैं कि वे समूह के साथ एकरूप होने के लिए अपनी खुद की प्रतिक्रिया - यहाँ तक कि अनुभूतियाँ भी - बदल लेंगे, भले ही समूह स्पष्ट रूप से ग़लत हो।

1950 के दशक में सोलोमन एश ने कॉलेज विद्यार्थियों के समूहों को इकट्ठा किया और उन्हें बताया कि वे एक दृष्टि परीक्षण कर रहे हैं। पेंच यह था कि हर समूह में, एक व्यक्ति को छोड़कर हर व्यक्ति अभिनेता था : जिस पर दरअसल प्रयोग किया जा रहा था।

एश ने प्रतिभागियों को एक टारगेट लाइन की तसवीर सबसे पहले दिखाई, फिर तीन लाइनों की श्रृंखला दिखाई : एक ज़्यादा छोटी, एक ज़्यादा लंबी और एक जो स्पष्ट से टारगेट लाइन जितनी ही लंबी थी। विद्यार्थियों से पूछा गया कि कौन सी लाइन टारगेट लाइन जितनी लंबी थी। कई बार अभिनेताओं ने सही जवाब दिए और कई बार उन्होंने जान-बूझकर ग़लत जवाब दिए। हर मामले में असली अध्ययन के प्रतिभागी से सबसे आख़िर में जवाब पूछा गया। सही जवाब स्पष्ट होना चाहिए था, लेकिन अभिनेताओं द्वारा प्रभावित होने की वजह से लगभग 75 प्रतिशत असली प्रतिभागियों ने भीड़ का अनुसरण करते हुए कम से कम एक बार ग़लत जवाब दिया।

इस लक्षण को ग्रुपथिंक बायस या *समूहसोच पूर्वाग्रह* कहा गया है।

हम अनुकूलन करने के लिए बनाए गए हैं। आपका मस्तिष्क संघर्ष और वाद-विवाद पसंद नहीं करता। यह समान मानसिकता के आराम को ज़्यादा पसंद करता है। यह बुरी चीज़ नहीं है, बशर्ते हम संन्यासियों से घिरे हों, लेकिन अगर हम गपशप, संघर्ष और नकारात्मकता से घिरे हुए हैं, तो हम संसार को इन्हीं के संदर्भ में देखने लगते हैं, ठीक उन्हीं लोगों की तरह जो एश के लाइन वाले प्रयोग में अपनी खुद की आँखों के ख़िलाफ़ गए थे।

सहमति के सहज बोध का हमारे जीवन पर भारी असर होता है। यह भी एक वजह है, जिस कारण हम भी शिकायत की संस्कृति में कूद पड़ते हैं।

और हमारे आस-पास जितनी ज़्यादा नकारात्मकता रहती है, हम भी उतने ही ज़्यादा नकारात्मक बन जाते हैं। हम सोचते हैं कि शिकायत करने से हमें अपने क्रोध को टंडा करने में मदद मिलेगी, लेकिन शोध इस बात की पुष्टि करता है कि जो लोग भड़ास निकालने के बाद बेहतर महसूस करते हैं, वे इसके बाद भड़ास न निकालने वालों की तुलना में ज़्यादा आक्रामक थे।

एश्क का प्रयोग

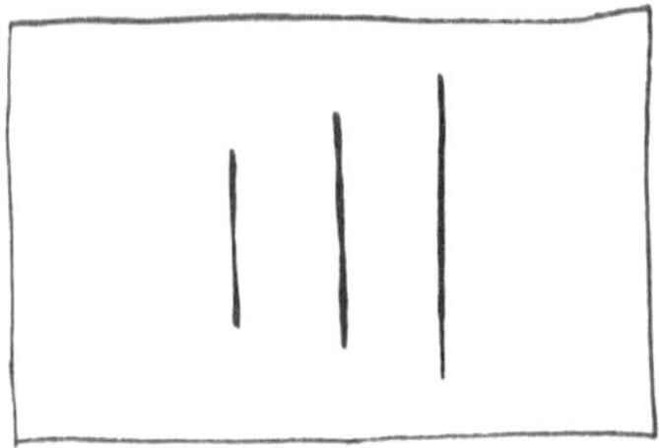

* ग्रुपथिंक इस तरह सोचने या निर्णय लेने की आदत है, जो व्यक्तिगत ज़िम्मेदारी को हतोत्साहित करती है

भक्तिवेदांत मैनर में एक संन्यासी था, जिसकी वजह से मैं बहुत सनकी हो जाता था। अगर मैं सुबह उसके हाल-चाल पूछता था, तो वह कहता था कि उसे बहुत कम नींद आई थी और यह किसकी ग़लती थी। वह शिकायत करता था कि खाना ख़राब था और बहुत कम मिलता था। ऐसा लगता था, जैसे उसे शब्दों का डायरिया हो गया हो। वह इतना नकारात्मक था कि मैं कभी उसके आस-पास नहीं रहना चाहता था।

फिर मैंने पाया कि मैं दूसरे संन्यासियों से उसकी शिकायत कर रहा था। इस तरह मैं भी वही बन गया, जिसकी मैं आलोचना कर रहा था। शिकायत करना संक्रामक है और उसने यह रोग मुझे लगा दिया था।

नकारात्मक लोगों के प्रकार

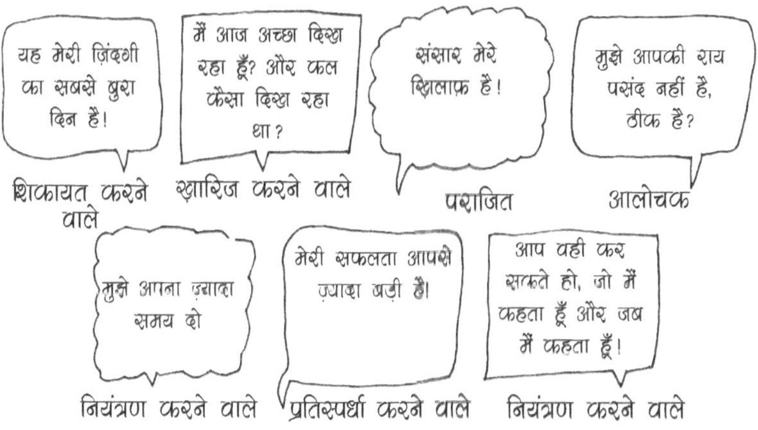

अध्ययन दर्शाते हैं कि मेरे जैसी नकारात्मकता असंलग्न लोगों के प्रति आक्रामकता बढ़ा सकती है और आपका नज़रिया जितना ज़्यादा नकारात्मक होता है, इस बात की उतनी ही ज़्यादा आशंका रहती है कि भविष्य में आपका नज़रिया नकारात्मक होगा। अध्ययनों से यह भी पता चलता है कि दीर्घकालीन तनाव, जैसा कि शिकायत करने से उत्पन्न होता है, दरअसल आपके हिप्पोकैम्पस को सिकोड़ देता है। यह आपके मस्तिष्क का वह क्षेत्र है, जो तर्कशक्ति और स्मृति को प्रभावित करता है। हिप्पोकैम्पस को सिकोड़ने वाला तनाव हॉर्मोन कॉर्टिसॉल आपके प्रतिरक्षण तंत्र को

भी कमज़ोर कर देता है (और ढेर सारे दूसरे हानिकारक प्रभाव भी डालता है)। मैं हर बुराई का दोष नकारात्मकता पर नहीं मढ़ रहा हूँ, लेकिन अगर सकारात्मक रहने से मुझे जाड़ों में एक बार सर्दी कम हो, तो मैं इसके पक्ष में हूँ।

नकारात्मक लोगों के प्रकार

नकारात्मक व्यवहार लगातार हमें घेरे रहते हैं, इसलिए हम उनके आदी हो जाते हैं। इस बारे में सोचें कि क्या आपके जीवन में निम्न में से कोई है :

- शिकायत करने वाले, मेरे फ़ोन वाले मित्र की तरह, जो समाधान की तलाश किए बिना लगातार शिकायत करते रहते हैं। जीवन एक समस्या है, जिसे सुलझाना असंभव नहीं, तो मुश्किल ज़रूर है।

- नकारने वाले, जो प्रशंसा को घुमा देते हैं : "आप आज अच्छे दिख रहे हैं" को घुमाकर वे यह कर लेते हैं, "आपका मतलब है कि कल मैं बुरा दिख रहा था?"

- पीड़ित, जो सोचते हैं कि सारा संसार उनके ख़िलाफ़ है और वे अपनी समस्याओं का दोष दूसरों पर मढ़ते हैं।

- आलोचक, जो राय न रखने या अपने से भिन्न राय रखने के लिए दूसरों की आलोचना करते हैं, क्योंकि आलोचक, जो विकल्प चुनता, आपने उससे भिन्न विकल्प चुना है या भिन्न काम किया है।

- माँग करने वाले, जिन्हें अपनी खुद की सीमाओं का अहसास होता है, लेकिन जो सफल होने के लिए दूसरों पर दबाव डालते हैं, हालाँकि वे खुद भी व्यस्त रहते हैं, लेकिन वे इस तरह की बात कहते हैं, "तुम्हारे पास मेरे लिए कभी समय ही नहीं रहता।"

- प्रतिस्पर्धी, जो अपनी तुलना दूसरों से करते हैं। ये लोग दूसरों को नियंत्रित करते हैं और चालाकी करते हैं, ताकि वे खुद को या अपने चुने हुए विकल्पों को बेहतर दिखा सकें। वे इतने ज़्यादा दर्द में होते हैं कि वे दूसरों को भी नीचे खींचना चाहते हैं। इन लोगों के आस-पास रहते वक़्त प्रायः हमें अपनी सफलताओं को कम करके दिखाना पड़ता है, क्योंकि हम जानते हैं कि वे उनकी क़द्र नहीं कर सकते।

- नियंत्रणकारी, जो निगरानी करते हैं और निर्देश देने की कोशिश करते हैं कि उनके मित्र या पार्टनर कैसे समय गुज़ारें, किसके साथ उठें-बैठें और कौन से विकल्प चुनें।

इस सूची का इस्तेमाल करके आप काफ़ी मज़े ले सकते हैं। इसके लिए आपको बस यह देखना है कि आपकी जान-पहचान के व्यक्ति किस श्रेणी में आते हैं, लेकिन

इसका असल महत्त्व यह नहीं है। इसका महत्त्व को उस व्यवहार पर ग़ौर करना और श्रेणीबद्ध करना है, जो आपके साथ किया जाता है। अगर आप हर एक को नकारात्मकता के एक ही बक्से में रख देते हैं ('उनसे तो चिढ़ छूटती है!'), तो आप यह निर्णय नहीं ले पाएँगे कि हर संबंध का प्रबंधन कैसे करना है।

जिस दिन मैं आश्रम में रहने गया, तब मेरे साथ इंग्लैंड से यात्रा करने वाले छह अन्य नए संन्यासी थे। आश्रम में मुझे बताया गया कि हम अपने नए घर को अस्पताल और ख़ुद को मरीज़ मानें। उनके हिसाब से संन्यासी बनना या भौतिक जीवन से विरक्त होना अपने आप में कोई उपलब्धि नहीं थी। इसका तो बस यह मतलब था कि हम उपचार की जगह पर आ गए थे, जहाँ हम आत्मा की बीमारियों से उबरने के लिए मेहनत कर सकें, जो हमें दूषित करती थीं और कमज़ोर करती थीं।

जैसा हम सभी जानते हैं, अस्पताल में डॉक्टर लोग भी बीमार पड़ जाते हैं। कोई भी रोग से पूरी तरह सुरक्षित नहीं होता। वरिष्ठ संन्यासियों ने हमें याद दिलाया कि हर व्यक्ति को अलग-अलग रोग था, हर व्यक्ति अब भी सीख रहा था और जिस तरह हम किसी दूसरे के रोगों की आलोचना या मूल्यांकन नहीं करते हैं, उसी तरह हमें ग़लत काम करने वाले व्यक्ति की आलोचना या मूल्यांकन भी नहीं करना चाहिए, सिर्फ़ इसलिए क्योंकि उसने हमसे अलग तरह से पाप किया। इस छोटी सी उपमा में गौरंग दास ने गागर में सागर भर दिया। हम अक्सर इसे याद कर लेते थे और संकल्प लेते थे कि दूसरों के प्रति नकारात्मक विचार नहीं रखेंगे : *किसी दूसरे रोग वाले रोगी की आलोचना मत करो। किसी के आदर्श होने की अपेक्षा मत करो। यह मत सोचो कि तुम ख़ुद आदर्श हो।*

नकारात्मक व्यवहार की आलोचना करने के बजाय टग इसे तटस्थ करने या इसे पलटकर सकारात्मक करने की कोशिश भी करते हैं। एक बार जब आप यह पहचान जाते हैं कि शिकायत करने वाला समाधान की तलाश नहीं कर रहा है, तो आप समझ जाते हैं कि आपको समाधान देने की कोई ज़रूरत नहीं है। यदि कोई माँग करने वाला कहता है, "आप मेरे लिए बहुत ज़्यादा व्यस्त हो," तो आप कह सकते हैं, "क्यों न हम एक ऐसा समय खोज लें, जो हम दोनों के लिए उपयुक्त हो?"

रिवर्स बाहरी नकारात्मकता

ऊपर बताई गई श्रेणियाँ नकारात्मक व्यक्ति से दूर क़दम हटाने में हमारी मदद करती हैं, ताकि हम स्थिति में अपनी भूमिका के बारे में स्पष्ट मानसिकता से निर्णय ले सकें। संन्यासी का तरीक़ा है जड़ तक खुदाई करें, निदान करें और स्थिति को स्पष्ट करें, ताकि आप इसे ख़ुद को सरलता से समझा सकें। आइए इस नीति का

इस्तेमाल करके नकारात्मक लोगों से निपटने की रणनीतियों को परिभाषित करते हैं।

निष्पक्ष अवलोकनकर्ता बनें

संन्यासी जागरूकता से नेतृत्व करते हैं। हम नकारात्मकता या दरअसल किसी भी तरह के संघर्ष का सामना करते समय उस पल के भावनात्मक आवेश से खुद को एक कदम पीछे हटा लेते हैं। कैथोलिक संन्यासी टॉमस कीटिंग ने कहा था, "कोई कमांडमेंट नहीं है, जो कहता हो कि हमें दूसरे लोगों के व्यवहार से विचलित होने की ज़रूरत है। हम विचलित इस कारण होते हैं, क्योंकि हमारे अंदर यह भावनात्मक प्रोग्रामिंग होती है, जो कहती है, "अगर किसी ने मेरे साथ बुरा सलूक किया है, तो मैं खुश नहीं हो सकता या अपने बारे में अच्छा महसूस नहीं कर सकता।"... आवेगपूर्ण प्रतिक्रिया करने और बदला लेने के बजाय हम मनुष्य के रूप में अपनी स्वतंत्रता का आनंद ले सकते हैं और क्रोधित या विचलित होने से इंकार कर सकते हैं।" हम भावनात्मक दृष्टि से दूर हट जाते हैं, और स्थिति को इस तरह देखते हैं, मानो इसका हमसे कोई संबंध नहीं है। हम इस दूरी के बारे में अगले अध्याय में ज़्यादा बात करेंगे, जिसे निर्लिप्तता कहा जाता है। हाल-फ़िलहाल मैं यही कहूँगा कि इससे हमें समझ मिलती है और आलोचना से बचने में मदद मिलती है। नकारात्मकता किसी की पहचान नहीं, बल्कि एक लक्षण है। किसी व्यक्ति की सच्ची प्रकृति बादलों से ढँक सकती है, लेकिन जिस तरह सूर्य बादलों के पीछे हमेशा मौजूद रहता है, उसी तरह उस व्यक्ति की सच्ची प्रकृति भी मौजूद होती है, सिर्फ़ दिखाई नहीं देती। और यह भी ध्यान रखें कि बादल हम में से किसी की सच्ची प्रकृति को ढँक सकते हैं। नकारात्मक ऊर्जा फैलाने वाले लोगों से पेश आते समय हमें इस बात को याद रखना चाहिए। जिस तरह हम यह नहीं चाहेंगे कि कोई हमारे सबसे बुरे पलों के आधार पर हमारा मूल्यांकन करे, उसी तरह हमें भी दूसरों के साथ ऐसा न करने के बारे में सावधान रहना चाहिए। जब कोई आपको आहत करता है, तो ऐसा इसलिए है, क्योंकि वे खुद आहत हैं। उनकी चोट बस छलक रही है। उन्हें सहायता की ज़रूरत है। और जैसा दलाई लामा कहते हैं, "अगर आप कर सकें, तो दूसरों की मदद करें; अगर आप यह नहीं कर सकते, तो कम से कम उनका नुक़सान न करें।"

धीरे-धीरे पीछे हटें

स्थिति को समझने के बाद हम नकारात्मक ऊर्जा से निपटने के लिए बेहतर तैयार होते हैं। सबसे सरल प्रतिक्रिया यह है कि हम धीरे-धीरे पीछे हट जाएँ। जिस तरह पिछले अध्याय में हमने अपने मूल्यों के साथ हस्तक्षेप करने वाले विपरीत प्रभावों को

छोड़ दिया था, उसी तरह हम उन नकारात्मक नज़रियों से खुद की सफ़ाई करना चाहते हैं, जो हमारे नज़रिये को बादलों की तरह ढँक लेते हैं। *द हार्ट ऑफ़ बुद्धाज़ टीचिंग* में बौद्ध संन्यासी तिक न्यात हन्ह लिखते हैं, "छोड़ने से हमें स्वतंत्रता मिलती है और स्वतंत्रता खुशी की एकमात्र शर्त है। यदि अपने दिल में हम किसी चीज़ से अब भी चिपके हुए हैं - क्रोध, चिंता या वस्तुएँ - तो हम स्वतंत्र नहीं हो सकते।" उन्हें माइंडफुलनेस का जनक कहा जाता है। मैं आपको प्रोत्साहित करता हूँ कि आप नकारात्मक विचारों और भावनाओं के भौतिक उद्दीपकों की सफ़ाई कर दें या उनसे बचें, जैसे वह शर्ट जो आपकी पूर्व प्रेमिका ने आपको दी थी या वह कॉफ़ी शॉप, जहाँ आप हमेशा किसी पुराने दोस्त से टकराते हैं। यदि भौतिक रूप से आप नहीं छोड़ते हैं, तो आप भावनात्मक रूप से भी नहीं छोड़ पाएँगे।

लेकिन जब परिवार के किसी सदस्य, मित्र या सहकर्मी का मामला हो, तो प्रायः खुद को दूर करना विकल्प नहीं होता है या पहली प्रतिक्रिया नहीं होती है, जो हम देना चाहते हैं। हमें दूसरी रणनीतियों का इस्तेमाल करने की ज़रूरत होती है।

25/75 का सिद्धांत

आपके जीवन में जितने भी नकारात्मक व्यक्ति हैं, उनसे तीन गुना ज़्यादा प्रेरक लोग रखें, यानी एक पर तीन का अनुपात। मैं अपने आस-पास ऐसे लोगों को रखने की कोशिश करता हूँ, जो किसी न किसी मायने में मुझसे बेहतर हों : ज़्यादा खुश, ज़्यादा आध्यात्मिक आदि। खेल की तरह जीवन में भी बेहतर खिलाड़ियों के आस-पास रहने से आप विकास करने के लिए प्रेरित होते हैं। मेरा मतलब यह नहीं है कि आग इसे शब्दशः लें और अपने हर मित्र पर नकारात्मक था प्रेरक का ठप्पा लगा लें। मैं तो बस यह कहना चाहता हूँ कि आपका कम से कम 75 प्रतिशत समय ऐसे लोगों के साथ बीतना चाहिए, जो आपको नीचे गिराने के बजाय प्रेरित करते हों। मित्रता को प्रेरक आदान-प्रदान बनाने में अपना योगदान दें। जिनसे आप प्रेम करते हैं, उनके साथ केवल समय न बिताएं, बल्कि उनके साथ विकास करें। किसी क्लास में जाएं, पुस्तक पढ़ें, वर्कशॉप में जाएं। *संघ* संस्कृत शब्द है, जिसका अर्थ है समुदाय। यह एक आश्रम का सुझाव देता है, जहाँ लोग एक दूसरे की सेवा करते हैं और प्रेरित करते हैं।

समय आवंटित करें

यदि आप नकारात्मकता को हटा नहीं सकते, तो इसे कम करने का एक और तरीका यह है कि आप इसे नियंत्रित करें। यह तय कर लें कि आप किसी व्यक्ति की ऊर्जा

के आधार पर उसे कितना समय देते हैं। हमारे सामने कुछ चुनौतियाँ तो सिर्फ़ इसलिए आती हैं, क्योंकि हम उन्हें ख़ुद को चुनौती देने की अनुमति देते हैं। कुछ लोग ऐसे हो सकते हैं, जिन्हें आप महीने में केवल एक घंटे के लिए झेल सकते हैं, कुछ को एक दिन के लिए, कुछ को एक सप्ताह के लिए। शायद आप एक मिनट वाले व्यक्ति को भी जानते होंगे। विचार करें कि उनके साथ कितना समय बिताना आपके लिए सर्वश्रेष्ठ है और फिर उस समयसीमा को पार न करें।

तारणहार न बनें

यदि किसी को सिर्फ़ आपके ध्यान की ज़रूरत है, तो आप ज़्यादा ऊर्जा ख़र्च किए बिना सुन सकते हैं। यदि हम समस्या सुलझाने वाला बनने की कोशिश करते हैं, तब अगर लोग हमारी बुद्धिमत्तापूर्ण सलाह नहीं मानते हैं, तो हमें कुंठा होती है। दूसरों को बचाने की इच्छा अहं से संचालित होती है। अपनी ख़ुद की आवश्यकताओं की वजह से प्रतिक्रिया न दें। *सेइंग्स ऑफ़ द फ़ादर्स* यहूदी रब्बी परंपरा के उपदेशों और सूक्तियों का संग्रह है। इसमें यह सलाह दी गई है, "किसी दूसरे के मुँह के दाँत मत गिनो।" इसी तरह, किसी समस्या को सुलझाने की तब तक कोशिश न करें, जब तक कि आपमें आवश्यक योग्यताएँ न हों। अपने मित्र को ऐसा व्यक्ति मानें, जो डूब रहा है। यदि आप उत्कृष्ट तैराक हों, प्रशिक्षित लाइफ़गार्ड हों, तो आपमें डूबते आदमी की मदद करने की शक्ति और सामर्थ्य होता है। इसी तरह अगर आपके पास किसी दूसरे व्यक्ति की मदद करने के लिए समय और मानसिक स्थान है, तो ऐसा ज़रूर करें, लेकिन अगर आप सिर्फ़ कामचलाऊ तैरना जानते हैं और किसी डूबते आदमी को बचाने की कोशिश करते हैं, तो इस बात की काफ़ी आशंका है कि वह ख़ुद के साथ आपको भी नीचे खींच लेगा। इसके बजाय आप लाइफ़गार्ड को आवाज़ देते हैं। इसी तरह, अगर आपके पास किसी मित्र की मदद करने के लिए आवश्यक ऊर्जा और अनुभव न हो, तो आप उन लोगों या विचारों से उनका परिचय करा सकते हैं, जो उसकी मदद कर सकते हैं। शायद कोई दूसरा उनका तारणहार बन सकता है।

रिवर्स आंतरिक नकारात्मकता

बाहर से अंदर काम करना अव्यवस्थित से व्यवस्थित बनने का स्वाभाविक तरीक़ा है। एक बार जब हम बाहरी नकारात्मकताओं को पहचान लेते हैं और उन्हें उदासीन करने लगते हैं, तो हम अपनी ख़ुद की नकारात्मक प्रवृत्तियों को देखने में ज़्यादा सक्षम बन जाते हैं और उन्हें उलटना शुरू कर देते हैं।

कई बार हम उस नकारात्मकता की ज़िम्मेदारी लेने से इंकार कर देते हैं, जो हमने संसार में बाहर भेजी है, लेकिन नकारात्मकता हमेशा दूसरे लोगों से नहीं आती है और यह हमेशा बोले गए शब्दों के माध्यम से भी नहीं आती है। ईर्ष्या, शिकायत, क्रोध – नकारात्मकता की संस्कृति के लिए अपने आस-पास के लोगों को दोष देना ज़्यादा आसान होता है, लेकिन अपने ख़ुद के विचारों को शुद्ध करके हम दूसरों के प्रभाव से अपनी रक्षा कर सकते हैं।

आश्रम में शुद्धता की हमारी आकांक्षाएँ इतनी ज़्यादा ऊँची थीं कि हमारे बीच त्याग की 'प्रतिस्पर्धा' होती थी ("मैं उस संन्यासी से कम खाता हूँ," "मैंने बाकी सबसे ज़्यादा समय तक ध्यान लगाया"), लेकिन संन्यासी को ख़ुद पर हँसना चाहिए, अगर ध्यान के अंत में उसका आख़िरी विचार यह हो, "मेरी तरफ़ देखो! मैंने उन सबसे ज़्यादा समय तक ध्यान लगाया!" अगर उसे यहीं पहुँचना था, तो फिर ध्यान लगाने का क्या तुक था? हान्ना वार्ड और जेनिफ़र वाइल्ड द्वारा संपादित उद्धरणों के संकलन द *मोनास्टिक वे* में सिस्टर क्रिस्टाइन व्लादिमिरॉफ़ कहती हैं, "(मठ में) जिस एकमात्र प्रतिस्पर्धा की अनुमति दी जाती है, वह है प्रेम और सम्मान दिखाने में एक दूसरे से आगे निकलना।"

प्रतिस्पर्धा से ईर्ष्या उत्पन्न होती है। महाभारत में एक बुरा योद्धा दूसरे योद्धा से ईर्ष्या करता है और चाहता है कि सामने वाला अपना सब कुछ खो दे। बुरा योद्धा अपनी पोशाक में कोयले का जलता हुआ टुकड़ा छिपाकर चलता है और उस व्यक्ति पर फेंकने की योजना बनाता है, जिससे वह ईर्ष्या करता है। इसके बजाय उसकी ख़ुद की पोशाक में आग लग जाती है और बुरा योद्धा ख़ुद जल जाता है। ईर्ष्या की वजह से वह ख़ुद अपना दुश्मन बन जाता है।

दूसरों के दुख देखकर ख़ुश होना ईर्ष्या का निकट संबंधी है। जब हम दूसरे लोगों की असफलताओं पर ख़ुश होते हैं, तो हम किसी दूसरे की अपूर्णता या बदकिस्मती की डाँवाडोल बुनियाद पर अपने अहं का मकान बना रहे हैं। यह स्थिर या टिकाऊ ज़मीन नहीं है। वास्तव में, जब हम ख़ुद को दूसरों का मूल्यांकन करते पाएँ, तो हमें इस पर ग़ौर करना चाहिए। यह एक संकेत है कि हमारा मस्तिष्क हमें इस भ्रम में रख रहा है कि हम आगे बढ़ रहे हैं, जबकि हक़ीक़त में हम अटके हुए हैं। तुमने कल जितने फल बेचे थे, अगर मैंने उससे ज़्यादा बेचे, लेकिन तुमने आज ज़्यादा बेचे, तो इससे इस बारे में कुछ पता नहीं चलता है कि फल बेचने वाले के रूप में मैं बेहतर बन रहा हूँ। **हम अपने आस-पास के लोगों की तुलना करके ख़ुद को जितना ज़्यादा परिभाषित करते हैं, हम उतने ही ज़्यादा भटक जाते हैं।**

हम ईर्ष्या, द्वेष, काम, क्रोध, गर्व और मोह से कभी पूरी तरह मुक्त नहीं हो सकते, लेकिन इसका यह मतलब नहीं है कि हमें इसकी कोशिश ही छोड़ देनी

चाहिए। संस्कृत में अनर्थ शब्द का मतलब है 'अनचाही चीज़ें,' और *अनर्थ-निवृत्ति* अभ्यास करना अवांछित या अनचाहे को हटाना है। हम सोचते हैं कि स्वतंत्रता का मतलब हर मनचाही बात कहने की छूट है। हम सोचते हैं कि स्वतंत्रता का मतलब यह है कि हम अपनी सभी इच्छाओं का पीछा कर सकें। सच्ची स्वतंत्रता अनचाही चीज़ों को छोड़ने में है, उन अनियंत्रित इच्छाओं को छोड़ने में है, जो हमें अनचाहे अंत की ओर ले जाती हैं।

मुक्त होने का मतलब नकारात्मक विचारों और भावनाओं को पूरी तरह मिटाना नहीं है। सच तो यह है कि ऐसे विचार हमेशा उत्पन्न होंगे – फ़र्क़ तो इससे पड़ता है कि हम उनके साथ क्या करते हैं। पड़ोसी के कुत्ते के भौंकने से चिढ़ होती है। इससे आपको हमेशा बाधा आएगी। सवाल यह है कि आप अपनी प्रतिक्रिया को कैसे ढालते हैं। स्व-जागरूकता ही सच्ची स्वतंत्रता की कुंजी है।

अपनी खुद की नकारात्मकता के मूल्यांकन में यह ध्यान रखें कि छोटे-छोटे कार्यों के भी परिणाम होते हैं। जब हम दूसरों की नकारात्मकता के बारे में ज़्यादा जागरूक बनते हैं और कहते हैं, "वह हमेशा शिकायत करती रहती है," तो हम भी नकारात्मक बन रहे हैं। आश्रम में हम मच्छरदानी में सोते थे। हर रात को हम अपनी मच्छरदानी बंद करते थे और फ़्लैशलाइट जलाकर यह तसल्ली कर लेते थे कि अंदर मच्छर तो नहीं हैं। एक सुबह जागने पर मैंने पाया कि एक मच्छर मेरी मच्छरदानी में था और उसने मुझे कम से कम दस जगह काटा था। मुझे दलाई लामा की वह बात याद आई, "अगर आप सोचते हैं कि आप इतने छोटे हैं कि फ़र्क़ नहीं डाल सकते, तो किसी मच्छर के साथ सोने की कोशिश करें।" ओछे, नकारात्मक विचार और शब्द मच्छर जैसे होते हैं : छोटे से छोटा विचार भी हमारी शांति छीन सकता है।

पहचानो, रुको, बदलो

हममें से ज़्यादातर लोग अपने नकारात्मक विचारों को देख भी नहीं पाते हैं, जैसे मैं उस अकेले मच्छर को नहीं देख पाया था। अपने विचारों को शुद्ध करने के लिए संन्यासी जागरूकता, संबोधित करने और सुधारने की प्रक्रिया के बारे में बात करते हैं। मुझे इसका सरल रूपांतरण ज़्यादा पसंद है, जिसे याद रखना आसान है : पहचानो, रुको, बदलो। सबसे पहले हम किसी भावना या मुद्दे के बारे में जागरूक बनते हैं। हम इसे *पहचानते* हैं, फिर हम उसे संबोधित करने के लिए *ठहरते* हैं कि भावना क्या है और यह कहाँ से आई है। हम इस पर विचार करने के लिए रुकते हैं। और अंत में, हम अपने व्यवहार को सुधारते हैं। हम अपनी प्रतिक्रिया के तरीके को *बदलते* हैं। पहचानो, रुको, बदलो।

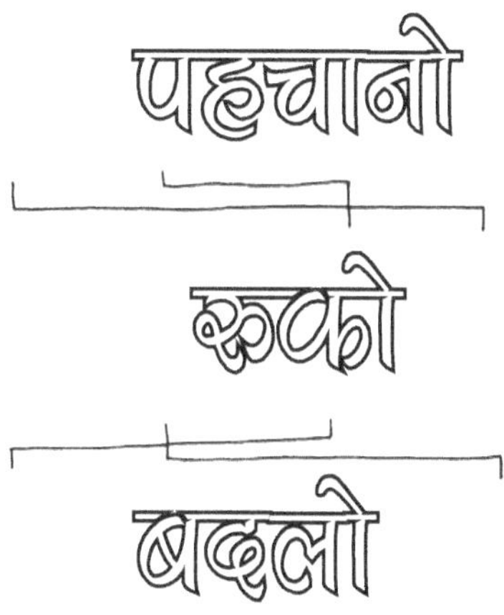

किसी भावना या मुद्दे को पहचानो
यह समझने के लिए रुको कि यह क्या है
प्रोसेसिंग के एक नए तरीक़े में बदलो

पहचानो

नकारात्मकता के प्रति जागरूक बनने का मतलब यह है कि आप अपने आस-पास के नकारात्मक आवेगों को पहचानना सीखते हैं। हमारे संन्यासी गुरुओं ने हमें खुद की नकारात्मकता से निपटने का एक बड़ा अच्छा तरीक़ा बताया था। उन्होंने हमसे कहा कि हम एक सप्ताह तक शिकायत न करें, तुलना न करें या आलोचना न करें। हम जितनी भी बार अपनी इस कोशिश में नाकाम रहें, हम उसकी संख्या लिख लें। लक्ष्य यह था कि हर दिन की संख्या पिछले दिन की संख्या से कम रहे। हम इन प्रवृत्तियों के बारे में जितना ज़्यादा जागरूक बनते हैं, हम उनसे उतने ही ज़्यादा मुक्त हो सकते हैं।

इसे आज़माएँ : अपनी नकारात्मक टिप्पणियों की ऑडिट करें

आप एक सप्ताह में कितनी नकारात्मक टिप्पणियाँ करते हैं, उनका हिसाब रखें। देखें कि क्या आप अपनी दैनिक संख्या को कम कर सकते हैं। लक्ष्य शून्य है।

आपके नकारात्मक विचारों और टिप्पणियों की सूची बनाने का फ़ायदा यह होगा कि आपको उनके स्रोत पर मनन करने में मदद मिलेगी। क्या आप किसी मित्र के हुलिये का मूल्यांकन कर रहे हैं और क्या आप अपने ख़ुद के हुलिये के मामले में भी उतने ही कठोर हैं? क्या आप अपने ख़ुद के योगदान पर विचार किए बिना काम के बारे में बड़बड़ा रहे हैं? क्या आप किसी मित्र की बीमारी की जानकारी अपनी करुणा की ओर ध्यान खींचने के लिए दे रहे हैं या आप उस मित्र के लिए ज़्यादा मदद हासिल करने की उम्मीद कर रहे हैं?

जो है, उस पर नकारात्मक प्रतिक्रिया करने के बजाय कई बार हम नकारात्मक अनुमान लगा लेते हैं कि क्या हो सकता है। यह शक है। एक बुरे राजा के बारे में नीतिकथा है, जो एक अच्छे राजा से मिलने गया। जब वे रात्रिभोज करने बैठे, तो बुरे राजा ने अपनी प्लेट अच्छे राजा की प्लेट से बदल ली। जब अच्छे राजा ने कारण पूछा, तो बुरे राजा ने जवाब दिया, "हो सकता है आपने इस भोजन में ज़हर मिला दिया हो।"

यह सुनकर अच्छा राजा हँसा।

यह देखकर बुरा राजा और भी ज़्यादा घबरा गया और उसने एक बार फिर प्लेटें बदल लीं। वह सोचने लगा कि शायद उसे दोहरा धोखा दिया जा रहा है। अच्छे राजा ने बस अपना सिर हिलाया और अपने सामने की प्लेट से खाना शुरू कर दिया। बुरे राजा ने उस रात एक कौर भी नहीं खाया।

हम किसी दूसरे में जिसकी आलोचना करते हैं, ईर्ष्या करते हैं या शक करते हैं, वह हमारे भीतर के अंधकार में हमें राह दिखा सकता है। बुरा राजा अपने ख़ुद के कपट को अच्छे राजा पर प्रक्षेपित करता है। इसी तरह किसी के प्रति हमारी ईर्ष्या या अधीरता या शक हमें अपने बारे में कुछ बताता है। नकारात्मक प्रक्षेपण और शंकाएँ हमारी ख़ुद की असुरक्षाओं को प्रतिबिंबित करती हैं और हमारी राह में बाधक बन जाती हैं। यदि आप निर्णय लेते हैं कि आपका बॉस आपके ख़िलाफ़ है, तो इससे आप भावनात्मक रूप से प्रभावित होंगे। हो सकता है आप इतने ज़्यादा हताश हो जाएँ कि आप ऑफ़िस में अच्छा प्रदर्शन नहीं कर पाएँ – या व्यावहारिक रूप से आप वह वेतनवृद्धि न माँगें, जिसके आप हक़दार हैं। दोनों ही मामलों में बुरे राजा की तरह आप भी भूखे रहेंगे!

रुकें

जब आप अपनी नकारात्मक की जड़ों को अच्छी तरह समझ लेते हैं, तो अगला क़दम इसे संबोधित करना है। अपनी नकारात्मकता को ख़ामोश करने के लिए ऐसे विचारों और कार्यों के लिए जगह बनाएँ, जो आपके जीवन में से घटाने के बजाय इसमें वृद्धि

करें। अपनी साँस से शुरुआत करें। जब हम तनावग्रस्त होते हैं, तो हम अपनी साँस रोक लेते हैं या जबड़े भींच लेते हैं। हम पराजय में कंधे झुका देते हैं या अपने कंधों को जबरन तान लेते हैं। पूरे दिन अपनी शारीरिक स्थिति का अवलोकन करें। क्या आपका जबड़ा कसा हुआ है? क्या आपकी भौंह तनी हुई है? ये संकेत हैं कि हमें साँस लेने और शारीरिक व भावनात्मक रूप से खुद को ढीला करने की ज़रूरत है।

भगवद्गीता में भाषा के संयम का ज़िक्र किया गया है। इसमें कहा गया है कि हमें केवल वही शब्द बोलने चाहिए, जो सत्य हों, सबके लिए लाभकारी हों, सुखद हों और दूसरों के मन को आंदोलित न करते हों। शुरुआती बौद्ध धर्मग्रंथों के वाकसूत्र इसी तरह की बुद्धिमत्ता प्रदान करते हैं और अच्छी तरह बोले गए कथन की परिभाषा बताते हुए कहते हैं कि यह "सही समय पर बोला जाता है। यह सत्य में बोला जाता है। यह स्नेह से बोला जाता है। यह मंगलकारी तरीक़े से बोला जाता है। यह सद्भाव की मानसिकता से बोला जाता है।"

याद रखें, हम जो चाहते हैं, हम जब चाहते हैं, हम जैसे चाहते हैं, वह बोलना स्वतंत्रता नहीं है। सच्ची स्वतंत्रता इन चीज़ों को बोलने की ज़रूरत महसूस न करना है।

जब हम अपनी नकारात्मक भाषा को सीमित कर लेते हैं, तो हम यह पाते हैं कि हमारे पास कहने के लिए बहुत कम है। हम संकोच भी महसूस कर सकते हैं। कोई भी मौन से प्रेम नहीं करता, लेकिन खुद को नकारात्मकता से स्वतंत्र करना इतना महत्त्वपूर्ण है कि हमें ऐसा करना चाहिए। किसी दूसरे के आलस की आलोचना करने से आप ज़्यादा मेहनती नहीं बन जाते हैं। अपने वैवाहिक जीवन की तुलना किसी दूसरे से करने से आपका वैवाहिक जीवन बेहतर नहीं बनता है, जब तक कि आप ऐसा विचारपूर्वक और उपयोगी ढंग से न करें। आलोचना से भ्रम उत्पन्न होता है कि अगर आप सामने वाले में बुराई खोजने में सक्षम हैं, तो आप बेहतर हैं, अगर कोई दूसरा असफल हो रहा है, तो आप आगे बढ़ रहे होंगे। वास्तव में, सावधान, विचारपूर्ण अवलोकन ही हमें आगे बढ़ाता है।

रुकने का मतलब नकारात्मक सहज बोध को छोड़ना नहीं है। इसके ज़्यादा क़रीब जाएँ। ऑस्ट्रेलियाई सामुदायिक कार्यकर्ता नील बैरिंगहैम ने कहा था, "घास वहाँ ज़्यादा हरी होती है, जहाँ आप इसे पानी देते हैं।" इस बात पर ग़ौर करें कि किस चीज़ या व्यक्ति से आपकी नकारात्मकता उत्पन्न हो रही है। क्या उनके पास ज़्यादा समय, बेहतर नौकरी या ज़्यादा सक्रिय सामाजिक जीवन दिखता है? क्योंकि तीसरे क़दम में आप अपने बगीचे में भी वही बीज उगाना चाहेंगे। मिसाल के तौर पर, किसी दूसरे की सामाजिक गतिविधियों की अपनी ईर्ष्या को लें। आपको इसमें पार्टी आयोजित करने या पुराने मित्रों से संपर्क करने या काम के बाद मिलने की व्यवस्था करने की प्रेरणा मिल सकती है। अपने महत्त्व को खोजना महत्त्वपूर्ण है,

लेकिन इसकी तलाश दूसरों की ईर्ष्या में न करें, इसके बजाय वह इंसान बनकर यह काम करें, जो हम बनना चाहते हैं।

बदलें

अपने हृदय, मस्तिष्क और भाषा में नकारात्मकता को पहचानने और रोकने के बाद आप इसे सुधारना शुरू कर सकते हैं। हममें से ज़्यादातर संन्यासी शिकायत करना, तुलना करना और आलोचना करना पूरी तरह नहीं छोड़ पाए थे और आप भी यह उम्मीद नहीं कर सकते कि आपकी इस आदत का शत-प्रतिशत इलाज हो जाएगा, लेकिन शोधकर्ताओं ने पाया है कि खुश लोगों में विचारपूर्वक शिकायत करने की प्रवृत्ति होती है। दूसरी ओर, बिना सोच-विचार के शिकायत करने से आपका दिन ज़्यादा बुरा बनता है। यह पता चलता है कि विचलित करने वाली घटनाओं के बारे में जरनल में लिखने यानी अपने विचारों और भावनाओं पर ध्यान देने से विकास और उपचार को बढ़ावा मिलता है, केवल मानसिक रूप से ही नहीं, बल्कि शारीरिक दृष्टि से भी।

हम स्पष्ट बनकर अपनी नकारात्मकता के बारे में विचारपूर्ण या माइंडफुल हो सकते हैं। जब कोई पूछता है कि हम कैसे हैं, तो हम आम तौर पर जवाब देते हैं, "अच्छा," "ठीक," "बढ़िया," या "बुरा।" कई बार ऐसा इसलिए होता है, क्योंकि हम जानते हैं कि सामने वाला हमसे सच्चे और लंबे जवाब की उम्मीद नहीं कर रहा है, लेकिन शिकायत करते समय भी हम इतने ही अस्पष्ट होते हैं। हम कहते हैं कि हम नाराज़ या दुखी हैं, जबकि हम चिड़े हुए या निराश होते हैं। हम अपने शब्दों को सावधानी से चुनकर अपनी भावनाओं का ज़्यादा अच्छी तरह प्रबंधन कर सकते हैं। नाराज़, दुखी, तनावपूर्ण, आहत, लज्जित और खुश के बजाय हार्वर्ड बिज़नेस रिव्यू नौ ज़्यादा विशिष्ट शब्दों की सूची देता है, जिनका इस्तेमाल हम इनमें से प्रत्येक भावना के लिए कर सकते हैं। नाराज़ के बजाय हम अपना वर्णन चिड़चिड़ा, रक्षात्मक या द्वेषपूर्ण के रूप में बेहतर तरीक़े से कर सकते हैं। संन्यासियों को शांत माना जाता है, इसका एक कारण यह भी है कि उन्हें अपने शब्दों को बड़ी सावधानी से चुनने का प्रशिक्षण दिया जाता है, जिसमें थोड़ा समय लगता है। हम शब्दों को सावधानी से चुनते हैं और उनका उद्देश्यपूर्ण इस्तेमाल करते हैं।

बुरे संवाद में बहुत कुछ खो जाता है। मिसाल के तौर पर, अगर आप किसी सहेली से यह शिकायत करती हैं कि आपका पति देर से घर आता है, तो वह इस बारे में कुछ नहीं कर सकती। इसके बजाय सीधे और विचारपूर्वक अपने पति से संवाद करें। आप कह सकती हैं, "मैं प्रशंसा करती हूँ कि आप कड़ी मेहनत करते हैं और आपको बहुत कुछ सँभालना होता है। जब आप निश्चित समय पर घर

नहीं आते हैं, तो मैं परेशान हो जाती हूँ। आपको जैसे ही लगे कि आपको देर हो रही है, आप मुझे मैसेज भेजकर मेरी परेशानी दूर कर सकते हैं।” जब हमारी शिकायतों को समझ लिया जाता है – खुद के द्वारा और दूसरों के द्वारा – तो वे ज़्यादा उपयोगी बन सकती हैं।

अपनी नकारात्मकता को ज़्यादा उपयोगी बनाने के अलावा हम एक और काम कर सकते हैं। हम इसे सकारात्मकता में भी बदल सकते हैं। जैसा मैंने ज़िक्र किया है, इसका एक तरीक़ा ईर्ष्या जैसी नकारात्मक भावनाओं की जड़ तक जाकर हम यह पहचानें कि हम क्या चाहते हैं, लेकिन हम इसे नई भावनाओं में भी बदल सकते हैं। अँग्रेज़ी भाषा में हमारे पास परानुभूति और करुणा जैसे शब्द हैं, जो दूसरों के दर्द को महसूस करने की क्षमता का वर्णन करते हैं, लेकिन दूसरों की खुशी का अनुभव करने के लिए हमारे पास कोई शब्द नहीं है – दूसरे लोगों की खुशी में खुश होना। शायद यह इस बात का संकेत है कि हम सभी को इस पर काम करने की ज़रूरत है। मुदित होना दूसरों के सौभाग्य में निस्वार्थ आनंद लेने का सिद्धांत है।

यदि मुझे केवल अपनी ही सफलताओं से खुशी मिलती है, तो मैं अपनी खुशी को सीमित कर रहा हूँ, लेकिन अगर मुझे अपने मित्रों और परिवार वालों की सफलताओं से भी खुशी मिलती है – दस, बीस, पचास लोग! – तो मुझे पचास गुना ज़्यादा खुशी और आनंद मिलता है। यह कौन नहीं चाहेगा?

भौतिक संसार ने हमें विश्वास दिला दिया है कि अच्छे कॉलेजों की संख्या सीमित है, अच्छी नौकरियों की संख्या सीमित है, खुशकिस्मत लोगों की संख्या सीमित है। हम यह मानते हैं कि ऐसे सीमित संसार में सफलता और खुशी की निश्चित मात्रा ही उपलब्ध है। इसका मतलब है कि अगर दूसरे लोग सफल या खुश हैं, तो हमारे सफल या खुश होने की संभावना घट जाती है, लेकिन रांन्यासी यह मानते हैं कि जब खुशी और आनंद की बात आती है, तो हमेशा एक सीट होती है, जिस पर आपका नाम होता है। दूसरे शब्दों में आपको इस बारे में चिंता करने की ज़रूरत नहीं है कि कोई दूसरा आपकी जगह ले लेगा। खुशी के थिएटर में कोई सीमा नहीं है। जो भी *मुदित* होना चाहता है, वह शो देख सकता है। असीमित सीट हैं, इसलिए पीछे रह जाने का कोई डर नहीं है।

राधानाथ स्वामी मेरे आध्यात्मिक गुरु हैं और उन्होंने *द जरनी होम* सहित कई पुस्तकें लिखी हैं। एक बार मैंने उनसे पूछा था कि संसार में इतनी ज़्यादा नकारात्मकता है, फिर हम शांत कैसे रहें और सकारात्मक शक्ति कैसे बनें। उनका जवाब था, “हमारे चारों तरफ़ हर जगह प्रदूषण है। परिवेश में, राजनीतिक माहौल में, लेकिन इसका स्रोत लोगों के हृदय में है। जब तक हम अपने खुद के हृदय के पर्यावरण की सफाई नहीं करते हैं और दूसरों को भी ऐसा ही करने के लिए प्रेरित नहीं करते हैं, तब तक हम परिवेश को प्रदूषित करते रहेंगे, लेकिन अगर हम अपने

हृदय को शुद्ध कर लेते हैं, तो हम अपने आस-पास के संसार में भारी शुद्धता का योगदान दे सकते हैं।"

इसे आज़माएँ : विपरीत ईर्ष्या

पाँच लोगों की सूची बनाएँ, जिनकी आप परवाह करते हैं, लेकिन जिनके साथ आप प्रतिस्पर्धा भी करते हैं। उनमें से प्रत्येक के प्रति ईर्ष्या महसूस करने का कम से कम एक कारण बताएँ : कोई चीज़ जो उन्होंने हासिल की है, कोई चीज़ जिसमें वे बेहतर हैं, कोई ऐसी चीज़ जो उनके लिए अच्छी रही है। क्या उस उपलब्धि ने सचमुच आपसे कुछ छीना? अब इस बारे में सोचें कि इससे आपके मित्र को कैसे लाभ हुआ। इस उपलब्धि से उन्हें जो भी अच्छी चीज़ें मिली हैं, हर अच्छी चीज़ का मानसिक चित्र देखें। क्या आप इन चीज़ों में से किसी को कम करना चाहेंगे, यदि आप यह जानते हों कि वह चीज़ आपको नहीं मिलेगी? अगर ऐसा है, तो यह ईर्ष्या आपके आनंद को लूट रही है। आपके मित्र ने जो भी हासिल किया है, ईर्ष्या आपके लिए उससे ज्यादा विनाशकारी है। इसका रूपांतरण करने में अपनी ऊर्जा लगाएँ।

क्षमा : क्रोध को सुधारना

हमने आपके जीवन में दैनिक नकारात्मकता का प्रबंधन करने और उसे न्यूनतम करने की रणनीतियों के बारे में बात कर ली है, लेकिन दर्द और क्रोध जैसे ज़्यादा बड़े नकारात्मक भावों की तुलना में शिकायत करने, तुलना करने और गपशप करने जैसे छुटपुट सिरदर्दों का ज़्यादा आसानी से प्रबंधन किया जा सकता है। हम सभी किसी न किसी रूप में क्रोध मौजूद रहता है : अतीत पर क्रोध, या लोगों पर क्रोध जो हमारे जीवन में बड़ी भूमिका निभा रहे हैं। दुर्भाग्य पर क्रोध। जीवित और मृत लोगों पर क्रोध। क्रोध अंदर की ओर मुड़ा हुआ।

जब हम बुरी तरह आहत होते हैं, तो क्रोध अक्सर हमारी प्रतिक्रिया का हिस्सा होता है। क्रोध नकारात्मक भावना की एक बड़ी, अंगारे जैसी गेंद है और जब हम अपनी कोशिशों के बावजूद इसे दूर नहीं सोच पाते हैं, तो क्रोध सजीव और सक्रिय हो जाता है। इसके भारी दुष्परिणाम होते हैं। मैं ख़ास तौर पर इस बारे में बात करना चाहता हूँ कि हम उस क्रोध से कैसे निपटें, जो हम दूसरे लोगों के प्रति महसूस करते हैं।

क्षमा संस्कृत शब्द है। यह सुझाव देता है कि आप दूसरों के साथ अपने व्यवहार में धैर्य और सहिष्णुता दिखाएँ। कई बार हम इतनी गहराई से आहत होते

हैं कि हम यह सोच भी नहीं सकते कि हम चोट पहुँचाने वाले इंसान को क्षमा कर सकते हैं, लेकिन हममें से ज़्यादातर की मान्यता के विपरीत क्षमा मूलतः एक आंतरिक कार्य है, जिसे हम अपने भीतर करते हैं। कई बार यह बेहतर (और ज़्यादा सुरक्षित व ज़्यादा स्वस्थ) होता है कि उस व्यक्ति से कोई भी सीधा संपर्क न रखा जाए; कई बार हमें चोट पहुँचाने वाला व्यक्ति सीधे क्षमा करने के लिए आस-पास नहीं होता, लेकिन इन चीज़ों से क्षमा में बाधा नहीं आती है, क्योंकि यह सबसे बढ़कर आंतरिक होती है। यह आपको क्रोध से मुक्त करती है।

मेरे एक ग्राहक ने मुझे बताया, "मुझे अपने बचपन में पीछे लौटकर स्पष्टता से पता लगाना था कि मुझे ऐसा क्यों महसूस होता है कि कोई मुझसे प्रेम नहीं करता और मैं अयोग्य हूँ। मेरी दादी ने मुझमें यह भावना भरी थी। मुझे अहसास हुआ कि वे मेरे साथ अलग तरीक़े से व्यवहार इसलिए करती थीं, क्योंकि वे मेरी माँ को पसंद नहीं करती थीं। मुझे उन्हें क्षमा करना था, हालाँकि वे पहले ही गुज़र चुकी थीं। मुझे अहसास हुआ कि मैं हमेशा योग्य था और हमेशा प्रेम करने लायक़ था। गड़बड़ मुझमें नहीं, उनमें थी।"

भगवद्गीता तीन गुणों का वर्णन करती है : *तामस, राजस* और *सात्विक,* जिनका अनुवाद है 'अज्ञान', 'आवेग,' और 'अच्छाई'। मैंने पाया है कि इन तीनों को किसी भी गतिविधि पर लागू किया जा सकता है। मिसाल के तौर पर, जब आप किसी विवाद से एक क़दम पीछे हटते हैं और समझ की तलाश करते हैं, तो राजस – आवेग और आवेश – से बाहर निकलें। फिर अपनी मानसिकता को बदलकर सात्विक – अच्छाई, सकारात्मकता और शांति – की ओर ले जाएँ। इसकी कोशिश करना बहुत उपयोगी होता है। ये तीनों गुण क्षमा संबंधी मेरी नीति की बुनियाद हैं।

कायाकल्पकारी क्षमा

क्षमा का मार्ग खोजने से पहले हम क्रोध में अटके होते हैं। यह भी हो सकता है कि हम प्रतिशोध लेना चाहें और सामने वाले ने हमें जो दर्द दिया है, उतना ही उसे भी देना चाहें। आँख के बदले आँख का सिद्धांत। प्रतिशोध अज्ञानता का तरीक़ा है। अक्सर कहा जाता है कि आप किसी दूसरे को तोड़कर खुद की मरम्मत नहीं कर सकते। संन्यासी अपने निर्णय और भावनाएँ दूसरों के व्यवहार पर आधारित नहीं करते हैं। आप यह मानते हैं कि प्रतिशोध लेने पर आपको ज़्यादा अच्छा लगेगा। इसके पीछे आपकी यह मान्यता होती है कि तब सामने वाला एक निश्चित तरीक़े से प्रतिक्रिया देगा, लेकिन जब आपके प्रतिशोध के बावजूद सामने वाला वह प्रतिक्रिया नहीं देता है, जिसकी आपने कल्पना की थी – तब क्या होता है? तब *आप* और ज़्यादा दर्द महसूस करते हैं। प्रतिशोध पलटवार कर देता है।

जब आप प्रतिशोध से ऊपर उठ जाते हैं, तभी आप क्षमा की प्रक्रिया शुरू कर सकते हैं। लोगों में द्वैत के संदर्भ में सोचने की प्रवृत्ति होती है : आप या तो किसी को क्षमा करते हैं या आप किसी को क्षमा नहीं करते हैं, लेकिन (जैसा मैंने इस पुस्तक में एक से ज़्यादा बार बताया है) प्रायः बहुत सारे स्तर होते हैं। ये स्तर हमें वह बनने का अवसर देते हैं, जो हम हैं। ये हमें अपने खुद के समय में प्रगति करने का अवसर देते हैं। ये हमें वहाँ तक ऊपर जाने का अवसर देते हैं, जहाँ तक हम ऊपर चढ़ सकते हैं। क्षमा की स्केल पर सबसे निचला स्तर है *शून्य क्षमा* (हालाँकि यह प्रतिशोध से ज़्यादा ऊँचा है)। "मैं उस व्यक्ति को क्षमा नहीं करूँगा, चाहे जो हो जाए। मैं उसे नुक़सान नहीं पहुँचाना चाहता, लेकिन मैं उसे कभी क्षमा भी नहीं करने वाला।" इस पायदान पर हम अब भी क्रोध में अटके हुए हैं और कोई समाधान नहीं है। जैसी आप कल्पना कर सकते हैं, यह रुकने के लिए काफ़ी कष्टकारी जगह है।

कायाकल्पकारी क्षमा

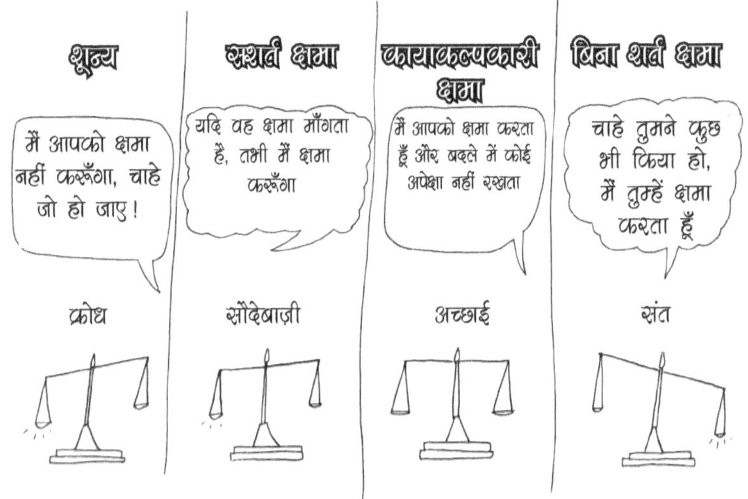

अगला क़दम है *सशर्त क्षमा* : अगर वह माफ़ी माँगता है, तो मैं क्षमा कर दूँगा। अगर वह वादा करता है कि ऐसा दोबारा कभी नहीं करेगा, तो मैं क्षमा कर दूँगा। यह आदान-प्रदान की क्षमा आवेग से संचालित है - आपकी खुद की भावनाओं को पोषण देने की आवश्यकता से संचालित है। लूथर कॉलेज का शोध दर्शाता है कि क्षमा करना ज़्यादा आसान नज़र आता है, जब क्षमा माँगी या दी जाती है, लेकिन मैं नहीं चाहता कि हम सशर्त क्षमा पर ध्यान केंद्रित करें। मैं चाहता हूँ कि आप थोड़े और ऊँचे उठें।

अगला कदम है *कायाकल्पकारी क्षमा।* यह अच्छाई की कार्यप्रणाली वाली क्षमा है। कायाकल्पकारी क्षमा में हम किसी के माफ़ी माँगने या बदले में किसी दूसरी चीज़ की उम्मीद नहीं करते हैं, बल्कि सीधे क्षमा कर देते हैं। इससे हमें शक्ति और शांति मिलती है।

क्षमा की सीढ़ी पर केवल एक ही पायदान है, जो इससे ज़्यादा ऊँची है : *बिना शर्त क्षमा।* यह क्षमा का वह स्तर है, जो अक्सर किसी अभिभावक में बच्चे के लिए होता है। चाहे बच्चा कुछ भी कर ले, अभिभावक उसे क्षमा कर देता है। अच्छी बात यह है कि मैं यह सुझाव नहीं दे रहा हूँ कि आप दूसरों को इस तरह क्षमा करने का लक्ष्य बनाएँ। मैं तो बस यह चाहता हूँ कि आप कायाकल्पकारी क्षमा के स्तर को हासिल कर लें।

मन की शांति

यह दर्शाया जा चुका है कि क्षमा से हमारा मन शांत होता है। क्षमा दरअसल ऊर्जा बचाती है। कायाकल्पकारी क्षमा के बहुत से स्वास्थ्य संबंधी लाभ होते हैं, जिनमें ये शामिल हैं : कम दवाओं की ज़रूरत होती है, नींद ज़्यादा अच्छी आती है, कमर दर्द, सिर दर्द, मतली और थकान सहित कई शारीरिक लक्षणों में कमी आती है। क्षमा से तनाव कम होता है, क्योंकि अब हम चेतन और अवचेतन दोनों तरह से क्रोधित विचारों को उलटते-पलटते नहीं रहते हैं, जिनकी वजह से हम तनावग्रस्त थे।

वास्तव में, विज्ञान दिखाता है कि जब पति-पत्नी एक-दूसरे को क्षमा करने में सक्षम होते हैं, तो उनके भावनात्मक तनाव का स्तर कम होता है और इससे उनका शारीरिक स्वास्थ्य बेहतर होता है। *पर्सनल रिलेशनशिप्स जरनल* के 2011 संस्करण में प्रकाशित एक अध्ययन में 68 विवाहित दंपतियों पर शोध किया गया था। वे हाल की किसी घटना के बारे में आठ मिनट बातचीत करने के लिए तैयार हो गए, जिसमें एक जीवनसाथी ने विवाह के 'नियम तोड़े थे'। दंपतियों ने फिर अलग-अलग इंटरव्यूज़ के रिप्ले देखे और शोधकर्ताओं ने उनके ब्लड प्रेशर नापे। जिन दंपतियों में 'पीड़ित साथी' अपने जीवनसाथी को क्षमा करने में कामयाब रहा था, वहाँ *दोनो* ही जीवनसाथियों का ब्लड प्रेशर कम निकला। इससे यह पता चलता है कि क्षमा हर एक के लिए अच्छी होती है।

क्षमा देने और पाने दोनों के स्वास्थ्य लाभ होते हैं। जब हम क्षमा को अपने आध्यात्मिक अभ्यास का नियमित हिस्सा बना लेते हैं, तो हम अपने सभी संबंधों को बेहतर बनते देखेंगे। अब हमारे मन में कोई मैल नहीं है। हैं। इससे संबंधों के नाटक भी कम हो जाएँगे।

इसे आज़माएँ : क्षमा माँगें और पाएँ

इस अभ्यास में हम संघर्ष या विवाद से उत्पन्न दर्द और/या क्रोध की गाँठ को सुलझाने की कोशिश करते हैं। भले ही संबंध ऐसा न हो, जिसे आप बचाना या पहले जैसा बनाना चाहते हों, लेकिन इसके बावजूद इस अभ्यास से आपका क्रोध शांत हो जाएगा और आपको शांति मिलेगी।

शुरू करने से पहले यह कल्पना करें कि आप सामने वाले की जगह पर हैं। उसके दर्द को स्वीकार करें और समझें कि इसी कारण वह आपको दर्द दे रहा है।

फिर क्षमा का पत्र लिखें।

1. सूची बनाएँ कि आपने किस–किस तरह से सामने वाले के साथ ग़लत किया हो सकता है। ईमानदारी से और स्पष्ट रूप से सामने वाले को क्षमा करना संबंध का उपचार करने की दिशा में काफ़ी दूर तक जाता है। हर बिंदु को इस तरह शुरू करें, "मैं आपको.... के लिए क्षमा करता हूँ।" तब तक बढ़ते रहें, जब तक कि इस सूची में हर बिंदु शामिल न हो जाए। हम यह पत्र सामने वाले को भेज नहीं रहे हैं, इसलिए अगर कोई चीज़ बार–बार आपके मन में आए, तो आप उसे दोबारा भी लिख सकते हैं। आप जो कहना चाहते थे, लेकिन आपको कभी उसका मौक़ा नहीं मिला, उस हर चीज़ को लिख लें। आपको क्षमा महसूस करने की ज़रूरत नहीं है। इस वक़्त। जब आप इसे लिखते हैं, तो आप दर्द को ज़्यादा स्पष्टता से समझ रहे हैं, ताकि आप धीरे–धीरे इसे बाहर जाने दे सकें।

2. अपनी ख़ुद की कमियों को स्वीकार करें। विवाद की स्थिति या संघर्ष में आपकी भूमिका क्या थी? सूची बनाएँ कि आपने किस तरह सामने वाले के साथ ग़लत किया हो सकता है। हर वाक्य की शुरुआत इस तरह करें, "कृपया मुझे .... के लिए क्षमा करें।" याद रखें, आप अतीत को पलट तो नहीं सकते हैं, लेकिन अपनी भूमिका की ज़िम्मेदारी लेने से आपकी समझ बढ़ेगी और अपने तथा सामने वाले के प्रति क्रोध दूर करने में भी मदद मिलेगी।

3. जब आप इस पत्र को पूरा लिख लें, तो इसे पढ़ें और रिकॉर्डिंग कर लें। (ज़्यादातर मोबाइल फ़ोन यह कर सकते हैं।) अब किसी निष्पक्ष बाहरी व्यक्ति की तरह यह रिकॉर्डिंग सुनें। याद रखें, आपको जो दर्द दिया गया, वह आपका नहीं है। वह दूसरे व्यक्ति का दर्द है। जब आप संतरे को निचोड़ते हैं, तो आपको संतरे का रस मिलता है। जब आप किसी दर्द से भरे व्यक्ति को निचोड़ते हैं, तो उससे दर्द ही बाहर निकलेगा। इसे ग्रहण करने या इसे लौटाने के बजाय अगर आप क्षमा कर देते हैं, तो आप दर्द को दूर करने में मदद करते हैं।

क्षमा दोतरफ़ा मार्ग है

क्षमा दोनों दिशाओं में प्रवाहित होनी चाहिए। हममें से कोई भी आदर्श नहीं है, हालाँकि कुछ स्थितियों में आपका कोई दोष नहीं होगा, लेकिन प्रायः किसी भी तरह के संघर्ष या विवाद में दोनों तरफ़ से ग़लतियाँ होती हैं। जब आप दूसरों को दर्द देते हैं और दूसरे आपको दर्द देते हैं, तो ऐसा लगता है, मानो आपके हृदय एक कष्टकारी गाँठ में गुत्थमगुत्था हो गए हों। जब हम क्षमा करते हैं, तो हम अपने दर्द को सामने वाले के दर्द से अलग करना शुरू करते हैं और भावनात्मक दृष्टि से अपना उपचार शुरू करते हैं, लेकिन जब हम साथ ही क्षमा भी माँगते हैं, तो गाँठ खुल जाती है। यह थोड़ा पेचीदा होता है, क्योंकि हमें दूसरे लोगों में दोष खोजने और फिर उस दोष को क्षमा करने में ज़्यादा आसानी होती है। हम अपनी ग़लती मानने और उसकी ज़िम्मेदारी लेने के आदी नहीं होते।

स्वयं को क्षमा करना

कई बार हम अपने पुराने कार्यों पर ग्लानि या शर्म महसूस करते हैं, क्योंकि वे कार्य हमारी वर्तमान नैतिकता और मूल्यों के अनुरूप नहीं थे या अब नहीं हैं। अब जब हम अपने पुराने स्वरूप को देखते हैं, तो हम उसके निर्णयों से सहमत नहीं होते। दरअसल यह अच्छी बात है। कारण यह है कि हम अपने अतीत की वजह से इसलिए आहत हैं, क्योंकि हमने उसके बाद प्रगति कर ली है। हमने तब वह सर्वश्रेष्ठ किया, जो हम तब कर सकते थे, लेकिन अब हम उससे भी बेहतर कर सकते हैं। आगे बढ़ने से बेहतर भला क्या हो सकता है? हम पहले ही जीत रहे हैं।

जब हम अपने दिमाग़ में यह तथ्य भर लेते हैं कि हम अतीत को पलट नहीं सकते, तो हम अपनी खुद की अपूर्णताओं और ग़लतियों को स्वीकार करना शुरू करते हैं, खुद को क्षमा करना शुरू करते हैं और ऐसा करते समय उस भावनात्मक उपचार की ओर खुद को खोलते हैं, जिसकी हम सभी के मन में आकांक्षा होती है।

इसे आज़माएँ : खुद को क्षमा करें

ऊपर दिए गए अभ्यास का इस्तेमाल खुद को क्षमा करने के लिए भी किया जा सकता है। "मैं खुद को.... के लिए क्षमा करता हूँ," से हर पंक्ति शुरू करें। फिर कारणों की सूची बताएँ कि आप खुद पर नाराज़ क्यों महसूस करते हैं या खुद से निराश क्यों महसूस करते हैं, फिर इसे ज़ोर से पढ़ें, इसे रिकॉर्ड करें और रिकॉर्डिंग को सुनें। निष्पक्ष अवलोकनकर्ता की तरह उसे सुनें, समझें और फिर दर्द को बाहर निकल जाने दें।

उठाएँ

क्षमा का उत्कर्ष, सच्चा *सत्व,* आपको दर्द देने वाले व्यक्ति के हित की कामना करना है।

"मैं बौद्ध इसलिए बनी, क्योंकि मैं अपने पति से नफ़रत करती थी।" यह कोई ऐसी चीज़ नहीं है, जिसे आप हर दिन सुनते हैं, लेकिन बौद्ध नन और *व्हेन थिंग्स फ़ॉल अपार्ट* की लेखिका पेमा चोड्रॉन एक तरह से मज़ाक़ कर रही थीं। पति के विवाहेत्तर प्रेम-प्रसंग के चलते उनके तलाक़ के बाद वे एक नकारात्मक चक्र में चली गईं। अंततः उन्होंने बोल्डर, कोलोरेडो में नैरोपा यूनिवर्सिटी की स्थापना करने वाले ध्यान गुरु चोग्याम ट्रंगपा रिनपोचे की पुस्तक पढ़ी। उनकी पुस्तक पढ़ने के बाद पेमा को अहसास हुआ कि उनका संबंध किसी कैंसरयुक्त कोशिका जैसा हो गया था। उनका क्रोध और दोषारोपण ब्रेकअप की नकारात्मकता को बढ़ा रहा था। एक बार जब चोड्रॉन "चट्टान की बजाय नदी जैसी ज़्यादा" बन गईं, तो वे अपने पति को क्षमा करके आगे बढ़ पाईं। अब वे अपने पूर्व-पति को अपने सबसे अच्छे गुरुओं में से एक कहती हैं।

अगर आप अपने और दूसरे व्यक्ति के बीच की नकारात्मकता को काफ़ूर करना चाहते हैं, तो आपको यह आशा करनी होती है कि आप दोनों का ही उपचार हो। आपको उन्हें यह बात बताने की ज़रूरत नहीं है, बल्कि हवा में कल्याणकारी ऊर्जा प्रवाहित करें। तब आप सबसे स्वतंत्र और शांतिमय महसूस करते हैं - क्योंकि आप सचमुच छोड़ने में सक्षम होते हैं।

नकारात्मकता जीवन का स्वाभाविक हिस्सा है। हम चिढ़ाते और उत्तेजित करते हैं, असुरक्षा व्यक्त करते हैं, साझे मूल्यों और डरों की वजह से जुड़ते हैं। ऐसा एक भी कॉमेडी शो खोजना मुश्किल है, जो नकारात्मक अवलोकनों पर आधारित न हो, लेकिन कौन सी चीज़ें नकारात्मक जीवन को पार करने में हमारी मदद करती हैं और कौन सी नकारात्मक संसार में ज़्यादा दर्द फैलाती हैं, उनके बीच में एक रेखा होती है। हो सकता है, आप किसी दूसरे परिवार के बच्चे की नशे की लत की समस्याओं के बारे में इसलिए बात कर रहे हों, क्योंकि आपको डर सताता है कि यह आपके परिवार के साथ भी हो सकता है और आप इससे बचना चाहते हैं, लेकिन यह भी हो सकता है कि आप इसी मुद्दे पर आलोचना करने लगें, क्योंकि आप अपने ख़ुद के परिवार के बारे में बेहतर महसूस करना चाहते हैं। एलेन डीजेनेरस इस रेखा को स्पष्टता से देखती हैं - *परेड* पत्रिका को दिए एक इंटरव्यू में उन्होंने कहा कि वे नहीं सोचतीं कि लोगों का मज़ाक उड़ाना मज़ेदार है। "संसार नकारात्मकता से भरा हुआ है। मैं चाहती हूँ कि लोग मुझे देखें और सोचें, 'मैं अच्छा महसूस करती हूँ

और मैं आज किसी दूसरे को अच्छा महसूस कराने जा रही हूँ।'" यही वह जज़्बा है, जिसमें संन्यासी आनंदित होते हैं – हम आनंदी प्रवृत्ति के होते हैं और आसानी से हँसते हैं। जब नए संन्यासी आए, तो उन्होंने अक्सर खुद को बहुत ज़्यादा गंभीरता से लिया (मैं जानता हूँ कि मैंने ऐसा किया), और वरिष्ठ संन्यासियों की आँखों में एक चमक थी, जब उन्होंने कहा, "अब ध्यान दो, अपने पहले दिन अपनी सारी ऊर्जा बरबाद मत करो।" जब भी पुजारी सबसे ख़ास पवित्र भोजन बाहर लाते थे, जो उस सामान्य भोजन से ज़्यादा मीठा और स्वादिष्ट होता था, जिसे हम खाते थे, तो छोटे संन्यासी इस तक पहले पहुँचने के लिए मज़ाक़-मज़ाक़ में कुश्ती करते थे। और अगर कोई ध्यान लगाते-लगाते सो जाता था और खर्राटे भरता था, तो हम एक-दूसरे को कनखियों से देखते थे और अपने ध्यानभंग को छिपाने की कोशिश भी नहीं करते थे।

हमें अपने विचारों और शब्दों को घटाकर 100 प्रतिशत आशावाद और सकारात्मकता तक लाने की ज़रूरत नहीं है, लेकिन हमें खुद को चुनौती देनी चाहिए कि हम नकारात्मकता की जड़ तक खुदाई करें, खुद में और अपने आस-पास के लोगों में इसके स्रोत को समझें और इस बारे में विचारपूर्ण तथा संकल्पवान कि इसमें लगने वाली ऊर्जा का प्रबंधन कैसे करें। हम पहचानकर और क्षमा करके इससे मुक्त हो सकते हैं। हम पहचानते हैं, रुकते हैं और बदलते हैं – अवलोकन, मनन और नकारात्मकता की जगह पर जीवन में नए व्यवहार विकसित करते हैं तथा हमेशा आत्म-अनुशासन और आनंद की कोशिश करते हैं। जब आप दूसरों के दुर्भाग्यों के बारे में ज़्यादा जिज्ञासा महसूस करना छोड़ देते हैं और इसके बजाय उनकी सफलता में आनंद लेने लगते हैं, तो यह समझ जाएँ कि आपका उपचार हो रहा है।

आप किसी दूसरे पर जितना कम समय ध्यान केंद्रित करते हैं, खुद पर ध्यान केंद्रित करने के लिए आपके पास उतना ही ज़्यादा समय होता है।

जैसा हम बात कर चुके हैं, नकारात्मकता प्रायः डर से उत्पन्न होती है। अब हम डर की पड़ताल करेंगे और देखेंगे कि यह कैसे हमारे रास्ते में आता है और हम इसे जीवन का उपयोगी हिस्सा कैसे बना सकते हैं।

अध्याय 3

डर

पृथ्वी नामक होटल में स्वागत है

डर मृत्यु को नहीं रोकता है। यह जीवन को रोकता है।
—बुद्ध

महाभारत का युद्ध शुरू होने वाला है। हवा रोमांच से भरी है : हज़ारों योद्धा अपनी तलवार की मूठ पर अँगुली फेरते हैं, जबकि उनके घोड़े ज़मीन पर अपने पैर पटकते हैं, लेकिन हमारा नायक अर्जुन आतंकित है। इस युद्ध में दोनों ही तरफ़ उसके बंधु-बांधव और मित्र हैं और उनमें से कई मरने वाले हैं। अर्जुन पृथ्वी के सबसे ख़ूँखार योद्धाओं में से एक है, लेकिन इस विचार की वजह से वह अपना धनुष छोड़ देता है।

भगवद्‌गीता एक योद्धा के आतंक के साथ युद्धभूमि पर शुरू होती है। अर्जुन पृथ्वी का सबसे प्रतिभाशाली धनुर्धर है, लेकिन डर की वजह वे उसकी योग्यताओं से उसका संपर्क पूरी तरह टूट गया है। हम में से प्रत्येक के साथ यही चीज़ होती है। हमारे पास संसार को देने के लिए बहुत कुछ होता है, लेकिन डर और चिंता हमें अपनी योग्यताओं से पृथक कर देती है। ऐसा इसलिए है, क्योंकि बड़े होते समय हमें प्रत्यक्ष या अप्रत्यक्ष रूप से यह सिखाया गया है कि डर नकारात्मक होता है। हमारे माता-पिता कहते थे, "डरो मत।" हमारे दोस्त चिढ़ाते थे, "डरपोक कहीं का।" डर एक ऐसी शर्मनाक और अपमानजनक प्रतिक्रिया थी, जिसे नज़रअंदाज़ करना या छिपाना सही माना जाता था, लेकिन डर का एक दूसरा पहलू भी होता है, जिसका

ज़िक्र टॉम हैंक्स ने येल यूनिवर्सिटी में अपने दीक्षांत भाषण में किया था। उन्होंने स्नातकों से कहा था, "डर हममें से सर्वश्रेष्ठ के निकृष्टतम को सामने लाता है।"

सच्चाई यह है कि हम डर और चिंता के बिना पूरी तरह कभी नहीं रहेंगे। हम अपने आर्थिक, सामाजिक और राजनीतिक परिवेश को कभी इतना सही नहीं कर पाएँगे कि संघर्ष और अनिश्चितता पूरी तरह से ख़त्म हो जाए। न ही हम अपने रोज़मर्रा की पारस्परिक व्यवहार की चुनौतियों में ऐसा कर सकते हैं। और इसमें कोई बुराई है, क्योंकि डर बुरा नहीं है। डर तो सिर्फ़ चेतावनी का झंडा है। आपका दिमाग़ कह रहा है, "यह अच्छा नहीं दिख रहा है! कुछ गड़बड़ हो सकती है!" महत्त्वपूर्ण यह है कि इस संकेत पर हम कैसी प्रतिक्रिया करते हैं। अगर हम पर्यावरण परिवर्तन के प्रभावों से डरते हैं, तो हम इसका इस्तेमाल समाधान खोजने के लिए प्रेरित हो सकते हैं या फिर हम पराजित और निराश महसूस करके हाथ खड़े कर सकते हैं। कई बार डर असली ख़तरे से बचने की अति महत्त्वपूर्ण चेतावनी देता है, लेकिन ज़्यादातर समय हम जिसे महसूस करते हैं, वह पैसों, नौकरियों और संबंधों के बारे में रोज़मर्रा की चिंताओं संबंधी तनाव होता है। हम तनाव यानी रोज़मर्रा के डर को यह अनुमति देते हैं कि वह हमारी सच्ची भावनाओं और हमारे बीच बाधा बन जाए। हम डर को जितना ज़्यादा रोककर रखते हैं, यह उतना ही ज़्यादा बढ़ता जाता है और अंततः यह विष की तरह हो जाता है।

मैं आलथी-पालथी मारकर मठ में ठंडे बेसमेंट की फ़र्श पर बैठा हूँ। मेरे साथ लगभग बीस संन्यासी भी हैं। मुझे आश्रम में आए अभी केवल दो महीने ही हुए हैं। गौरंग दास ने अभी-अभी गीता के उस दृश्य पर बातचीत की है, जब नायक अर्जुन डर के वशीभूत हो गया था। डर की वजह से अर्जुन सीधे युद्ध में नहीं कूदा, बल्कि ठहर गया। उसे बहुत बुरा लग रहा है कि वह जिन लोगों से प्रेम करता है, उनमें से बहुत सारे उस दिन मर जाएँगे। इस डर और दुख की वजह से वह पहली बार अपने कार्यों पर प्रश्न करता है। इससे सारथी कृष्ण के साथ अर्जुन की लंबी बातचीत शुरू होती है, जो मानव नैतिकता, आध्यात्मिकता और जीवन की कार्यप्रणाली के बारे में है।

अपना व्याख्यान समाप्त करने के बाद गौरंग दास हमसे आँखें बंद करने कहते हैं, फिर वे कहते हैं कि हम किसी पुराने डर को दोबारा जिएँ। सिर्फ़ इसकी कल्पना ही न करें, बल्कि इसे अपने शरीर में महसूस करें - उस अनुभव के सारे दृश्य, आवाज़ें और गंध। वे कहते हैं कि यह महत्त्वपूर्ण है कि हम कोई छोटी चीज़ न चुनें, जैसे स्कूल में पहला दिन या तैरना सीखना (जब तक कि वे अनुभव सचमुच दहशत भरे न हों), बल्कि कोई महत्त्वपूर्ण और बड़ी चीज़ चुनें। वे चाहते हैं कि हम अपने सबसे गहरे डर को खोदकर बाहर निकालें, स्वीकार करें और उससे एक नया संबंध बनाएँ।

हम मज़ाक़ करने लगते हैं – कोई साँप की केंचुली पर मेरी अति प्रतिक्रिया का मज़ाक़ उड़ाता है, जो मुझे पैदल चलते समय दिखी थी। गौरंग दास समझदारी से सिर झटककर हमारी मसखरी को स्वीकार करते हैं। वे कहते हैं, "अगर तुम इस गतिविधि को सही तरीक़े से करना चाहते हो, तो तुम्हें अपने दिमाग़ के उस हिस्से के पार जाना है, जो इसका मज़ाक़ उड़ा रहा है। मज़ाक़ एक रक्षात्मक कार्यप्रणाली है, जो तुम्हें मुद्दे से सचमुच निपटने से रोक रही है और यही हम डर के साथ करते हैं। हम इससे ख़ुद का ध्यान हटाते हैं," गौरंग दास कहते हैं। "आपको उस जगह के पार जाने की ज़रूरत है।" हँसी थम जाती है और मैं महसूस कर सकता हूँ कि मेरी रीढ़ के साथ बाक़ी सबकी रीढ़ भी सीधी हो गई है।

मैं अपनी आँखें बंद कर लेता हूँ और मेरा मन शांत हो जाता है, लेकिन मुझे अब भी कामयाबी की ज़्यादा उम्मीद नहीं है। मैं किसी चीज़ से नहीं डरता हूँ। सचमुच नहीं डरता, मैं सोचता हूँ, फिर जब मैं अपने मन की चटर-पटर और कोलाहल के पार ध्यान में ज़्यादा गहराई तक जाता हूँ, तो मैं ख़ुद से पूछता हूँ, मुझे सचमुच किससे डर लगता है। सत्य की झलक दिखाई देने लगती है। मैं देखता हूँ कि बचपन में मुझे परीक्षाओं का डर था – यह शायद महत्त्वहीन लगता है। कोई भी परीक्षाओं को पसंद नहीं करता, है ना? लेकिन बड़े होते समय परीक्षा मेरी सबसे बड़ी चिंता होती थी। ध्यान में बैठकर मैं यह टटोलता हूँ कि उस डर के पीछे क्या था। मैं सचमुच किस चीज़ से डरता हूँ? मैं ख़ुद से दोबारा पूछता हूँ। धीरे-धीरे मैं पहचानता हूँ कि मेरा डर इस पर केंद्रित था कि मेरे माता-पिता और मेरे दोस्त मेरे स्कोर के और फलस्वरूप मेरे बारे में क्या सोचेंगे। मेरा डर इस पर केंद्रित था कि मेरे रिश्तेदार क्या कहेंगे और मेरी तुलना मेरे चचेरे भाई-बहनों और मेरे आस-पास के लगभग हर बच्चे से कैसे की जाएगी। मैं इस डर को अपने दिमाग़ की आँख से ही नहीं देखता हूँ, मैं इसे अपने शरीर में महसूस करता हूँ – मेरे सीने का खिंचाव, मेरे जबड़े का तनाव, मानो मैं दोबारा वहीं पहुँच गया हूँ। मैं सचमुच किस चीज़ से डर रहा हूँ? फिर मैं डर में और ज़्यादा गहराई तक जाता हूँ, जब मैं स्कूल में मुश्किल में पड़ा था। मुझे बहुत चिंता थी कि मुझे स्कूल से निकाल दिया जाएगा। इस पर मेरे माता-पिता क्या प्रतिक्रिया करेंगे? मेरे टीचर क्या सोचेंगे? मैं ख़ुद को और भी गहराई में जाने के लिए आमंत्रित करता हूँ। मैं सचमुच किस चीज़ से डरता हूँ? मैं यह डर अपने माता-पिता के इर्द-गिर्द देखता हूँ – उनकी पटरी नहीं बैठ रही थी और छोटी उम्र से ही मैं उनके वैवाहिक जीवन में मध्यस्थता की कोशिश कर रहा था। मैं यही सोचता था, मैं उन दोनों को कैसे खुश कर सकता हूँ? मैं उनका प्रबंधन कैसे कर सकता हूँ और यह सुनिश्चित कैसे कर सकता हूँ कि वे खुश रहें? तब मुझे अपने डर की जड़ मिलती है। मैं सचमुच किस चीज़ से डरता हूँ? मैं डरता हूँ कि मैं अपने माता-पिता को खुश नहीं कर सकता। जैसे ही मुझे यह इलहाम हुआ,

मैं जानता हूँ कि मैं बाक़ी सारे डरों के नीचे के सच्चे डर तक पहुँच गया हूँ। यह पूरे शरीर का आह वाला पल था, जैसे मैं पानी में गहराई तक धँस गया था, दबाव मेरे सीने पर बढ़ता गया था, मैं साँस लेने के लिए लगातार ज़्यादा छटपटाता रहा था और यह अहसास होते ही मेरा सिर पानी के ऊपर आ गया और मैंने बदहवासी में हवा अपने फेफड़ों में भरी।

• • •

आधा घंटे पहले मुझे पक्का विश्वास था कि मैं किसी चीज़ से नहीं डरता था, लेकिन अचानक मैं अपने सबसे गहरे डरों और चिंताओं को उजागर कर रहा था, जिन्हें मैं बरसों तक ख़ुद से पूरी तरह छिपाने में कामयाब रहा था। मुझे किस चीज़ से डर लगता है, यह प्रश्न धीरे-धीरे, लेकिन लगातार पूछकर मैंने अपने दिमाग़ को इस प्रश्न से बचने नहीं दिया। हमारे मस्तिष्क हमें परेशान करने वाली जगहों में दाख़िल होने से रोकते हैं और वे इस काम में माहिर होते हैं, लेकिन किसी प्रश्न को शब्द बदलकर पूछने के बजाय उसे दोहराकर हम मूलतः अपने मस्तिष्क को वहाँ जाने के लिए मजबूर कर देते हैं, जहाँ यह नहीं जाना चाहता। देखिए, यह अपने प्रति आक्रामक होने के बारे में नहीं है। यह कोई पूछताछ नहीं है, यह तो एक साक्षात्कार है। आप ख़ुद से यह सवाल शक्ति से नहीं, बल्कि ईमानदारी से पूछना चाहते हैं।

परीक्षा परिणामों का डर मेरे हिसाब से एक शाखा है। जब आप अपने डर के साथ संबंध बनाते हैं, तो आपको शाखाओं – आपके स्व-साक्षात्कार के दौरान सामने आने वाले डरों – और जड़ के बीच फ़र्क़ करना होगा। परीक्षा परिणाम का डर और सामने आने वाली डर की बाक़ी 'शाखाओं' की पड़ताल करने पर मैं जड़ तक पहुँच गया : यह डर कि मैं अपने माता-पिता को ख़ुश नहीं कर सकता।

डर का डर

संन्यासी के रूप में मेरे तीन वर्षों के दौरान मैंने डर के डर को छोड़ना सीख लिया। दंड, अपमान या असफलता का डर और उनके साथ आने वाले नकारात्मक नज़रिये अब मुझे आत्म-सुरक्षा की ग़लत कोशिशों की ओर नहीं धकेलते हैं। मैं उन अवसरों को पहचान सकता हूँ, जिनका डर संकेत दे रहा है। डर सोचने और व्यवहार करने की ऐसी आदतों को पहचानने और दुरुस्त करने में हमारी मदद कर सकता है, जो हमें फ़ायदा नहीं पहुँचाती हैं।

हम अपने डर के हाथों में अपने जीवन की बागडोर थमा देते हैं, लेकिन डर हमारी असली समस्या नहीं है। हमारी असली समस्या तो यह है *कि हम ग़लत चीज़ों से डरते हैं।* हमें दरअसल इस बात से डरना चाहिए कि हम अवसरों को चूक जाएँगे,

जो डर हमें दे सकता है। विश्व के अग्रणी सुरक्षा विशेषज्ञों में से एक गैविन द बेकर *द गिफ़्ट ऑफ़ वॉर* में इसके बारे में कहते हैं, "डर एक योग्य आंतरिक प्रहरी है, जो आपको ख़तरों की चेतावनी देने और जोखिम भरी स्थितियों में आपका मार्गदर्शन करने के लिए तैयार रहता है।" प्रायः हम डर की चेतावनी पर तो ग़ौर करते हैं, लेकिन इसके मार्गदर्शन को नज़रअंदाज़ कर देते हैं। यदि हम यह पहचानना सीख लें कि डर हमें हमारे बारे में और हमारे लिए महत्त्वपूर्ण चीज़ों के बारे में क्या सिखा सकता है, तो हम इसका इस्तेमाल अपने जीवन में ज़्यादा अर्थ, उद्देश्य और संतुष्टि हासिल करने के लिए एक औज़ार के रूप में कर सकते हैं। हम डर का इस्तेमाल अपने सर्वश्रेष्ठ स्वरूप को उजागर करने के लिए कर सकते हैं।

कुछ दशक पहले वैज्ञानिकों ने एरिज़ोना रेगिस्तान में एक प्रयोग किया, जहाँ उन्होंने 'बायोस्फ़ियर 2' बनाया। यह स्टील और काँच का विशाल अहाता था, जिसकी हवा शुद्ध थी, पानी साफ़ था, मिट्टी पोषक पदार्थों से समृद्ध थी और प्राकृतिक रोशनी भरपूर थी। इसका मक़सद भीतर के पेड़ों और पशु-पक्षियों को आदर्श जीवन स्थिति प्रदान करना था, हालाँकि यह प्रयोग कई मायनों में सफल रहा, लेकिन एक मायने में यह पूरी तरह असफल था। जब बायोस्फ़ियर के भीतर के पेड़ एक निश्चित ऊँचाई तक बढ़ जाते थे, तो वे बार-बार गिर जाते थे। यह देखकर पहले तो वैज्ञानिक आश्चर्य में पड़ गए। काफ़ी सोच-विचार के बाद आख़िरकार उन्हें अहसास हुआ कि बायोस्फ़ियर में पेड़ों की सेहत के लिए आवश्यक एक मुख्य तत्व की कमी थी : हवा। प्राकृतिक परिवेश में पेड़ हवाओं के थपेड़े खाते रहते हैं। वे उस दबाव और विचलन पर प्रतिक्रिया करके ज़्यादा मज़बूत छाल उगाते हैं और अपनी स्थिरता को बढ़ाने के लिए ज़्यादा गहरी जड़ें बनाते हैं।

हम अपने ख़ुद के बनाए बायोस्फ़ियर के आरामदेह दायरे में बने रहने की कोशिश में बहुत सारा समय और ऊर्जा बरबाद करते हैं। हम परिवर्तन के दबावों और चुनौतियों से डरते हैं, लेकिन वे दबाव और चुनौतियाँ उन हवाओं की तरह हैं, जो हमें ज़्यादा मज़बूत बनाती हैं। 2017 में अलेक्स होनोल्ड ने संसार को स्तब्ध कर दिया, जब वे रस्सियों के बिना फ़्रीराइडर पर चढ़ने वाले पहले इंसान बने – योसेमाइट नेशनल पार्क की मशहूर अल कैपिटन पर लगभग तीन हज़ार फुट की चढ़ाई। होनोल्ड की अविश्वसनीय उपलब्धि पर *फ़्री सोलो* नामक डॉक्युमेंट्री भी बनाई गई, जिसे पुरस्कृत किया गया। फ़िल्म में होनोल्ड से कहा गया कि जब वे बिना रस्सियों के चढ़ते हैं, तो दो ही विकल्प होते हैं : या तो आदर्श क़दम या फिर मौत। उनसे पूछा गया कि वे इससे कैसे निपटते हैं। उन्होंने जवाब दिया, "लोग डर को दबाने की कोशिश के बारे में बात करते हैं। मैं इसे अलग तरह से देखता हूँ। मैं बार-बार क़दमों का अभ्यास करके अपने आरामदेह दायरे का विस्तार करने की कोशिश करता हूँ। मैं डर पर काम करता हूँ, जब तक कि काम से डर नहीं निकल

जाता।" होनोल्ड का डर उन्हें यह काम करने से पहले बहुत एकाग्रचित्त मेहनत करने के लिए प्रेरित करता है। अपने डर को उपयोगी या लाभकारी बनाना उनके प्रशिक्षण का एक अत्यंत महत्त्वपूर्ण घटक है और इसी ने होनोल्ड को पर्वतारोहण खेल के शिखर पर और पहाड़ों के शिखर तक पहुँचाया है। अगर हम दबाव और इसके साथ प्रायः आने वाले डर को नकारात्मक मानना छोड़ दें और इसके बजाय इसमें छिपे संभावित लाभ देखें, तो डर के बारे में हमारी पूरी धारणा ही बदल जाएगी।

तनाव की प्रतिक्रिया

तनाव के बारे में हमें जिस पहली चीज़ का अहसास करना है, वह यह है कि यह समस्याओं को श्रेणीबद्ध करने का काम अच्छी तरह नहीं करता है। हाल ही में मुझे एक वर्चुअल रिएलिटी डिवाइस के परीक्षण का मौक़ा मिला। कृत्रिम संसार में मैं एक पहाड़ पर चढ़ रहा था। जब मैंने पहाड़ से निकली एक चट्टान पर क़दम रखा, तो मैं उतना ही डर महसूस कर रहा था, जितना तब महसूस करता, अगर मैं सचमुच हवा में आठ हज़ार फुट ऊपर होता। जब आपका मस्तिष्क चिल्लाता है "डर!," तो आपका शरीर यह फ़र्क़ नहीं कर सकता कि वह जोखिम वास्तविक है या काल्पनिक है - क्या आपकी जान ख़तरे में है या आप अपने टैक्स के बारे में सोच रहे हैं। जैसे ही डर का संकेत आता है, हमारा शरीर लड़ने या भागने के लिए या कई बार जम जाने के लिए तैयार हो जाता है। अगर हम ज़्यादा बार इस हाई-अलर्ट डर की अवस्था में पहुँचते हैं, तो तनाव के सारे हॉर्मोन हमें नुक़सान पहुँचाने लगते हैं : हमारा प्रतिरक्षण तंत्र, हमारी नींद और मरम्मत या उपचार करने की हमारी योग्यता पर बुरा असर पड़ता है।

लेकिन अध्ययन दिखाते हैं कि आप कभी-कभार की तनावपूर्ण घटनाओं से सफलतापूर्वक निपट सकते हैं, जैसे किसी बड़े कामकाजी प्रोजेक्ट का प्रबंधन करना या नए मकान में जाना। इसका तरीक़ा यह है कि आप उनका सीधे सामना करें, जैसे पेड़ हवा का करते हैं। इससे न सिर्फ़ आपकी *सेहत बेहतर* होती है, बल्कि आपके मन में उपलब्धि और सफलता की ज़्यादा अच्छी भावनाएँ भी उत्पन्न होती हैं।

जब आप डर और मुश्किलों से निपटते हैं, तो आपको अहसास होता है कि आप डर और मुश्किलों से निपटने में सक्षम हैं। इससे आपको एक नया दृष्टिकोण मिलता है : आपके अंदर आत्मविश्वास आ जाता है कि जब बुरी चीज़ें होंगी, तो आप उनसे निपटने के तरीक़े खोज लेंगे। इस बढ़ी हुई निष्पक्षता के साथ आप यह फ़र्क़ करने में बेहतर सक्षम बन जाते हैं कि कौन सी चीज़ सचमुच डरने लायक़ है और कौन सी नहीं है।

मैंने ऊपर डर संबंधी ध्यान साधना का वर्णन किया है। उससे मुझे यह विचार मिला कि डर के प्रति हमारी चार अलग-अलग भावनात्मक प्रतिक्रियाएँ होती हैं : हम दहशत खाते हैं, हम जम जाते हैं, हम दूर भागते हैं या हम डर को दफ़न कर देते हैं, जैसे मैंने अपने माता-पिता के बारे में अपनी चिंता दफ़न कर दी थी। पहले दो तरीक़े अल्पकालीन रणनीतियाँ हैं, जबकि आख़िरी दो तरीक़े दीर्घकालीन हैं। बहरहाल, वे सभी हमें स्थिति से भटकाते हैं और डर का उपयोगी इस्तेमाल करने से रोकते हैं।

डर के साथ हमारे संबंध को बदलने के लिए हमें इसकी अनुभूति को बदलना होता है। एक बार जब हम डर में छिपे मूल्य को देखने लगेंगे, तो हम इस पर अपनी प्रतिक्रिया को भी बदल सकते हैं। डर के प्रति हमारी आम प्रतिक्रिया को पहचानना सीखना दोबारा प्रोग्रामिंग करने के लिए एक अनिवार्य क़दम है।

डर के साथ काम करें

मैंने ज़िक्र किया है कि संन्यासी विकास प्रक्रिया को जागरूकता के साथ शुरू करते हैं। जिस तरह हम नकारात्मकता का सामना करते समय करते हैं, उसी तरह यहाँ भी हम अपने डर को बाहर करते हैं और फिर इससे एक क़दम पीछे हटकर निष्पक्ष अवलोकनकर्ता या प्रेक्षक बन जाते हैं।

डर के साथ काम करना सीखने की प्रक्रिया केवल कुछ अभ्यास करने के बारे में नहीं है, जिनसे हर चीज़ सुलझ जाएगी। यह तो डर के बारे में आपके नज़रिये को बदलने के बारे में है। यह समझने के बारे में है कि डर आपको कोई मूल्यवान चीज़ दे सकता है। इसके बाद जब भी डर आता है, तो यह डर को पहचानने की ज़िम्मेदारी लेने के बारे में है और हर बार इससे दूर भटकने की अपनी आदत छोड़ने के बारे में है। डर के चार भटकाने वाले साइड इफ़ेक्ट होते हैं - दहशत में आना, जम जाना, दूर भागना और दफ़न करना। ये सभी दरअसल एक ही कार्य के अलग-अलग संस्करण हैं। हम यह भी कह सकते हैं कि ये एक ही *अकार्य* के विभिन्न रूप हैं - अपने डर को स्वीकार करने से इंकार करना। इसलिए अगर आप अपने डर को नकारात्मक से सकारात्मक में बदलना चाहते हैं, तो आपको सबसे पहले यही करना होगा - आपको अपने डर को स्वीकार करना होगा।

अपने डर को स्वीकार करें

अपने डर की खाई को भरने के लिए हमें इसकी उपस्थिति को स्वीकार करना चाहिए। जैसा मेरे गुरु ने हमें बताया, "आपको अपने दर्द को पहचानना होता है।" हम अब भी बैठे हुए थे और उन्होंने हमसे कहा कि हम एक गहरी साँस लेकर मन ही मन अपने दर्द से यह कहें, "मैं तुम्हें देखता हूँ।" यह डर के साथ हमारे संबंध की पहली

स्वीकारोक्ति थी, साँस लेना और दोहराना, "मेरे दर्द, मैं तुम्हें देखता हूँ! मेरे डर, मैं तुम्हें देखता हूँ!" और फिर जब हम साँस छोड़ते थे, तो हम कहते थे, "मैं तुम्हें देखता हूँ और मैं तुम्हारे साथ हूँ। मैं तुम्हें देखता हूँ और मैं यहाँ तुम्हारी मदद के लिए हूँ।" दर्द हमारा ध्यान आकर्षित करता है या इसे ऐसा करना चाहिए। जब हम कहते हैं, "मैं तुम्हें देखता हूँ," तो हम इस पर वह ध्यान दे रहे हैं, जो यह माँग रहा है। यह वैसा ही है, जैसे किसी रोते हुए बच्चे को सुने जाने और गले लगाए जाने की ज़रूरत होती है।

जब हम अपने डर को स्वीकार करते थे और मान्यता देते थे, तो इससे हमें अपनी मानसिक और शारीरिक प्रतिक्रियाओं को शांत करने में मदद मिलती थी। अपने डर की ओर आगे बढ़ो। इससे परिचय बढ़ाओ। इस तरह हम डर के सामने पूरी तरह पहुँचते हैं। जब स्मोक अलार्म बजने की वजह से आपकी नींद खुल जाती है, तो आप उस पल की स्थिति को स्वीकार करते हैं और घर से बाहर निकल जाते हैं। बाद में ज़्यादा शांत अवस्था में आप यह सोच-विचार करते हैं कि आग कैसे शुरू हुई या यह कहाँ से आई। तब आप बीमा कंपनी को फ़ोन करेंगे। आप आगे की स्थिति की बागडोर सँभालेंगे। डर को पहचानने और उसके साथ वर्तमान पल में रहने का यही मतलब है।

इसे आज़माएँ : अपने डर को रेटिंग दें

एक लाइन खींचें, जिसमें एक तरफ़ शून्य हो और दूसरी तरफ़ दस हो। वह सबसे बुरी चीज़ क्या है, जिसकी आप कल्पना कर सकते हैं? शायद यह अपाहिज करने वाली चोट हो या किसी परिजन का विछोह। इसे इस लाइन पर दस की रेटिंग दें। अब इसके संदर्भ में अपने वर्तमान डर को रेटिंग दें। बस इतना सा करने से ही आपको सही दृष्टिकोण मिल सकता है। जब आप अपने मन में डर को आते हुए महसूस करें, तो इसे रेटिंग दें। सचमुच डरावनी चीज़ की तुलना में यह कितना डरावना है?

डर के पैटर्न खोजें

अपने डर को स्वीकार करने के साथ-साथ हमें इसके साथ अंतरंगता स्थापित करनी होगी। इसका मतलब है कि हमें ऐसी स्थितियों को पहचानना होगा, जहाँ यह नियमित रूप से नज़र आता है। अपने डर से एक शक्तिशाली प्रश्न पूछें (एक बार फिर, दया और ईमानदारी के साथ, जितनी बार ज़रूरी हो उतनी बार), "मैं तुम्हें कब महसूस करता हूँ?" मठ में डर पर मेरे शुरुआती काम के बाद मैं उन सभी जगहों और स्थितियों को पहचानने लगा, जिनमें मेरा डर प्रकट होता था। मैंने लगातार देखा कि

जब मैं अपनी परीक्षाओं के बारे में चिंतित होता था, जब मैं अपने माता-पिता के बारे में चिंतित होता था या स्कूल में अपने प्रदर्शन को लेकर चिंतित होता था या मुश्किल में फँसने के बारे में चिंतित होता था, तो डर हमेशा मुझे एक ही मूल चिंता की ओर ले जाता था : दूसरे मुझे किस तरह देखेंगे। वे मेरे बारे में क्या सोचेंगे? मेरा मूल डर मेरे निर्णय लेने की प्रक्रिया को प्रभावित करता है। इस जागरूकता से मुझे लाभ हुआ है। अब जब मैं निर्णय लेता हूँ, तो इस जागरूकता की वजह से मैं ज़्यादा ग़ौर से देखता हूँ और खुद से यह सवाल पूछता हूँ, "क्या यह निर्णय इस बात से प्रभावित है कि दूसरे मुझे किस तरह देखेंगे?" इस तरह मैं अपने डर की जागरूकता का इस्तेमाल एक औज़ार के रूप में कर सकता हूँ, जो अच्छे निर्णय लेने में मेरी मदद करता है - ऐसे निर्णय, जो मेरे मूल्यों और उद्देश्य के सामंजस्य में हों।

कई बार हम अपने डरों को अपने कार्यों के ज़रिये भी पहचान सकते हैं और कई बार उन कार्यों के ज़रिये भी, जिन्हें हम नहीं करना चाहते। मेरी एक ग्राहक सफल वकील थी, लेकिन वह वकालत करते-करते थक चुकी थी और कुछ नया करना चाहती थी। वह मेरे पास आई, क्योंकि डर की वजह से वह कुछ भी शुरू नहीं कर पा रही थी। उसने मुझसे पूछा, "अगर मैं कूद जाती हूँ और दूसरी तरफ़ कुछ नहीं मिला, तो क्या होगा?" मुझे यह एक शाखा प्रश्न जैसा लगा, इसलिए मैं आगे भी तहक़ीक़ात करता रहा। मैंने उससे पूछा, "आप सचमुच किस चीज़ से डरती हैं?" फिर मैं यही सवाल बार-बार नरमी से पूछता रहा, जब तक कि अंततः वह आह भरकर यह नहीं बोली, "मैंने इस करियर को बनाने में बहुत मेहनत की है और ऊर्जा लगाई है। कहीं मैं यह सब मिट्टी में तो नहीं मिला रही हूँ?" मैंने एक बार फिर उससे पूछा और आख़िरकार हम जड़ तक पहुँच गए। वह असफलता से डर रही थी। वह चाहती थी कि दूसरे और वह खुद उसे बुद्धिमान और सक्षम इंसान मानें। वह असफल इंसान के रूप में देखे जाने से डर रही थी। एक बार जब उसे अपने डर की सच्ची प्रकृति का पता चल गया और उसने इसे स्वीकार कर लिया, तो उसने अपने जीवन में इसकी भूमिका को दोबारा ढाल लिया, लेकिन इससे पहले उसे अपने डर के साथ सचमुच अंतरंगता बढ़ाने की ज़रूरत थी। उसे अपने डर में चलने की ज़रूरत थी।

हमने एक समस्या यह पहचानी कि उसके सामने कोई रोल मॉडल नहीं थे। वह जिन वकीलों को जानती थी, वे अब भी पूर्णकालिक वकालत कर रहे थे। उसे ऐसे लोगों से मिलने की ज़रूरत थी, जिन्होंने सफलतापूर्वक लगभग वही काम किया हो, जो वह करना चाहती थी, इसलिए मैंने उससे कहा कि वह ऐसे पूर्व वकीलों से मिले, जो अब अपने पसंदीदा नए करियर में काम कर रहे थे। जब उसने ऐसा किया, तो उसे न सिर्फ़ यह समझ में आया कि उसका सपना संभव था, बल्कि वह

यह सुनकर खुश भी हुई, जब उनमें से ज़्यादातर लोगों ने बताया कि वे नए क्षेत्र में भी अपनी उन योग्यताओं का इस्तेमाल कर रहे थे, जो उन्होंने वकालत में हासिल और इस्तेमाल की थीं। अब उसे विश्वास हो गया कि उसकी कड़ी मेहनत मिट्टी में नहीं मिलेगी। मैंने उससे उन नौकरियों पर शोध करने को भी कहा, जिन पर वह विचार कर सकती है। इस अभ्यास के ज़रिये उसने पाया कि उसने सफल वकील बनने के लिए जो 'सॉफ्ट स्किल्स' सीखी थीं, जैसे संवाद, टीमवर्क और समस्या सुलझाना, उनकी दूसरी जगहों पर भी भारी माँग थीं। अपने डर से अंतरंगता स्थापित करने, असली डर को पहचानने और इसकी जाँच करने के बाद उसे अंत में वह जानकारी मिल गई, जिससे वह करियर बदलने के बारे में ज़्यादा आशावादी और रोमांचित महसूस करने लगी।

डर से खुद को भटकाने वाले साँचे तभी बन जाते हैं, जब हम छोटे होते हैं। वे गहराई में छिपे होते हैं, इसलिए उन्हें उजागर करने में थोड़ा समय और प्रयास लगता है। अपने डर के पैटर्नों या साँचों को पहचानने से हमें डर की जड़ तक पहुँचने में मदद मिलती है। वहाँ से हम यह समझ सकते हैं कि क्या व्यग्रता का सचमुच कोई कारण है या फिर हमारा डर हमें अपने मूल्यों, जोश और उद्देश्य के सामंजस्य में ज़्यादा जीने के अवसरों की ओर सचमुच ले जा सकता है।

डर का कारण : आसक्ति।

डर का उपचार : अनासक्ति।

हालाँकि हम अपने डर के साथ अंतरंगता विकसित कर रहे हैं, लेकिन हम इसे खुद से अलग देखना चाहते हैं। जब हम अपनी भावनाओं के बारे में बात करते हैं, तो हम आम तौर पर खुद का भावना के साथ एकाकार कर लेते हैं। जैसे हम कहते हैं : मैं नाराज़ हूँ। मैं दुखी हूँ। मैं डरा हुआ हूँ। जब हम अपने डर से आमने-सामने बात करते हैं, तो हम इसके अस्तित्व को स्वयं से पृथक कर देते हैं। इससे हमें यह समझने में मदद मिलती है कि डर हम नहीं है; हम तो बस इसका अनुभव कर रहे हैं। जब आप किसी ऐसे व्यक्ति से मिलते हैं, जो नकारात्मक ऊर्जा संचारित करता है, तो आप इसे महसूस करते हैं, लेकिन आप यह नहीं सोचते कि वह नकारात्मक ऊर्जा आप हैं। यही हमारी भावनाओं के साथ होता है – वे ऐसी चीज़ हैं, जिन्हें हम महसूस कर रहे हैं, लेकिन वे हम नहीं हैं। इसलिए मैं नाराज़ हूँ जैसे वाक्य बोलना छोड़ना बेहतर होगा। इसे बदलकर यह कहें : *मैं नाराज़ महसूस करता हूँ। मैं दुख महसूस करता हूँ। मैं डर महसूस करता हूँ।* परिवर्तन बहुत छोटा है, लेकिन गहरा है, क्योंकि यह हमारी भावनाओं को उनकी सही जगह पर रख देता है। यह दृष्टिकोण रखने से हमारी शुरुआती प्रतिक्रियाएँ शांत हो जाती हैं और हमें किसी

तरह की आलोचना किए बिना अपने डर तथा इसके आस-पास की स्थिति की जाँच करने की जगह मिल जाती है।

जब हम अपने डरों के स्रोत तक पहुँच जाते हैं, तो हममें से ज़्यादातर पाते हैं कि वे आसक्ति या लगाव से क़रीबी रूप से जुड़े हैं - चीज़ों के स्वामी बनने और नियंत्रित करने की हमारी आवश्यकता। हम अपने बारे में दूसरों के विचारों को कसकर जकड़े रहते हैं, भौतिक संपत्तियों को जकड़े रहते हैं और उस जीवन स्तर को भी, जो हमारे हिसाब से हमें परिभाषित करता है। हम उन संबंधों को भी जकड़े रहते हैं, जिन्हें हम एक ख़ास तरह का चाहते हैं, जबकि वे स्पष्ट रूप से दूसरी तरह के होते हैं। यह *बंदर मन* की सोच है। *संन्यासी वाला मन* अनासक्ति या अलगाव का अभ्यास करता है। हम यह अहसास करते हैं कि हर चीज़ - हमारे घर से लेकर हमारे परिवार तक - हमें क़र्ज़ पर मिली है।

अस्थायी चीज़ों को जकड़े रहने या उनसे चिपके रहने से उन्हें हमें नियंत्रण करने की शक्ति मिल जाती है। इस वजह से वे दर्द और डर का स्रोत या कारण बन जाती हैं, लेकिन जब हम यह स्वीकार कर लेते हैं कि हमारे जीवन में हर चीज़ अस्थायी है, तो हम अपनी खुशक़िस्मती पर कृतज्ञता महसूस कर सकते हैं कि वे कुछ समय के लिए हमें उधार मिल गईं। सबसे दौलतमंद और शक्तिशाली लोगों के पास जो सबसे स्थायी संपत्तियाँ होती हैं, वे भी दरअसल उनकी नहीं होती हैं। यह बाक़ी लोगों के बारे में भी उतना ही सच है। और हममें से कई - दरअसल ज़्यादातर - लोगों के मामले में यह क्षणभंगुरता भारी डर का कारण होती है, लेकिन जैसा मैंने आश्रम में सीखा, हम डर को स्वतंत्रता के गगनचुंबी अहसास में बदल सकते हैं।

हमारे गुरुओं ने हमें उपयोगी और हानिकारक डरों के बीच फ़र्क़ बताया। उन्होंने हमें बताया कि उपयोगी डर हमें किसी ऐसी स्थिति की चेतावनी देता है, जिसे हम बदल सकते हैं। अगर डॉक्टर आपको बताता है कि आपके ख़राब खान-पान की वजह से आपकी सेहत ख़राब है और आपको अपंगता या रोग का डर सताने लगता है, तो यह एक उपयोगी डर है, क्योंकि आप अपना खान-पान या आहार बदल सकते हैं। जब इसके फलस्वरूप आपका स्वास्थ्य बेहतर हो जाता है, तो आप अपने डर को ख़त्म कर देते हैं, लेकिन हमारे माता-पिता मर जाएँगे, यह डर एक हानिकारक डर है, क्योंकि हम इस मामले की सच्चाई को नहीं बदल सकते। हम हानिकारक डरों को उपयोगी डरों में बदल सकते हैं, बशर्ते हम उस पर केंद्रित हो जाएँ, जिसे हम नियंत्रित कर सकते हैं। हम अपने माता-पिता को मरने से नहीं रोक सकते, लेकिन हम इस डर का इस्तेमाल करके उनके साथ ज़्यादा समय बिताना शुरू कर सकते हैं। शांतिदेव के शब्दों में, "सभी बाहरी घटनाओं को नियंत्रित करना संभव नहीं है; लेकिन अगर मैं बस अपने मन को नियंत्रित कर लेता हूँ, तो दूसरी चीज़ों को नियंत्रित करने की ज़रूरत ही क्या है?" अनासक्ति और अलगाव का मतलब

यह है कि आप दूर से अपनी प्रतिक्रियाओं को देखते हैं - अपने संन्यासी मस्तिष्क के साथ - और स्पष्ट दृष्टिकोण से निर्णय लेते हैं।

अनासक्ति या अलगाव के बारे में एक आम मिथ्या धारणा या ग़लतफ़हमी है, जिस पर मैं बात करना चाहूँगा। लोग अक्सर अनासक्ति को उदासीनता का पर्यायवाची मान लेते हैं। वे सोचते हैं कि अगर हम चीज़ों, लोगों और अनुभवों को अस्थायी मान लेते हैं या उन्हें दूर से देखते हैं, तो इससे हम जीवन का ज़्यादा आनंद नहीं ले पाएँगे, लेकिन यह सच नहीं है। कल्पना करें कि आप एक लग्ज़री रेंटल कार चला रहे हैं। क्या आप यह सोचते हैं कि आप इसके मालिक हैं? ज़ाहिर है, नहीं। आप जानते हैं कि यह आपके पास सिर्फ़ एक सप्ताह के लिए है और कई मायनों में इस वजह से आप इस दुर्लभ अवधि का ज़्यादा आनंद लेते हैं - आप कृतज्ञ होते हैं कि आपको यह कार पैसिफ़िक कोस्ट हाइवे पर चलाने का अवसर मिला, क्योंकि यह एक ऐसी चीज़ है, जो आप हमेशा नहीं कर पाएँगे। कल्पना करें कि आप सबसे सुंदर एयरबीएनबी में ठहरे हुए हैं। यहाँ गर्म टब, शेफ्स किचन, समुद्र का नज़ारा है। सब कुछ बहुत सुंदर और रोमांचक है। आप इस दहशत में हर पल नहीं गुज़ारते हैं कि आपको एक सप्ताह बाद वहाँ से जाना है। जब हम यह स्वीकार कर लेते हैं कि हमारे सारे वरदान लग्ज़री रेंटल कार या सुंदर एयरबीएनबी जैसे हैं, तो हमारे मन से उन्हें खोने का निरंतर डर निकल जाता है और हम उनका आनंद लेने के लिए स्वतंत्र हो जाते हैं। हम सभी ऐसे खुशकिस्मत लोग हैं, जो छुट्टियाँ मनाने आए हैं और होटल पृथ्वी में ठहरे हैं।

अनासक्ति डर को न्यूनतम करने का परम अभ्यास है। जब मैंने अपने माता-पिता को निराश करने संबंधी अपनी चिंता को पहचान लिया, तो फिर मैं इससे अलग होने में सक्षम हुआ। मुझे अहसास हुआ कि मुझे अपने जीवन की ज़िम्मेदारी लेनी थी। मेरे माता-पिता गुस्सा होंगे या नहीं होंगे - इस पर मेरा कोई नियंत्रण नहीं था। मैं तो अपने खुद के मूल्यों के आधार पर ही निर्णय ले सकता हूँ।

इसे आज़माएँ : अपनी आसक्तियों की ऑडिट करें

खुद से पूछें : "मैं क्या खोने से डरता हूँ?" बाहरी चीज़ों से शुरू करें : आपकी कार, आपका मकान, आपकी सुंदरता? जो भी चीज़ें आपके दिमाग़ में आए, हर चीज़ लिख लें। अब अंदरूनी चीज़ों के बारे में सोचें : आपकी प्रतिष्ठा, आपका ओहदा, संबद्धता का अहसास? इन्हें भी लिख लें। इस बात की संभावना है कि ये दो सूचियाँ आपके जीवन में दर्द की सबसे बड़ी स्रोत होंगी — इन चीज़ों के छिनने का डर। अब उन चीज़ों के साथ अपने मानसिक संबंध को बदलने के बारे में सोचें, ताकि आप उनके प्रति

कम आसक्त हो जाएँ। याद रहे – आप अनासक्ति के साथ भी अपने जीवनसाथी, अपने बच्चों, अपने घर, अपने पैसे को पूरी तरह प्रेम कर सकते हैं और उनका आनंद ले सकते हैं। महत्त्वपूर्ण बात तो बस यह समझना और स्वीकार करना है कि सारी चीज़ें अस्थायी हैं और हम दरअसल किसी चीज़ के स्वामी नहीं बन सकते या नियंत्रित नहीं कर सकते, ताकि हम इन चीज़ों की पूरी तरह क़द्र करें और वे डर और कष्ट का स्रोत बनने के बजाय हमारे जीवन को समृद्ध बनाएँ। यह स्वीकार करने से बेहतर तरीक़ा क्या है कि बच्चे अंततः अपना ख़ुद का जीवन बनाने के लिए दूर चले जाएँगे और आपको सप्ताह में एक बार फ़ोन करेंगे, वह भी तब जब आप खुशक़िस्मत हों?

यह एक आजीवन अभ्यास है, लेकिन जब आप इस तथ्य को अच्छी तरह स्वीकार कर लेते हैं कि आप सचमुच किसी चीज़ के स्वामी नहीं हैं या उसे नियंत्रित नहीं कर सकते हैं, तो आप पाएँगे कि आप लोगों, चीज़ों और अनुभवों का सचमुच आनंद ले रहे हैं और उन्हें महत्त्व दे रहे हैं। इसके अलावा, आप इस बारे में ज़्यादा विचारशील भी बनेंगे कि आप किन्हें अपने जीवन में शामिल करने का चयन करते हैं।

अल्पकालीन डरों का प्रबंधन करना

जब आप अपने डर से ख़ुद को अलग कर लेते हैं, तो आपको उनसे निपटने में मदद मिलती है। बरसों पहले मेरे एक मित्र की नौकरी चली गई। नौकरी से हम सुरक्षित महसूस करते हैं और हम सभी को पैसे कमाना अच्छा लगता है। तुरंत मेरा मित्र दहशत में आ गया। "हमें पैसा कहाँ से मिलेगा? मुझे फिर कभी नौकरी नहीं मिलेगी। मुझे अपने बिलों के भुगतान के लिए दो-तीन काम करने होंगे!" न सिर्फ़ उसने भविष्य के बारे में स्याह भविष्यवाणियाँ कीं, बल्कि वह अतीत पर भी सवाल करने लगा। "मुझे अपनी नौकरी ज़्यादा अच्छी तरह करनी चाहिए थी। मुझे ज़्यादा मेहनत करनी चाहिए थी और ज़्यादा लंबे घंटे काम करना चाहिए था!"

जब आप दहशत में आते हैं, तो आप ऐसे परिणामों की कल्पना करने लगते हैं, जो अब तक नहीं मिले हैं। डर हमें एक डरावना कथा लेखक बना देता है। हम एक कल्पना, एक विचार, एक डर से शुरू करते हैं - क्या होगा अगर... फिर हम दिशा भटक जाते हैं और भविष्य में संभव स्थितियों को खोजने लगते हैं। जब हम भावी परिणामों की कल्पना करते हैं, तो डर हमें पीछे रोककर रखता है और हमें अपनी कल्पनाओं में क़ैद कर देता है। रोमन स्टॉइक दार्शनिक सेनेका ने कहा था, "हमारे डर हमारे ख़तरों से बहुत ज़्यादा होते हैं और हम अपनी कल्पना में जितने कष्ट झेलते हैं, उतने वास्तव में नहीं झेलते।"

अगर हम तुरंत खुद को अनासक्त करके पृथक कर लें, तो हम तीव्र तनाव का भी प्रबंधन कर सकते हैं। एक किसान के बारे में एक पुरानी ताओ कहानी है, जिसका घोड़ा भाग गया था। उसका भाई उससे कहता है, "कितना बुरा हुआ!" किसान कंधे उचकाकर कहता है, "अच्छा हुआ, बुरा हुआ, कौन जाने!" एक सप्ताह बाद भागा हुआ घोड़ा लौटकर आ जाता है और अपने साथ एक सुंदर घोड़ी ले आता है। उसका भाई ईर्ष्या करते हुए उससे कहता है, "कितना अच्छा हुआ!" एक बार फिर किसान अविचलित रहता है और कहता है, "अच्छा हुआ, बुरा हुआ, कौन जाने!" कुछ दिनों बाद किसान का बेटा जंगल से आई घोड़ी पर सवारी करने की कोशिश करता है, लेकिन वह उसे गिरा देती है और ज़मीन पर गिरने से बेटे का पैर टूट जाता है। उसका भाई थोड़ी संतुष्टि के साथ कहता है, "यह तो बहुत बुरा हुआ!" किसान जवाब देता है, "अच्छा हुआ, बुरा हुआ, कौन जाने!" अगले दिन अधिकारियों का एक समूह गाँव में आता है और सभी युवकों को सेना में भर्ती कर लेता है, लेकिन वे किसान के बेटे को छोड़ देते हैं, क्योंकि उसका पैर टूटा हुआ है। उसका भाई किसान से कहता है कि निश्चित रूप से यह सबसे अच्छी ख़बर है। किसान फिर कहता है, 'अच्छा हुआ, बुरा हुआ, कौन जाने!' इस कहानी में किसान 'क्या होगा अगर' में नहीं खोया, बल्कि 'क्या है' पर केंद्रित रहा। मेरे संन्यासी प्रशिक्षण के दौरान हमें सिखाया गया था, "पल की आलोचना मत करो।"

मैंने यही सलाह एक व्यक्ति को दी, जिसकी नौकरी चली गई थी। पल की आलोचना करने के बजाय उसे अपनी स्थिति और इसके परिणामों को स्वीकार करने की ज़रूरत थी। उसे उस पर ध्यान केंद्रित करने की ज़रूरत थी, जिसे वह नियंत्रित कर सकता था। मैंने जब उसके साथ काम किया, तो सबसे पहले तो हर चीज़ को धीमा किया और फिर उसकी स्थिति के तथ्यों को स्वीकार किया – उसकी नौकरी चली गई थी, बात ख़त्म। अब उसके पास यह विकल्प था : वह दहशत में आ सकता था और निष्क्रिय रह सकता था, या फिर वह डर को साधन बनाकर इस अवसर का लाभ ले सकता था। वह डर के माध्यम से यह पता लगा सकता था कि उसके लिए सबसे ज़्यादा मायने क्या रखता था और कौन से नए अवसर उत्पन्न हो सकते हैं।

जब मैंने उससे पूछा कि उसे सबसे ज़्यादा डर किस चीज़ से लग रहा था, तो वह बोला कि वह अपने परिवार की परवरिश नहीं कर पाएगा। मैंने नरमी से उसे ज़्यादा विशिष्ट और स्पष्ट बनने का आग्रह किया। उसने कहा कि वह पैसों के बारे में चिंतित था। तब मैंने उसे चुनौती दी कि वह अपने परिवार के भरण–पोषण के दूसरे तरीक़े सोचे। आख़िरकार, उसकी पत्नी काम करती थी, इसलिए थोड़ा पैसा तो आ ही रहा था; वे फुटपाथ पर नहीं पहुँचने वाले थे। "समय," उसने कहा। "अब मेरे पास समय है, जिसे मैं अपने बच्चों के साथ बिता सकता हूँ। मैं उन्हें स्कूल छोड़ने और लेने जा सकता हूँ। मैं होमवर्क करने में उनकी मदद कर सकता हूँ। और जब

वे स्कूल में रहेंगे, उस दौरान मेरे पास नई नौकरी की तलाश करने के लिए पर्याप्त समय रहेगा। जो पिछली नौकरी से बेहतर हो।" चूँकि वह धीमा हुआ, उसने अपने डर को स्वीकार किया और स्पष्टता से समझ लिया कि उसका सच्चा डर क्या था, इसलिए वह अपनी दहशत को ख़त्म करने और यह देखने में सक्षम हुआ कि डर दरअसल उसे एक अवसर की चेतावनी दे रहा था। समय दौलत का एक रूप है। उसे अहसास हुआ कि हालाँकि उसकी नौकरी चली गई थी, लेकिन उसे कोई दूसरी बहुत मूल्यवान चीज़ मिल गई थी। उसे जो ख़ाली समय मिला था, उसका इस्तेमाल करके न सिर्फ़ वह अपने बच्चों के जीवन में ज़्यादा मौजूद रहा, बल्कि अंततः उसे एक नई, बेहतर नौकरी भी मिल गई। स्थिति को एक अलग दृष्टिकोण से देखने की वजह से उसने अपनी ऊर्जा नकारात्मक रूप से बरबाद नहीं की, बल्कि वह इसका सकारात्मक इस्तेमाल करने के लिए प्रोत्साहित हुआ।

इसके बावजूद पल की आलोचना न करना और अवसर के प्रति खुले रहना मुश्किल होता है, जब अज्ञात भविष्य आपके शरीर और मस्तिष्क में बवंडर की तरह घूमता रहता है। कई बार हमारी दहशत या किंकर्तव्यविमूढ़ होने की प्रतिक्रियाएँ हमसे आगे निकल जाती हैं, जिस वजह से आलोचना को शिथिल करना मुश्किल हो जाता है। आइए, दहशत और डर को बेहतर बनाने के लिए कुछ रणनीतियों पर बात करते हैं।

डर को शॉर्ट-सर्किट करें

सौभाग्य से, दहशत की प्रतिक्रिया को शॉर्ट-सर्किट करने का आसान और शक्तिशाली साधन हमेशा हमारे पास होता है : हमारी साँस। मैं जब व्याख्यान देता हूँ, तब मैं मंच के पीछे खड़े होकर अपना परिचय सुनता हूँ और महसूस करता हूँ कि मेरा दिल ज़्यादा तेज़ी से धड़क रहा है और मेरे हाथों में पसीना आ रहा है। मैंने उन लोगों को कोचिंग दी है, जो खचाखच भरे स्टेडियम के सामने प्रस्तुति देते हैं। मैंने उन लोगों को भी कोचिंग दी है, जो रोज़मर्रा की मीटिंगों में प्रस्तुति देते हैं। ये लोग भी हमारी तरह अपने ज़्यादातर डर को शरीर में महसूस करते हैं। चाहे यह प्रदर्शन का तनाव हो या सामाजिक डर हों, जैसे नौकरी के इंटरव्यू से पहले या पार्टी में जाने से पहले, दरअसल हमारा डर शरीर में प्रकट होता है और ये शारीरिक संकेत हमें चेतावनी दे देते हैं कि डर हावी होने वाला है। दहशत और फ़्रीज़िंग हमारे शरीर और हमारे दिमाग़ के बीच के पृथक्कीकरण हैं। या तो हमारा शरीर हाई अलर्ट पर चला जाता है और हमारी मानसिक प्रक्रियाओं से आगे दौड़ लगाने लगता है या फिर हमारा दिमाग़ दौड़ लगाने लगता है और हमारा शरीर बंद होना शुरू हो जाता है। संन्यासी के रूप में मैंने अपने शरीर और मन को दोबारा सामंजस्य में लाने के लिए एक आसान प्राणायाम यानी साँस का अभ्यास सीखा, ताकि डर मुझे रोके, इससे

पहले मैं डर को रोक दूँ। जब भी मैं किसी बड़े समूह के सामने व्याख्यान देने वाला होता हूँ, किसी तनावपूर्ण मीटिंग में जाने वाला होता हूँ या अपरिचित लोगों से भरे कमरे में जाने वाला होता हूँ, तो मैं हर बार इसका इस्तेमाल करता हूँ।

इसे आज़माएँ : दहशत में न आएँ! शरीर और मस्तिष्क को दोबारा सामंजस्य में लाने के लिए अपनी साँस का इस्तेमाल करें

"खुद को शांत और तनावरहित करने के लिए साँस लें" ध्यान करें

1. 4 की गिनती तक धीरे–धीरे साँस लें।
2. 4 की गिनती तक साँस रोकें।
3. 4 या ज़्यादा की गिनती तक धीरे–धीरे साँस छोड़ें।

4. तब तक दोहराएँ, जब तक आपके हृदय की गति धीमी महसूस न हो। यह दरअसल इतना ही आसान है। देखिए, गहरी साँस लेने से हमारे नर्वस सिस्टम का वह हिस्सा प्रेरित हो जाता है, जिसे वेगस नर्व कहते हैं। यह शरीर को तनावरहित करने की प्रक्रिया शुरू कर देती है। नियंत्रित साँस लेने का यह आसान काम किसी स्विच को चालू करने जैसा होता है, जो हमारे नर्वस सिस्टम को सिम्पैथेटिक यानी लड़ो–भागो–जमो अवस्था से पैरासिम्पैथेटिक यानी आराम–और–पाचन अवस्था की ओर ले जाता है, जिससे हमारे मस्तिष्क और शरीर दोबारा सामंजस्य में आने लगते हैं।

पूरी कहानी देखें

साँस तुरंत उपयोगी है, लेकिन कुछ डरों को सिर्फ साँस के नियंत्रण से दूर करना मुश्किल होता है। जब हम अस्थिरता की अवधि से गुज़रते हैं, तो हमें डर लगता है कि आगे जाने क्या होने वाला है। जब हम जानते हैं कि हमारा टेस्ट या नौकरी का इंटरव्यू है, तो हमें परिणाम से डर लगता है। उस पल हम पूरी तसवीर नहीं देख सकते, लेकिन जब वह तनाव भरा दौर गुज़र जाता है, तो हम अनुभव से सीखने के लिए कभी पलटकर नहीं देखते हैं। जीवन असंबद्ध घटनाओं का संग्रह नहीं है। यह तो ऐसी कहानी है, जो अतीत और भविष्य में फैली हुई है। हम नैसर्गिक कहानीकार हैं और हम इस प्रवृत्ति का इस्तेमाल अपने नुक़सान के लिए कर सकते हैं यानी हम संभावित भावी घटनाओं के बारे में डरावनी कहानियाँ सुना सकते हैं। इससे बेहतर यह है कि हम अपने जीवन को अलग-अलग टुकड़ों के बजाय एक अकेली, लंबी, अनवरत कहानी के रूप में देखें। जब आपको नौकरी के लिए रखा जाए, तो उन सभी खोई हुई नौकरियों और ⁄ या असफल इंटरव्यूज़ के बारे में पल भर विचार करें,

जो आपको इस विजय तक लाए। आप उन्हें रास्ते की आवश्यक चुनौतियों के रूप में देख सकते हैं। जब हम अपने जीवन के अनुभवों और अवधियों को अलग-अलग खंडों में रखना छोड़ देते हैं और इसके बजाय उन्हें एक ज़्यादा बड़ी कहानी के दृश्यों और अंकों की तरह देखने लगते हैं, तो हमें सही दृष्टिकोण मिल जाता है, जो डर से निपटने में हमारी मदद करता है।

इसे आज़माएँ : पल का विस्तार करें

किसी बेहतरीन चीज़ के बारे में सोचें, जो आपके साथ हुई हो। शायद यह बच्चे का जन्म था या आपको मनचाही नौकरी मिल गई थी। आइए पलभर के लिए उस खुशी को महसूस करें। अब उन घटनाओं को याद करें, जो इसके ठीक पहले हुई थीं। आपके बच्चे के जन्म से पहले या उस नौकरी के लिए चुने जाने से पहले आपके जीवन में क्या चल रहा था? शायद आपने गर्भधारण की महीनों तक की असफल कोशिशें की थीं या तीन दूसरी नौकरियों के लिए आपको अस्वीकार कर दिया गया था, जिनका आपने आवेदन दिया था। अब इसे पूरी कहानी की तरह देखने की कोशिश करें – बुरे से अच्छे तक की चरणबद्ध यात्रा। खुद को इस विचार के प्रति खोल लें कि वह चुनौतीपूर्ण समय दरअसल उस अच्छी घटना के लिए रास्ता साफ़ कर रहा था, जिसका अब आप जश्न मना रहे हैं या उसकी बदौलत आप बाद में आने वाले अनुभव के बारे में ज़्यादा खुशी महसूस कर सकते हैं। अब उन चुनौतियों के प्रति कृतज्ञता व्यक्त करने और अपने जीवन की कहानी में उन्हें बुनने के लिए एक पल लगाएँ।

निश्चित रूप से हम अतीत की घटनाओं का सबसे अच्छी तरह जश्न मनाते हैं। जब हम सचमुच चुनौतियों का सामना कर रहे हों, तो खुद को बताना मुश्किल होता है, "इसका अंत एक अच्छी चीज़ में हो सकता है!" लेकिन हम पीछे के आईने में देखने और अनुभव किए हुए मुश्किल समयों के प्रति कृतज्ञता खोजने का जितना ज़्यादा अभ्यास करते हैं, हमारी प्रोग्रामिंग उतनी ही ज़्यादा बदलने लगती है। कष्ट और कृतज्ञता के बीच की खाई छोटी होती जाती है और मुश्किल के पलों में हमारे डर की गहनता कम होती जाती है।

दीर्घकालीन डरों को दोबारा देखें

दहशत और फ़्रीज़िंग से निपटने के लिए साँस का इस्तेमाल किया जा सकता है और परिस्थितियों को दोबारा ढाला जा सकता है, लेकिन ये डर संबंधी अल्पकालीन प्रतिक्रियाएँ हैं। दो दीर्घकालीन रणनीतियों को नियंत्रित करना ज़्यादा मुश्किल होता

है, जिनका इस्तेमाल हम डर से पलायन करने के लिए करते हैं : दफ़न करना और दूर भागना। ये रणनीतियाँ कैसे काम करती हैं, यह समझने का मेरा एक प्रिय तरीक़ा मकान में आग लगने की उपमा है। आइए मान लेते हैं कि आप आधी रात को उठते हैं, क्योंकि आपके स्मोक डिटेक्टर का अलार्म बजने लगता है। तुरंत ही आपको डर महसूस होता है, जैसा कि आपको होना चाहिए - उस संकेत ने अपना काम कर दिया, जो आपका ध्यान खींचना था। अब आप धुएँ को महसूस करते हैं, इसलिए आप अपने परिवार और पालतू जानवरों को इकट्ठा करते हैं और घर से बाहर निकल जाते हैं, सही है? यह डर का सर्वश्रेष्ठ इस्तेमाल है।

लेकिन क्या हो, अगर स्मोक अलार्म सुनने के बाद स्थिति का तुरंत जायज़ा लेने और अगले तार्किक क़दम उठाने के बजाय आप जल्दी से स्मोक डिटेक्टर के पास जाते हैं, उसकी बैटरी हटा देते हैं और फिर बिस्तर पर सोने चले जाते हैं? जैसी आप कल्पना कर सकते हैं, आपकी समस्याएँ बढ़ने वाली हैं, लेकिन हम डर के साथ अक्सर यही करते हैं। आकलन करने और प्रतिक्रिया करने के बजाय हम स्थिति से इंकार करते हैं या फिर उसकी ओर ध्यान देना छोड़ देते हैं। संबंध एक ऐसी जगह हैं, जहाँ हम आम तौर पर बचने के 'समाधान' का इस्तेमाल करते हैं। आइए मान लेते हैं कि आपका अपनी गर्लफ्रेंड से भारी विवाद हो गया है। जो हो रहा है, उस बारे में उसके साथ बैठकर बातचीत करने के बजाय (आग बुझाना), या आप एक साथ रहने के लिए नहीं बने हैं (सुरक्षित तरीक़े से और शांति से हर एक को घर से बाहर ले जाना), यह सोचने के बजाय आप नाटक करते हैं कि हर चीज़ ठीक है (जबकि विनाशकारी आग जलती रहती है)।

जब हम डर से इंकार करते हैं, तो हमारी समस्याएँ हमारा पीछा करती हैं। वास्तव में, वे शायद ज़्यादा बड़ी होती रहती हैं और किसी बिंदु पर कोई चीज़ हमें उनसे निपटने के लिए मजबूर कर देगी। जब बाक़ी हर चीज़ असफल हो जाती है, तो दर्द का संकेत हमारा ध्यान उस समस्या की ओर खींचता है। अगर हम उस संकेत को न समझ पाएँ, जो हमें समस्या की चेतावनी दे रहा है, तो हमें अंत में समस्या के परिणामों से सीखना पड़ेगा, जो कम वांछनीय होता है, लेकिन अगर हम अपने डर का सामना करते हैं - हम रुकते हैं, हम आग से निपटते हैं, हम मुश्किल बातचीत करते हैं - तो इसके फलस्वरूप हम ज़्यादा शक्तिशाली बनते हैं।

गीता हमें पहला सबक़ यह सिखाती है कि डर से कैसे निपटें। युद्ध शुरू होने से पहले के पलों में जब अर्जुन डर के वशीभूत है, तो वह इससे भागता नहीं है या इसे दबाता नहीं है; वह इसका सामना करता है। अर्जुन एक बहादुर और योग्य योद्धा है, लेकिन उस पल डर की वजह से वह पहली बार चिंतन-मनन करता है। अक्सर कहा जाता है कि जब वर्तमान स्थिति में रहने का डर परिवर्तन के डर से ज़्यादा बड़ा होता है, तभी इंसान बदलता है। अर्जुन ज्ञान और समझ की सहायता

माँगता है। इस तरह वह अपने डर से नियंत्रित होना छोड़कर इसे समझने की ओर बढ़ जाता है। "आप जिससे दूर भागते हैं, वह ज़्यादा लंबे समय तक आपके साथ रहता है," *फाइट क्लब* उपन्यास के लेखक चक पैलेहनिउक ने अपनी पुस्तक *इनविज़िबल मॉन्स्टर्स रिमिक्स* में लिखा है। "खोजें कि आप सबसे ज़्यादा किससे डरते हैं और जाकर वहाँ रहें।"

आश्रम के बेसमेंट में उस दिन मैंने अपने अभिभावकों के बारे में अपने गहरे डरों के प्रति खुद को खोला। मुझे शायद ही कभी दहशत या फ़्रीज़िंग की प्रतिक्रियाओं का अनुभव हुआ, लेकिन इसका यह मतलब नहीं था कि मेरे अंदर कोई डर नहीं थे। इसका मतलब तो यह था कि मैं उन्हें नीचे दबा रहा था या दफ़न कर रहा था। जैसा मेरे गुरु ने कहा, "जब डर को दफ़न कर दिया जाता है, तो हम इसे जकड़ रहे हैं और इससे हर चीज़ कसी हुई महसूस होती है, क्योंकि हम उन चीज़ों के इस बोझ के तले हैं, जिन्हें हमने कभी मुक्त नहीं किया है।" चाहे आप उनका दमन करें या उनसे दूर भागें, आपके डर और आपकी समस्याएँ आपके साथ रहती हैं और वे संचित होती रहती हैं। हम सोचते थे कि अगर हम पर्यावरण की परवाह किए बिना अपना कचरा ज़मीन के नीचे दफ़न कर दें, तो इससे फ़र्क नहीं पड़ता। हमने सोचा था कि अगर हम इसे देख नहीं सकते या इसकी बदबू सूँघ नहीं सकते, तो हमारी समस्या दूर हो जाएगी, लेकिन बाद में पता चला कि ज़मीन के नीचे दबाए इस कचरे ने हमारी पानी की आपूर्ति को प्रदूषित कर दिया। ज़मीन के नीचे दफ़न कचरा आज भी अमेरिका में मानव-निर्मित मिथेन गैस के सबसे बड़े उत्पादकों में से एक है। इसी तरह, हमारे डरों को दफ़न करने से भी हमारे आंतरिक परिदृश्य को अदृश्य नुक़सान होता है।

इसे आज़माएँ : अपने डरों में गोता लगाएँ

जैसा हमने आश्रम में किया था, आप भी अपने डरों में गहरा गोता लगाएँ। सबसे पहले कुछ सतही स्तर के डर उछलकर सामने आएँगे। अभ्यास करते रहें, खुद से पूछते रहें, मुझे सचमुच किस चीज़ से डर लगता है? जब आप लगातार यह करते रहेंगे, तो धीरे-धीरे ज़्यादा बड़े और ज़्यादा गहरे डर उजागर होने लगेंगे। ये जवाब आमतौर पर तुरंत नहीं आते हैं। सामान्यतः ऊपरी परतों को पार करके डरों की असली जड़ तक पहुँचने में थोड़ा समय लगता है। समय के साथ जब जवाब उजागर हो, तो उसके प्रति खुले रहें। हो सकता है कि यह आपके ध्यान लगाते समय या एकाग्रता के सत्र में न आए। हो सकता है कि जब आप किसी दिन किराना स्टोर में फल चुन रहे हों, तब यह अचानक आपके दिमाग़ में कूद पड़े। हमारी मानसिक संरचना ही ऐसी है।

डर को स्वीकार करने, इससे निपटने की अपनी आदतों का अवलोकन करने, इन पैटर्नों को बदलने और सुधारने की प्रक्रियाओं से गुज़रने का नतीजा यह होता है कि डर के प्रति हमारी धारणा की दोबारा प्रोग्रामिंग हो जाती है। इसके बाद यह पूरी तरह नकारात्मक संकेत नहीं रह जाता, बल्कि एक तटस्थ संकेत बन जाता है या यहाँ तक कि अवसर का सूचक भी। जब हम डर को इसके असली स्वरूप में देखते हैं, तो हम धुएँ और कहानियों के पार की वास्तविकता को देख सकते हैं। इस तरह हम गहरे और अर्थपूर्ण सत्य को उजागर कर सकते हैं, जिससे हमें ज्ञान और शक्ति मिल सकती है। जब हम अपने मोह या आसक्ति संबंधी डरों को पहचान लेते हैं और अलगाव या अनासक्ति को बढ़ावा देते हैं, तो हम स्वतंत्रता और आनंद के ज़्यादा अहसास के साथ जी सकते हैं। और जब हम हमारे डर के पीछे की ऊर्जा को सेवा में लगा देते हैं, तो हम अभाव के अपने डर को कम कर देते हैं, ज़्यादा खुश व संतुष्ट महसूस करते हैं और अपने आस–पास के संसार से ज़्यादा जुड़ाव भी महसूस करने लगते हैं।

डर हमें प्रेरित करता है। कई बार यह हमें अपनी मनचाही चीज़ की दिशा में प्रेरित करता है, लेकिन अगर हम सावधान न रहें, तो कई बार यह हमें अपने सुरक्षित दायरे तक सीमित भी कर देता है।

अब हम अपने बुनियादी प्रेरकों को देखेंगे (डर चार बुनियादी प्रेरकों में से एक है) और यह भी कि हम अपने जीवन को संतुष्टिदायक बनाने के लिए उनका इस्तेमाल कैसे कर सकते हैं।

अध्याय 4

इरादा

स्वर्ण की चकाचौंध

जब मस्तिष्क, हृदय और संकल्प के बीच एकरूपता होती है,
तो कुछ भी असंभव नहीं है।
—ऋग्वेद

हमारे दिमाग़ में आदर्श जीवन की एक छवि होती है : हमारे संबंध, हम ऑफ़िस और आनंद में अपना समय कैसे बिताते हैं, हम क्या हासिल करना चाहते हैं आदि। बाहरी प्रभावों के शोर के बिना भी कुछ लक्ष्य हमें मंत्रमुग्ध करते हैं और हम उन्हें हासिल करने के लिए अपने जीवन को ढालते हैं, क्योंकि हम सोचते हैं कि उन्हें हासिल करने पर हमें ख़ुशी मिल जाएगी, लेकिन अब हम पता लगाएँगे कि ये महत्त्वाकांक्षाएँ सचमुच किस चीज़ से प्रेरित होती हैं, क्या वे हमें सचमुच ख़ुशी दे सकती हैं और क्या ख़ुशी सही लक्ष्य है।

मैं अभी-अभी एक क्लास से बाहर निकला हूँ, जहाँ हमने पुनर्जन्म के विचार पर चर्चा की थी। मैं शांत आश्रम में एक वरिष्ठ संन्यासी और कुछ दूसरे विद्यार्थियों के साथ टहल रहा हूँ। आश्रम दो जगहों पर है, मुंबई में एक मंदिर और दूसरा जहाँ मैं इस समय हूँ, पालघर के पास एक ग्रामीण इलाक़े में। यह अंततः सुंदर रिट्रीट गोवर्धन ईकोविलेज में विकसित होने वाला था, लेकिन हाल-फ़िलहाल ख़ाली ज़मीन पर कुछ छोटी सामान्य इमारतें ही दिखती हैं। धूल की सूखी पगडंडियाँ घास को विभाजित करती हैं। यहाँ–वहाँ संन्यासी फूस की चटाई पर बैठकर पढ़ रहे हैं। मुख्य

इमारत हवा-पानी के प्रति खुली हुई है और अंदर हम संन्यासियों को काम करते देख सकते हैं। हमारे टहलने के दौरान वरिष्ठ संन्यासी कुछ संन्यासियों की उपलब्धियों का ज़िक्र करते हैं, जिनके पास से हम गुज़रते हैं। वे एक की ओर संकेत करते हैं, जो लगातार आठ घंटे तक ध्यान लगा सकता है। कुछ मिनट बाद वे दूसरे संन्यासी की ओर इशारा करते हैं : "वह लगातार सात दिनों तक उपवास करता है।" थोड़ा आगे चलने के बाद वे संकेत करते हैं। "उस पेड़ के नीचे बैठे आदमी को देख रहे हो? वह अपनी स्मृति से धर्मग्रंथ की हर पंक्ति दोहरा सकता है।"

प्रभावित होकर मैं कहता हूँ, "काश मैं यह कर सकता!"

संन्यासी ठहरते हैं और मेरी ओर मुड़ते हैं। वे पूछते हैं, "क्या तुम यह चाहते हो कि तुम यह कर सको या फिर यह चाहते हो कि तुम यह करना सीख सको?"

"आपका क्या मतलब है?" अब तक मैं जान गया था कि मेरे कुछ प्रिय सबक़ क्लासरूम में नहीं, बल्कि इस जैसे पलों में मिलते थे।

वे कहते हैं, "अपनी अभिप्रेरणाओं के बारे में सोचें। क्या तुम सभी धर्मग्रंथों को कंठस्थ इसलिए करना चाहते हो, क्योंकि यह एक प्रभावी उपलब्धि है, या फिर तुम उनका अध्ययन करने का अनुभव चाहते हो? पहली स्थिति में तुम सिर्फ़ परिणाम चाहते हो। दूसरी स्थिति में तुम इस बारे में उत्सुक हो कि तुम प्रक्रिया से क्या सीख सकते हो।"

यह मेरे लिए एक नई अवधारणा थी और इससे मेरे दिमाग़ को झटका लगा। परिणाम की इच्छा करना मुझे हमेशा तार्किक लगा था। संन्यासी मुझे यह प्रश्न करने को कह रहे थे कि मैं उस परिणाम को हासिल करने के लिए आवश्यक चीज़ क्यों करना चाहता था।

चार अभिप्रेरणाएँ

चाहे हम कितने ही अव्यवस्थित हों, हम सभी के पास योजनाएँ होती हैं। हमारे मन में एक विचार रहता है कि हम अगले दिन में क्या हासिल करेंगे; हमें शायद यह अहसास भी होता है कि उस साल क्या होगा, या शायद हम उम्मीद करते हैं कि हम इतना हासिल कर लेंगे। हम सभी के पास भविष्य के सपने होते हैं। मकान किराया चुकाने से लेकर संसार की यात्रा करने की इच्छा। इनमें से प्रत्येक धारणा के पीछे कोई न कोई प्रेरणा होती है। हिंदू दार्शनिक भक्तिविनोद ठाकुर चार बुनियादी अभिप्रेरणाओं का वर्णन करते हैं।

1. डर : ठाकुर इसका वर्णन करते हुए कहते हैं कि यह "बीमारी, ग़रीबी, नरक के डर या मौत के डर" से संचालित है।

2. *इच्छा :* सफलता, दौलत और ख़ुशी के ज़रिये व्यक्तिगत संतुष्टि की चाह।

3. *कर्तव्य :* कृतज्ञता, ज़िम्मेदारी और सही चीज़ करने की इच्छा से प्रेरित।

4. *प्रेम :* दूसरों की परवाह और उनकी मदद करने की इच्छा से प्रेरित।

ये चार अभिप्रेरणाएँ हमारे हर काम, हमारी हर क्रिया को संचालित करती हैं। मिसाल के तौर पर, हम विकल्प चुनते हैं, क्योंकि हम अपनी नौकरी खोने से डरते हैं, अपने मित्रों की प्रशंसा जीतना चाहते हैं, अपने माता-पिता की अपेक्षाएँ पूरी करना चाहते हैं या बेहतर जीवन जीने में दूसरों की मदद करना चाहते हैं।

मैं प्रत्येक अभिप्रेरणा के बारे में अलग-अलग बात करने जा रहा हूँ, ताकि हमें यह अहसास हो जाए कि वे हमारे चयन को किस तरह आकार देती हैं।

डर स्थायी नहीं है

पिछले अध्याय में हमने डर के बारे में बात की थी, इसलिए मैं यहाँ उस विषय पर बात नहीं करूँगा। जब डर आपको प्रेरित करता है, तो आप अपनी मनचाही चीज़ को चुनते हैं जैसे प्रमोशन, संबंध, मकान ख़रीदना आदि क्योंकि आपको विश्वास होता है कि इससे आपको सुरक्षा मिलेगी।

डर हमें सतर्क करता है और प्रेरित करता है। यह चेतावनी उपयोगी होती है। जैसा कि हम चर्चा कर चुके हैं, डर समस्याओं की ओर संकेत करता है और कई बार हमें प्रेरित करता है। मिसाल के तौर पर, नौकरी से निकाले जाने का डर आपको व्यवस्थित बनने के लिए प्रेरित कर सकता है।

डर के साथ समस्या यह है कि यह टिकाऊ या स्थायी नहीं होता है। जब हम लंबे समय तक डर में रहकर काम करते हैं, तो हम अपनी सर्वश्रेष्ठ योग्यताओं के अनुरूप काम नहीं कर सकते। हम ग़लत परिणाम मिलने के बारे में ज़रूरत से ज़्यादा चिंतित होते हैं। हम व्यग्र या पंगु बन जाते हैं और अपनी स्थितियों का निष्पक्ष मूल्यांकन करने में अक्षम होते हैं या जोखिम लेने से बचते हैं।

सफलता की माया

दूसरी अभिप्रेरणा है इच्छा। यह तब होता है, जब हम व्यक्तिगत संतुष्टि के पीछे दौड़ते हैं। रोमांच, ख़ुशी और आराम का हमारा मार्ग अक्सर भौतिक लक्ष्यों का रूप ले लेता है। *मैं मिलियन डॉलर का घर चाहता हूँ। मैं वित्तीय स्वतंत्रता चाहता हूँ। मैं एक अद्भुत विवाह चाहता हूँ।* जब मैं लोगों से उनके लक्ष्य लिखने को कहता हूँ, तो वे अक्सर ऐसे जवाब देते हैं, जिसे अधिकांश लोग सफलता के रूप में परिभाषित करते हैं।

हम सोचते हैं कि सफलता का मतलब ख़ुशी है, लेकिन यह विचार एक भ्रम है। भ्रम के लिए संस्कृत शब्द है *माया*, जिसका मतलब है कि हम किसी ऐसी चीज़ में विश्वास करते हैं, जो है ही नहीं। जब हम उपलब्धियों और संग्रह को अपनी दिशा तय करने देते हैं, तो हम इस भ्रम में जीते हैं कि ख़ुशी सफलता के बाहरी पैमानों से मिलती है और अक्सर हम पाते हैं कि जब हमें आख़िरकार हमारी मनचाही चीज़ मिल जाती है, जब हमें सफलता मिल जाती है, तब भी हमें ख़ुशी नहीं मिलती है।

जिम कैरी ने एक बार कहा था, "मैं सोचता हूँ कि हर व्यक्ति को अमीर और मशहूर बनना चाहिए और हर चीज़ करनी चाहिए, जिसका उन्होंने कभी सपना देखा है, ताकि वे देख सकें कि यह जवाब नहीं है।"

सफलता का भ्रम आमदनी और संपत्तियों के संग्रह से ही बँधा हुआ नहीं है, बल्कि उपलब्धियों से भी बँधा हुआ है, जैसे डॉक्टर बनना या प्रमोशन पाना या ... धर्मग्रंथ कंठस्थ होना। ऊपर बताई कहानी में मेरी इच्छा – धर्मग्रंथ की हर पंक्ति दोहराने में सक्षम होना – भौतिक इच्छा का संन्यासी संस्करण है। इन सारी 'इच्छाओं' की तरह मेरी महत्त्वाकांक्षा किसी बाहरी परिणाम पर केंद्रित थी – उस दूसरे संन्यासी की तरह प्रभावी ज्ञानी बनना।

इनसाइट मेडिटेशन कम्युनिटी ऑफ़ वॉशिंगटन, डीसी की संस्थापक तारा ब्रच अमेरिकी आध्यात्मिक हस्ती हैं और वे लिखती हैं, "जब तक हम अपनी ख़ुशी को अपने जीवन की बाहरी घटनाओं से जोड़ते रहते हैं, जो हमेशा बदलती रहती हैं, तब तक हम हमेशा इसका इंतज़ार करते रहेंगे।"

एक बार संन्यासी के रूप में मैं श्रीरंगम के एक मंदिर में गया, जो दक्षिण भारत के तीन मुख्य पवित्र शहरों में से एक है। मैं एक कर्मचारी के पास पहुँचा, जो ऊपर एक मचान पर काम कर रहा था और मंदिर की छत पर नक्काशी में सोने का चूर्ण लगा रहा था। मैंने इस जैसी कोई चीज़ पहले कभी नहीं देखी थी, इसलिए मैं देखने के लिए रुक गया। जब मैंने ऊपर देखा, तो सोने की धूल मेरी आँखों में घुस गई। मैं अपनी आँखें धोने के लिए मंदिर से बाहर गया, फिर लौटा और इस बार सुरक्षित दूरी से देखने लगा। यह घटना ऐसी महसूस हुई, जैसे यह धर्मग्रंथों का सबक़ हो : सोने की धूल सुंदर है, लेकिन बहुत ज़्यादा क़रीब जाने पर यह आपकी निगाह धुँधली कर देगी।

जिस गिल्ट का इस्तेमाल मंदिरों में किया जाता है, वह ठोस सोना नहीं है। इसे सॉल्यूशन में मिलाया जाता है। और जैसा हम जानते हैं, इसका इस्तेमाल पत्थर को ढँकने और इसे ठोस सोने जैसा दिखाने के लिए किया जाता है। यह *माया* है, भ्रम है। इसी तरह पैसा और शोहरत भी भ्रम हैं। ऐसा इसलिए है, क्योंकि हम दरअसल वस्तु नहीं चाहते हैं, बल्कि भावना चाहते हैं। हम वस्तु को तो सिर्फ़ इसलिए पाना चाहते हैं, क्योंकि हम सोचते हैं कि वह हमें हमारी मनचाही भावना दे देगी। हम सभी

यह पहले से ही जानते हैं। हम दौलतमंद और/या मशहूर लोगों को देखते हैं, जिनके पास 'सब कुछ' है, लेकिन जिनके संबंध ख़राब हैं या जो डिप्रेशन के शिकार हैं और यह स्पष्ट है कि सफलता से उन्हें ख़ुशी नहीं मिल पाई। यही हममें से उन लोगों के बारे में सच है, जो अमीर और मशहूर नहीं हैं। हम जल्दी ही अपने स्मार्टफ़ोन से बोर हो जाते हैं और अगला नया मॉडल चाहते हैं। हमें बोनस मिलता है, लेकिन शुरुआती रोमांच आश्चर्यजनक तेज़ी से धुँधला हो जाता है, जब हमारे जीवन में सचमुच सुधार नहीं होता है। हम सोचते हैं कि एक नया फ़ोन या ज़्यादा बड़ा मकान हमें बेहतर महसूस करा देगा – ज़्यादा सुखी या ज़्यादा संतुष्ट – लेकिन इसके बजाय हम यह पाते हैं कि उसके बाद हम और ज़्यादा की इच्छा करने लगते हैं।

भौतिक संतुष्टि बाहरी है, जबकि ख़ुशी आंतरिक है। जब संन्यासी ख़ुशी के बारे में बात करते हैं, तो वे एक कस्तूरी मृग की कहानी बताते हैं, जो पंद्रहवी सदी के भारतीय रहस्यवादी कवि कबीर की कविता से ली गई है। कस्तूरी मृग को जंगल में एक अत्यंत सम्मोहक गंध आती है और वह इसके पीछे दौड़ता रहता है और इसके स्रोत की निरर्थक तलाश करता है और उसे कभी यह अहसास ही नहीं होता कि गंध इसके ख़ुद के शरीर से आ रही है। यह निरर्थक भटकने में अपना पूरा जीवन बिता देता है। इसी तरह हम ख़ुशी की खोज करते हैं, इसे छलावा पाते हैं, जबकि हम इसे अपने ख़ुद के भीतर पा सकते हैं।

ख़ुशी और संतुष्टि वस्तुओं या उपलब्धियों से नहीं, बल्कि अपने मन का स्वामी बनने और आत्मा से जुड़ने से मिलती है। सफलता ख़ुशी की गारंटी नहीं है और ख़ुशी के लिए सफलता ज़रूरी नहीं है। वे एक-दूसरे को पोषण दे सकती हैं और वे हमें एक साथ मिल सकती हैं, लेकिन वे आपस में अभिन्न रूप से गुँथी हुई नहीं हैं। एक गैलप सर्वे का विश्लेषण करने के बाद प्रिंसटन यूनिवर्सिटी के शोधकर्ता आधिकारिक रूप से इस निष्कर्ष पर पहुँचे कि बुनियादी आवश्यकताओं तथा अन्य चीज़ों की ज़रूरत पूरी होने के बाद पैसा ख़ुशी नहीं देता है, हालाँकि ज़्यादा पैसे होने से सकल जीवन संतुष्टि में योगदान मिलता है, लेकिन यह प्रभाव 75,000 डॉलर मासिक वेतन के बाद ख़त्म हो जाता है। दूसरे शब्दों में, जब जीवन की गुणवत्ता पर पैसों के प्रभाव की बात आती है, तो एक मध्यवर्गीय अमेरिकी नागरिक धन्नासेठ जेफ़ बेज़ोस जितनी ही अच्छी स्थिति में होता है।

सफलता का मतलब है पैसा कमाना, अपने कामकाज के क्षेत्र में सम्मानित होना, अच्छी तरह प्रोजेक्ट पूरे करना और प्रशंसा व पुरस्कार पाना है। ख़ुशी का मतलब है अपने बारे में अच्छा महसूस करना, क़रीबी संबंध होना और संसार को बेहतर जगह बनाना। पहले से कहीं ज़्यादा लोकप्रिय संस्कृति आज सफलता की खोज को जितना महिमामंडित कर रही है, उतना पहले कभी नहीं हुआ। किशोरों के लिए बनाए गए टीवी शो आज छवि, पैसे और शोहरत पर इतना ज़्यादा ध्यान केंद्रित

करते हैं, जितना पहले कभी नहीं हुआ। लोकप्रिय गीत और पुस्तकें ऐसी भाषा का इस्तेमाल करती हैं, जो व्यक्तिगत उपलब्धि को सामुदायिक संबंध, सामूहिक सदस्यता और स्व-स्वीकृति से ज़्यादा ऊपर रखती है। कोई हैरानी नहीं कि 1970 के दशक के बाद से खुशी की दर अमेरिकी वयस्कों में लगातार कम हुई है। और इसका संबंध आमदनी से नहीं है। कोलंबिया यूनिवर्सिटी में अर्थ इंस्टीट्यूट के डायरेक्टर और *वर्ल्ड हैप्पीनेस रिपोर्ट* के संपादक जेफ़्री साक्स ने *वॉशिंगटन पोस्ट* को दिए इंटरव्यू में कहा है, "हालाँकि संसार भर के लोगों की औसत आमदनी निश्चित रूप से उनके आरामदेह होने के अहसास को प्रभावित करती है, लेकिन यह ज़्यादा कुछ स्पष्ट नहीं कर पाती है, क्योंकि व्यक्तिगत और सामाजिक दूसरे घटक भी सुख को तय करने में बहुत महत्त्वपूर्ण भूमिका निभाते हैं।" साक्स कहते हैं कि हालाँकि आम तौर पर अमेरिकी आमदनी 2005 से बढ़ी है, लेकिन हमारी खुशी कम हो गई है, कुछ हद तक सामाजिक घटकों के कारण जैसे सरकार और हमारे साथी अमेरिकियों में विश्वास घटने की वजह से और सामाजिक नेटवर्कों के कमज़ोर होने की वजह से।

कर्तव्य और प्रेम

यदि डर हमें सीमित करता है और सफलता हमें संतुष्ट नहीं करती है, तो आपने शायद पहले ही अंदाज़ा लगा लिया होगा कि कर्तव्य और प्रेम इससे ज़्यादा प्रदान कर सकते हैं। हम सभी के लक्ष्य अलग होते हैं, लेकिन हम सभी अंततः एक ही चीज़ चाहते हैं : एक ऐसा जीवन, जो खुशी और *अर्थ* से भरा हो। संन्यासी खुशी वाला हिस्सा नहीं चाहते हैं - हम आनंद या सुख की तलाश नहीं कर रहे हैं। इसके बजाय हम उस संतुष्टि पर ध्यान केंद्रित करते हैं, जो *अर्थपूर्ण* जीवन जीने से मिलती है। खुशी भ्रम हो सकती है - खुशी के ऊँचे स्तर को हमेशा कायम रखना मुश्किल होता है। लेकिन *अर्थ* महसूस करने का मतलब यह है कि हमारे कार्यों का एक उद्देश्य होता है। वे किसी सार्थक परिणाम की ओर ले जाते हैं। हम मानते हैं कि हम सकारात्मक छाप छोड़ रहे हैं। हम जो करते हैं, वह मायने रखता है, इसलिए हम मायने रखते हैं। बुरी चीज़ें होती हैं, बोरिंग काम करने पड़ता है, जीवन का मतलब हमेशा धूप और यूनिकॉर्न नहीं है, लेकिन अर्थ खोजना हमेशा संभव है। यदि आप किसी प्रियजन को खो देते हैं और कोई आपसे सकारात्मक की तलाश करने, खुश रहने, अपने जीवन की अच्छी चीज़ों पर ध्यान केंद्रित करने की सलाह देता है, तो आप उस व्यक्ति का मुँह तोड़ना चाह सकते हैं, लेकिन हम क्षति में *अर्थ* की तलाश करके सबसे बुरी त्रासदियों में भी खुद को बचा सकते हैं। हम समुदाय को कुछ देकर प्रियजन को सम्मानित कर सकते हैं। या फिर जीवन के प्रति एक नई कृतज्ञता खोज सकते हैं, जो हम अपना समर्थन करने वालों तक पहुँचा सकते हैं। अंततः हमें अपने कार्यों का जितना महत्त्व या मूल्य दिखता है, उसी से हमें अर्थ

का अहसास मिलेगा। अथर्ववेद में कहा गया है, "धन और महल इकलौती दौलत नहीं हैं। आत्मा की दौलत का संग्रह करो। चरित्र दौलत है; अच्छा आचरण दौलत है; और आध्यात्मिक बुद्धिमत्ता दौलत है।"

सच्चा संतोष सफलता से नहीं, बल्कि उद्देश्य और अर्थ से मिलता है। जब हम इस बात को समझ लेते हैं, तो हम कर्तव्य और/या प्रेम से प्रेरित होने के महत्त्व को देख लेते हैं। जब आप कर्तव्य और प्रेम से काम करते हैं, तो आप जानते हैं कि आप मूल्य प्रदान कर रहे हैं।

हम अपनी स्वार्थपूर्ण आवश्यकताएँ पूरी करने की कोशिश जितनी कम करेंगे और सेवा तथा प्रेम के उद्देश्य से जितनी ज़्यादा चीज़ें करेंगे, हम उतना ही ज़्यादा हासिल कर सकते हैं। अपनी पुस्तक *द अपसाइड ऑफ़ स्ट्रेस* में लेखिका केली मैकगॉनिगल कहती हैं कि हम परेशानी को ज़्यादा अच्छी तरह झेल सकते हैं, अगर हम इसे किसी लक्ष्य, उद्देश्य या अपने किसी प्रिय व्यक्ति के साथ जोड़ लें। मिसाल के तौर पर, जब बच्चे की जन्मदिन पार्टी की तैयारी की बात आती है, तो माँ रात को देर तक जागने की परेशानी झेलने के लिए खुशी-खुशी तैयार रहती है। कम नींद का दर्द प्रेमपूर्ण माँ बनने की संतुष्टि से दूर हो जाता है, लेकिन जब किसी नौकरी में देर तक काम करने की बात आती है, तो वही महिला इससे नफ़रत करती है! वह दुखी हो जाती है। हम ज़्यादा झेल सकते हैं, जब हम ऐसा किसी व्यक्ति के लिए कर रहे हों, जिससे हम प्रेम करते हैं या अपने किसी प्रिय उद्देश्य की सेवा करने के लिए कर रहे हों। ऐसा तब नहीं होता, जब हम इस भ्रामक विचार के तहत काम करते हैं कि हमें सफलता से खुशी मिलेगी। जब हम इस विश्वास के साथ काम करते हैं कि हमारा काम मायने रखता है, तो हम गहनता से जी सकते हैं। आगे बढ़ने के कारण के बिना, हममें कोई प्रेरणा ही नहीं होती। जब हम इरादे या संकल्प के साथ अपना जीवन जीते हैं - एक स्पष्ट अहसास के साथ कि हम जो करते हैं, वह क्यों मायने रखता है - तो हमारे जीवन में अर्थ होता है और यह हमें संतुष्टि प्रदान करता है। इरादा कार में गैस भर देता है।

क्यों की सीढ़ी

डर, इच्छा, कर्तव्य और प्रेम इरादों की जड़ें हैं। संस्कृत में इरादे को *संकल्प* कहा जाता है और मैं इसे ही वह कारण मानता हूँ, जिसे खुद के दिलोदिमाग़ में तय करने के बाद व्यक्ति लक्ष्य की दिशा में कोशिश करता है। इसे दूसरी तरह से कहें, तो आपकी मूल अभिप्रेरणा से आप खुद को आगे धकाने के इरादे विकसित करते हैं। इरादे का मतलब यह है कि आप क्या बनने की योजना बना रहे हैं, ताकि आप उद्देश्य के साथ काम कर सकें और महसूस कर सकें कि आप जो करते हैं, वह

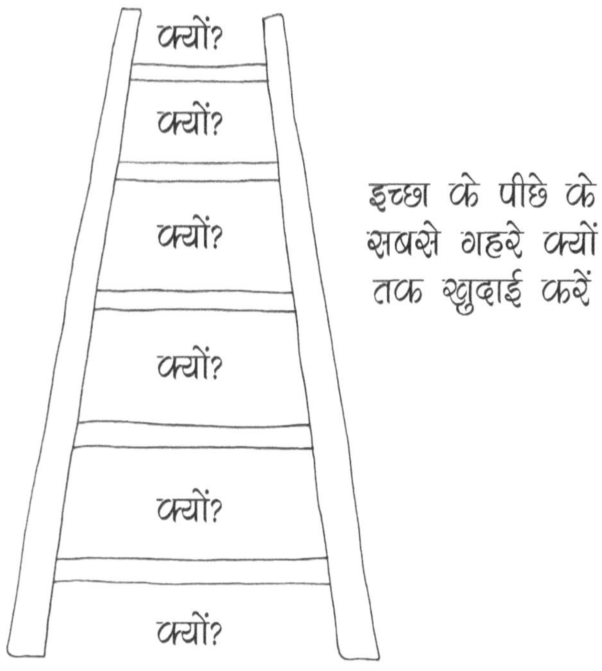

अर्थपूर्ण है। इसलिए अगर मैं डर की वजह से प्रेरित होता हूँ, तो मेरा इरादा अपने परिवार की रक्षा करना हो सकता है। अगर मैं इच्छा से प्रेरित हूँ, तो मेरा इरादा विश्वव्यापी मान्यता हासिल करना हो सकता है। अगर मैं कर्तव्य के बोध से प्रेरित हूँ, तो मेरा इरादा अपने मित्रों की मदद करना हो सकता है, चाहे मैं कितना ही व्यस्त रहूँ। अगर मैं प्रेम से प्रेरित हूँ, तो हो सकता है कि मेरा इरादा वहाँ सेवा करने का हो, जहाँ मेरी सबसे ज़्यादा ज़रूरत है।

निश्चित प्रेरणाओं से निश्चित इरादों को जोड़ने के कोई नियम नहीं हैं। सेवा करने के पीछे आपके मन में अच्छा प्रभाव छोड़ने की प्रेरणा भी हो सकती है (प्रेम नहीं, बल्कि इच्छा)। आप डर के बजाय प्रेम की प्रेरणा से भी अपने परिवार का समर्थन कर सकते हैं। हो सकता है कि आप सेवा करने की ख़ातिर अमीर बनना चाहते हों। और हममें से किसी के पास भी किसी काम के लिए केवल एक ही अभिप्रेरणा और एक ही इरादा नहीं होता। मैं चाहता हूँ कि हम बड़े और छोटे चयन संकल्प या इरादे के साथ करना सीख लें। हमेशा सफलता के पहाड़ पर चढ़ने के बजाय हमें झूठे विश्वासों या ग़लत मान्यताओं को बाहर निकालने के लिए अपने सच्चे स्व की घाटी में नीचे उतरने की ज़रूरत है।

इरादे के साथ जीने के लिए हमें *इच्छा के पीछे के सबसे गहरे क्यों यानी कारण तक खुदाई करनी होगी।* इसके लिए ठहरने की ज़रूरत होती है, न सिर्फ़ इस बारे में सोचने की कि हम कोई चीज़ *क्यों* चाहते हैं, बल्कि यह सोचने की भी कि हम कौन हैं या इसे पाने के लिए हमें क्या बनने की ज़रूरत है और क्या हमें वैसा बनने का विचार आकर्षित करता है।

ज़्यादातर लोग जवाबों की तलाश करने के आदी होते हैं। संन्यासी प्रश्नों पर ध्यान केंद्रित करते हैं। जब मैं अपने डर के क़रीब पहुँचने की कोशिश कर रहा था, तो मैंने खुद से बार-बार यह प्रश्न पूछा, "मैं किस चीज़ से डरता हूँ?" जब मैं किसी इच्छा की जड़ तक पहुँचने की कोशिश करता हूँ, तो मैं 'क्यों?' प्रश्न से शुरू करता हूँ।

इरादे के प्रति संन्यासी नीति को सांसारिक लक्ष्यों के मामले में भी अपनाया जा सकता है। यहाँ एक उदाहरण देखें। मैंने एक लक्ष्य चुना, जो हम आश्रम में कभी नहीं सोचते और यह एक ऐसी चीज़ है, जिसके पीछे का इरादा स्पष्ट नहीं है : *मैं अकेले पूरे संसार की नाव से यात्रा करना चाहता हूँ।*

आप पूरे संसार की नाव से यात्रा क्यों करना चाहते हैं?

यह मज़ेदार होगा। मुझे बहुत सारी जगहें देखने को मिलेंगी और मैं खुद के सामने साबित करूँगा कि मैं एक बेहतरीन नाविक हूँ।

यह खुद को संतुष्ट करने के इरादे जैसा लगता है और इसका मतलब है कि आप इच्छा से प्रेरित हैं।

लेकिन इस प्रश्न का आपका जवाब यह भी हो सकता है :

पूरे संसार की नौका यात्रा करना हमेशा मेरे पिता का स्वप्न था। मैं यह उनकी ख़ातिर कर रहा हूँ।

इस मामले में आपका इरादा अपने पिता का सम्मान करना है और आप कर्तव्य और प्रेम की भावनाओं से प्रेरित हैं।

मैं पूरे संसार की नौका यात्रा इसलिए कर रहा हूँ, ताकि मैं स्वतंत्र हो सकूँ। मैं किसी के प्रति जवाबदेह नहीं रहूँगा। मैं अपनी सारी ज़िम्मेदारियाँ पीछे छोड़ सकता हूँ।

यह नाविक पलायन का इरादा रखता है – वह डर से संचालित या प्रेरित है।

आइए अब एक ज़्यादा आम इच्छा को देखते हैं :

मेरी सबसे बड़ी इच्छ पैसे कमाने की है और यहाँ जय शायद मुझे अच्छा या दयामय बनने की नसीहत देने वाले हैं। इससे मदद नहीं मिलने वाली।

अमीर बनने की ख़ातिर अमीर बनने की चाहत ठीक है। यह दृढ़ता से भौतिक संतुष्टि की श्रेणी में आता है, इसलिए आप इससे यह उम्मीद नहीं कर सकते कि यह आपको संतुष्टि का आंतरिक अहसास देगा, फिर भी भौतिक सुविधाएँ उसका

अविभाज्य हिस्सा हैं, जो हम जीवन से चाहते हैं, इसलिए इस लक्ष्य को ख़ारिज करने के बजाय आइए इसकी जड़ तक चलते हैं।

दौलत आपका मनचाहा परिणाम है। क्यों?

मैं दोबारा कभी पैसे की चिंता नहीं करना चाहता।

आप पैसे की चिंता क्यों करते हैं?

मैं वे वैकेशन मनाने का ख़र्च नहीं उठा सकता, जिनके मैं सपने देखता हूँ।

आप ये वैकेशन क्यों चाहते हैं?

मैं सोशल मीडिया पर हर व्यक्ति को शानदार यात्राओं पर जाते देखता हूँ। जब मैं नहीं कर सकता, तो उन्हें यह क्यों नहीं करना चाहिए?

आप वह क्यों चाहते हैं, जो वे चाहते हैं?

उन्हें वीकएंड पर उससे बहुत ज़्यादा मज़ा आ रहा है, जितना मुझे अपने वीकएंड में नहीं आता।

अहा! तो अब हम इस इच्छा की जड़ पर पहुँच गए हैं। आपके वीकएंड असंतोषजनक हैं। क्या कमी है?

मैं चाहता हूँ कि मेरा जीवन ज़्यादा रोमांचक, ज़्यादा आनंददायक, ज़्यादा उल्लासमय हो।

ठीक है, आपका इरादा आपके जीवन को ज़्यादा रोमांचक बनाना है। ग़ौर करें कि यह "मैं पैसे चाहता हूँ" से कितना भिन्न है। आपका इरादा अब भी व्यक्तिगत संतुष्टि की इच्छा से संचालित है, लेकिन अब आप दो चीज़ें जान चुके हैं : सबसे पहले, आप ज़्यादा पैसे ख़र्च किए बिना इसी समय अपने जीवन में ज़्यादा रोमांच भर सकते हैं। और दूसरे, अब आपके सामने स्थिति स्पष्ट हो चुकी है और आप यह निर्णय ले सकते हैं कि क्या आप इस चीज़ की ख़ातिर कड़ी मेहनत करना चाहते हैं।

यदि कोई व्यक्ति मेरे गुरु के पास जाकर कहता है, "मैं बस अमीर बनना चाहता हूँ," तो मेरे गुरु पूछेंगे, "क्या तुम यह सेवा की ख़ातिर कर रहे हो?" पूछने का उनका कारण इच्छा की जड़ तक पहुँचना है।

यदि वह आदमी कहता है, "नहीं, मैं एक अच्छे मकान में रहना चाहता हूँ, यात्रा करना चाहता हूँ और हर मनचाही चीज़ ख़रीदना चाहता हूँ।" इसका मतलब है कि वह ख़ुद के भोग-विलास के लिए वित्तीय स्वतंत्रता हासिल करना चाहता है।

मेरे गुरु कहेंगे, "ठीक है, अच्छी बात है कि तुम अपने प्रति ईमानदार हो। आगे बढ़ो और अपनी दौलत कमाओ। तुम सेवा करोगे। इसमें तुम्हें पाँच या दस साल लग सकते हैं, लेकिन तुम उसी जवाब पर लौटोगे।" संन्यासी मानते हैं कि इंसान तब तक संतुष्ट नहीं होगा, जब तक कि वह अपनी दौलत पा नहीं लेता और अगर वह अर्थ की अपनी खोज जारी रखता है, तो अंततः जवाब हमेशा सेवा में ही मिलेगा।

आपका इरादा क्या है, इस बारे में ईमानदार बनें। आप जो सबसे बुरी चीज़ कर सकते हैं, वह ख़ुद के सामने यह नाटक करना है कि आप यह सेवा की ख़ातिर कर रहे हैं, जबकि आप इसे सिर्फ़ भौतिक सफलता की इच्छा की वजह से कर रहे हैं।

जब आप क्यों का अनुसरण करें, तो खुदाई करते रहें। हर जवाब ज़्यादा गहरे प्रश्नों को प्रेरित करता है। कई बार तो किसी प्रश्न को अपने दिमाग़ में रखकर एक दिन, यहाँ तक कि एक सप्ताह तक बैठने से भी मदद मिलती है। अक्सर आप पाएँगे कि आप जिस चीज़ की अंततः तलाश कर रहे हैं, वह एक आंतरिक भाव है (ख़ुशी, सुरक्षा, आत्मविश्वास, आदि) या हो सकता है कि आप पाएँ कि आप ईर्ष्या की वजह से काम कर रहे हैं, जो सबसे सकारात्मक भाव नहीं है, बल्कि उस आवश्यकता का अच्छा संकेत है, जिसे आप भरने की कोशिश कर रहे हैं। उस खोज के बारे में जिज्ञासु बनें। आप ईर्ष्यालु क्यों हैं? क्या कोई चीज़ है - जैसे रोमांच - जिस पर आप तुरंत काम शुरू कर सकते हैं? एक बार जब आप उसे करने लगते हैं, तो आपको बाहरी इच्छाएँ भी हासिल होने लगेंगी, बशर्ते वे अब भी महत्त्वपूर्ण हों।

इसे आज़माएँ : ध्यान का प्रश्न

अपनी एक इच्छा को लें और खुद से पूछें कि आप इसे क्यों चाहते हैं। ख़ुद से पूछते रहें, जब तक कि आप मूल इरादे तक न पहुँच जाएँ।

आम जवाब हैं :

अच्छा दिखना और महसूस करना

सुरक्षा

सेवा

विकास

जो इरादे 'अच्छे' नहीं हैं, उन्हें नकारने की ज़रूरत नहीं है। बस उनके बारे में जागरूक बनें और पहचानें कि अगर आपका कारण प्रेम, विकास या ज्ञान नहीं है, तो अवसर महत्त्वपूर्ण व्यावहारिक आवश्यकताओं को तो पूरा कर सकता है, लेकिन यह भावनात्मक रूप से अर्थपूर्ण महसूस नहीं होगा। हम सबसे ज़्यादा संतुष्ट तभी होते हैं, जब हम प्रगति की अवस्था में हों, सीख रहे हों या उपलब्धि हासिल कर रहे हों।

बीज और खरपतवार

संन्यासियों के रूप में हमने बीजों और खरपतवार की उपमा से अपने इरादों को स्पष्ट करना सीखा। जब आप कोई बीज बोते हैं, तो यह बड़ा होकर एक विशाल

वृक्ष बन सकता है, जो हर एक को फल और छाया देता है। प्रेम, करुणा या सेवा जैसा व्यापक इरादा भी यही काम कर सकता है। आपके इरादे की शुद्धता का उस करियर से कोई संबंध नहीं है, जिसे आप चुनते हैं। कोई ट्रैफ़िक ऑफ़िसर अपनी शक्ति का प्रदर्शन करने के लिए आपका चालान बना सकता है या फिर वह उस अभिभावक जैसी करुणा के साथ आपको तेज़ गाड़ी न चलाने की हिदायत दे सकता है, जो अपने छोटे बच्चे को बताता है कि आग के साथ नहीं खेलना चाहिए। आप एक बैंक टेलर हो सकते हैं और गर्मजोशी से कोई सामान्य कार्य कर सकते हैं, लेकिन अगर हमारे इरादे प्रतिशोधात्मक या स्वार्थपूर्ण हैं, तो हम खरपतवार उगा रहे हैं। खरपतवार आमतौर पर अहं, लोभ, ईर्ष्या, क्रोध, गर्व, प्रतिस्पर्धा या तनाव की वजह से उगते हैं। ये शुरुआत में सामान्य पौधों जैसे दिख सकते हैं, लेकिन वे बड़े होकर कभी कुछ अद्भुत नहीं बन पाएँगे।

यदि आप प्रतिशोध के इरादे से बॉडी बनाने के लिए जिम जाने लगे हैं, ताकि आपकी पूर्व प्रेमिका आपसे ब्रेकअप करने पर अफ़सोस करे, तो आप खरपतवार बो रहे हैं। आप जो चाहते हैं, उसे आपने सही तरीक़े से समझा है (ज़्यादा संभव यह है कि आप यह चाहते होंगे कि आपकी पूर्व प्रेमिका आपको समझे और आपसे प्रेम करे, जिसके लिए स्पष्ट रूप से एक अलग नीति की ज़रूरत होगी)। आप शक्तिशाली बनेंगे और आपको कसरत के स्वास्थ्य लाभ मिलेंगे, लेकिन आपकी सफलता का पैमाना बाहरी है - अपनी एक्स यानी पूर्व प्रेमिका को उत्तेजित करना, लेकिन अगर आपकी एक्स इस पर ग़ौर या परवाह नहीं करती है, तो आप अच्छा शरीर बनाने के बाद भी कुंठा और अकेलापन महसूस करेंगे। बहरहाल, अगर आप जिम जाना इसलिए शुरू करते हैं, क्योंकि आप अपने ब्रेकअप के बाद शारीरिक दृष्टि से शक्तिशाली महसूस करना चाहते हैं या अगर वर्कआउट के दौरान आपका इरादा बदलकर यह हो जाता है, तो आपका शरीर भी सुगठित हो जाएगा *और* आप भावनात्मक संतुष्टि भी महसूस करेंगे।

खरपतवार का एक अन्य अच्छा उदाहरण तब सामने आता है, जब कोई नेक इरादा ग़लत लक्ष्य के साथ जुड़ जाता है। मान लें कि मेरा इरादा अपना आत्मविश्वास बढ़ाना है और मैं निर्णय लेता हूँ कि प्रमोशन हासिल करना इसका सबसे अच्छा तरीक़ा है। मैं कड़ी मेहनत करता हूँ, अपने बॉस को प्रभावित करता हूँ और एक स्तर ऊपर पहुँच जाता हूँ, लेकिन जब मैं वहाँ पहुँचता हूँ, तो मुझे अहसास होता है कि मेरे ऊपर एक और स्तर है और मैं दोबारा असुरक्षित महसूस करने लगता हूँ। सौ बात की एक बात, बाहरी लक्ष्य आंतरिक ख़ालीपन को नहीं भर सकते। कोई बाहरी ठप्पा या उपलब्धि मुझे सच्चा आत्मविश्वास नहीं दे सकती। मुझे इसे अपने भीतर खोजना होगा। हम भाग दो में इस बारे में बात करेंगे कि इस जैसे आंतरिक परिवर्तन कैसे किए जाएँ।

गुड सैमेरिटन

संन्यासी जानते हैं कि कोई सुंदर फूलों का बगीचा लगातार अपने दम पर फल-फूल नहीं सकता। हमें अपने खुद के जीवन का माली बनना होता है और केवल अच्छे इरादों के बीज बोना होता है, यह देखना होता है कि वे क्या बनते हैं और उस खरपतवार को हटाना पड़ता है, जो बीच-बीच में उग आती है।

1973 में एक प्रयोग हुआ, जिसे 'फ्रॉम यरुशलम टू जेरिको' कहा गया। इसमें शोधकर्ताओं ने पादरियों की शिक्षा संस्था के विद्यार्थियों से संक्षिप्त भाषण तैयार करने को कहा कि पादरी बनने का क्या मतलब था। उनमें से कुछ को तैयारी में मदद करने के लिए 'गुड सैमेरिटन' की नीतिकथा भी दी गई थी। इस नीतिकथा में ईसा मसीह ने एक यात्री के बारे में बताया था, जो एक ज़रूरतमंद आदमी की मदद करने के लिए रुका, जबकि दूसरा कोई ऐसा नहीं कर रहा था, फिर विद्यार्थियों को एक बहाने से एक अलग कमरे में पहुँचाया गया। जब वे नए कमरे में जा रहे थे, तो एक अभिनेता एक दरवाज़े पर खड़ा था और उसे देखकर लग रहा था कि उसे मदद की ज़रूरत थी। विद्यार्थियों को अच्छे सैमेरिटन के बारे में जो सामग्री दी गई थी, उससे कोई फ़र्क़ नहीं पड़ा और एक भी विद्यार्थी मदद करने नहीं रुका। शोधकर्ताओं ने पाया कि अगर विद्यार्थी जल्दबाज़ी में थे, तो उनके मदद करने की काफ़ी कम संभावना थी और 'कई मौक़ों पर, अच्छे सैमेरिटन की नीतिकथा पर अपना भाषण देने वाला एक विद्यार्थी तो दरअसल तेज़ी से आगे जाने के चक्कर में उस ज़रूरतमंद इंसान को धक्का मारते हुए निकल गया!"

विद्यार्थी अपने हाथ में आए काम पर इतने ज़्यादा केंद्रित थे कि वे अपने ज़्यादा गहरे इरादे भूल गए। वे करुण और सहायक बनने के इरादे से सेमिनरी में अध्ययन कर रहे थे, लेकिन उस पल उनके दिमाग़ में एक प्रभावी भाषण देने की इच्छा या चिंता थी, जिसने उनके मूल इरादे में हस्तक्षेप कर दिया। जैसा बेनडिक्टीन संन्यासी लॉरेंस फ्रीमैन ने अपनी पुस्तक *आस्पेक्ट्स ऑफ़ लव* में कहा है, "हर चीज़ जो आप दिन में करते हैं, नहाने से लेकर नाश्ता करने तक, मीटिंग करने से कार चलाने तक... टीवी देखने या इसके बजाय पढ़ने का निर्णय लेने तक... *हर चीज़* जो आप करते हैं, वह आपका आध्यात्मिक जीवन है। बात सिर्फ़ यह है कि आप ये सामान्य चीज़ें कितनी चेतना के साथ करते हैं।"

अपने इरादों को जिएँ

ज़ाहिर है, केवल अच्छे इरादे होना ही काफ़ी नहीं है। हमें उन बीजों के विकास में मदद करने के लिए मेहनत करने की भी ज़रूरत होती है। मैं इच्छा के 'प्रकटीकरण' में विश्वास नहीं करता, यानी यह विचार कि अगर आप बस विश्वास कर लें कि

कोई चीज़ हो जाएगी, तो यह सचमुच हो जाएगी और हमारे कुछ किए बिना अपने आप हो जाएगी। हम अच्छे इरादों के साथ बैठकर यह उम्मीद नहीं कर सकते कि हम जो चाहते हैं, वह आकर हमारी गोद में गिर जाएगा। न ही हम यह उम्मीद कर सकते हैं कि कोई हमें खोज लेगा और यह पता लगा लेगा कि हम कितने अद्भुत हैं और हमें संसार में हमारी सच्ची और ऊँची जगह दे देगा। कोई भी हमारी ख़ातिर हमारे जीवन को नहीं बनाएगा। मार्टिन लूथर किंग जूनियर ने कहा था, "जो लोग शांति से प्रेम करते हैं, उन्हें उतने ही प्रभावी ढंग से संगठित होना सीखना चाहिए, जितना कि युद्ध से प्रेम करने वाले लोग सीखते हैं।" जब लोग मेरे पास मार्गदर्शन लेने आते हैं, तो मैं लगातार सुनता हूँ, *"मैं चाहता हूँ... मैं चाहता हूँ... मैं चाहता हूँ..." मैं चाहता हूँ कि मेरा पार्टनर मेरी तरफ़ ज़्यादा ध्यान दे। मैं चाहता हूँ कि मेरे पास यही नौकरी रहे, लेकिन इसमें ज़्यादा पैसे मिलें। मैं चाहता हूँ कि मेरा संबंध ज़्यादा गंभीर हो।*

हम यह कभी नहीं कहते हैं, "मैं चाहता हूँ कि मैं ज़्यादा व्यवस्थित और एकाग्र बनूँ और यह हासिल करने के लिए कड़ी मेहनत कर सकूँ।" हम उसके बारे में नहीं बोलते हैं, जो हमें अपनी मनचाही चीज़ पाने के लिए करने की ज़रूरत होती है। **"मैं चाहता हूँ" एक कोड है, जिसका मतलब है, "मैं कुछ भी अलग नहीं करना चाहता।"**

पिकासो के बारे में एक संदिग्ध कहानी है, जो आदर्श ढंग से बताती है कि हम उपलब्धि के पीछे की मेहनत और लगन को पहचानने में कैसे असफल रहते हैं। कहानी यह है कि एक औरत पिकासो से बाज़ार में मिलती है। वह पिकासो के पास जाकर कहती है, "क्या आप मेरे लिए एक ड्रॉइंग बना देंगे?"

"निश्चित रूप से," पिकासो कहता है और तीस सेकंड बाद उसे एक बहुत सुंदर छोटा स्केच थमा देता है। इसके बाद पिकासो कहता है, "यह तीस हज़ार डॉलर का होगा।"

महिला कहती है, "लेकिन मि. पिकासो, आप मुझसे इतने ज़्यादा पैसे कैसे माँग सकते हैं? यह ड्रॉइंग बनाने में तो आपको सिर्फ़ तीस सेकंड लगे हैं!"

"मैडम," पिकासो कहता है, "इसमें मुझे तीस साल लगे हैं।"

यही किसी भी कलात्मक काम के बारे में सच है या दरअसल किसी भी ऐसे काम के बारे में, जिसे अच्छी तरह किया गया हो। उसके पीछे का प्रयास या लंबी मेहनत दिखाई नहीं देती है। मेरे आश्रम का जो संन्यासी आसानी से सारे धर्मग्रंथ दोहरा सकता है, उसने उन्हें याद करने में कई साल लगाए थे। यह करने का लक्ष्य बनाने से पहले मुझे उसकी बरसों की मेहनत पर विचार करना चाहिए था, क्योंकि उसने अपना जीवन इसमें समर्पित कर दिया था।

जब पूछा जाता है कि हम कौन हैं, तो हम आम तौर पर जवाब में यह बताते हैं कि हम क्या काम करते हैं : "मैं अकाउंटेंट हूँ।" "मैं वकील हूँ।" "मैं गृहिणी हूँ।" "मैं खिलाड़ी हूँ।" "मैं टीचर हूँ।" किसी नए व्यक्ति से मिलते समय कई बार यह बातचीत शुरू करने का एक उपयोगी तरीक़ा होता है, लेकिन जीवन तब अधिक अर्थपूर्ण होता है, जब हम ख़ुद को अपनी उपलब्धियों के बजाय अपने इरादों से परिभाषित करते हैं। यदि आपकी पहचान आपकी नौकरी से तय होती है, तो नौकरी छूट जाने की स्थिति में क्या होगा? अगर आप ख़ुद को खिलाड़ी के रूप में परिभाषित करते हैं, तब एक चोट आपके करियर को ख़त्म कर देती है और इसके बाद आपको पता नहीं होता कि आप कौन हैं। नौकरी खोने से हमारी पहचान नष्ट नहीं होनी चाहिए, लेकिन अक्सर यह हो जाती है। इसके बजाय अगर हम इरादे के साथ जीते हैं, तो हम नौकरी छूटने या करियर ख़त्म होने के बावजूद उद्देश्य और अर्थ के अहसास को क़ायम रखते हैं, जिसका संबंध इससे नहीं होता कि हम क्या हासिल करते हैं, बल्कि इससे होता है कि हम कौन हैं।

यदि आपका इरादा लोगों की मदद करना है, तो आपको अपने इरादे के हिसाब से काम करना चाहिए। आपको दयालु, खुले दिल वाला और नवाचारी बनना चाहिए। आपको लोगों की शक्तियों को पहचानना चाहिए, उनकी कमज़ोरियों में मदद करनी चाहिए, सुनना चाहिए, विकास करने में उनकी मदद करनी चाहिए, यह भाँपना चाहिए कि उन्हें आपसे क्या ज़रूरत है और यह ग़ौर करना चाहिए कि यह ज़रूरत कब बदलती है। अगर आपका इरादा आपके परिवार का समर्थन करना है, तो आप यह निर्णय ले सकते हैं कि आपको उदार बनने और परिवार के साथ ज़्यादा समय बिताने की ज़रूरत है। आप यह निर्णय भी ले सकते हैं कि आपको कड़ी मेहनत करने और व्यवस्थित बनने की ज़रूरत है। अगर आपका इरादा अपने जोश के हिसाब से जीना है, तो संभवतः आपको समर्पित, ऊर्जावान और सत्यवादी बनना होगा। (ग़ौर करें कि अध्याय एक में हमने बाहरी शोर को साफ़ कर दिया था, ताकि हम अपने मूल्यों को ज़्यादा स्पष्टता से देख सकें। जब आप अपने इरादों को पहचान लेते हैं, तो वे आपके *मूल्यों* को उजागर कर देते हैं। लोगों की मदद करने और उनकी सेवा करने के *इरादों* का मतलब है कि आप सेवा को *मूल्यवान* मानते हैं। परिवार का समर्थन करने के *इरादे* का मतलब है कि आप परिवार को *मूल्यवान* मानते हैं। यह कोई रॉकेट विज्ञान नहीं है, लेकिन इन शब्दों का इस्तेमाल पर्यायवाची के रूप में किया जाता है, इसलिए यह जानने से मदद मिलती है कि वे कैसे जुड़ते हैं और एक-दूसरे के काम आते हैं।)

अपने इरादे को जीने का मतलब है इसे अपने व्यवहार में उतारना। उदाहरण के लिए, अगर आपका लक्ष्य अपने संबंध को बेहतर बनाना है, तो आप डेट पर जाने की योजना बना सकते हैं, अपने पार्टनर को तोहफ़े दे सकते हैं और उसकी

नज़रों में अच्छा दिखने की ख़ातिर हेयरकट करा सकते हैं। आपका पर्स थोड़ा हल्का हो जाएगा, लेकिन आपके बाल बेहतर दिखेंगे और आपका संबंध सुधर भी सकता है या नहीं भी सुधर सकता, लेकिन देखें कि जब आप अपने इरादे को जीने के लिए आंतरिक परिवर्तन करते हैं, तो क्या होता है। अपने संबंध को बेहतर बनाने के लिए आप ज़्यादा शांत, ज़्यादा समझपूर्ण और ज़्यादा जिज्ञासु बनने की कोशिश करते हैं। (आप इसके साथ-साथ जिम भी जा सकते हैं और हेयरकट भी करा सकते हैं।) आप जो परिवर्तन करते हैं, अगर वे आंतरिक हैं, तो आप अपने बारे में बेहतर महसूस करेंगे और आप बेहतर इंसान बन जाएँगे। भले ही आपका संबंध बेहतर न बने, लेकिन इसके बावजूद आप उसकी वजह से बेहतर बन जाएँगे।

मेहनत करें

एक बार जब आप इच्छा के पीछे के *क्यों* यानी कारण को जान जाते हैं, तो उसके पीछे छिपी मेहनत पर विचार करें। अच्छे घर और फ़ैंसी कार को पाने के लिए क्या करना होगा? क्या आपकी रुचि उस काम में है? क्या आप उसे करने के इच्छुक हैं? अगर आप जल्दी सफल न हों – या कभी सफल न हों – तब भी क्या काम अपने आप में आपको संतुष्टि का अहसास देगा? जिन संन्यासी ने मुझसे पूछा था कि मैं सारे धर्मग्रंथ क्यों कंठस्थ करना चाहता था, वे नहीं चाहते थे कि मैं दूसरे संन्यासियों की असाधारण शक्तियों से मंत्रमुग्ध हो जाऊँ और झूठी शान झाड़ने के चक्कर में उन शक्तियों को खुद पाना चाहूँ। वे जानना चाहते थे कि क्या मेरी रुचि इतनी मेहनत करने में थी – धर्मग्रंथों को पढ़ने और कंठस्थ करने की प्रक्रिया में मैं जिस तरह जिऊँगा, जो मैं बनूँगा और जो अर्थ मैं खोजूँगा। केंद्र परिणाम पर नहीं, प्रक्रिया पर है।

इसे आज़माएँ : करने की सूची में बनने की सूची जोड़ लें

अपनी कार्यसूची के साथ-साथ बनने वाली सूची भी बना लें। अच्छी ख़बर यह है कि आप अपनी सूची को ज़्यादा लंबा नहीं बना रहे हैं – ये वे काम नहीं हैं, जिन पर आप सही का निशान लगाकर पूरा कर सकते हैं – बल्कि यह अभ्यास तो एक यादगार है कि इरादे के साथ लक्ष्यों को हासिल करने का मतलब उन मूल्यों के अनुरूप जीना है, जो उन लक्ष्यों को प्रेरित करते हैं।

उदाहरण 1

आइए मान लेते हैं मेरा लक्ष्य वित्तीय दृष्टि से स्वतंत्र बनना है। मेरी कार्यसूची यह है :

- ज़्यादा वेतन वाली नौकरी के अवसरों पर शोध करना, जहाँ मेरी योग्यताओं की ज़रूरत हो
- बॉयोडेटा पर फिर काम करना, नौकरियों की पहचान के लिए सूचना जुटाने के वास्ते बैठकें करना
- उन सारी नौकरियों के लिए आवेदन देना, जो मेरे वेतन की आवश्यकताओं को पूरा करती हों

लेकिन मुझे क्या बनने की ज़रूरत है? मुझे यह बनने की ज़रूरत है :

- अनुशासित
- एकाग्र
- जोशीला

उदाहरण 2

आइए मान लेते हैं कि मैं एक संतुष्टिदायक संबंध पाना चाहता हूँ। मुझे क्या करने की ज़रूरत है?

- डेट की योजना बनाना
- अपने पार्टनर के लिए अच्छी चीज़ें करना
- अपने हुलिये को बेहतर बनाना

लेकिन मुझे क्या बनने की ज़रूरत है?

- ज़्यादा शांत
- ज़्यादा समझपूर्ण
- मेरे पार्टनर के दिन की घटनाओं और भावनाओं के बारे में ज़्यादा उत्सुक

डेज़र्ट फ़ादर्स शुरुआती ईसाई संन्यासी थे और मध्य पूर्व के रेगिस्तानों में आराधना स्थल में रहते थे। इन संन्यासियों के अनुसार, "हम प्रगति नहीं करते हैं, क्योंकि हमें यह अहसास ही नहीं होता कि हम कितना कुछ कर सकते हैं। जिस काम को हमने शुरू किया है, हम उसमें रुचि खो देते हैं और हम कोशिश किए बिना ही अच्छे बनना चाहते हैं।" यदि आप गहराई से परवाह नहीं करते हैं, तो आप पूरे जोश से प्रक्रिया में नहीं उतर सकते। आप इसे सही कारणों से नहीं कर रहे हैं। हो सकता है कि आप अपने लक्ष्यों तक पहुँच जाएँ, हर मनचाही चीज़ पा लें, हर व्यक्ति की नज़रों में सफल दिखें, लेकिन आप यह पा सकते हैं कि आप अब भी

खोए हुए और विभक्त हैं। अगर आप दैनिक प्रक्रिया से प्रेम करते हैं, तो आप इसे गहराई से, ईमानदारी से और सकारात्मक प्रभाव डालने की इच्छा से करते हैं। हो सकता है कि आप दोनों ही तरह से बराबर सफल हों, लेकिन जब आप इरादे से संचालित होते हैं, तो आपको आनंद मिलेगा।

और अगर आपको इस बात का स्पष्ट और विश्वास से भरा अहसास है कि आपने हर क़दम क्यों उठाया, तो आप ज़्यादा लचीले होते हैं। असफलता का यह मतलब नहीं है कि आप मूल्यहीन हैं - इसका मतलब तो यह है कि सार्थक लक्ष्यों को हासिल करने के लिए आपको दूसरे मार्ग की तलाश करनी चाहिए। संतुष्टि इस विश्वास से मिलती है कि आप जो करते हैं, वह महत्त्वपूर्ण है।

रोल मॉडल

आपके इरादे को पूरा करने के लिए कितनी मेहनत की ज़रूरत है, यह पता लगाने का सबसे अच्छा तरीक़ा रोल मॉडलों की तलाश करना है। अगर आप अमीर बनना चाहते हैं, तो जिन अमीर लोगों की आप प्रशंसा करते हैं, उनका अध्ययन करें (पीछा किए बिना) कि वे वर्तमान में क्या हैं और क्या कर रहे हैं और इस बारे में पुस्तकें पढ़ें कि वे आज जहाँ हैं, वहाँ तक कैसे पहुँचे। ख़ासतौर पर इस बात पर ध्यान केंद्रित करें कि वे आज जहाँ हैं, वहाँ तक पहुँचने के लिए उन्होंने आपकी उम्र या स्थिति में क्या किया था।

आप किसी उद्यमी के ऑफ़िस या अप्रवासी के एवोकाडो रैंच का भ्रमण कर सकते हैं और निर्णय ले सकते हैं कि आप यही चाहते हैं, लेकिन इससे आपको वहाँ तक पहुँचने की यात्रा के बारे में कोई जानकारी नहीं मिलती है। अभिनेता बनने का मतलब पर्दे पर दिखने और पत्रिकाओं में आकर्षक फ़ोटो छपने के बारे में नहीं है। यह तो एक दृश्य को साठ बार करने का धैर्य और सृजनात्मकता होने के बारे में है, जब तक कि डायरेक्टर को वह न मिल जाए, जो वह चाहता है। संन्यासी बनने का मतलब उस व्यक्ति का प्रशंसक होना नहीं है, जो ध्यान में बैठता है। यह तो उसी समय जागने के बारे में है, जब संन्यासी जागता है, उसकी जीवनशैली जीने के बारे में है और उसके गुणों का अनुकरण करने के बारे में है। एक सप्ताह तक साये की तरह किसी काम करते व्यक्ति के पीछे लग जाएँ और तब कहीं जाकर आपको उसके सामने की चुनौतियों का थोड़ा अहसास हासिल होगा और यह भी समझ में आ जाएगा कि क्या आप इन चुनौतियों का सामना करना चाहते हैं।

काम करते हुए लोगों का अवलोकन करते समय यह याद रखें कि एक ही इरादे को हासिल करने के कई मार्ग हो सकते हैं। मिसाल के तौर पर, दो लोग पृथ्वी की मदद करने का इरादा रख सकते हैं। एक ऐसा क़ानून के ज़रिये कर सकता

है और ग़ैर-लाभकारी संगठन अर्थजस्टिस के साथ काम कर सकता है, दूसरा इसे फ़ैशन के ज़रिये कर सकता है, जैसा स्टेला मैकार्टनी ने किया है, जिन्होंने वीगन लेदर को लोकप्रिय बनाने में मदद की है। अगले अध्याय में हम इस बारे में बात करेंगे कि आप अपने लिए सर्वश्रेष्ठ तरीक़े और चयन का दोहन कैसे करें, लेकिन यह उदाहरण दिखाता है कि अगर आप इरादे के साथ नेतृत्व करते हैं, तो आप इस बारे में विकल्प खोल देते हैं कि आप अपने लक्ष्य तक कैसे पहुँचें।

और जैसा पूरे संसार की नाव यात्रा के उदाहरण में देखा था, दो समान कार्यों के पीछे बहुत अलग-अलग इरादे हो सकते हैं। आइए मान लेते हैं कि दो लोग एक ही परोपकारी संस्था को उदार दान देते हैं। एक ऐसा इसलिए करती है, क्योंकि वह परोपकार के बारे में गहराई से परवाह करती है, जो एक व्यापक इरादा है। दूसरा व्यक्ति यह इसलिए करता है, क्योंकि वह नेटवर्क करना चाहता है, जो एक संकीर्ण इरादा है। दोनों ही दानदाताओं के उनके दान के लिए प्रशंसा मिलती है। जो सचमुच फ़र्क़ डालना चाहती थी, उसे खुशी, गर्व और अर्थ का अहसास होता है। जो नेटवर्क करना चाहता था, वह बस इतनी ही परवाह करता है कि क्या वह किसी ऐसे व्यक्ति से मिला, जो उसके करियर या सामाजिक स्टेटस के लिए उपयोगी हो सकता है। उनके अलग-अलग इरादों से परोपकारी संस्था को कोई फ़र्क़ नहीं पड़ता – उन दोनों के ही दान संसार का भला करते हैं – लेकिन आंतरिक पुरस्कार पूरी तरह से अलग है।

यह कहना मुनासिब होगा कि कोई इरादा पूरी तरह शुद्ध नहीं होता। हो सकता है कि मेरे परोपकारी कार्यों का 88 प्रतिशत इरादा लोगों की मदद करने का हो, जबकि 8 प्रतिशत खुद के बारे में अच्छा महसूस करने का हो और 4 प्रतिशत अपने दूसरे परोपकारी मित्रों के साथ मज़े करने का हो। धुँधले या बहुल इरादे भी ग़लत नहीं हैं। हमें तो बस यह याद रखना चाहिए कि वे जितने कम शुद्ध होते हैं, उनके हमें खुश करने की उतनी ही कम संभावना होती है, भले ही उनकी बदौलत हम सफल हो जाएँ। जब लोग अपनी मनचाही चीज़ हासिल कर लेते हैं, लेकिन ज़रा भी खुश नहीं होते हैं, तो इसके पीछे यही कारण होता है कि उन्होंने वह काम ग़लत इरादे से किया था।

विकास करने के लिए मुक्त होना

सबसे व्यापक इरादे प्रायः दूसरे लोगों की मदद और समर्थन करने की कोशिश को प्रेरित करते हैं। माता-पिता अपने परिवार का पेट भरने के लिए ओवरटाइम करते हैं। स्वयंसेवक किसी उद्देश्य के प्रति खुद को समर्पित करते हैं। कर्मचारी अपने ग्राहकों की सेवा करने के लिए प्रेरित होते हैं। हमें अपने परिचितों के मामले में उनके

इरादों का अहसास हो जाता है, चाहे यह हेयरड्रेसर हो, जो सचमुच बालों की ऐसी शैली खोजना चाहता है, जो आपके लिए उपयुक्त हो या फिर डॉक्टर हो, जो आपकी दिनचर्या और इतिहास के बारे में पता लगाने के लिए समय लगाता है। उदार इरादे लोगों में झलक जाते हैं और यह एक सुंदर दृश्य होता है। बार–बार हम देखते हैं कि अगर हम किसी काम को बाहरी परिणाम पाने के लिए कर रहे हैं, तो हम खुश नहीं होंगे। जब हमारा इरादा सही होता है यानी सेवा करने का होता है, तभी हम हर दिन अर्थ और उद्देश्य महसूस कर सकते हैं।

इरादे के साथ जीने का मतलब है बाहरी लक्ष्यों से पीछे कदम हटाना, सफलता की बाहरी परिभाषाओं को छोड़ना और अपने भीतर देखना। साँस के साथ ध्यान का अभ्यास शुरू करना इस इरादे के समर्थन का एक स्वाभाविक तरीक़ा है। जब आप अपने अंदर से उन रायों और विचारों की सफ़ाई कर देते हैं, जो आपके वास्तविक या मनचाहे स्वरूप के अनुरूप नहीं हैं, तो मेरी सलाह है कि आप अपनी खुद की गति से, अपने खुद के समय में जीने की याद दिलाने के लिए साँसों का इस्तेमाल करें। प्राणायाम या सही साँस लेने से आपको यह समझने में मदद मिलती है कि आपका तरीक़ा अनूठा है – और ऐसा ही होना चाहिए।

साँस लें

साँस लेने के काम की शारीरिक प्रकृति भटकाने वाली चीज़ों को आपके दिमाग़ से बाहर करने में मदद करती है। प्राणायाम शांतिदायक होता है, लेकिन यह हमेशा आसान नहीं होता। वास्तव में, यह जो चुनौतियाँ लाता है, वे प्रक्रिया का हिस्सा हैं।

मैं गाय के गोबर से लिपे सूखे फ़र्श पर बैठा हूँ, जो आश्चर्यजनक रूप से ठंडा है। यह कष्टकारी नहीं है, लेकिन यह आरामदेह भी नहीं है। मेरे टखने दुखते हैं। मैं अपनी कमर सीधी नहीं रख सकता। हे भगवान, मैं इससे नफ़रत करता हूँ, यह बहुत मुश्किल है। अब तक बीस मिनट हो चुके हैं, लेकिन मैं अब तक अपने दिमाग़ को ख़ाली नहीं कर पाया हूँ। मुझे अपनी जागरूकता साँस पर रखनी थी, लेकिन मैं लंदन के दोस्तों के बारे में सोच रहा हूँ। मैं अपने सबसे क़रीब बैठे संन्यासी की ओर कनखियों से देखता हूँ। वह सीधे तनकर बैठा हुआ है। वह इस ध्यान को आदर्श तरीक़े से कर रहा है। लीडर कह रहा है, "अपनी साँस खोजो।" मैं साँस लेता हूँ। यह धीमी, सुंदर, शांत है।

ओह, ठहरें। ओह ठीक है। मैं अपनी साँस के बारे में जागरूक बन रहा हूँ।
साँस अंदर... साँस बाहर...
ओह मैं वहाँ हूँ...
ओके, यह बेहतरीन है...
यह रोचक है...
ओके।
यह...
काम करता है...

ठहरें, मेरी पीठ में खुजली चल रही है –
साँस अंदर... साँस बाहर।
शांति।

आश्रम की मेरी पहली यात्रा दो सप्ताह लंबी थी और इस दौरान मैंने हर सुबह दो घंटे तक गौरंग दास के साथ ध्यान किया। इतने लंबे समय तक, अक्सर इससे ज़्यादा लंबे समय तक बैठना, कष्टकारी और थकाने वाला होता है और कई बार बोरिंग भी। इससे भी बुरी बात, अनचाहे विचार और भावनाएँ मेरे दिमाग़ में घुमड़ने लगे। मैं चिंतित था कि मैं सही तरह से नहीं बैठ रहा था और संन्यासी मेरी आलोचना करेंगे। मेरी कुंठा में मेरा अहं बोलने लगा : मैं सर्वश्रेष्ठ साधक बनना चाहता था, आश्रम का सबसे स्मार्ट व्यक्ति बनना चाहता था, ऐसा बनना चाहता था, जो सकारात्मक प्रभाव डाले। ये संन्यासी जैसे विचार नहीं थे। ध्यान निश्चित रूप से उस तरह से काम नहीं कर रहा था, जिस तरह मैंने सोचा था कि यह करेगा। यह मुझे एक बुरे इंसान में बदल रहा था!

मैं सदमे में आ गया और सच कहूँ, तो अपने भीतर ढेर सारी अनसुलझी नकारात्मकता को देखकर निराश था। ध्यान केवल मुझे अपना अहं, क्रोध, वासना, दर्द दिखा रहा था – ऐसी चीज़ें जिन्हें मैं अपने बारे में पसंद नहीं करता था। क्या यह समस्या थी... या यही मुद्दे की बात थी?

मैंने अपने गुरुओं से पूछा कि क्या मैं कुछ ग़लत कर रहा था। उनमें से एक ने मुझे बताया कि हर साल संन्यासी आदर्श ढंग से पुरी के गुंदिचा मंदिर को साफ़ करते थे, हर कोने को साफ़ करते थे और यह काम करते वक़्त कल्पना करते थे कि उनका हृदय साफ़ हो रहा है। उन्होंने कहा कि जब तक उनका काम पूरा होता था, मंदिर दोबारा गंदा होने लगता था। उन्होंने समझाया, यही ध्यान की भावना है। यह काम था और यह कभी ख़त्म नहीं होता था।

ध्यान मुझे बुरा इंसान नहीं बना रहा था। मुझे एक और अप्रिय वास्तविकता का सामना करना था। इतनी स्थिरता, शांति और मौन में यह उसे ही बढ़ा-चढ़ाकर सामने ला रहा था, जो पहले से ही मेरे भीतर था। मेरे मन के स्याह कमरे में ध्यान ने बत्तियाँ जला दी थीं।

आप जहाँ पहुँचना चाहते हैं, वहाँ पहुँचाने के लिए ध्यान आपको वह दिखा सकता है, जो आप नहीं देखना चाहते।

कई लोग ध्यान से इसलिए दूर भाग जाते हैं, क्योंकि यह उन्हें मुश्किल और अप्रिय लगता है। धम्मपद में बुद्ध कहते हैं, "अगर मछली को पकड़कर रेत में छोड़ दिया जाए, तो वह जिस तरह वेदना में छटपटाती है, उसी तरह ध्यान में प्रशिक्षित होने वाला मन हर तरह से काँपता है।" लेकिन ध्यान का मक़सद परीक्षण करना

है, जो इसे चुनौतीपूर्ण बनाता है। इसमें हर दिन पंद्रह मिनट आँखें बंद करने से ज़्यादा काम होता है। यह आपको मनन और मूल्यांकन करने के लिए स्थान देने का अभ्यास है।

अब तक मैं कई सुंदर ध्यान लगा चुका हूँ। मैं हँसा हूँ, मैं रोया हूँ और मेरा हृदय इतना जीवंत महसूस हुआ है, जितना मुझे कभी संभव नहीं लगता था। अंततः शांतिदायक, तैरने वाला आनंद आ जाता है। अंततः प्रक्रिया परिणाम जितनी ही सुखद हो जाती है।

शरीर और मन के लिए साँसों का काम

जैसा आपने शायद ग़ौर किया हो, आपकी साँस आपकी भावनाओं के साथ बदलती रहती है। जब हम ध्यान केंद्रित करते हैं, तो हम अपनी साँस रोक लेते हैं और जब हम घबराते या चिंता करते हैं, तो हम उथली साँसें लेते हैं, लेकिन ये सहायक होने के बजाय सहज बोध से होती हैं। इसका मतलब है कि अपनी साँस रोकने से आपको एकाग्र होने में सचमुच मदद नहीं मिलती है और उथली साँस दरअसल चिंता के लक्षणों को बदतर बना देती है। दूसरी ओर, नियंत्रित साँस लेना ख़ुद को स्थिर करने का एक त्वरित तरीक़ा है, एक ऐसा आसान उपाय, जिसका इस्तेमाल करके आप कभी भी तुरंत अपनी ऊर्जा को बढ़ाने में कर सकते हैं।

सदियों से योगियों ने उपचार करने, ऊर्जा बढ़ाने और वर्तमान पल पर ध्यान केंद्रित करने के लिए श्वसन तकनीकों का अभ्यास किया है, जिसे *प्राणायाम* कहा जाता है। ऋग्वेद में यह लिखा है कि "साँस हमारे अंतरतम जीवन का विस्तार है," और इसमें साँस को चेतना से परे पथ के रूप में वर्णित किया गया है। महासतिपत्थन सुत्त में बुद्ध आनापानासाति का वर्णन करते हैं (जिसे 'श्वास लेने की चेतना' कहा जा सकता है), जो प्रबुद्धता हासिल करने का मार्ग है। आधुनिक विज्ञान प्राणायाम की महत्ता की पुष्टि करता है और इसके बहुत से लाभकारी प्रभावों को प्रमाणित करता है, जैसे यह हृदय को बेहतर बनाता है, तनाव को कम करता है और यहाँ तक कि स्कूल-कॉलेज की परीक्षाओं के प्रदर्शन को भी बेहतर बनाता है। मैं यहाँ और इस पुस्तक में बाक़ी जगहों पर ध्यान के जो अभ्यास बता रहा हूँ, उनका थैरेपी, कोचिंग और अन्य ध्यान क्रियाओं में पूरे संसार में इस्तेमाल किया जाता है।

यदि आप यह सीख लेते हैं कि अपनी साँस को कैसे नियंत्रित करना है, तो आप यह भी सीख लेंगे कि हर भावना को कैसे नियंत्रित करना है। इस प्रक्रिया में आप शांत हो जाएँगे, तनावमुक्त हो जाएँगे और केंद्रस्थ हो जाएँगे।

मैं सुझाव देता हूँ कि आप दिन में एक-दो बार साँसों के अभ्यास के लिए समय अलग रख दें। इसके अलावा, प्राणायाम ख़ुद को शांत करने का इतना प्रभावी

तरीक़ा है कि मैं इसका इस्तेमाल दिन भर में कई बिंदुओं पर करता हूँ और दूसरों को भी ऐसा ही करने की सलाह देता हूँ, जब आपको साँस तेज़ी से चलती महसूस हो या आप अपनी साँस रोके हुए हों। ध्यान करने के लिए आपको किसी तनावरहित जगह की ज़रूरत नहीं है (हालाँकि स्पष्ट रूप से इससे मदद मिलती है और यह उचित है, जब आपने ध्यान का अभ्यास नया-नया शुरू किया हो)। आप इसे किसी भी जगह कर सकते हैं - किसी पार्टी में बाथरूम में, हवाई जहाज़ पर चढ़ते समय, प्रज़ेंटेशन देने से ठीक पहले या अजनबियों से मिलते समय।

इसे आज़माएँ : **प्रणायाम**

यहाँ कुछ शक्तिशाली प्राणायाम यानी साँस लेने के तरीक़े बताए जा रहे हैं, जिनका मैं हर दिन इस्तेमाल करता हूँ। इनसे एकाग्रता बढ़ती है और शांति मिलती है।

प्राणायाम की तैयारी

नीचे मैंने शांतिदायक और ऊर्जा बढ़ाने वाले प्राणायाम बताए हैं। उनका अभ्यास इन क़दमों से शुरू करें।

1. एक आरामदेह जगह खोजें — कुर्सी पर बैठें, गद्दी लगाकर सीधे तनकर बैठें या लेटें
2. अपनी आँखें बंद कर लें
3. अपनी निगाह झुका लें (हाँ, आप अपनी आँखें बंद करके भी ऐसा कर सकते हैं)
4. खुद को इस मुद्रा में आरामदेह बना लें
5. अपने कंधे पीछे की तरफ़ कर लें
6. अपनी जागरूकता इस ओर लाएँ

चैन

संतुलन

विश्राम

स्थिरता

शांति

जब भी आपका मन भटके, तो कोमलता से और धीरे से इसे दोबारा इस ओर लाएँ

चैन

संतुलन

विश्राम

स्थिरता

शांति

7. अब साँस लेने की अपनी स्वाभाविक लय के बारे में जागरूक बनें। अपनी साँस को विवश न करें या दबाव न डालें। बस साँस लेने की अपनी स्वाभाविक लय के बारे में जागरूक बनें।

आश्रम में हमें पेट से साँस लेना सिखाया गया था। ऐसा करने के लिए एक हाथ पेट पर रखें और दूसरा सीने पर और :

नाक से साँस अंदर लें और मुँह से छोड़ें

जब आप साँस लें, तो अपने पेट को फैलता महसूस करें (सीने को नहीं)

जब आप साँस छोड़ें, तो अपने पेट को सिकुड़ता महसूस करें

अपनी खुद की गति से, अपने खुद के समय में यह करते रहें

जब आप साँस अंदर भरें, तो महसूस करें कि आप सकारात्मक, प्रेरक ऊर्जा अंदर ले रहे हैं

जब आप साँस छोड़ें, तो महसूस करें कि आप नकारात्मक और हानिकारक ऊर्जा को बाहर निकाल रहे हैं

8. साँस लेते समय अपना बायाँ कान नीचे झुकाकर अपने बाएँ कंधे तक लाएँ... और साँस छोड़ते समय इसे दोबारा सामान्य स्थिति में ले जाएँ।

9. साँस लेते समय अपना दायाँ कान झुकाकर अपने दाएँ कंधे तक लाएँ... और साँस छोड़ते समय इसे दोबारा सामान्य स्थिति में ले आएँ।

10. साँस को सचमुच महसूस करें, कोई जल्दबाज़ी नहीं, कोई शक्ति का इस्तेमाल नहीं, अपनी खुद की गति से, अपने खुद के समय में।

शांत और तनावरहित होने के लिए प्राणायाम

प्राणायाम की तैयारी का जो तरीक़ा ऊपर बताया गया है, उसे करने के बाद यह करें :

अपने खुद के समय में अपनी खुद की गति से 4 की गिनती तक अपनी नाक से साँस लें

4 की गिनती तक साँस रोकें

4 की गिनती तक मुँह से साँस छोड़ें

इस तरह दस बार साँस लें और छोड़ें।

ऊर्जा और एकाग्रता के लिए साँस लेना (कपालभाति)

प्राणायाम की तैयारी का जो तरीक़ा ऊपर बताया गया है, उसे करने के बाद यह करें :

4 की गिनती तक नाक से साँस लें

फिर नाक से एक सेकंड से भी कम समय में तेज़ी से साँस बाहर निकालें (आपको ऐसा लगेगा जैसे आपके फेफड़ों में इंजन पंप लगा है।)

दोबारा 4 की गिनती तक नाक से साँस लें।

ऐसा कुल दस बार करें।

नींद के लिए प्राणायाम

4 सेकंड तक साँस अंदर लें

4 सेकंड से ज़्यादा समय तक साँस छोड़ें

ऐसा तब तक करते रहें, जब तक कि आप सो न जाएँ या उसके क़रीब न पहुँच जाएँ।

भाग दो

विकास करें

अध्याय 5

उद्देश्य

बिच्छू का स्वभाव

जब आप अपने धर्म की रक्षा करते हैं,
तो आपका धर्म आपकी रक्षा करता है।
—**मनुस्मृति** 8:15

बाहर से संन्यासी बनना ऐसा दिखता है, जैसे यह बुनियादी तौर पर मुक्त होने के बारे में हो : सिर मुँडाना, चोगा पहनना, भटकावों को दूर करना। दरअसल, वैराग्य लक्ष्य नहीं है; यह तो लक्ष्य का साधन है। चीज़ों को छोड़ने से हमारा मस्तिष्क खुलता है।

हमने अपने दिन सेवा में गुज़ारे और इसका उद्देश्य भी हमारे मस्तिष्क का विस्तार करना था। इस सेवा के दौर में हमें सेवा के अपने प्रिय तरीकों तक सीमित नहीं रहना था, बल्कि वहाँ मदद करनी थी, जहाँ भी मदद की ज़रूरत थी और जैसी भी मदद की ज़रूरत थी। अपनी इच्छा और लचीलेपन का अनुभव करने और इस पर ज़ोर देने के लिए हमने अपनी भूमिकाएँ चुनकर विशेषज्ञ बनने की कोशिश नहीं की, बल्कि बारी-बारी से सभी तरह के काम और गतिविधियाँ कीं : खाना पकाना, सफ़ाई करना, बागवानी करना, गायों की देखभाल करना, ध्यान लगाना, अध्ययन करना, प्रार्थना करना, पढ़ाना आदि। सभी गतिविधियों को सचमुच समान मानने में मुझे थोड़ी कोशिश करनी पड़ी - मैं गायों की सफ़ाई करने के बजाय पढ़ना ज़्यादा पसंद करता था, लेकिन हमसे कहा गया था कि हम समाज को शरीर के अंगों की

तरह देखें। कोई भी एक अंग किसी दूसरे से ज़्यादा महत्त्वपूर्ण नहीं था। सभी अंग मिलकर काम करते थे और शरीर को उन सभी की ज़रूरत थी।

इस समान सह-अस्तित्व के बावजूद यह स्पष्ट हो गया कि हममें से प्रत्येक के अलग-अलग स्वाभाविक रुझान थे। कोई जानवरों की देखभाल के प्रति आकर्षित था (मैं नहीं!)। कोई दूसरा खाना पकाने में आनंद ले सकता था (एक बार फिर मैं नहीं, मैं जीने के लिए खाने वाला बंदा हूँ)। किसी तीसरे को बागवानी में भारी संतुष्टि मिल सकती थी। हमने इतनी व्यापक गतिविधियाँ कीं कि हालाँकि हम अपने ख़ास रुझानों में नहीं रुके, लेकिन हम यह अवलोकन और मनन कर सकते थे कि वे किन क्षेत्रों में थे। हम नई योग्यताओं के साथ प्रयोग कर सकते थे, उनका अध्ययन कर सकते थे और देख सकते थे कि उनमें बेहतर बनने पर हमें कैसा महसूस होता था। हमें क्या पसंद आया? हमें क्या स्वाभाविक और संतुष्टिदायक महसूस हुआ? क्यों?

अगर गायों की साफ़-सफ़ाई करने जैसी कोई चीज़ मुझे असहज बनाती थी, तो मैं दूर नहीं मुड़ता था। इसके बजाय मैं उन भावनाओं को समझने के लिए खुद को धकेलता था कि मेरी असहजता की जड़ में कौन सी चीज़ थी। मैं जल्दी ही पहचान गया कि मैं अहं की वजह से बहुत छोटे या निचले कामों से नफ़रत करता था। मैं उन्हें समय की बरबादी मानता था, क्योंकि मेरे हिसाब से मैं उस समय का बेहतर निवेश करके सीख सकता था। एक बार जब मैंने अपने सामने यह स्वीकार कर लिया, तब मैं पड़ताल कर सकता था कि क्या सफ़ाई से मैं कुछ सीख सकता हूँ। क्या मैं झाड़ू से सीख सकता हूँ? आलू बोते समय संस्कृत छंद याद कर सकता हूँ? नीरस काम करते वक़्त मैंने अवलोकन किया कि झाड़ू का मुँह पूरी तरह लचीला होता है, तभी यह हर जगह और कोने में जा सकता है। कड़क झाड़ू से यह काम सबसे अच्छी तरह नहीं हो सकता। मेरे संन्यासी मन को इसमें एक महत्त्वपूर्ण सबक़ दिख गया : अध्ययन और विकास के हर कोने तक पहुँचने के लिए हमें भी लचीलेपन की ज़रूरत होती है। आलू बोने के मामले में मैंने पाया कि इसकी लय से मुझे छंद याद करने में मदद मिलती थी, जबकि छंद आलुओं में रोमांच भरता था।

आश्रम की इस स्व-सीमित सृष्टि में अपनी शक्तियों और कमज़ोरियों की पड़ताल करने से हममें से हर एक को अपने धर्म तक पहुँचने में मदद मिली। संस्कृत के कई शब्दों की तरह ही *धर्म* शब्द का अनुवाद भी किसी एक अँग्रेज़ी शब्द में नहीं किया जा सकता, हालाँकि 'आपका आह्वान' इसके काफ़ी क़रीब आता है। धर्म की मेरी परिभाषा इसे हमारे वर्तमान जीवन के लिए व्यावहारिक बनाने का प्रयास है। मैं धर्म को *वर्ण* और सेवा का मिश्रण मानता हूँ। *वर्ण* (यह भी एक ऐसा शब्द है, जिसके जटिल अर्थ है) को जोश और योग्यता के मिश्रण की तरह देखें। *सेवा* संसार की आवश्यकताओं को समझने और निस्वार्थ भाव से दूसरों की सेवा करना है। जब आपकी स्वाभाविक योग्यताएँ और जोश (आपका *वर्ण*) संसार की आवश्यकता से जुड़

जाते हैं *(सेवा)* और आपका उद्देश्य बन जाते हैं, तो आप अपने धर्म में जी रहे हैं।

जब आप अपना समय और ऊर्जा अपने धर्म में जीने में लगाते हैं, तो आपको यह संतुष्टि मिलती है कि आप अपनी सर्वश्रेष्ठ योग्यताओं का इस्तेमाल कर रहे हैं और एक ऐसा काम कर रहे हैं, जो संसार के लिए महत्त्वपूर्ण है। **अपने धर्म में जीना संतुष्टि का निश्चित मार्ग है।**

इस पुस्तक के पहले भाग में हमने इस बारे में बात की थी कि हमें उन प्रभावों और भटकाने वाली चीज़ों के बारे में जागरूक बनना है और उन्हें छोड़ना है, जो हमें संतुष्टिदायक जीवन से दूर भटकाती हैं। अब हम अपने मार्गदर्शक मूल्यों और सबसे गहरे इरादों या संकल्पों के इर्द-गिर्द जीवन को दोबारा बनाते हैं। यह विकास धर्म से शुरू होता है।

दो संन्यासी नदी में अपने पैर धो रहे थे, तभी उन्हें एक डूबता बिच्छू दिखाई दिया। एक संन्यासी ने तुरंत उसे उठाया और तट की ज़मीन पर रख दिया, हालाँकि उसने यह काम काफ़ी फुरती से किया, लेकिन इस प्रक्रिया में बिच्छू ने उसे काट लिया। वह संन्यासी दोबारा अपने पैर धोने लगा। तभी दूसरे संन्यासी ने कहा, 'अरे देखो। वह मूर्ख बिच्छू एक बार फिर पानी में गिर गया है।" पहले संन्यासी ने झुककर बिच्छू को दोबारा बाहर निकाला, लेकिन एक बार फिर उसे बिच्छू ने काट लिया। दूसरे संन्यासी ने उससे पूछा, "भाई, तुम उस बिच्छू को बार-बार क्यों बचाते हो, जबकि तुम जानते हो कि काटना इसका स्वभाव है?"

संन्यासी ने जवाब दिया, "क्योंकि इसे बचाना मेरा स्वभाव है।"

संन्यासी विनम्रता का प्रदर्शन कर रहा है - वह अपने दर्द को बिच्छू के जीवन से ज़्यादा महत्त्व नहीं देता है, लेकिन यहाँ सबसे प्रासंगिक सबक़ यह है कि 'बचाना' इस साधु के स्वभाव के लिए इतना अनिवार्य है कि यह इसे करने के लिए मजबूर महसूस करता है और संतुष्ट होता है, हालाँकि वह जानता है कि बिच्छू उसे काटेगा। संन्यासी की अपने धर्म में इतनी ज़्यादा आस्था है कि इसे पूरा करने की ख़ातिर वह कष्ट उठाने को भी तैयार है।

धर्म खोजना

यह आश्रम में मेरी पहली गर्मी है। मैंने बाथरूम साफ़ कर दिए हैं, आलू की रसीली सब्ज़ी बना ली है, गोभी तोड़ ली है। मैंने हाथ से अपने कपड़े धोए हैं, जो आसान काम नहीं है - हमारे चोगे में किसी चादर जितना कपड़ा होता है, और भोजन या घास के धब्बों को रगड़ना किसी भारी कसरत से कम नहीं होता है।

एक दिन मैं अति उत्साही एप्रेंटिस के जोश के साथ बर्तन रगड़ रहा हूँ, तभी एक वरिष्ठ संन्यासी मेरे पास आते हैं।

वे कहते हैं, "हम चाहते हैं कि आप इस सप्ताह एक क्लास लें। विषय गीता की यह पंक्ति है : "जो भी कार्य किसी महान व्यक्ति द्वारा किया जाता है, आम लोग उसका अनुसरण करते हैं, और वह अपने कार्यों की मिसाल से जो मापदंड तय करता है, सारा संसार उन्हीं का अनुकरण करता है।"

मैं यह करने के लिए सहमत हो जाता हूँ, और जब मैं बर्तन रगड़ने की ओर लौटता हूँ, तो मैं इस बारे में सोचने लगता हूँ कि मैं क्या कहूँगा। मैं धर्मग्रंथ का बुनियादी सार समझता हूँ - हम मिसाल से सिखाते हैं। यह मेरी समझ में आ जाता है कि आपकी कथनी और करनी में अंतर हो सकता है। आप वह नहीं हैं, जो आप कहते हैं। आप तो वह हैं, जैसा आप व्यवहार करते हैं। इससे मुझे सेंट फ्रांसिस ऑफ़ अगासी का एक उद्धरण याद आ जाता है : "सारे समय धर्मग्रंथ का उपदेश दें। जब आवश्यक हो, तो शब्दों का इस्तेमाल करें।"

मेरी ही तरह कई दूसरे संन्यासी भी पाँच साल की उम्र में आश्रम में नहीं आए थे। वे अच्छे स्कूलों में गए थे, उनकी गर्लफ्रेंड और बॉयफ्रेंड थे, वे टीवी और फ़िल्में देखते थे। उन्हें इस पंक्ति का अर्थ समझने में ज़रा भी मुश्किल नहीं आएगी, लेकिन मैं यह पता लगाने के लिए रोमांचित था कि मैं उनके आश्रम के बाहर के अनुभवों के लिए इस पंक्ति को नया और प्रासंगिक कैसे महसूस करा सकता हूँ।

हमारी लाइब्रेरी के उम्रदराज़ कंप्यूटरों में बेहद कष्टदायक धीमा इंटरनेट कनेक्शन है। मैं भारत में हूँ। यह एक वीरान इलाक़ा है और ऐसा लगता है कि हर इमेज को डाउनलोड होने में एक घंटा लगता है। कॉलेज लाइब्रेरी के तेज़ कंप्यूटरों पर शोध करने के बाद मुझे यह इंतज़ार दर्द भरा लगता है। लेकिन मैं जानता हूँ कि किचन में मेरे साथी संन्यासी पानी के उबलने का धैर्यपूर्वक इंतज़ार कर रहे हैं। जैसा वे कर रहे हैं, मैं भी प्रक्रिया का सम्मान करने की कोशिश करता हूँ।

अपने शोध के दौरान मैं संवाद के मनोविज्ञान से मंत्रमुग्ध होता हूँ। मुझे अल्बर्ट मेहरेबियन का अध्ययन मिलता है, जिससे मुझे पता चलता है कि हमारा 55 प्रतिशत संवाद बॉडी लैंग्वेज के माध्यम से संप्रेषित होता है, 38 प्रतिशत आवाज़ के लहज़े से और केवल 7 प्रतिशत हमारे बोले जाने वाले वास्तविक शब्दों से। (यह सामान्य दिशा-निर्देश है, लेकिन ऐसी स्थितियों में भी जहाँ ये प्रतिशत बदलते हैं, सच्चाई यही रहती है कि हमारा ज़्यादातर संवाद ग़ैर-शाब्दिक होता है।) मैं यह टटोलने में डूब जाता हूँ कि हम अपने संदेश और मूल्यों को कैसे संप्रेषित करते हैं। मैं विभिन्न लीडर्स की संवाद शैलियों का विश्लेषण करता हूँ और यह पता लगाता हूँ कि यह सब हमारे जीवन के लिए किस तरह प्रासंगिक है। बाकी के अलावा मैं जेन गुडऑल के बारे में पढ़ता हूँ, जिनका लीडर बनने का कभी कोई इरादा नहीं था। वे सबसे पहले 1960 में चिंपांजियों का अध्ययन करने के लिए तंजानिया के जंगलों में दाख़िल हुईं, लेकिन उनके शोध ने संरक्षण को महत्त्वपूर्ण रूप से दोबारा परिभाषित किया,

उस क्षेत्र में महिलाओं को आकर्षित किया और लाखों युवाओं को संरक्षण में शामिल होने के लिए प्रेरित किया।

हमारी क्लास एक मध्यम आकार के कमरे में लगती है। मैं ऊँचे कुशन वाले आसन पर अपनी जगह लेता हूँ और विद्यार्थी मेरे सामने कुशन पर बैठते हैं। मैं किसी तरह से खुद को उनके ऊपर नहीं मानता हूँ; बस मेरा आसन ऊँचा है। हम संन्यासी पहले ही यह सीख चुके हैं कि हर व्यक्ति हमेशा एक साथ विद्यार्थी और शिक्षक होता है।

जब मैं अपना व्याख्यान पूरा करता हूँ, तो मुझे खुशी होती है कि यह काफी अच्छा हुआ। मुझे विचारों को बताने में भी उतना ही आनंद आया, जितना उन पर शोध करने में आया था। लोग मुझे धन्यवाद देते हैं और बताते हैं कि उन्हें मेरे दिए उदाहरण बहुत पसंद आए थे और मैंने प्राचीन पंक्ति को कितनी अच्छी तरह प्रासंगिक महसूस कराया था। एक-दो मुझसे पूछते हैं कि मैंने कैसे तैयारी की – उन्होंने ग़ौर किया कि मैंने इसमें कितनी मेहनत की थी। जब मैं अपनी संतुष्टि और उनकी क़द्र की धूप सेंकता हूँ, तो मुझे अपने धर्म का अहसास होने लगा – अध्ययन करना, ज्ञान के साथ प्रयोग करना और व्याख्यान देना।

हर व्यक्ति की एक मनोदैहिक प्रकृति होती है, जो यह तय करती है कि वे कहाँ फलेंगे-फूलेंगे और प्रगति करेंगे। आप जिन चीज़ों में अच्छे हैं, धर्म उनके प्रति आपके स्वाभाविक रुझान का इस्तेमाल दूसरों की सेवा के लिए करता है। आपको जोश महसूस होना चाहिए, जब प्रक्रिया सुखद हो और आपका काम योग्यतापूर्ण हो। और दूसरों की प्रतिक्रिया सकारात्मक होनी चाहिए, जिससे यह पता चले कि आपके जोश का एक उद्देश्य है। यह धर्म का जादुई फ़ॉर्मूला है।

जोश + विशेषज्ञता + उपयोगिता = धर्म

जब लोग हमारे काम के बारे में अच्छी चीज़ें कहते हैं और हम केवल हल्के रोमांचित होते हैं, तो यह इस बात का संकेत है कि हम काम के बारे में खुद जोशीले नहीं हैं। और अगर हम अपनी रुचियों और योग्यताओं को निखारते हैं, लेकिन कोई उन पर प्रतिक्रिया नहीं करता है, तो इसका मतलब है कि हमारा जोश उद्देश्य से रहित है। यदि इन दोनों में से एक भी नहीं है, तो हम अपने धर्म को नहीं जी रहे हैं।

जब लोग इस बारे में कल्पना करते हैं कि वे क्या करना चाहते हैं और क्या बनना चाहते हैं, तो वे अक्सर पूरी तरह से जाँच करके यह पता नहीं लगाते हैं कि क्या यह उनके धर्म के अनुकूल है। लोग सोचते हैं कि वे वित्त के क्षेत्र में जाना चाहते हैं, क्योंकि वहाँ बहुत पैसा है या वे डॉक्टर बनना चाहते हैं, क्योंकि यह सम्मानित पेशा है, लेकिन वे यह जाने बिना ही उस दिशा में आगे बढ़ जाते हैं कि

क्या ये पेशे उनके लिए उपयुक्त हैं - क्या उन्हें प्रक्रिया पसंद आएगी, परिवेश पसंद आएगा, काम की ऊर्जा पसंद आएगी या क्या वे इसमें अच्छे हैं।

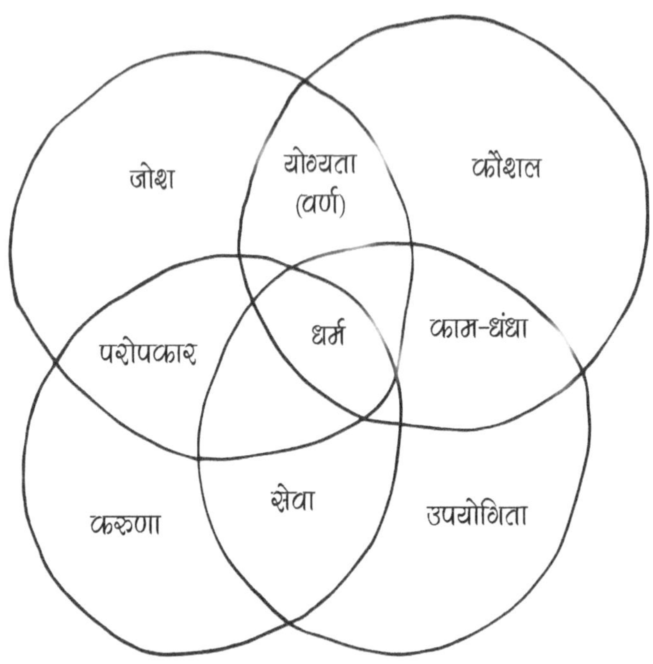

हर चीज़ जो आप हैं

दो झूठ हैं, जो हममें से कुछ लोग बड़े होते समय सुनते हैं। पहला है, "तुम कभी कुछ नहीं बन पाओगे।" दूसरा है, "तुम कुछ भी बन सकते हो, जो तुम चाहो।" सच्चाई यह है -

आप कुछ भी नहीं बन सकते, जो आप चाहें।

लेकिन आप वह सब बन सकते हैं, जो आप हैं।

संन्यासी एक यात्री है, लेकिन यात्रा अंदर की तरफ़ है, जो हमें अपने सबसे सच्चे, आत्मविश्वासी, शक्तिशाली स्व के ज़्यादा करीब ले जाती है। अपने जोश और उद्देश्य को खोजने के लिए किसी भारी-भरकम खोज पर जाने की ज़रूरत नहीं है, मानो यह किसी दूरस्थ भूमि में दफ़न ख़ज़ाना हो, जो खोजे जाने का इंतज़ार कर रहा है। आपका धर्म पहले से ही आपके साथ है। यह हमेशा आपके साथ रहा है। यह आपके अस्तित्व में बुना हुआ है। यदि हम अपने दिमाग़ को खुला और उत्सुक रखते हैं, तो हमारा धर्म अपनी घोषणा कर देता है।

इसके बावजूद अपने धर्म को उजागर करने के लिए कई साल की पड़ताल की ज़रूरत पड़ सकती है। आज के संसार में हमारी एक बहुत बड़ी चुनौती यह है कि हम पर बड़े भारी काम तुरंत करने का दबाव रहता है। फ़ेसबुक के संस्थापक मार्क ज़करबर्ग और स्नैपचैट के सह-संस्थापक इवान स्पीगल (जो चौबीस साल की उम्र में संसार के सबसे युवा बिलियनेयर बने) जैसे लोगों को जीवन में जल्दी ही सफलता मिल गई। यही चांस द रैपर और बेला हदीद जैसी मशहूर हस्तियों के साथ हुआ। यह देखकर हममें से कई महसूस करते हैं कि अगर हम बीस से तीस साल की उम्र तक हम अपना आह्वान नहीं खोज पाते और अपने क्षेत्र में शिखर तक नहीं पहुँच पाते, तो हम असफल हो गए हैं।

जल्दी सफलता हासिल करने के लिए लोगों पर इतना सारा दबाव डालना न सिर्फ़ तनावपूर्ण होता है, बल्कि यह दरअसल सफलता में बाधा भी डाल सकता है। *फ़ोर्ब्स* मैग्ज़ीन के प्रकाशक रिच कार्लगार्ड ने अपनी पुस्तक *लेट ब्लूमर्स* में लिखा है कि हममें से ज़्यादातर लोग इतनी जल्दी अपनी स्वाभाविक लय में नहीं आ पाते हैं, लेकिन शैक्षणिक परीक्षाओं पर समाज का ध्यान इतना ज़्यादा है, सही कॉलेजों में प्रवेश हासिल करने और डिग्री लेने से पहले एक एप बनाने और बेचने का दबाव (अगर आप मल्टीमिलियन-डॉलर कंपनी चलाने के लिए कॉलेज की पढ़ाई अधूरी नहीं छोड़ देते) इतना ज़्यादा है कि इससे वे लोग काफ़ी चिंता और डिप्रेशन में रहते हैं, जो चौबीस साल की उम्र तक संसार को नहीं जीत पाए हैं। रोचक बात यह है कि चिंता और डिप्रेशन का यही स्तर उन लोगों में भी दिखाई देता है, जो पहले ही महत्त्वपूर्ण पहचान बना चुके हैं। जिन लोगों ने जल्दी सफलता पाई है, उनमें से कई प्रदर्शन के उसी स्तर को क़ायम रखने के लिए ज़बरदस्त दबाव महसूस करते हैं।

लेकिन जैसा कार्लगार्ड संकेत करते हैं, बहुत सारे ज़बरदस्त सफल लोगों ने जीवन में बाद में सफलता हासिल की है : टोनी मॉरिसन का पहला उपन्यास *द ब्लूएस्ट आई* 39 साल की उम्र तक प्रकाशित नहीं हुआ था। और कॉलेज में दस साल की नौकरी करने और स्कीइंग इंस्ट्रक्टर के रूप में काम करने के बाद डाइट्रिच मैटेशिट्ज़ चालीस साल के हो चुके थे, तब कहीं उन्होंने दिग्गज एनर्जी ड्रिंक कंपनी रेड बुल की स्थापना की थी। ध्यान दें, स्व-जागरूकता विकसित करें, अपनी शक्तियों को पोषण दें और आप अपनी राह खोज लेंगे। और एक बार जब आप अपना धर्म खोज लें, तो फिर इसका अनुसरण करें।

दूसरे लोगों का धर्म

भगवद्गीता कहती है कि किसी दूसरे के धर्म का पालन पूरी तरह से करने के बजाय अपने खुद के धर्म का पालन अधूरी तरह से करना बेहतर है या जैसा स्टीव जॉब्स

ने अपने 2005 के स्टैनफ़र्ड दीक्षांत समारोह व्याख्यान में कहा था, "आपका समय सीमित है, इसलिए इसे किसी दूसरे का जीवन जीने में बरबाद न करें।"

अपनी आत्मकथा में आंद्रे अगासी ने संसार में एक बम फोड़ा : विश्व के पूर्व नंबर वन टेनिस खिलाड़ी, आठ बार ग्रैंड स्लैम विजेता और स्वर्ण पदक विजेता अगासी को *टेनिस पसंद नहीं था*। अगासी के पिता ने उन पर खेलने का दबाव डाला था और हालाँकि वे टेनिस में बेहद सफल हुए, लेकिन वे इससे नफ़रत करते थे। वे बेहद सफल थे और उन्होंने ढेर सारे पैसे कमाए थे, यह तथ्य मायने नहीं रखता था; यह उनका धर्म नहीं था। बहरहाल, अगासी ने अपनी टेनिस कोर्ट की सफलता को अपने सच्चे जोश में बदल लिया – अब टेनिस में सर्विस करने के बजाय वे असली सर्विस कर रहे हैं, यानी वे दूसरों की सेवा कर रहे हैं। अपने मूल स्थान नेवादा में आंद्रे अगासी फ़ाउंडेशन बच्चों के लिए बाकी बुनियादी सेवाएँ प्रदान करता है और जोखिम वाले युवाओं के लिए के-12 कॉलेज प्रिपरेटरी स्कूल चलाता है।

हमारा समाज हमारी शक्तियों का लाभ लेने के बजाय हमारी कमज़ोरियों को मज़बूत बनाने पर ध्यान केंद्रित करता है। स्कूल में अगर आपको तीन विषयों में ए ग्रेड मिलते हैं और एक में डी ग्रेड मिलता है, तो आपके आस-पास के सभी वयस्क उस डी पर ध्यान केंद्रित करते हैं। स्कूल में हमारे ग्रेड, मानक टेस्ट के स्कोर, प्रदर्शन समीक्षाएँ, यहाँ तक कि खुद को सुधारने की कोशिशें भी हमारी कमियों को रेखांकित करती हैं और हमें उन्हें सुधारने के लिए प्रेरित करती हैं, लेकिन अगर हम उन कमियों को अपनी असफलता मानने के बजाय *किसी दूसरे का धर्म मान लें, तो क्या होगा?* बेनडिक्टीन नन सिस्टर जोआन चिटिस्टर ने लिखा है, "स्व की सीमाओं में विश्वास हमें खोलता है और दूसरों की प्रतिभाओं में विश्वास हमें सुरक्षित बनाता है। हमें यह अहसास होता है कि हमें हर चीज़ नहीं करनी है, हम हर चीज़ नहीं कर सकते, मैं जो नहीं कर सकती, वह किसी दूसरे की प्रतिभा और ज़िम्मेदारी है... मेरी सीमाएँ दूसरे लोगों की प्रतिभाओं के लिए जगह बनाती हैं।" अपनी कमज़ोरियों पर ध्यान केंद्रित करने के बजाय हम अपनी शक्तियों पर केंद्रित होते हैं और उन्हें अपने जीवन के केंद्र में लाने के तरीक़े खोजते हैं।

यहाँ दो महत्त्वपूर्ण चेतावनियाँ हैं : सबसे पहले, अपने धर्म का अनुसरण करने का यह मतलब नहीं है कि आपको फ्री पास मिल जाता है। जब योग्यताओं की बात आती है, तो आपको अपनी शक्तियों पर केंद्रित होना चाहिए, लेकिन अगर आपकी कमज़ोरियाँ परानुभूति, करुणा, दया और उदारता जैसे भावनात्मक गुण हों, तो आपको उनके विकास में जुटे रहना चाहिए और यह काम कभी नहीं छोड़ना चाहिए। अगर आपमें करुणा नहीं हैं, तो कंप्यूटर उस्ताद होने में कोई तुक नहीं है। आपकी योग्यता के कारण आपको बेरहम बनने की स्वतंत्रता नहीं मिलती है।

दूसरी चेतावनी, स्कूल में बुरे ग्रेड का मतलब यह नहीं है कि आप उस विषय को पूरी तरह से छोड़ दें। हमें कमज़ोरी और अनुभव की कमी में फ़र्क़ करने की सावधानी रखनी चाहिए। हममें से कुछ लोग अपने धर्म के बाहर इसलिए जीते हैं, क्योंकि हमने यह पता ही नहीं लगाया है कि यह क्या है। विकल्पों को ख़ारिज करने से पहले व्यापक प्रयोग करना महत्त्वपूर्ण है और इस तरह की ज़्यादातर प्रयोगशीलता का ज़्यादातर स्कूल और दूसरी जगह पर की जाती है, जब हम छोटे होते हैं।

मेरा ख़ुद का धर्म कुछ अनुभवों से उत्पन्न हुआ, जो मुझे बहुत अप्रिय लगे थे। आश्रम में वह क्लास पढ़ाने से पहले मुझे लोगों के सामने व्याख्यान देना या सार्वजनिक संभाषण अच्छा नहीं लगता था। सात-आठ साल की उम्र में मैंने एक स्कूल असेंबली में हिस्सा लिया, जहाँ बच्चों ने अपनी सांस्कृतिक परंपराओं का प्रदर्शन किया। मेरी माँ ने मुझे भारतीय राजा की तरह तैयार किया और मुझे ख़राब फ़िटिंग वाले साड़ी जैसे वस्त्र में लपेट दिया, जिसमें मेरा अजीब शरीर और अजीब दिख रहा था। जैसे ही मैं मंच पर पहुँचा, बच्चे हँसने लगे। मैं इतना घबरा रहा था कि मेरे होश उड़ गए और जब मैंने संस्कृत में एक प्रार्थना गाना शुरू किया, तो उन्हें यह समझ में नहीं आई। दो मिनट के भीतर ही पाँच सौ बच्चे और सारे शिक्षक मुझ पर हँस रहे थे। मैं प्रार्थना भूल गया और मैंने अपने सामने के काग़ज़ को देखा, लेकिन मैं आँसुओं की वजह से शब्द नहीं पढ़ पाया। मेरी टीचर को चलकर मंच तक आना पड़ा। उन्होंने अपनी बाँह मेरे गले में डाली और मुझे दूर ले गईं, जबकि हर व्यक्ति हँसता रहा। यह मर्मांतक था। उस पल के बाद मैं मंच से नफ़रत करने लगा। फिर जब मैं चौदह साल का था, तो मेरे माता-पिता ने मुझे स्कूल के बाद सार्वजनिक संभाषण/नाटक के कार्यक्रम में हिस्सा लेने के लिए मजबूर किया। सप्ताह में तीन बार, तीन घंटे, चार साल तक यह करने से मुझे मंच पर खड़े होने की योग्यताएँ मिलीं, लेकिन मेरे पास बोलने के लिए कुछ था ही नहीं और मुझे इसमें कोई आनंद नहीं आता था। तब मैं बहुत संकोची था और आज भी हूँ, लेकिन उस सार्वजनिक संभाषण कोर्स ने मेरा जीवन बदल दिया, क्योंकि जब वह योग्यता मेरे धर्म से जुड़ गई, तो फिर मैं इसमें काफ़ी कामयाब हो गया।

आश्रम में मेरी पहली गर्मी ख़त्म होने के बाद भी मैं पूरा संन्यासी नहीं बना था। मैं कॉलेज लौटा और मैंने एक बार फिर पढ़ाने पर अपने हाथ आज़माने का निर्णय लिया। मैंने एक पाठ्येत्तर क्लब बनाया, जिसे 'थिंक आउट लाउड' नाम दिया, जहाँ हर सप्ताह लोग किसी दार्शनिक, आध्यात्मिक और/या वैज्ञानिक विषय पर मेरा व्याख्यान सुनने आएँ और फिर हम इस पर बातचीत करें। पहली मीटिंग का विषय था, 'भौतिक समस्याएँ, आध्यात्मिक समाधान।' मैंने यह टटोलने की योजना बनाई थी कि इंसान के रूप में हम जीवन में समान चुनौतियों, विपत्तियों और समस्याओं का अनुभव कैसे करते हैं और आध्यात्मिकता जवाब खोजने में हमारी मदद कैसे कर

सकती है। एक भी व्यक्ति नहीं आया। कमरा छोटा था और जब यह ख़ाली पड़ा रहा, तो मैंने सोचा, *मैं इससे क्या सीख सकता हूँ?* फिर मैं आगे बढ़ा – मैंने पूरी ऊर्जा के साथ ख़ाली कमरे के सामने अपना व्याख्यान दिया, क्योंकि मुझे महसूस हुआ कि यह विषय इस लायक़ था। तब से मैं एक या दूसरे माध्यम से यही चीज़ कर रहा हूँ – इस बारे में चर्चा शुरू करना कि हम कौन हैं और हम अपनी दैनिक चुनौतियों के समाधान कैसे खोज सकते हैं।

'थिंक आउट लाउड' की अगली मीटिंग के लिए मैंने फ्लायर और पोस्टर बाँटने का बेहतर काम किया और लगभग दस लोग आए। मेरी दूसरी कोशिश का विषय भी वही था, 'भौतिक समस्याएँ, आध्यात्मिक समाधान'। मैंने बातचीत की शुरुआत में कॉमेडियन क्रिस रॉक की एक क्लिप चलाई, जिसमें बताया गया था कि दवा कंपनियाँ दरअसल बीमारियों का इलाज नहीं करना चाहतीं – वे तो यह चाहती हैं कि आपको उनकी बनाई दवाओं की *लंबे समय* तक ज़रूरत पड़े। मैंने इसे विषय से जोड़ते हुए कहा कि इसी तरह हम भी विकास की सच्ची मेहनत करने के बजाय तुरत-फुरत समाधानों की तलाश करते रहते हैं। मुझे हमेशा संन्यासी दर्शन को हमारे दैनिक जीवन से जोड़ने के लिए मज़ेदार और समकालीन उदाहरणों का इस्तेमाल करने में बहुत मज़ा आया है। 'थिंक आउट लाउड' ने यह काम कॉलेज के अगले तीन सालों तक हर सप्ताह किया। जब तक मेरी पढ़ाई पूरी हुई, तब तक क्लब के सौ सदस्य हो चुके थे और यह साप्ताहिक तीन घंटे की वर्कशॉप बन गया था।

हम सभी के भीतर एक ख़ास जीनियस है, लेकिन हो सकता है कि यह उस मार्ग पर न हो, जो हमारे ठीक सामने खुलता हो। हो सकता है कि कोई दिखने वाला मार्ग हो ही नहीं। मेरा धर्म मेरे कॉलेज की सामान्य नौकरियों के मार्ग पर नहीं था, बल्कि उस क्लब में था, जिसकी स्थापना मैंने तब की, जब आश्रम के एक अनुभव ने मेरे धर्म की ओर संकेत किया। हमारा धर्म छिपता नहीं है, लेकिन कई बार इसे पहचानने के लिए हमें धैर्यपूर्वक काम करने की ज़रूरत होती है। जैसा शोधकर्ता ऐंडर्स एरिकसन और रॉबर्ट पूल अपनी पुस्तक *पीक* में रेखांकित करते हैं कि महारत हासिल करने में सुविचारित अभ्यास की ज़रूरत होती है और बहुत सारे अभ्यास की ज़रूरत होती है, लेकिन अगर आप इससे प्रेम करते हैं, तो आप सब कुछ करते हैं। पिकासो ने कला के दूसरे रूपों के साथ प्रयोग किए, लेकिन पेंटिंग पर अपनी एकाग्रता बनाए रखी। माइकल जॉर्डन ने बेसबॉल का खेल भी खेला, लेकिन बास्केटबॉल वह क्षेत्र था, जहाँ वे सचमुच सफल हुए। अपनी शक्ति के क्षेत्र में सबसे जमकर खेलें। अपने जीवन में गहराई, अर्थ और संतुष्टि हासिल करने का मार्ग यही है।

अपने जोश के सामंजस्य में आएँ

अपने धर्म पर से पर्दा हटाने के लिए हमें अपने जोश को पहचानना होता है - वे गतिविधियाँ जिनसे हम प्रेम करते हैं और जिन्हें करने का हममें स्वाभाविक रुझान होता है। जो भी क्षमता के क्वाड्रैंट को देखता है, उसके सामने यह स्पष्ट हो जाता है कि हमें यथासंभव अधिकतम समय सबसे ऊपर वाले दाएँ क्वाड्रैंट 2 में बिताना चाहिए : वे चीज़ें करने में, जिन्हें करने में हम अच्छे हैं और जिनसे हम प्रेम करते हैं, लेकिन जीवन हमेशा इस तरह से काम नहीं करता है। वास्तव में हममें से कई लोग क्वाड्रैंट 1 में अपना करियर बिताते हैं : ऐसी चीज़ें करने में, जिनमें हम अच्छे होते हैं, लेकिन जिनसे हम प्रेम नहीं करते हैं। जब हमारे पास ख़ाली समय होता है, तो हम कूदकर क्वाड्रैंट 4 में पहुँच जाते हैं, ताकि उस हॉबी और मनोरंजक

क्षमता के क्वाड्रैंट

I. योग्यता, लेकिन जोश नहीं	II. योग्यता और जोश
III. न योग्यता, न जोश	IV. योग्यता नहीं, लेकिन जोश है

प्रश्न :

हम अपना समय और ऊर्जा क्वाड्रैंट 2 की ओर ज़्यादा कैसे ला सकते हैं - ऐसी चीज़ें करने में, जिनमें हम योग्य भी हैं और जिनसे हम प्रेम भी करते हैं?

गतिविधियों का आनंद ले सकें, जिनसे हम प्रेम करते हैं, हालाँकि हमारे पास कभी इतना समय नहीं रहता है कि हम उनमें उतने अच्छे बन जाएँ, जितने हम बनना चाहते हैं। हर व्यक्ति सहमत हो सकता है कि हम क्वाड्रैंट 3 में यथासंभव न्यूनतम समय बिताना चाहते हैं। वहाँ रहना बेहद निराशाजनक होता है; ऐसी चीज़ें करना जिनसे हम प्रेम नहीं करते हैं और जिनमें हम अच्छे नहीं होते हैं। तो सवाल यह है : हम अपने ज़्यादा समय को क्वाड्रैंट 2 की ओर कैसे ले जा सकते हैं : ऐसी चीज़ें करने में जिनमें हम अच्छे हैं और जिनसे हम प्रेम करते हैं? (आप ग़ौर करेंगे कि

मैं संख्यात्मक क्रम में क्वाड्रैंटों का ज़िक्र नहीं कर रहा हूँ। ऐसा इसलिए है, क्योंकि क्वाड्रैंट 1 और क्वाड्रैंट 4 दोनों ही हमारी मनचाही चीज़ का आधा हिस्सा देते हैं, इसलिए उन पर पहले बातचीत करने में समझदारी है।)

क्वाड्रैंट 1 : इसमें अच्छे हैं, लेकिन इससे प्रेम नहीं करते

यहाँ से क्वाड्रैंट 2 तक पहुँचना आसान लगता है, लेकिन है नहीं। मान लें कि आप अपनी नौकरी से प्रेम नहीं करते। हममें से ज़्यादातर छलाँग लगाकर उस नौकरी में नहीं कूद सकते, जो चमत्कारिक रूप से हमें मोटी तनख़्वाह भी दे। ज़्यादा व्यावहारिक नीति यह है कि हमारे पास पहले से जो नौकरियाँ हैं, उन्हीं के भीतर रहते हुए क्वाड्रैंट 2 तक पहुँचने के नवाचारी तरीक़े खोजे जाएँ। आप जहाँ हैं, वहाँ अपने धर्म को लाने के लिए क्या कर सकते हैं?

जब मैं सबसे पहले आश्रम छोड़कर निकला, तो मैंने एक ग्लोबल मैनेजमेंट कंसल्टिंग फ़र्म एक्सेंचर में परामर्श देने का काम किया। हम लगातार संख्याओं, डाटा और फ़ाइनैंशियल स्टेटमेंट्स से जूझते थे और जल्दी ही यह स्पष्ट हो गया कि मेरे काम में उत्कृष्ट बनने के लिए एक्सेल की योग्यता अनिवार्य थी, लेकिन एक्सेल मेरी पसंदीदा चीज़ नहीं थी। मेरी तमाम कोशिशों के बावजूद मैं इसमें बेहतर नहीं बन पाया। मेरी रुचि ही नहीं थी। जहाँ तक मेरा संबंध था, यह तो गाय के रहने की जगह को साफ़ करने से भी बदतर था। इसलिए हालाँकि मैं कोशिश तो करता रहा, लेकिन मैंने यह सोचा कि मैं अपनी शक्तियाँ और योग्यताएँ कैसे दिखा सकता हूँ। मेरा जोश जीवन की बुद्धिमत्ता और औज़ार थे, जैसे ध्यान और माइंडफुलनेस, इसलिए मैंने अपने कामकाजी समूह के लिए एक माइंडफुलनेस क्लास को पढ़ाने की पेशकश की। लीड मैनेजिंग डायरेक्टर को विचार पसंद आया और मैंने जो क्लास ली, वह इतनी लोकप्रिय हुई कि उन्होंने मुझसे पूरी कंपनी के विश्लेषकों और परामर्शदाताओं के समर ईवेंट में माइंडफुलनेस और मेडिटेशन पर बोलने का आग्रह किया। मैंने इंग्लैंड की रग्बी टीम के होम स्टेडियम ट्विकेनहैम स्टेडियम में एक हज़ार लोगों के सामने व्याख्यान दिया।

जब मैं स्टेडियम में पहुँचा, तो मैंने पाया कि पोडियम पर मेरी बारी सीईओ और रग्बी के महान खिलाड़ी विल ग्रीनवुड के बीच थी। मैं श्रोताओं में बैठकर लाइनअप सुनता रहा और सोचा, *बकवास, हर कोई मुझ पर हँसेगा। मैं इसके लिए तैयार ही क्यों हुआ?* बाक़ी सभी वक्ता अपने क्षेत्र में शिखर पर थे और बहुत प्रखर वक्ता भी थे। मैं जो बोलने वाला था, उस बारे में मुझे शंका होने लगी। मैं इसे कैसे बोल पाऊँगा? फिर मैंने साँस लेने के अभ्यास किए, खुद को शांत किया और मंच पर जाने से दो सेकंड पहले मैंने सोचा, *बस अपने असली स्वरूप में रहो।* मैं किसी दूसरे के धर्म को करने की कोशिश करने के बजाय अपने खुद के धर्म को पूरी तरह

से करूँगा। मैं खड़ा हुआ, अपना काम किया और इसके बाद मुझे जो प्रतिक्रिया मिली, वह अपूर्व थी। जिस डायरेक्टर ने यह कार्यक्रम आयोजित किया था, उन्होंने कहा, "मैंने कभी परामर्शदाताओं और विश्लेषकों की भीड़ को इतना शांत नहीं देखा कि आप एक सुई गिरने की आवाज़ भी सुन सकते हों।" बाद में उन्होंने मुझे इंग्लैंड में पूरी कंपनी में माइंडफुलनेस पढ़ाने के लिए आमंत्रित किया।

यह मेरे लिए टिपिंग पॉइंट यानी निर्णायक बिंदु था। मैंने देखा कि मैंने अपने जीवन के तीन साल सिर्फ़ संन्यासियों के लिए प्रासंगिक फ़िलॉसफ़ी सीखने में नहीं बिताए थे, जो आश्रम के बाहर प्रासंगिक नहीं थी। मैं अपनी सीखी हुई सारी योग्यताओं पर अमल कर सकता था। मैं आधुनिक संसार में अपने धर्म को सचमुच पूरा कर सकता था। पुनःश्च। मैं अब भी नहीं जानता कि एक्सेल का इस्तेमाल कैसे करना है।

करियर में भारी बदलाव करने के बजाय आप मेरी नीति को आज़मा सकते हैं : आप जीवन में जो करने से प्यार करते हैं, उसे करने के अवसर अपनी वर्तमान जगह पर खोजें। आपको कभी पता नहीं होता कि यह आपको कहाँ पहुँचा सकता है। लियोनार्डो डिकैप्रियो ने अभिनेता या प्रोड्यूसर का काम नहीं छोड़ा है, लेकिन वे पर्यावरण संरक्षण की हिमायत में महत्त्वपूर्ण ऊर्जा लगाते हैं, क्योंकि यह उनके धर्म का हिस्सा है। जो किसी कंपनी में असिस्टेंट है, वह डिज़ाइन वर्क करने की स्वयंसेवी पेशकश कर सकता है। बारटेंडर ट्राइविया प्रतिस्पर्धा चला सकता है। मैंने एक वकील के साथ काम किया था, जिसका सच्चा जोश *द ग्रेड ब्रिटिश बेक ऑफ़* पर बेकर बनना था। यह लक्ष्य उसे अयथार्थवादी महसूस हुआ, इसलिए उसने उस शो के प्रति जुनून रखने वाली अपनी सहकर्मियों का समूह बनाया और उन्होंने 'बेकिंग मंडे' शुरू किए, जहाँ हर सोमवार को उनकी टीम की कोई सदस्य कोई चीज़ बनाकर लाती थी, हालाँकि यह उसे थोड़ी नीरस लगती थी, लेकिन वह अब भी उस नौकरी में उतनी ही कड़ी मेहनत करती थी और अच्छा प्रदर्शन करती थी। बहरहाल, अपने जोश को वाटर कूलर तक लाने से उसकी टीम ज़्यादा मज़बूत हुई और इसकी बदौलत अब वह दिनभर ज़्यादा ऊर्जावान महसूस करती है। अगर आपके पास दो बच्चे और हाउस लोन हैं और आप अपनी नौकरी नहीं छोड़ सकते, तो वैसा ही करें, जैसा उस वकील ने किया था और अपने धर्म की ऊर्जा को अपने ऑफ़िस में लाने की कोशिश करें या इसे अपने जीवन के दूसरे पहलुओं में लाने के तरीकों की तलाश करें, जैसे आपकी हॉबी, घर और मित्रताएँ।

इसके अलावा, इस बारे में विचार करें कि आप अपनी शक्तियों से प्रेम क्यों नहीं करते? क्या आप उनसे प्रेम करने का कारण खोज सकते हैं? मुझे अक्सर ऐसे लोग मिलते हैं, जो कंपनियों में नौकरी करते हैं, जिनमें अच्छा काम करने के लिए आवश्यक सारी योग्यताएँ होती हैं, लेकिन उन्हें वह काम निरर्थक लगता है। किसी

अनुभव में अर्थ जोड़ने का सबसे अच्छा तरीक़ा यह देखना है कि यह भविष्य में किस तरह आपकी मदद कर सकता है। अगर आप ख़ुद को बताते हैं : “मैं यह सीख रहा हूँ कि एक वैश्विक टीम में काम कैसे किया जाता है,” या “मैं बजट बनाने की सारी योग्यताएँ हासिल कर रहा हूँ, जो किसी दिन स्केट शॉप खोलते वक़्त मेरे काम आएँगी,” तो आप एक ऐसी चीज़ के प्रति जोश उत्पन्न कर सकते हैं, जो शायद आपका पहला विकल्प नहीं है। जोश की भावना को सीखने और विकास करने के अनुभव से जोड़ दें।

येल स्कूल ऑफ़ मैनेजमेंट की मनोवैज्ञानिक एमी व्रज़ेसनिएवस्की और सहकर्मियों ने अस्पताल की साफ़-सफ़ाई करने वाले दलों का अध्ययन करके यह समझने की कोशिश की कि वे अपने काम का अनुभव कैसे करते थे। एक दल ने काम का वर्णन करते हुए कहा कि यह ख़ास संतोषजनक नहीं था और इसमें ज़्यादा योग्यता की ज़रूरत नहीं थी। और जब उन्होंने अपने किए जाने वाले कामों के बारे में बताया, तो यह कंपनी के विज्ञापन के कार्य विवरण जैसा लग रहा था, लेकिन जब शोधकर्ताओं ने दूसरे सफ़ाई दल से बात की, तो वे बातें सुनकर दंग रह गए। दूसरे समूह को अपने काम में आनंद आता था, यह उसे बहुत अर्थपूर्ण लगता था और उसने बताया कि इसमें काफ़ी योग्यता की ज़रूरत होती है। जब उन्होंने अपने कामों का वर्णन किया, तो दलों के अलग-अलग दृष्टिकोण का कारण स्पष्ट होने लगा। दूसरे दल ने सामान्य साफ़-सफ़ाई के कामों के बारे में ही बात नहीं की, बल्कि इस बारे में भी बताया कि वे इस पर ग़ौर करते हैं कि कौन से रोगी ज़्यादा दुखी दिखते थे या किनसे कम लोग मिलने आते थे। ऐसे रोगियों से वे ज़्यादा बार बातचीत करते थे या उन्हें देखने जाते थे। उन्होंने कई घटनाएँ बताईं, जहाँ वे बुज़ुर्ग आगंतुकों को पार्किंग के ज़रिये राह दिखाते हुए ले गए, ताकि वे राह न भटक जाएँ (हालाँकि इसके लिए उन्हें तकनीकी दृष्टि से नौकरी से निकाला जा सकता था)। एक महिला ने कहा कि वह समय-समय पर अलग-अलग कमरों की दीवारों की पेंटिंग बदलती रहती थी। जब उससे पूछा गया कि क्या यह उसकी नौकरी का हिस्सा है, तो उसने जवाब दिया, “यह मेरी नौकरी का हिस्सा नहीं है, लेकिन यह मेरा हिस्सा है।”

इस अध्ययन और इसके बाद के शोध से व्रज़ेसनिएवस्की और उनके सहकर्मियों ने “जॉब क्राफ्टिंग” वाक्यांश गढ़ा, जिसका मतलब था, “कर्मचारी अपनी नौकरी को नए साँचे में ढालने के लिए क्या करते हैं, जिससे काम में संलग्नता, नौकरी में संतुष्टि, लचीलापन और संतोष की भावना बढ़ती है।” शोधकर्ताओं के अनुसार हम अपने कामों और संबंधों को दोबारा गढ़ सकते हैं। हम जो करते हैं, हम उसकी अनुभूति को भी बदल सकते हैं (जैसे साफ़-सफ़ाई करने वाले ख़ुद को ‘उपचारक’ और ‘राजदूत’ मानते थे)। यह बहुत महत्त्वपूर्ण होता है कि हम किस इरादे से अपना काम करते हैं। इसी से यह तय होता है कि हम इसे कितना अर्थपूर्ण

मानते हैं और यह हमें उद्देश्य का कितना व्यक्तिगत अहसास देता है। इसी समय अर्थ खोजना सीखें। इससे आपको ज़िंदगीभर फ़ायदा होगा।

क्वाड्रैंट 4 : अच्छे नहीं हैं, लेकिन प्रेम करते हैं

जब हमारे जोशों से पैसा नहीं मिलता हो, तो हम उनकी प्राथमिकता को कम कर देते हैं, फिर हम कुंठित महसूस करते हैं कि हम उस गतिविधि से प्रेम करते हैं, लेकिन उसे अच्छी तरह नहीं कर सकते या इतनी ज़्यादा बार नहीं कर सकते कि उसका पूरा आनंद लें। समय हमेशा योग्यताओं को बेहतर बनाने का अचूक मार्ग है। क्या आप कोचिंग ले सकते हैं, कोर्स कर सकते हैं या प्रशिक्षण ले सकते हैं, ताकि आप उस चीज़ में बेहतर हो जाएँ, जिससे आप प्रेम करते हैं?

"असंभव," आप कहते हैं। "अगर मेरे पास वह करने का समय होता, तो यक़ीन मानें, मैं ज़रूर करता।" हम अगले अध्याय में इस बारे में बात करेंगे कि वह समय कैसे खोजें, जो मौजूद ही नहीं है, लेकिन हाल-फ़िलहाल मैं यह कहूँगा : समय सबके पास होता है। हम नौकरी के लिए यात्रा करते हैं या हम खाना पकाते हैं या हम टीवी देखते हैं। हो सकता है, हमारे पास तीन घंटे न हों, लेकिन किसी पॉडकास्ट को सुनने या यूट्यूब वीडियो से कोई नई तकनीक सीखने के लिए हमारे पास दस मिनट हमेशा होते हैं। आप दस मिनट में बहुत कुछ कर सकते हैं।

कई बार जब हम अपने धर्म का दोहन करते हैं, तो यह हमारे लिए समय निकाल लेता है। जब मैंने पहले-पहल वीडियो बनाना शुरू किया, तो मैं अपनी कंपनी से घर लौटने के बाद उन पर काम करता था। हर दिन पाँच घंटे, सप्ताह में पाँच दिन, मैं पाँच मिनट के वीडियो के संपादन पर ध्यान केंद्रित करता रहा। काफ़ी समय तक मुझे इससे कोई आर्थिक लाभ नहीं हुआ, लेकिन मैं अपनी योग्यता को अधिकतम किए बिना इसे छोड़ने के लिए तैयार नहीं हुआ।

इसके बाद मैंने लोगों को बेहद अजीब चीज़ों से पैसे कमाते देखा है। एट्सी वेबसाइट पर जाकर देखें। आप हैरान रह जाएँगे कि कितने सारे लोगों ने अपने जोश से पैसा बनाने के तरीक़े खोज लिए हैं। बहरहाल, अगर संसार आपको एक बहुत शक्तिशाली संदेश भेज रहा है कि यह आपके जोश के लिए भुगतान नहीं करेगा या इसे आपके जोश की ज़रूरत नहीं है या यह उसे नहीं चाहता है, तो ठीक है। इसे स्वीकार कर लें। संसार में सॉकर की *अति महत्त्वपूर्ण आवश्यकता* है, लेकिन मेरे सॉकर खेलने की कोई ज़रूरत नहीं है, फिर भी मैंने एक्सेंचर में जो सॉकर मैच आयोजित किए, वे मेरे सप्ताह की हाईलाइट थे। अगर यह आपका धर्म नहीं है, तब भी यह आपको खुशी दे सकता है।

क्वाड्रैंट 3 : न अच्छे हैं, न ही प्रेम करते हैं

इस आत्मा चूसने वाले क्वाड्रैंट से बाहर निकलने के लिए जो कुछ भी कर सकें, वह सब करें। आपके पास हमेशा अप्रिय काम रहेंगे, लेकिन उन्हें अपने जीवन का सबसे बड़ा हिस्सा न बनने दें। हो सके तो आपको इस श्रेणी में आने वाले कामों को आउटसोर्स कर देना चाहिए। जेब हल्की हो जाएगी, लेकिन दिमाग़ सही-सलामत रहेगा। और याद रखें, आपको वह काम पसंद नहीं है, इसका यह मतलब नहीं है कि वह काम किसी को भी पसंद नहीं है। क्या आप किसी मित्र या सहकर्मी के साथ कामों की अदला-बदली कर सकते हैं, जहाँ आप एक-दूसरे के सबसे प्रिय कामों की अदला-बदली कर लें?

अगर आप नीरस काम किसी दूसरे से नहीं करा सकते, तो उस सबक़ को याद रखें, जो मैंने आश्रम में सीखा था - हर काम एक अनिवार्य अंग होता है। कोई भी दूसरों से कम महत्त्वपूर्ण नहीं होता और हममें से कोई भी इतना ज़्यादा महत्त्वपूर्ण नहीं होता कि वह कोई नीरस काम न करे। अगर आप सोचते हैं कि आप किसी चीज़ को इसलिए नहीं करेंगे, क्योंकि आप उससे बहुत ऊपर उठ चुके हैं, तो आप सबसे बुरे अहंकारी आवेगों का शिकार हो रहे हैं और आप उस नीरस काम को करने वाले व्यक्ति के मूल्य और महत्त्व को कम कर रहे हैं। जब आप अपने धर्म में संतुष्ट होते हैं, तो आप ईर्ष्या या अहं के बिना दूसरों की क़द्र कर सकते हैं, जो किसी दूसरी योग्यता में अच्छे हैं। मैं उन लोगों का बहुत सम्मान करता हूँ, जो एक्सेल पर काम कर सकते हैं; मैं बस उसे ख़ुद नहीं करना चाहता। जब मैं डॉक्टरों या सैनिकों या दूसरे करियर के लोगों के सामने जाता हूँ, तो मैं सोचता हूँ, *यह असाधारण है। यह आश्चर्यजनक है, लेकिन यह मैं नहीं हूँ।*

इसे आज़माएँ : क्षमता के अपने क्वाड्रैंट को पहचानें

क्षमता के क्वाड्रैंट के बारे में पढ़ते समय शायद आप अपने दिमाग़ में यह अभ्यास कर रहे होंगे। लेकिन मैं चाहता हूँ कि आप यह स्वीकार करने के अभ्यास से गुज़रें कि आप आज अपने धर्म को जीने के कितने क़रीब हैं।

क्या आप अपनी नौकरी को पसंद करते हैं?

क्या आप अपनी नौकरी से प्रेम करते हैं?

क्या आप अपनी नौकरी में अच्छे हैं?

क्या दूसरे लोगों को आपके काम की ज़रूरत है और वे उसकी प्रशंसा करते हैं?

क्या आपकी सबसे बड़ी योग्यता या जोश आपके काम के बाहर है?

यह क्या है?

क्या आप इसे अपना काम बनाने के सपने देखते हैं?

क्या आप सोचते हैं कि यह सपना हासिल किया जा सकता है?

क्या आप सोचते हैं कि ऐसे तरीक़े हो सकते हैं, जिनसे आप अपने जोश को अपने काम का हिस्सा बना सकते हैं?

कोई भी विचार लिख लें, जो आपके मन में आपके जोश को सृष्टि तक पहुँचाने के बारे में आए।

क्वाड्रैंट 2 : वैदिक व्यक्तित्व

हम क्वाड्रैंट 2 में रहना चाहते हैं, जहाँ हम अपना समय और योग्यताएँ वह करने में लगाते हैं, जिससे हम प्रेम करते हैं। अगर हम वहाँ नहीं हैं, तो हम संन्यासी के तरीक़े से समस्या की जाँच करते हैं - आपने जो विशिष्ट योग्यताएँ विकसित की हैं और जिन विशिष्ट गतिविधियों से आप प्रेम करते हैं, उन्हें देखने के बजाय हम उनके पार जाकर उनकी जड़ों को देखते हैं। भगवद्गीता ने व्यक्तित्व को चार प्रकारों में विभाजित करके धर्म पर मनन किया है - जिन्हें यह *वर्ण* कहती है। कुल चार *वर्ण* होते हैं। आपको पता होना चाहिए कि आपका *वर्ण* कौन सा है। इससे आपको अपने स्वभाव और सक्षमता का पता चलेगा। तुलनात्मक रूप से हाल के इतिहास में (उन्नीसवीं सदी में), जब ब्रिटिश लीडर्स ने भारतीय समाज पर उनकी खुद की कठोर जाति प्रणाली लादी, तो *वर्ण* जाति प्रथा का आधार बन गए, हालाँकि जातियाँ वर्णों पर आधारित थीं, लेकिन यह ग्रंथ की ग़लत व्याख्या है। यहाँ मैं जाति प्रथा के बारे में बात नहीं कर रहा हूँ। मेरा विश्वास है कि हम सभी समान हैं, हममें बस अलग-अलग गुण और योग्यताएँ हैं। वर्ण संबंधी मेरी इस चर्चा का उद्देश्य यह है कि आप कैसे इन योग्यताओं और गुणों का दोहन करें, ताकि आप अपनी सर्वोच्च क्षमता के अनुरूप जी सकें। व्यक्तित्व के अलग-अलग प्रकारों का मक़सद समाज में मिलकर काम करना है, जिस तरह शरीर के अंग करते हैं - सभी अनिवार्य हैं और कोई किसी दूसरे से श्रेष्ठ नहीं है।

वर्ण जन्म से तय नहीं होते। उनका उद्देश्य हमारे सच्चे स्वभाव और रुझान को समझने में हमारी मदद करना है। आप सिर्फ़ इसलिए सृजनात्मक नहीं हो जाते, क्योंकि आपके अभिभावक सृजनात्मक हैं।

कोई भी *वर्ण* किसी दूसरे *वर्ण* से बेहतर नहीं है। हम सभी अलग-अलग तरह के काम, आनंद, प्रेम और सेवा को पसंद करते हैं। कोई श्रेणीक्रम या भेदभाव नहीं है। यदि दो लोग अपने धर्म के अनुसार काम कर रहे हैं और दूसरों की सेवा की

ख़ातिर जी रहे हैं, तो उनमें से कोई भी दूसरे से बेहतर नहीं है। क्या कैंसर पर शोध करने वाला उससे बेहतर है, जो आग बुझाता है?

इसे आज़माएँ : वैदिक व्यक्तित्व परीक्षण

यह आसान परीक्षण आपके व्यक्तित्व के प्रकार को बताता है। यह सौ प्रतिशत सही नहीं है और इसे अटल सत्य न मानें, लेकिन जब आप अपने धर्म को खोजते हैं, तो इससे आपको मदद मिलेगी।

वैदिक व्यक्तित्व परीक्षण के लिए देखें परिशिष्ट

वर्ण

चार *वर्ण* हैं मार्गदर्शक, लीडर, सृजनकर्ता और निर्माता। ये लेबल विशेष कामों या गतिविधियों से सीधे नहीं जुड़े हैं। निश्चित रूप से, कुछ गतिविधियों में हमें आनंद आता है, क्योंकि वे हमारे धर्म को पूरा करती हैं, लेकिन अपने धर्म में जीने के कई अलग-अलग तरीक़े हैं। जैसा आप नीचे देखेंगे, मार्गदर्शक सीखने और ज्ञान बाँटने के लिए प्रेरित होता है - आप शिक्षक या लेखक बन सकते हैं। लीडर प्रभावित करना और प्रबंधन करना पसंद करता है, लेकिन इसका मतलब यह नहीं है कि आपको सीईओ या लेफ़्टिनेंट बनना होगा - आप स्कूल के प्रिंसिपल या शॉप मैनेजर भी बन

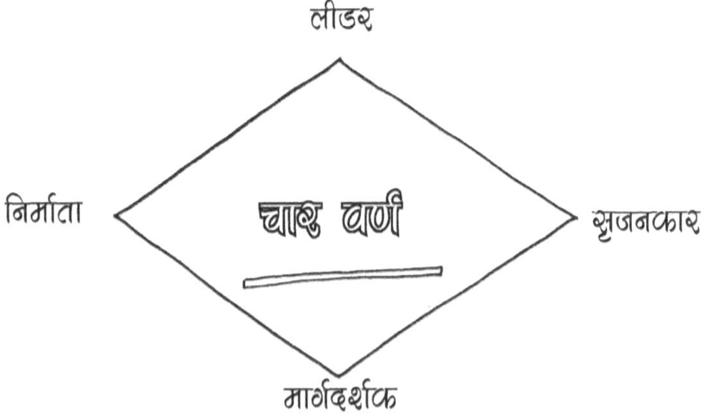

सकते हैं। सृजनकर्ता चीज़ों का सृजन करना पसंद करता है – यह एक स्टार्टअप हो सकता है या किसी पड़ोसी सभा में हो सकता है। निर्माता चीज़ों को मूर्त रूप से बनते देखना पसंद करता है – वे कोडर या नर्स हो सकते हैं।

गुणों को याद रखें : *तामस, राजस* और *सात्विक* – अज्ञान, आवेग और नेकी। अब मैं प्रत्येक वर्ण के व्यवहार का वर्णन इनमें से प्रत्येक गुण के संदर्भ में कर रहा हूँ। हम अज्ञान से बाहर निकलकर, अपने जोश पर काम करके और नेकी से सेवा करके *सत्व* की ओर बढ़ते हैं। हम *सत्व* में जितना ज़्यादा समय बिताते हैं, हम उतने ही ज़्यादा प्रभावी और संतुष्ट बनते हैं।

सृजनकर्ता

मूलतः : व्यापारी, व्यवसायी

आज : मार्केटर, सेल्स पीपुल, मनोरंजनकर्ता, उत्पादक, उद्यमी, सीईओ

योग्यताएँ : विचारमंथन, नेटवर्किंग, नवाचार

- चीज़ें साकार कराना
- खुद को और दूसरों को किसी चीज़ के लिए राज़ी कर सकते हैं
- बिक्री, सौदेबाज़ी, राज़ी करने में बेहतरीन
- पैसे, आनंद और सफलता से बेहद प्रेरित
- बहुत मेहनती और संकल्पवान
- व्यापार, वाणिज्य और बैंकिंग में उत्कृष्ट
- हमेशा सक्रिय
- कड़ी मेहनत, भरपूर आनंद

अज्ञान की अवस्था

- भ्रष्ट बनना और मूल्यहीन चीज़ें बेचना/झूठ बोलना, धोखा देना, किसी चीज़ को बेचने के लिए चोरी करना
- असफलता से पस्त होना
- काम की अधिकता के कारण दीर्घकालीन थकान, उदास, मूडी होना

आवेग की अवस्था

- स्टेटस से प्रेरित
- प्रगतिशील, करिश्माई और मनमोहक
- उद्योगी, लक्ष्य-केंद्रित, अथक

नेकी की अवस्था

- व्यापक हित के लिए पैसे का इस्तेमाल करना
- प्रॉडक्ट्स और विचार निर्मित करना, जो पैसे बनाएँ, लेकिन दूसरों की सेवा भी करें
- दूसरों को नौकरी और अवसर प्रदान करना

निर्माता

मूलतः : चित्रकार, संगीतकार, सृजनात्मक लोग, लेखक

आज : सामाजिक कार्यकर्ता, थैरेपिस्ट, डॉक्टर, नर्स, सीओओ, मानव संसाधन के प्रमुख, चित्रकार, संगीतकार, इंजीनियर, कोडर, कारपेंटर, कुक

योग्यताएँ : आविष्कार करना, समर्थन करना, अमल करना

अज्ञान की अवस्था

- असफलता से निराश
- अटके और अयोग्य महसूस करना
- चिंतित और तनावग्रस्त

आवेग की अवस्था

- नए विचारों को टटोलना और उनके साथ प्रयोग करना
- एक ही समय में बहुत सारी चीज़ों पर काम करना
- विशेषज्ञता और परवाह पर ध्यान खोना; पैसों और परिणामों पर ज़्यादा ध्यान केंद्रित करना

नेकी की अवस्था

- स्थायित्व और सुरक्षा द्वारा प्रेरित
- यथास्थिति से आम तौर पर संतुष्ट
- अर्थपूर्ण लक्ष्यों का पीछा करने का चुनाव करना
- कड़ी मेहनत करना, लेकिन पारिवारिक दायित्वों के साथ संतुलन हमेशा क़ायम रखना
- सर्वश्रेष्ठ दायाँ हाथ
- टीम के कार्यक्रमों का नेतृत्व करना
- ज़रूरतमंदों का समर्थन करना
- शारीरिक श्रम के पेशों में बेहद योग्य

जुड़ाव

निर्माता और सृजनकर्ता एक दूसरे के पूरक होते हैं

निर्माताओं की वजह से सृजनकर्ता विवरण, गुणवत्ता, कृतज्ञता और संतुष्टि पर ध्यान केंद्रित करते हैं

सृजनकर्ता ज़्यादा बड़ा सोचने और ज़्यादा लक्ष्य-केंद्रित बनने में निर्माताओं की मदद करते हैं

मार्गदर्शक

मूलतः और आज : शिक्षक, गाइड, गुरु, कोच, मार्गदर्शक

योग्यताएँ : सीखना, अध्ययन करना, ज्ञान और बुद्धिमत्ता बाँटना

- कोच और मार्गदर्शक, चाहे वे कोई भी भूमिका निभाएँ
- लोगों को उनके जीवन में सर्वश्रेष्ठ बनाने की इच्छा
- ज्ञान और बुद्धिमत्ता को शोहरत, शक्ति, पैसे या सुरक्षा से ज़्यादा महत्त्व देना
- चिंतन-मनन और सीखने की जगह और समय का होना पसंद करते हैं
- अर्थ, संतुष्टि और उद्देश्य खोजने में लोगों की मदद करना चाहते हैं
- अकेले काम करना पसंद करते हैं
- अपने ख़ाली समय में बौद्धिक कामों का आनंद लेते हैं - पढ़ना, वाद-विवाद करना, विचार-विमर्श

अज्ञान की अवस्था

- जो वे सिखाते हैं, उस पर अमल नहीं करते
- मिसाल पेश करके नेतृत्व नहीं करते
- अमल या क्रियान्वयन में जूझते हैं

आवेग की अवस्था

- वाद-विवाद से प्रेम करते हैं और दूसरों के तर्कों को नष्ट कर देते हैं
- शक्ति के लिए ज्ञान का इस्तेमाल करते हैं
- बौद्धिक दृष्टि से उत्सुक

नेकी की अवस्था

- उद्देश्य खोजने में लोगों की मदद करने के लिए ज्ञान का उपयोग करते हैं
- ज़्यादा देने के लिए ख़ुद को बेहतर बनाने की आकांक्षा रखते हैं
- यह अहसास करते हैं कि ज्ञान केवल उनके इस्तेमाल के लिए नहीं है, बल्कि वे सेवा करने के लिए यहाँ आए हैं

लीडर

मूलतः राजा, योद्धा

आज : सेना, न्याय, कानून का पालन, राजनीति

योग्यताएँ : शासन करना, दूसरों को प्रेरित और संलग्न करना

- लोगों, आंदोलनों, समूहों और परिवारों के स्वाभाविक लीडर
- साहस, शक्ति और संकल्प से निर्देशित
- कम साधन संपन्न लोगों की रक्षा करते हैं
- ऊँची नैतिकता और मूल्यों पर चलते हैं और उन्हें पूरे संसार में लागू करना चाहते हैं
- लोगों के विकास के लिए तंत्र प्रदान करते हैं
- टीम में काम करना पसंद करते हैं
- व्यवस्थापन, एकाग्रता और किसी मिशन के प्रति समर्पण में बेहतरीन

अज्ञान की अवस्था

- भ्रष्टाचार और पाखंड की वजह से परिवर्तन छोड़ देते हैं
- नकारात्मक, निराशावादी दृष्टिकोण विकसित करते हैं
- शक्ति की लालसा में नैतिक कम्पास खो देते हैं

आवेग की मनोदशा

- सार्थकता के बजाय शोहरत और पैसों के लिए तंत्र बनाते हैं
- मानवता के बजाय खुद के लाभ के लिए अपने गुणों का इस्तेमाल करते हैं
- खुद के लिए अल्पकालीन लक्ष्यों पर ध्यान केंद्रित करते हैं

नेकी की अवस्था

- ऊँची नैतिकता, आचारशास्त्र और मूल्यों के लिए लड़ते हैं
- लोगों को मिलकर काम करने के लिए प्रेरित करते हैं
- समाज के समर्थन के लिए दीर्घकालीन लक्ष्य बनाते हैं

जुड़ाव

गाइड और लीडर एक दूसरे के पूरक होते हैं

मार्गदर्शक लीडर्स को बुद्धिमत्ता प्रदान करते हैं

लीडर मार्गदर्शकों को तंत्र प्रदान करते हैं

वर्णों का मक़सद खुद को समझने में आपकी मदद करना है, ताकि आप अपनी सबसे शक्तिशाली योग्यताओं और रुझानों पर ध्यान केंद्रित कर सकें। स्व-जागरूकता आपको ज़्यादा एकाग्रता देती है। जब मैं अपनी मार्गदर्शक प्रवृत्तियों को देखता हूँ, तो मुझे समझ में आता है कि जब मैं रणनीति पर ध्यान केंद्रित करता हूँ, तो मैं सफल होता हूँ। सृजनकर्ता और निर्माता अमल में बेहतर होते हैं, इसलिए मैंने ऐसे लोगों से खुद को घेर लिया है, जो इसमें मेरी मदद कर सकते हैं। संगीतकार सुरक्षा से प्रेरित होकर निर्माता भी हो सकता है। सफल होने के लिए उसे रणनीतिकारों के इर्द-गिर्द रहने की ज़रूरत हो सकती है। अपनी शक्तियों में निवेश करें और ऐसे लोगों से खुद को घेरें, जो ख़ाली स्थानों को भर सकें।

जब आप अपने *वर्ण* को - अपने जोश और योग्यताओं को - जान जाते हैं और आप उससे सेवा करते हैं, तो यह आपका धर्म बन जाता है।

इसे आज़माएँ : प्रतिबिंबित सर्वश्रेष्ठ स्व-अभ्यास

1. लोगों का एक समूह चुनें, जो आपको अच्छी तरह जानते हों – लोगों का विविधता भरा समूह, जैसे आपके सहकर्मी, परिवार के सदस्य और मित्र। कम से कम तीन होने चाहिए, लेकिन दस–बीस हों, तो बेहतर है।

2. उनसे उस पल के बारे में लिखने को कहें, जब आप अपने सर्वश्रेष्ठ स्तर पर थे। उनसे विशिष्ट बनने को कहें।

3. पैटर्न और समानताओं की तलाश करें।

4. उस फ़ीडबैक को संकलित करके अपनी प्रोफ़ाइल इस तरह लिखें, जैसे यह आगके बारे में न हो।

5. इस बारे में सोचें कि आप अपनी सर्वश्रेष्ठ योग्यताओं को कर्म में कैसे बदल सकते हैं? इस वीकएंड पर आप उन योग्यताओं का इस्तेमाल कैसे कर सकते हैं? अलग परिस्थितियों में या अलग लोगों के साथ?

अपने धर्म की टेस्ट-ड्राइविंग करना

वैदिक व्यक्तित्व परीक्षण आपके *वर्ण* को पहचानने में आपकी मदद करता है, लेकिन कुंडली की तरह यह आपको यह नहीं बता सकता कि कल क्या होने वाला है। आपको जाँच-पड़ताल और प्रयोगशीलता के ज़रिये असली संसार में इन *वर्णों* का परीक्षण करना चाहिए। अगर आपका *वर्ण* लीडर है, तो कामकाज में वह भूमिका निभाने की कोशिश करें या अपने बच्चे की बर्थडे पार्टी आयोजित करें। क्या इस प्रक्रिया में आपको सचमुच आनंद आता है?

जब हम कुछ खाते हैं, तो अपनी जागरूकता के स्तर के बारे में सोचें। हम तुरंत इंद्रियों की जाँच करते हैं और निर्णय लेते हैं कि क्या यह हमें पसंद है और अगर हमसे ऐसा करने को कहा जाए, तो एक से दस के पैमाने पर इसकी रेटिंग देने में हमें कोई मुश्किल नहीं आएगी, लेकिन अगले दिन इसके बारे में हमारी भावनाएँ अलग हो सकती हैं। (जब मैंने रविवार रात को अपना पसंदीदा चॉकलेट ब्राउनी आइसक्रीम खाई, तो मैं इसके बारे में काफ़ी खुश था, लेकिन सोमवार सुबह मुझे नहीं लगता था कि यह मेरे शरीर में डालने के लिए संसार की सबसे अच्छी चीज़ थी।) तात्कालिक और दीर्घकालीन दोनों तरह के मनन के साथ हम इस बारे में सूक्ष्म राय बनाते हैं कि हम उस आहार को अपनी नियमित आहार का हिस्सा बनाना चाहते हैं या नहीं। हम सभी भोजन के मामले में यह करते हैं। हम सभी सिनेमाघर से निकलते समय भी यह करते हैं ("क्या तुम्हें यह फ़िल्म पसंद आई?") और हममें से कुछ लोग इसे वेबसाइटों पर रेटिंग देने के मामले में भी करते हैं, लेकिन हम अपना समय कैसे ख़र्च करते हैं, इस बारे में हम अपनी अनुकूलता और रुचियों को मापने के बारे में नहीं सोचते हैं। जब हम यह पहचानने की आदत डाल लेते हैं कि कौन सी चीज़ हमें शक्ति देती है, तो हम खुद को ज़्यादा अच्छी तरह समझने लगते हैं और इसे भी बेहतर जानने लगते हैं कि हम जीवन में क्या चाहते हैं। *वर्ण* की अपनी समझ को बढ़ाने के लिए हम बिलकुल यही करने जा रहे हैं।

जब आप अपने *वर्ण* की पड़ताल कर रहे हों, तो पूछने के लिए पहला और सबसे महत्त्वपूर्ण प्रश्न यह है :

क्या मुझे प्रक्रिया में मज़ा आया?

अपने *वर्ण* के वर्णन को अपने अनुभव की कसौटी पर तौलें और यह तय करें कि आपको इसमें किस चीज़ से आनंद मिला। "मुझे फ़ोटो खींचना बेहद पसंद है," कहने के बजाय इसकी जड़ को खोजें। क्या आपको क्रिसमस कार्ड बनाने में परिवारों की मदद करना पसंद है, जिससे उन्हें गर्व हो? (मार्गदर्शक) या फिर आपको परिवर्तन लाने के लिए मानवीय संघर्षों या अन्य अर्थपूर्ण स्थितियों का दस्तावेज़ीकरण पसंद है? (लीडर) या क्या आप लाइटिंग, फ़ोकस और फ़िल्म डेवलप करने के तकनीकी पहलुओं से प्रेम करते हैं? (निर्माता) संन्यासियों के रूप में जब भी हम कोई गतिविधि पूरी करते थे या इस पुस्तक में दिए गए अभ्यासों जैसे विचार अभ्यास पूरे करते थे, तो हर बार हम खुद से ये सवाल पूछते थे : *मुझे इसमें क्या पसंद आया? क्या मैं इसमें अच्छा हूँ? क्या मैं इसके बारे में पढ़ना चाहता हूँ, सीखना चाहता हूँ और इसे करने में अपना ज़्यादा समय लगाना चाहता हूँ? क्या मैं बेहतर बनने के लिए प्रेरित हूँ? मुझे किस चीज़ ने आरामदेह या असहज महसूस कराया? अगर मैं असहज था, तो क्या यह सकारात्मक था – एक चुनौती, जिसकी वजह से मेरा विकास हुआ – या नकारात्मक?* यह जागरूकता हमें ज़्यादा सूक्ष्म जानकारी देती है कि हम कहाँ कामयाब

हो सकते हैं। खुद को केवल एक मार्ग पर भेजने के बजाय यह जागरूकता हमारे सामने कई रास्ते खोल देती है, जहाँ हम अपने जोशों का इस्तेमाल कर सकते हैं।

इसे आज़माएँ : गतिविधि जरनल रखें

अगले कुछ दिनों में आप जो भी गतिविधि करते हैं, हर गतिविधि को लिख लें। मीटिंग, कुत्ते को घुमाना, मित्र के साथ लंच, ईमेल लिखना, भोजन तैयार करना, व्यायाम करना, सोशल मीडिया पर समय बिताना। हर गतिविधि के लिए धर्म के दो बुनियादी प्रश्नों का जवाब दें : क्या मुझे प्रक्रिया में आनंद आया? क्या दूसरे लोगों को परिणाम से आनंद मिला? कोई सही या ग़लत जवाब नहीं हैं। इस अवलोकन अभ्यास का उद्देश्य तो आपकी जागरूकता को बढ़ाना है।

अपने धर्म को अंगीकार करें

हमारा दिमाग़ हमें यह विश्वास दिलाने की कोशिश कर सकता है कि हमने हमेशा सर्वश्रेष्ठ चयन किए हैं, लेकिन हमारा सच्चा स्वभाव - हमारा जोश और उद्देश्य - हमारे दिमाग़ में नहीं होता है; यह तो हमारे दिल में होता है। वास्तव में, हमारा दिमाग़ अक्सर हमारे जोश की राह में बाधक बन जाता है। यहाँ कुछ बहाने दिए जा रहे हैं, जिनका इस्तेमाल हम अपने दिमाग़ को बंद करने के लिए करते हैं :

"मेरी उम्र इतनी ज़्यादा है कि अब मैं अपना खुद का कारोबार शुरू नहीं कर सकता।"

"यह परिवर्तन करना मेरे लिए ग़ैर-जिम्मेदाराना होगा।"

"मैं इसका ख़र्च नहीं उठा सकता।"

"मैं यह पहले से जानता हूँ।"

"मैंने यह हमेशा इस तरह से किया है।"

"यह तरीक़ा मेरे लिए काम नहीं करेगा।"

"मेरे पास समय नहीं है।"

हमारी पुरानी मान्यताएँ हमारी प्रगति में बाधा डालने के लिए चुपके से आ जाती हैं, चाहे वे मान्यताएँ झूठी हों या खुद को धोखा देने वाली हों। डर हमें नई चीज़ों की कोशिश करने से रोक देता है। हमारे अहं नई जानकारी सीखने और विकास करने की राह में आड़े आ जाते हैं। (इस बारे में अध्याय आठ में अधिक विवरण मिलेगा।) और किसी के पास भी परिवर्तन के लिए कभी समय नहीं होता, लेकिन अगर आप अपने आनंद का अनुसरण करते हैं, तो चमत्कार हो जाता है।

बड़े होते समय जोसेफ़ कैंपबेल के पास किसी ऐसे करियर का कोई मॉडल नहीं था, जो उनकी व्यापक रुचियों के अनुरूप हो। बीसवीं सदी की शुरुआत में बचपन में वे देशज अमेरिकी संस्कृति से मुग्ध हो गए और उन्होंने इसके बारे में वह सब कुछ पढ़ लिया, जो उपलब्ध था। कॉलेज के दौरान वे कैथोलिक धर्म के धार्मिक कर्मकांड और प्रतीकों से मोहित हुए। विदेश में अध्ययन करने के दौरान उनकी रुचियाँ और व्यापक हुईं। अब उन्हें युंग और फ्रॉयड के सिद्धांतों ने आकर्षित किया और वे आधुनिक चित्रकला में भी रुचि लेने लगे। कोलंबिया में जोसफ़ ने अपने डिज़र्टेशन सलाहकारों को बताया कि वे कला और मनोविज्ञान के विचारों को होली ग्रेल की प्राचीन कहानियों से जोड़ना चाहते थे। सलाहकारों ने इस विचार को अस्वीकार कर दिया। उन्होंने अपनी थीसिस पर काम छोड़ दिया और 1949 में सारा लॉरेंस कॉलेज में साहित्य पढ़ाने की नौकरी करने लगे, जो उन्होंने अड़तीस साल तक की। इस दौरान उन्होंने सैकड़ों पुस्तकें और लेख प्रकाशित किए। उन्होंने प्राचीन रेड इंडियन पौराणिक कथाओं तथा दर्शन में गहरी पैठ लगाई। लेकिन *द हीरो विद अ थाउज़ैंड फ़ेसेस* में उन्होंने पहली बार अपने क्रांतिकारी विचार बताए, जब उन्होंने 'हीरो की यात्रा' का वर्णन किया – इस अवधारणा ने कैंपबेल को पौराणिक कथाओं और मानव मनोविज्ञान के क्षेत्र की अग्रणी हस्तियों में से एक बना दिया। जिसने अपने धर्म का अनुसरण किया है, उसे यह जानकर हैरानी नहीं होगी कि जोसेफ़ कैंपबेल को इस सलाह का मूल स्रोत माना जाता है, "अपने आनंद का अनुसरण करें।" उन्होंने लिखा था, "अब मैं आनंद के विचार पर आया, क्योंकि संस्कृत में, जो संसार की महान आध्यात्मिक भाषा है, तीन शब्द हैं, जो ज्ञानातीत महासागर में छलाँग लगाने की कगार का प्रतिनिधित्व करते हैं : सत, चित, आनंद। 'सत' शब्द का मतलब है अस्तित्व। 'चित' का अर्थ है चेतना। 'आनंद' का अर्थ है परम सुख या उल्लास। मैंने सोचा, 'मैं नहीं जानता कि मेरी चेतना उचित चेतना है या नहीं। मैं नहीं जानता कि मैं अपने अस्तित्व के बारे में जितना जानता हूँ, उसके आधार पर यह उचित अस्तित्व है या नहीं, लेकिन मैं यह निश्चित रूप से जानता हूँ कि मेरा आनंद कहाँ है। इसलिए मुझे आनंद को ही जकड़ना चाहिए और यह मुझे अपनी चेतना तथा अपने अस्तित्व दोनों तक पहुँचा देगा।' मैं सोचता हूँ कि यह नीति सफल हुई।" उन्होंने कहा था, "अगर आप अपने आनंद का अनुसरण करते हैं, तो आपके लिए वे दरवाज़े खुल जाएँगे, जो किसी दूसरे के लिए नहीं खुलेंगे।"

रक्षात्मक इंद्रियाँ हमें पीछे रोककर रखती हैं या व्यावहारिक निर्णयों की ओर ले जाती हैं (कैंपबेल ने अड़तीस साल तक साहित्य पढ़ाया), लेकिन हम उनके पार देख सकते हैं और अपने धर्म का अनुसरण कर सकते हैं, बशर्ते हम जानते हों कि हमें किस चीज़ की तलाश करनी है।

धर्म शरीर का है

हमें अपने दिमाग़ या मन की बात नहीं सुननी चाहिए। इसके बजाय हमें इस ओर ध्यान देना चाहिए कि कोई विचार या गतिविधि हमारे शरीर में कैसी महसूस होती है। सबसे पहले, जब आप उस प्रक्रिया में खुद की तसवीर देखते हैं, तो क्या आपको खुशी महसूस होती है? क्या इसका विचार आपको आकर्षित करता है? फिर जब आप सचमुच गतिविधि को करते हैं, तो आपके शरीर की प्रतिक्रिया कैसी होती है? जब आप आनंद में होते हैं, तो आप इसे महसूस कर सकते हैं।

1. *जीवंत :* कुछ लोगों के लिए धर्म में रहने का मतलब यह है कि वे एक शांत और आत्मविश्वास से भरी संतुष्टि महसूस करते हैं। बाक़ी के मामलों में यह खुशी और रोमांच का भाव होता है। दोनों ही मामलों में आप जीवंत स्फूर्ति और जुड़ाव महसूस करते हैं और आपके चेहरे पर मुस्कान होती है। आपके चेहरे पर चमक भी होती है।

2. *प्रवाह :* धर्म में एक स्वाभाविक गति होती है। आपको महसूस होता है जैसे आप अपनी लेन में हैं और बहाव के ख़िलाफ़ जूझने के बजाय उसके साथ बह रहे हैं। जब आप सचमुच लय में होते हैं, तो प्रवाह का अहसास होता है - आप अपने दिमाग़ या मन से बाहर निकल आते हैं और आपको समय का पता ही नहीं चलता।

3. *आराम :* अपने धर्म में आप अकेले या अनजान जगह पर महसूस नहीं करते, चाहे कोई भी आता-जाता रहे या चाहे आप शारीरिक दृष्टि से कहीं भी हों; जहाँ आप हैं, वह जगह सही महसूस होती है, भले ही आपकी वह सही जगह संसार की यात्रा करना हो। मुझे ख़तरे उठाना पसंद नहीं है, लेकिन मेरा एक मित्र तेज़ कारों और जेट स्कीज़ से प्रेम करता है। ख़तरा - सबसे बुरी स्थिति का परिदृश्य - हम दोनों के लिए समान रहता है, लेकिन उसके लिए यह करने लायक काम है, क्योंकि जोखिम उठाने में उसे आनंद आता है। मंच पर कुछ लोगों की बोलती बंद हो जाती है, जबकि मैं वहाँ परम आनंद महसूस करता हूँ।

4. *निरंतरता :* अगर वैकेशन पर स्नोर्कलिंग करने में आपको बहुत आनंद आता है, तो इसका मतलब यह नहीं है कि स्नोर्कलिंग करना या वैकेशन मनाना आपका धर्म है। अपने धर्म में होने का मतलब दोहराना है। वास्तव में आप इसे जितना ज़्यादा करते हैं, यह उतना ही बेहतर होता जाता है, लेकिन एक अकेली घटना इस बात का संकेत है कि आप किस तरह की ऊर्जा को पसंद करते हैं। यह इस बात का संकेत है कि आप कब और कैसे जीवंत महसूस करते हैं।

5. *सकारात्मकता और विकास :* जब हम अपनी खुद की शक्तियों के बारे

में जागरूक होते हैं, तो हममें ज़्यादा आत्मविश्वास होता है, हम दूसरों की योग्यताओं को ज़्यादा महत्त्व देते हैं और हम कम प्रतिस्पर्धी महसूस करते हैं। दूसरों से अपनी तुलना करने की प्रवृत्ति पूरी तरह ख़त्म नहीं हो सकती, लेकिन यह सिकुड़ जाती है, क्योंकि आप अपनी तुलना अपनी विशेषज्ञता के क्षेत्र वाले लोगों से ही करते हैं। अस्वीकृति और आलोचना हमले जैसे महसूस नहीं होते। वे उस जानकारी जैसे महसूस होते हैं, जिसे हम स्वीकार या अस्वीकार कर सकते हैं, जो इस बात पर निर्भर करता है कि उससे हमें आगे बढ़ने में मदद मिलती है या नहीं।

धर्म आपकी ज़िम्मेदारी है

एक बार जब आपको अपने धर्म का अहसास हो जाता है, तो अपने जीवन को नए सिरे से इस तरह ढालना आपकी ज़िम्मेदारी है, ताकि आप इसे जी सकें। हम हमेशा ऐसी जगह या स्थिति में नहीं रहेंगे, जहाँ दूसरे हमारे धर्म को पहचान लेंगे और इसे पूरा करने में हमारी मदद करेंगे। जैसा हम सभी कभी न कभी अनुभव कर चुके हैं, बॉस लोग हमेशा अपने कर्मचारियों की क्षमता का दोहन नहीं करते हैं। अगर आप यह अध्याय पढ़ते समय यह सोच रहे हैं - *मेरी मैनेजर को धर्म समझने की ज़रूरत है - तब वह मुझे प्रमोशन देगी,* तो आप मुद्दे की बात नहीं समझ पाए हैं। हम कभी ऐसे आदर्श संसार में नहीं रहेंगे, जहाँ हर व्यक्ति अपने धर्म के अनुरूप जीता है, जिसमें उनके बॉस कभी-कभार आकर पूछेंगे कि क्या वे सचमुच संतुष्ट हैं।

अपने धर्म को प्रदर्शित करना और उसकी रक्षा करना हमारी ज़िम्मेदारी है। मनुस्मृति में कहा गया है कि जो लोग अपने धर्म की रक्षा करते हैं, यह उनकी रक्षा करता है। धर्म आपको स्थिरता और शांति देता है। जब हमारे पास यह जानने का आत्मविश्वास होता है कि हम कहाँ कामयाब होते हैं, तो हम इसका प्रदर्शन करने के अवसर खोज लेते हैं। इससे एक फ़ीडबैक चक्र बन जाता है। जब आप अपने धर्म की रक्षा करते हैं, तो आप लगातार ऐसी जगह पर रहने की कोशिश करते हैं, जहाँ आप कामयाब हो सकें। जब आप कामयाब होते हैं, तो लोग ग़ौर करते हैं और आपको ऐसे पुरस्कार देते हैं, जिनसे आपको अपने धर्म में रुके रहने में मदद मिलती है। आपका धर्म आपकी ख़ुशी और आपके उद्देश्य के अहसास की रक्षा करता है तथा आपके विकास में मदद करता है।

अपने धर्म का विस्तार करें

जो व्यक्ति अपने धर्म को नहीं जी रहा है, वह पानी से बाहर छटपटाती मछली की तरह है। आप भले ही मछली को संसार की सारी दौलत दे दें, लेकिन अगर

यह पानी में नहीं लौटेगी, तो यह मर जाएगी। एक बार जब आप अपने धर्म को खोज लें, तो अपने जीवन के हर पहलू में उस भूमिका को निभाने की कोशिश करें। ऑफ़िस में अपने जोश का अनुसरण करें। उन्हीं सामुदायिक मुद्दों को लें, जिनमें उसी योग्यता का इस्तेमाल हो सके। अपने परिवार, खेलों, संबंधों, मित्रों के साथ बाहर रहते समय भी अपने धर्म में रहें। अगर लीडर होना मेरा धर्म है, तो शायद मुझे ही पारिवारिक छुट्टियों की योजना बनानी चाहिए। मुझे वह भूमिका अर्थपूर्ण महसूस होगी। अगर मैं लीडर हूँ, लेकिन यह भूमिका नहीं निभा रहा हूँ, तो मैं महत्त्वहीन और कुंठित महसूस करूँगा।

शायद आप सोच रहे हैं, जय अपने धर्म का अनुसरण करने में कोई समझदारी नहीं दिखती है। हर व्यक्ति जानता है कि आपको खुद को ऊपर की ओर धकेलना चाहिए। नई चीज़ों की कोशिश करो। अपने आरामदेह दायरे से बाहर निकलो। हालाँकि आपका धर्म आपकी स्वाभाविक अवस्था है, लेकिन इसका दायरा आपके आरामदेह दायरे से आगे है। मिसाल के तौर पर, अगर आपका धर्म वक्ता बनना है, तो आप दस श्रोताओं से सौ श्रोताओं तक आगे बढ़ सकते हैं और अपने प्रभाव के आकार को बढ़ा सकते हैं। अगर आप इस समय विद्यार्थियों के सामने व्याख्यान देते हैं, तो आप आगे चलकर सीईओज़ के सामने व्याख्यान दे सकते हैं।

अपने धर्म का विस्तार करना भी महत्त्वपूर्ण है। मैं संसार का सबसे बहिर्मुखी इंसान नहीं हूँ, लेकिन मैं कार्यक्रमों और मीटिंगों में जाता हूँ, क्योंकि मैं जानता हूँ कि लोगों के साथ जुड़ने से मेरा उद्देश्य पूरा होता है। अपने धर्म के ख़िलाफ़ जाना कुछ-कुछ रोलर स्केटिंग जैसा होता है। आप असंतुलित, थोड़े अनियंत्रित और बाद में थकान महसूस करते हैं, लेकिन आप खुद को जितना ज़्यादा समझते हैं, आपके पैरों की पकड़ उतनी ही मज़बूत होगी। आप ज़्यादा ऊँचे उद्देश्य के लिए चेतन रूप से एक नई दिशा में स्केटिंग कर सकते हैं। अपने धर्म को समझना यह जानने की कुंजी है कि कब और कैसे इसे पीछे छोड़ना है।

हमारा धर्म हमारे साथ विकसित होता है। एक ब्रिटिश अप्रवासी एमा स्लेड हाँगकाँग में रहती थीं, जहाँ वह निवेशक के रूप में एक वैश्विक बैंक में काम करती थीं और एक अरब डॉलर से ज़्यादा के ख़ाते सँभालती थी। स्लेड कहती हैं, "मुझे इससे प्रेम था। यह तेज़ काम था, यह रोमांचक था... मैं नाश्ते में बैलेंस शीट खाती थी।" फिर सितंबर 1997 में स्लेड एक कारोबारी यात्रा पर जकार्ता, इंडोनेशिया गईं, जहाँ एक आदमी ने उनके सीने में बंदूक गड़ा दी, उन्हें लूट लिया और उनके होटल के कमरे में उन्हें बंधक बना लिया। वे कहती हैं कि जब वे फ़र्श पर लेटी हुई थीं, तब उन्हें मानव जीवन का मूल्य समझ में आया। सौभाग्य से स्लेड को शारीरिक नुकसान होने से पहले ही पुलिस आ गई। बाद में जब पुलिस अफ़सरों ने स्लेड को उस अपराधी का फ़ोटो दिखाया, जो होटल की दीवार पर ख़ून में लथपथ लुढ़का था,

तो स्लेड को उसके प्रति दुख और करुणा का अहसास हुआ, जिससे उन्हें सदमा लगा। वह भावना उनके साथ अटक गई और उन्हें उनके वास्तविक उद्देश्य पर प्रश्न करने की ओर ले गई।

स्लेड ने अपनी नौकरी छोड़ दी और योग तथा मन की प्रकृति की पड़ताल करने लगीं। 2011 में उन्होंने भूटान की यात्रा की, जहाँ वे एक संन्यासी से मिलीं, जिसने उन पर अमिट प्रभाव डाला (मैं भी वहाँ रह चुका हूँ!)। 2012 में वे बौद्ध नन बन गईं और स्लेड (अब उन्हें पेमा डेकी नाम से भी जाना जाता है) को महसूस हुआ कि उन्हें आख़िरकार शांति मिल गई थी, लेकिन उन्होंने अपने हमलावर के प्रति करुणा की जो भावना महसूस की थी, वह लौट आई और स्लेड को अहसास हुआ कि उन्हें अपनी करुणा को मूर्त रूप देने के लिए कुछ करना चाहिए। इसलिए 2015 में उन्होंने भूटान में ओपनिंग युअर हार्ट नामक इंग्लैंड आधारित परोपकारी संस्था की स्थापना की, जो पूर्वी भूटान के ग्रामीण इलाकों में रहने वाले लोगों की बुनियादी आवश्यकताओं को पूरा करती है, हालाँकि उन्हें नन बनने में संतुष्टि मिली, लेकिन जीवन भर गुफा में बैठकर ध्यान लगाना या साधना करना उनका धर्म नहीं था। अब वे अपने वित्तीय कौशल का इस्तेमाल इस तरह करती हैं, जिससे उन्हें और दूसरे लोगों को ज़्यादा समृद्ध वरदान मिलते हैं। स्लेड कहती हैं, "पुरानी योग्यताएँ आज बहुत सार्थक और सुखी जीवन जीने में मेरे बहुत काम आ रही हैं।" स्लेड अपने अनुभव की तुलना कमल के फूल से करती हैं, जो कीचड़ में शुरू होता है, फिर पानी के बाहर ऊपर की ओर विकास करता है, तब यह प्रकाश खोजता है। बौद्ध धर्म में कमल इस विचार का प्रतिनिधित्व करता है कि जीवन की चुनौतियों का कीचड़ हमारे विकास के लिए उपजाऊ ज़मीन प्रदान कर सकता है। जब कमल विकास करता है, तो यह पानी में ऊपर उठता है और अंततः खिल जाता है। बुद्ध कहते हैं, "जिस तरह लाल, नीला या सफ़ेद कमल, पानी में पैदा हुआ, पानी में बड़ा हुआ, पानी से ऊपर उठा – पानी के दाग़ से मुक्त होता है, उसी तरह मैं – संसार में पैदा हुआ, संसार में बड़ा हुआ, संसार से ऊपर उठा – संसार के दाग़ से मुक्त जीता हूँ।"

"जकार्ता मेरा कीचड़ था," स्लेड अपनी टेडएक्स टॉक में कहती हैं, "लेकिन यह मेरे भावी विकास का बीज भी था।"

धर्म के पूरे समीकरण को याद रखें। धर्म सिर्फ़ जोश और योग्यताएँ ही नहीं है। धर्म तो दूसरों की सेवा का जोश है। आपका जोश आपके लिए है। आपका उद्देश्य दूसरों के लिए है। आपका जोश एक उद्देश्य तब बनता है, जब आप इसका इस्तेमाल दूसरों की सेवा के लिए करते हैं। आपके धर्म को संसार में एक आवश्यकता पूरी करना होता है। जैसा मैं कह चुका हूँ, संन्यासी मानते हैं कि जब ज़्यादा ऊँचा उद्देश्य हो, तो आपको हर आवश्यक चीज़ करने का इच्छुक रहना चाहिए (और संन्यासी इसे

पूरी तरह जीते हैं), लेकिन अगर आप संन्यासी नहीं हैं, तो इसे देखने का तरीक़ा यह है कि अपने जोश को करने में आप जो ख़ुशी महसूस करते हैं, वह उतनी ही होनी चाहिए जितनी क़द्र दूसरे लोग इसकी करते हैं। यदि दूसरे आपको प्रभावी या योग्य नहीं मानते हैं, तो आपका जोश सिर्फ़ एक हॉबी है, जिससे आपका जीवन आनंददायक हो सकता है।

इसका यह मतलब नहीं है कि आपके धर्म के बाहर की हर गतिविधि समय की बरबादी है। हम सभी के जीवन में कुछ गतिविधियाँ ऐसी होती हैं, जो क्षमता का निर्माण करती हैं और कुछ गतिविधियाँ ऐसी होती हैं, जो चरित्र का निर्माण करती हैं। जब मुझसे शुरुआत में व्याख्यान देने को कहा गया, तो मैंने अपने धर्म में अपनी क्षमता को बनाया और बढ़ाया, लेकिन जब मुझसे कचरा बाहर ले जाने को कहा गया, तो मैंने अपने चरित्र का निर्माण किया। चरित्र पर ध्यान दिए बिना अपनी क्षमता को बढ़ाना आत्म-मुग्धता का काम है। दूसरी ओर, योग्यताओं को बढ़ाने की मेहनत किए बिना चरित्र निर्माण अप्रभावी हो जाता है। हमें अपनी आत्माओं और ज़्यादा ऊँचे उद्देश्य की सेवा करने के लिए दोनों पर काम करने की ज़रूरत होती है।

अपने उद्देश्य को जानना और इसे पूरा करना ज़्यादा आसान और ज़्यादा फलदायक होता है, जब आप हर दिन अपने समय और ऊर्जा का बुद्धिमत्ता से इस्तेमाल करते हैं। अगले अध्याय में हम इस बारे में बात करेंगे कि आप अपने दिन की सर्वश्रेष्ठ शुरुआत कैसे करें और वहाँ से आगे कैसे बढ़ें।

अध्याय 6

दिनचर्या

स्थान की ऊर्जा होती है; समय की स्मृति होती है

*हर दिन, जागते समय सोचें, मैं सौभाग्यशाली हूँ कि मैं आज जीवित हूँ,
मेरे पास मूल्यवान मानव जीवन है, मैं इसे बरबाद नहीं करूँगा।*
—दलाई लामा

हम बारह लोग, शायद इससे भी ज़्यादा, फ़र्श पर सो रहे हैं। सब एक पतले योग पैड जैसी चीज़ पर सो रहे हैं, जिस पर एक पतली चादर ढँकी है। कमरे की दीवारें गोबर से बनी हैं, जो कच्चे प्लास्टर जैसी महसूस होती हैं और मिट्टी जैसी खुशबू देती हैं। फ़र्श के असमतल पत्थर घिसते-घिसते चिकने हो गए हैं, लेकिन यह मेमोरी फ़ोम से बहुत दूर का मामला है। इस इमारत में कोई पक्की खिड़कियाँ नहीं हैं - हम एक अंदरूनी कमरे में हैं, जो हमें बारिश में सूखा रखता है और हवा के आने-जाने के लिए बहुत से दरवाज़े हैं।

हालाँकि मैं हर रात यहाँ सोता हूँ, लेकिन कोई ख़ास जगह नहीं है, जिसे मैं "अपना" मानता हूँ। हम यहाँ स्वामित्व से दूर रहते हैं - स्वामित्व की कोई वस्तु नहीं, कोई भौतिक आसक्ति नहीं। हाल-फ़िलहाल कमरे में गुफा जैसा अँधेरा है, लेकिन बाहर चिड़ियों की चहचहाहट सुनकर हमारे शरीर को पता चल जाता है कि सुबह के चार बज गए हैं - जागने का समय। हमें आधा घंटे में सामूहिक प्रार्थना करने जाना है। एक शब्द बोले बिना हम लॉकर रूम की तरफ़ बढ़ जाते हैं। हममें से कुछ नहा रहे हैं, कुछ अपने चोगे पहन रहे हैं। हम लाइन में खड़े होकर चार

सामुदायिक सिंकों में से किसी एक में ब्रश करने का इंतज़ार करते हैं। बाहरी संसार का कोई भी व्यक्ति हमारी गतिविधि का साक्षी नहीं है, लेकिन अगर होता, तो उसे अच्छी तरह आराम कर चुके पुरुषों का समूह दिखता, जो इतनी जल्दी उठने पर भी पूरी तरह संतुष्ट नजर आ रहे हैं।

यह हमेशा इतना आसान नहीं था। हर सुबह मेरा मस्तिष्क थोड़ा ज़्यादा बंद रहने के लिए बेताब रहता था और एक अलग बहाना सोच लेता था कि मुझे क्यों सोते रहना चाहिए, लेकिन मैंने खुद को इस नई दिनचर्या को अपनाने के लिए विवश किया, क्योंकि मैं प्रक्रिया के प्रति समर्पित था। यह काम मुश्किल था, इसलिए यह यात्रा का एक महत्त्वपूर्ण हिस्सा था।

अंततः मैंने सफलतापूर्वक जल्दी उठने की एक अचूक तरकीब सीख ली : *मैं जल्दी सो जाता था*। यही मुद्दे की बात थी। मैंने जीवनभर हर दिन की सीमाओं को आख़िरी छोर तक धकाया था और आज का लाभ लेने के लिए आने वाले कल का त्याग किया था, लेकिन जब मैंने आख़िरकार ऐसा करना छोड़ दिया और जल्दी सोने लगा, तो चार बजे उठना ज़्यादा आसान होता चला गया। और जब यह ज़्यादा आसान हो गया, तो मैंने पाया कि मैं यह काम किसी दूसरे व्यक्ति या चीज़ की मदद के बिना अपने खुद के शरीर और आस-पास के प्राकृतिक संसार के सहारे कर सकता हूँ।

यह मेरे लिए एक ज्ञानवर्धक अनुभव था। मुझे अहसास हुआ कि मैंने अपने जीवन में हर दिन किसी न किसी तरह चौंककर ही शुरू किया था। किशोरावस्था में माँ की पुकार मेरा बिगुल थी, जो नीचे की मंज़िल से चिल्लाती थीं, "जय, जाग जाओ!" बाद के वर्षों में अलार्म क्लॉक ने यही बकवास काम किया। मेरे जीवन का हर दिन एक अकस्मात व्यवधान और हस्तक्षेप से शुरू हुआ था, लेकिन अब मैं चिड़ियों की चहचहाहट, पेड़ों के हवा में लहराने और पानी की कलकल से जाग रहा था। मैं प्रकृति की आवाज़ों से जाग रहा था।

आख़िरकार मुझे इसका महत्त्व समझ में आने लगा। जल्दी जगाने का मक़सद हमें यातना देना नहीं था – यह तो दिन को शांति से शुरू करना था। चिड़ियाँ। गॉन्ग। बहते पानी की आवाज़। और हमारी सुबह की दिनचर्या कभी नहीं बदलती थी। आश्रम की सुबह की सादगी और कार्यप्रणाली हमें निर्णयों और भिन्नता की तनावपूर्ण जटिलता से बचाती थी। इतनी सरलता से दिन शुरू करना मानसिक स्नान करने जैसा था। यह पिछले दिन की चुनौतियों को साफ़ करता था। इससे हमें लोभ को उदारता में, क्रोध को करुणा में और क्षति को प्रेम में बदलने की जगह और ऊर्जा मिलती थी। अंततः यह हमें दिन में आगे बढ़ने का संकल्प और उद्देश्य का अहसास देता था।

आश्रम में हमारे जीवन का हर विवरण उस आदत या कार्यप्रणाली को बढ़ावा देने के उद्देश्य से बनाया गया था, जिसका हम अभ्यास करने की कोशिश कर रहे थे। मिसाल के तौर पर, हमारे चोगे : जब हम उठते थे, तो हमें कभी यह नहीं सोचना पड़ता था कि हम क्या पहनें। स्टीव जॉब्स, बराक ओबामा और एरियाना हफ़िंगटन की तरह, जिन सभी को उनके सदाबहार एक से पहनावे के लिए जाना जाता है, संन्यासी अपनी पोशाक को सरल बनाते हैं, ताकि दिन के लिए तैयार होने में उनकी ऊर्जा और समय बरबाद न हो। हमारे पास दो चोगे होते थे – एक पहनने के लिए और दूसरा धोने के लिए। इसी तरह सुबह जल्दी जागने की परिपाटी इसलिए शुरू की गई, ताकि हम सही भाव के साथ दिन शुरू करें। यह ब्रह्म मुहूर्त था, जो आध्यात्मिक रूप से प्रबुद्ध बनाता था।

आप शायद सोच रहे होंगे, मैं इतनी जल्दी कभी नहीं उठूँगा। मैं दिन शुरू करने का इससे ज़्यादा बुरा तरीक़ा नहीं सोच सकता। मैं इस दृष्टिकोण को समझता हूँ, क्योंकि मैं भी कभी ऐसा ही महसूस करता था! लेकिन आइए एक नज़र डालते हैं कि ज़्यादातर लोग अपना दिन कैसे शुरू करते हैं : नींद पर शोध करने वाले कहते हैं कि हममें से 85 प्रतिशत को ऑफ़िस समय पर पहुँचने के लिए अलार्म क्लॉक की ज़रूरत होती है। जब हम अपने शरीर के तैयार होने से पहले जागते हैं, तो नींद का नियमन करने वाला मेलाटॉनिन सक्रिय बना रहता है। यह भी एक कारण है कि हम स्नूज़ बटन को दबाना चाहते हैं।

दुर्भाग्य से, हमारा उत्पादकता संचालित समाज हमें इसी तरह जीने के लिए प्रोत्साहित करता है। मारिया पोपोवा, जो ब्रेन पिकिंग्स के क्यूरेटर के रूप में विख्यात लेखिका हैं, लिखती हैं, "हम कम नींद से काम चलाने की अपनी योग्यता को किसी सम्मानजनक तमगे की तरह पहनते हैं, जो हमारे मेहनती होने का सबूत है, लेकिन यह दरअसल आत्मसम्मान और प्राथमिकताओं की गहरी असफलता है।"

फिर जब हम बहुत कम नींद के बाद जाग जाते हैं, तो हममें से एक चौथाई लोग एक और चीज़ करते हैं, जिससे हमारे दिन का दूसरा क़दम भी ग़लत पड़ता है – *हम जागने के एक मिनट के भीतर अपने सेलफ़ोन उठा लेते हैं।* दस मिनट के भीतर हममें से आधे अपने संदेश चेक कर लेते हैं। ज़्यादातर लोग हर सुबह नींद में बेसुध होने के चंद मिनटों के भीतर ही ढेर सारी जानकारी की प्रोसेसिंग का काम करने लगते हैं।

केवल छह कारें हैं, जो दो सेकंड के भीतर शून्य से साठ मील प्रति घंटे तक की गति पकड़ सकती हैं। ज़्यादातर कारों की तरह इंसान को भी इस तरह के अकस्मात परिवर्तन के लिए नहीं बनाया गया है, न तो मानसिक रूप से, न ही शारीरिक रूप से। और जागने के बाद आपको जो आख़िरी चीज़ करने की ज़रूरत है, वह यह है कि आप हेडलाइन पढ़कर या सुनकर सीधे त्रासदी और दर्द में पहुँच जाएँ, या दोस्त ऑफ़िस की यात्रा के दौरान शिकायतें कर रहे हों।

सुबह-सुबह सबसे पहले अपने फ़ोन को देखना सौ अजनबी वक्ताओं को अपने बेडरूम में घुसाने जैसा है, जबकि आपने नहाया नहीं है, ब्रश नहीं किया है और बाल नहीं काढ़े हैं। अलार्म क्लॉक और आपके फ़ोन के अंदर के संसार के बीच आप तुरंत तनाव, दबाव, चिंता से अभिभूत हो जाते हैं। क्या आप सचमुच यह उम्मीद करते हैं कि इस तरह दिन शुरू करने के बाद आपका दिन सुखद और उत्पादक रहेगा?

आश्रम में हम हर सुबह दिन उसी तरह शुरू करते थे, जिस तरह हमने योजना बनाई थी। हमने ख़ुद को उस संकल्प और एकाग्रता को दिन भर कायम रखने के लिए प्रशिक्षित किया। निश्चित रूप से यह सब आसान होता है, जब आपकी दिनचर्या में प्रार्थना, ध्यान, अध्ययन, सेवा और शारीरिक श्रम के काम शामिल हों, लेकिन बाहरी संसार ज़्यादा जटिल होता है।

जल्दी उठना

मेरी पहली सलाह यह है : आप इस समय जितने बजे जागते हैं, उससे एक घंटे जल्दी जागें। आप कहते हैं, "किसी तरह नहीं! मैं अभी जितने बजे उठता हूँ, उससे जल्दी मैं क्यों जागना चाहूँगा? इस समय ही मेरी नींद पर्याप्त नहीं हो पाती है। भाड़ में जाओ!" लेकिन मेरी पूरी बात तो सुन लें। हममें से कोई भी थकी-माँदी अवस्था में ऑफ़िस नहीं जाना चाहता और शाम को इस अहसास के साथ नहीं लौटना चाहता कि हम ज़्यादा कर सकते थे। सुबह की ऊर्जा और मूड दिन भर चलता है, इसलिए जीवन को ज़्यादा अर्थपूर्ण बनाने का काम भी वहीं शुरू होता है।

हम ऑफ़िस या क्लास या वर्कआउट या बच्चों को स्कूल छोड़ने जाने के लिए तय समय से ठीक पहले जागने के आदी होते हैं। हम ख़ुद के लिए बस इतना समय छोड़ते हैं कि हम नहा लें, नाश्ता कर लें, सामान पैक कर लें आदि, लेकिन 'पर्याप्त समय' होने का मतलब पर्याप्त समय होना *नहीं* है। आपको देर हो जाती है। आप नाश्ते को छोड़ देते हैं। आप बिस्तर जस का तस छोड़ देते हैं। आपके पास अपने स्नान का आनंद लेने का समय ही नहीं होता। आप सही तरीक़े से ब्रश नहीं करते, आप अपना नाश्ता पूरा नहीं करते या हर चीज़ अलग रख देते हैं, ताकि आप साफ़-सुथरे घर में लौटें। जब आप भागते हुए काम करते हैं, तो आप उन्हें उद्देश्य और परवाह से नहीं कर सकते। जब आप सुबह भारी दबाव और तनाव के साथ शुरू करते हैं, तो आप अपने शरीर की प्रोग्रामिंग कर रहे हैं कि यह बाक़ी दिन भी इसी तरह काम करे – चर्चाओं में, मीटिंगों में, अपॉइंटमेंट्स में।

जल्दी जागने से आपका दिन ज़्यादा उत्पादक और उपयोगी बनता है। सफल व्यवसायी यह बात जानते हैं। ऐपल के सीईओ टिम कुक अपना दिन सुबह 3.45

पर शुरू करते हैं। रिचर्ड ब्रान्सन 5.45 पर उठ जाते हैं। मिशेल ओबामा 4.30 पर उठती हैं। यह ग़ौर करना महत्त्वपूर्ण है कि हालाँकि बहुत सारे प्रभावशाली लोग जल्दी उठते हैं, लेकिन शीर्ष एक्ज़ीक्यूटिव नींद पूरी करने की मुहिम भी छेड़ते हैं। एमेज़ॉन के सीईओ जेफ़ बेज़ोस हर रात आठ घंटे सोने को सबसे शीर्ष प्राथमिकता देते हैं और कहते हैं कि कम नींद से आपको उत्पादन करने का ज़्यादा समय तो मिलता है, लेकिन इससे गुणवत्ता पर बुरा असर पड़ता है। इसलिए अगर आप जल्दी उठना चाहते हैं, तो आपको ऐसे समय सो जाना चाहिए, जिससे आपकी नींद अच्छी तरह पूरी हो जाए।

अगर आपके बच्चे हों या रात की नौकरी हो, तो जीवन ज़्यादा जटिल बन जाता है। अगर इस तरह की परिस्थितियों की वजह से एक घंटा जल्दी जागने का विचार असंभव दिखता हो, तो निराश न हों। छोटी-छोटी वृद्धियों से शुरू करें (नीचे दिया 'इसे आज़माएँ' देखें)। और ग़ौर करें कि मैंने आपको जागने के लिए कोई निश्चित समय नहीं बताया है। मैं आपसे सुबह 4 बजे उठने को नहीं कह रहा हूँ। आपको जल्दी उठने की भी ज़रूरत नहीं है - लक्ष्य तो आपको पर्याप्त समय देना है, ताकि आप संकल्प के साथ काम करें और चीज़ों को पूरी तरह से करें। आपके अंदर का यह भाव दिन भर क़ायम रहेगा।

दिन की शुरुआत में समय का कुशन बनाएँ, वरना आपका बाक़ी का दिन इसकी तलाश में गुज़र जाएगा। मैं गारंटी देता हूँ कि आपको दिन के बीच में वह अतिरिक्त समय कभी नहीं मिलेगा। इसे अपनी सुबह की नींद से चुराएँ और वह नींद रात को ख़ुद को लौटा दें। देखें कि क्या बदलता है।

इसे आज़माएँ : जल्दी जागने में आसानी

इस सप्ताह बस पंद्रह मिनट जल्दी जागें। आपको शायद अलार्म का इस्तेमाल करना पड़ेगा, लेकिन इसे मधुर बनाएँ। जागने पर धीमी रोशनी का इस्तेमाल करें। धीमा संगीत बजाएँ। कम से कम उन बोनस पंद्रह मिनटों में अपना फ़ोन न उठाएँ। इस दौरान अपने मस्तिष्क को उस मनोदशा में ले आएँ, जो आप दिन भर क़ायम रखना चाहते हैं। जब आप एक सप्ताह तक यह कर लें, उसके बाद अपने जागने के समय को पंद्रह मिनट और पीछे खिसका दें। अब आपके पास आधा घंटा है, जो पूरी तरह से आपका है। आप इसे कैसे ख़र्च करेंगे? आप थोड़ा लंबा स्नान कर सकते हैं। अपनी चाय की चुस्कियाँ लें। टहलने जाएँ। ध्यान करें। जब आप दरवाज़े से बाहर निकलें, तो उससे पहले बिस्तर करीने से जमा दें। रात को जब भी आपको थकान का पहला अहसास हो, तो टीवी बंद कर दें, फ़ोन बंद कर दें और बिस्तर पर पहुँच जाएँ।

पाया समय

एक बार जब आप सुबह ख़ाली जगह बना लेते हैं, तो यह पूरी तरह से आपकी होती है। कोई दूसरा इसे नियंत्रित नहीं करता है कि आप इसका कैसे इस्तेमाल करते हैं। हमारी ज़िम्मेदारियाँ हमारा कितना ज़्यादा समय लेती हैं – नौकरी, परिवार आदि – यह देखते हुए यह ख़ाली समय उन सबसे बड़े उपहारों में से एक है, जो हम ख़ुद को दे सकते हैं। आप अपनी सामान्य दिनचर्या पर चल सकते हैं, लेकिन इसके बावजूद ज़्यादा समय से बनी ख़ाली जगह और फ़ुरसत को महसूस कर सकते हैं। शायद आपके पास रास्ते में कॉफ़ी गटकने के बजाय अपनी ख़ुद की कॉफ़ी बनाने का समय होगा। आप इस नए ख़ाली समय का इस्तेमाल करके नाश्ते पर बातचीत कर सकते हैं, अख़बार पढ़ सकते हैं या व्यायाम कर सकते हैं। यदि आप ध्यान करते हैं, तो आप कृतज्ञता के मानसिक चित्रण वाले अभ्यास से अपना दिन शुरू कर सकते हैं। आप स्वास्थ्य विशेषज्ञों की इस प्रिय सलाह पर भी अमल कर सकते हैं कि आप ज़्यादा पैदल चलने के लिए ऑफ़िस से दूर अपनी कार खड़ी करें। जब आप थोड़े अतिरिक्त समय का सृजन कर लेते हैं, तो इससे आपकी सबसे बड़ी कमी पूरी हो रही है : ख़ुद के लिए समय।

इसे आज़माएँ : **सुबह की नई दिनचर्या**

हर सुबह इन चीज़ों के लिए थोड़ा समय निकालें :

कृतज्ञता : हर दिन किसी व्यक्ति, किसी जगह या किसी चीज़ के प्रति कृतज्ञता व्यक्त करें। इसमें इसे सोचना, इसे लिखना और इसे बताना शामिल है। (अध्याय नौ देखें।)

जानकारी : अख़बार या पुस्तक पढ़कर या पॉडकास्ट सुनकर जानकारी हासिल करें।

ध्यान : पंद्रह मिनट अकेले बिताएँ, प्राणायाम करें, मानसिक चित्रण करें या ध्वनि ध्यान लगाएँ। (भाग 3 के अंत में ध्वनि ध्यान के बारे में ज़्यादा जानकारी दी गई है।)

व्यायाम : हम संन्यासी योग करते थे, लेकिन आप सामान्य कसरत या वर्कआउट कर सकते हैं।

कृतज्ञता। जानकारी। ध्यान। व्यायाम। अपनी सुबह में समय लगाने का नया तरीक़ा।

शाम की दिनचर्या

आश्रम में मैंने सीखा कि सुबह पिछली शाम से तय होती है। हमारे लिए यह स्वाभाविक है कि हम हर सुबह को नई शुरुआत जैसा मानें, लेकिन सच तो यह है कि हमारे दिन चक्र में घूमते हैं। आप सुबह अपना अलार्म नहीं लगाते हैं – आप इसे एक रात पहले लगाते हैं। इससे यह नतीजा निकलता है कि अगर आप सुबह इरादे के साथ जागना चाहते हैं, तो आपको शाम की स्वस्थ और आरामदेह दिनचर्या बनाकर यह काम करना होगा – और इस तरह जो ध्यान हमने सुबह को दिया है, वह फैलने लगता है और पूरे दिन को परिभाषित करता है।

'कोई तरीक़ा' नहीं है, जिससे आपके पास एक घंटे ज़्यादा जल्दी जागने का समय हो, लेकिन आप कितनी बार टीवी चलाते हैं, एक या दूसरे शो को देखने लगते हैं और आधी रात के बाद तक उसे देखते रहते हैं? आप टीवी इसलिए देखते हैं, क्योंकि आप 'थकान दूर' कर रहे हैं। आप इतने थके हुए हैं कि कुछ और नहीं कर सकते, लेकिन जल्दी सोने से आपका मूड बेहतर हो सकता है। मानव विकास हॉर्मोन (एचजीएच) एक बड़ा मामला है। यह विकास, कोशिकाओं की मरम्मत और चयापचय में अहम भूमिका निभाता है और इसके बिना हम जल्दी भी मर सकते हैं। हमारे शरीर में 75 प्रतिशत तक एचजीएच तब प्रवाहित होता है, जब हम सोते हैं और शोध से पता चला है कि हमारे एचजीएच के सबसे ज़बरदस्त प्रवाह रात को 10 बजे और आधी रात के बीच होते हैं, इसलिए अगर आप उन घंटों के बीच जाग रहे हैं, तो आप एचजीएच से ख़ुद को वंचित कर रहे हैं। अगर आपके पास कोई ऐसी नौकरी है, जो आधी रात के बाद तक चलती हो या आपके बच्चे छोटे हों, जो आपको देर तक जगाए रखते हों, तो मेरी बात पर ध्यान न दें, लेकिन दिन की माँगें शुरू होने से पहले अच्छी नींद लेना सुनिश्चित करें। यदि आपने दस बजे से आधी रात के बीच का समय असली आराम करने में लगाया है, तो सुबह उन घंटों को निकालना ज़्यादा मुश्किल नहीं होगा।

आश्रम में हम शाम को अध्ययन करते और पढ़ते थे और आठ से दस बजे के बीच सो जाते थे। हम घुप्प अँधेरे में सोते थे और कमरे में कोई यंत्र, उपकरण या मशीन नहीं होती थी। हम टी-शर्ट और शॉर्ट में सोते थे। हम कभी अपने चोगे में नहीं सोते थे, क्योंकि उसमें जागते दिन की ऊर्जा समाई होती थी।

सुबह पूरे दिन का सिलसिला तय कर देती है, लेकिन एक अच्छी योजनाबद्ध शाम आपको अच्छी सुबह के लिए तैयार कर देती है। सीएनबीसी के मेक इट पर एक इंटरव्यू में इंस्टाग्राम *शार्क टैंक* स्टार केविन ओ'लियरी ने कहा था कि सोने से पहले वे तीन चीज़ें लिखते हैं, जो वे अपने परिवार वालों के अलावा किसी से भी बात करने से पहले अगली सुबह करना चाहते हैं। उनका अनुसरण करें

और सोने जाने से पहले वे शुरुआती काम कर लें, जो आप कल उठते ही करना चाहते हैं। सबसे पहले आप किस काम को निपटाएँगे, यह जानने से आपकी सुबह आसान हो जाएगी। जब सुबह-सुबह आपका दिमाग़ चालू हो रहा होगा, तो आपको इसे धकाना या मजबूर नहीं करना पड़ेगा। (और बोनस, इन कामों की वजह से आपकी रात की नींद नहीं उड़ेगी, क्योंकि आप जानते हैं कि आप उन्हें निपटाने वाले हैं।)

इसके बाद संन्यासी के चोगे का अपना संस्करण खोजें, वह पोशाक जिसे आप सुबह उठकर पहनेंगे। मेरे पास अब ज़्यादा कपड़े हैं और मेरी पत्नी के लिए राहत की बात यह है कि उनमें से एक भी नारंगी चोगा नहीं है, लेकिन मैं अलग रंगों में एक जैसे कपड़ों को पसंद करता हूँ। मुद्दे की बात यह है कि आपको अपनी सुबह से चुनौतियों को हटाना है। हालाँकि वे महत्त्वहीन दिख सकती हैं, लेकिन अगर आप अपनी सुबह की ऊर्जा यह निर्णय लेने में ख़र्च कर रहे हैं कि क्या खाना है, क्या पहनना है और कौन से काम पहले करना है, तो ये मिलकर चीज़ों को अनावश्यक रूप से जटिल बना देते हैं।

अमेरिकी नेशनल जिमनास्टिक्स टीम के पूर्व कोच क्रिस्टोफ़र सॉमर के पास चालीस साल का अनुभव है और वे अपने खिलाड़ियों को बताते हैं कि वे सीमित संख्या में ही निर्णय लें, क्योंकि हर निर्णय उन्हें उनके मार्ग से भटका सकता है। अगर आप अपनी सुबह छुटपुट या महत्त्वहीन निर्णय लेने में बिताते हैं, तो आप उस ऊर्जा को बरबाद कर देते हैं। अच्छी आदतें डालें और एक रात पहले निर्णय लें। इससे आपको अगली सुबह अच्छी शुरुआत मिलेगी और आप दिन भर एकाग्रचित्त निर्णय लेने में ज़्यादा सक्षम होंगे।

अंत में इस बात पर विचार करें कि सोने जाने से पहले आपके आखिरी विचार क्या हैं। क्या वे इस तरह के हैं : *यह स्क्रीन धुँधली दिख रही है, बेहतर होगा कि मैं अपना फ़ोन बंद कर दूँ... या मैं अपनी माँ को 'हैप्पी बर्थडे' कहना तो भूल ही गया?* बुरी ऊर्जा के साथ जागने के लिए अपनी प्रोग्रामिंग न करें। जब मैं सोने जाता हूँ, तो हर रात को मैं खुद से कहता हूँ, "मैं तनावरहित हूँ, ऊर्जावान हूँ और एकाग्र हूँ। मैं शांत हूँ, उत्साही हूँ और उपयोगी हूँ।" जब मैं इसे काग़ज़ पर लिखता हूँ, तो इसकी योग-रोबोट लय होती है, लेकिन यह मेरे लिए प्रभावी और कारगर रहता है। मैं अपने दिमाग़ की प्रोग्रामिंग कर रहा हूँ कि यह अगली सुबह ऊर्जा और विश्वास के साथ जागे। **आप रात को जिस भाव के साथ सोते हैं, इस बात की बहुत संभावना है कि आप सुबह उसी भाव के साथ जागेंगे।**

इसे आज़माएँ : कल के लिए मानसिक चित्रण

जिस तरह किसी आविष्कारक को किसी चीज़ को बनाने से पहले उसके विचार का मानसिक चित्र देखना होता है, उसी तरह हम अपनी सुबह जैसी चाहते हैं, उसका मानसिक चित्र देखकर हम भी अपनी सुबह को मनचाहे साँचे में ढाल सकते हैं।

अपने मन को शांत करने के लिए प्राणायाम करें। इसके बाद मैं चाहता हूँ कि आप अपने सर्वश्रेष्ठ स्वरूप में अपनी कल्पना करें यानी मानसिक चित्र देखें। सुबह उठते समय स्वस्थ, स्फूर्ति से भरपूर और ऊर्जावान होने का मानसिक चित्र देखें। कल्पना करें कि खिड़की से धूप अंदर आ रही है। जब आप उठते हैं और जब आपके पैर ज़मीन को छूते हैं, तो आप एक नए दिन के लिए कृतज्ञता का भाव महसूस करते हैं। सचमुच उस कृतज्ञता को महसूस करें और फिर मन ही मन कहें, "मैं आज के लिए कृतज्ञ महसूस करता हूँ। मैं आज के लिए रोमांचित हूँ। मैं आज के लिए आनंदित हूँ।"

ब्रश करते समय आराम से, हर दाँत पर जागरूकता के साथ ब्रश करने की कल्पना करें, फिर जब आप नहाने जाएँ, तो शांत, संतुलित, आरामदेह, स्थिर महसूस करते हुए अपना मानसिक चित्र देखें। जब आप नहाकर निकलें, तो पोशाक चुनने की कोई समस्या नहीं है, क्योंकि आप पिछली रात को ही चुन चुके हैं कि आप क्या पहनने वाले हैं। अब खुद को अपने इरादे तय करते देखें और लिखें, "आज मेरा इरादा एकाग्र रहने का है। आज मेरा इरादा अनुशासित रहने का है। आज मेरा इरादा सेवा करने का है।"

एक बार फिर पूरी सुबह का यथार्थवादी मानसिक चित्र देखें। आप इसमें थोड़ा व्यायाम और ध्यान भी जोड़ सकते हैं। इस पर विश्वास करें। इसे महसूस करें। अपने जीवन में इसका स्वागत करें। तरोताज़ा महसूस करें। ऊर्जावान महसूस करें।

अब दिनभर अपने सर्वश्रेष्ठ स्वरूप में रहने की कल्पना करें। यह देखें कि आप दूसरों को प्रेरित कर रहे हैं, दूसरों का नेतृत्व कर रहे हैं, दूसरों को मार्गदर्शन दे रहे हैं, दूसरों के साथ बातचीत कर रहे हैं, दूसरों की बातें सुन रहे हैं, दूसरों से सीख रहे हैं, दूसरों के प्रति, उनके फ़ीडबैक और उनके विचारों के प्रति खुले हैं। खुद को इस प्रगतिशील माहौल में देखें, जहाँ आप अपना सर्वश्रेष्ठ दे रहे हैं और आपको सर्वश्रेष्ठ मिल रहा है।

अब दिन ख़त्म होने पर घर लौटने की कल्पना करें। आप थके हैं, लेकिन खुश हैं। आप बैठकर आराम करना चाहते हैं, लेकिन आप उसके लिए कृतज्ञ हैं, जो आपके पास है : नौकरी, जीवन, परिवार, मित्र, घर। आपके पास बहुत सारे लोगों से ज़्यादा है। आप खुद को शाम को देखते

हैं, लेकिन फ़ोन पर या टीवी देखने के बजाय आप उस समय को सार्थक ढंग से बिताने के नए विचारों की कल्पना करते हैं।

आप कल्पना करते हैं कि आप जल्दी बिस्तर पर चले जाएँगे। आप खुद को यह कहते हुए देखते हैं, "मैं आज के लिए कृतज्ञ हूँ। मैं कल सुबह स्वस्थ, ऊर्जावान और आरामदेह महसूस करते हुए जागूँगा। आपको धन्यवाद।" फिर अपने पूरे शरीर की जाँच करते हुए अपना मानसिक चित्र देखें और पूरे दिन अपनी मदद करने के लिए अपने शरीर के हर अंग को धन्यवाद दें।

जब आप तैयार हों, अपने खुद के समय में, अपनी खुद की गति से, तो धीरे–धीरे अपने आँखें खोलें।

टिप्पणी : जीवन आपकी योजनाओं को गड़बड़ा देता है। कल वैसा नहीं होगा, जैसा आपने उसका मानसिक चित्र देखा है। मानसिक चित्रण से आपका जीवन नहीं बदलता है, लेकिन उसके प्रति आपका दृष्टिकोण बदल जाता है। आप अपनी कल्पना के आदर्श मानसिक चित्र की ओर लौटकर अपना जीवन बना सकते हैं। जब भी आप महसूस करते हैं कि आप जीवन सामंजस्य से बाहर हो गया है, तो आप मानसिक चित्रण से इसे दोबारा सामंजस्य में ले आते हैं।

रास्ते का पत्थर

इस सारी तैयारी का लक्ष्य पूरे दिन में इरादा या संकल्प लाना है। जिस पल आप अपने घर से बाहर निकलते हैं, आपकी ओर ज़्यादा तिरछी गेंदें फेंकी जाएँगी, चाहे आपकी नौकरी या काम-धंधा कोई भी हो। आपको उस सारी ऊर्जा और एकाग्रता की ज़रूरत पड़ेगी, जो आपने पूरी सुबह हासिल की है। संन्यासियों के पास केवल सुबह और रात की दिनचर्या ही नहीं होती है। हम दिन के हर पल समय और स्थान की दिनचर्याओं का इस्तेमाल करते हैं। मैं बेनडिक्टीन नन सिस्टर जोआन चिटिस्टर का पहले ही ज़िक्र कर चुका हूँ और वे कहती हैं, "शहरों में रहने वाले लोग इस बारे में विकल्प चुन सकते हैं कि वे कैसे जिएँ, हालाँकि उनमें से ज़्यादातर यह नहीं जानते हैं, क्योंकि उन्हें सारे समय तेज़ी से चलते रहने के लिए कंडीशन किया जाता है... पलभर के लिए कल्पना करें कि अमेरिका कैसा दिखेगा और हमारे पास कितनी ज़्यादा शांति होगी, अगर आम आदमी संन्यासियों की दैनिक दिनचर्या जैसी कोई चीज़ अपना ले। यह प्रार्थना, मेहनत और मनोरंजन के लिए निर्धारित समय प्रदान करती है।" **दिनचर्या हमें जड़ें देती है।** मैं ध्यान में जो दो घंटे बिताता हूँ, वे मेरे बाक़ी बाइस घंटों का समर्थन करते हैं, जिस तरह वे बाइस घंटे मेरे ध्यान को प्रभावित करते हैं। दोनों के बीच पारस्परिक सह-अस्तित्व का संबंध होता है।

आश्रम में हम दिन में कम से कम एक बार उसी रास्ते पर तीस मिनट पैदल चलते थे। हर दिन संन्यासी हमसे कहते थे कि हम किसी अनदेखी चीज़ के लिए अपनी आँखें खुली रखें, कोई ऐसी चीज़ जिसे हमने उस रास्ते पर चलते समय पहले कभी नहीं देखा था, जिस पर हम कल चले थे, परसों चले थे और उससे पहले चले थे।

हमारे चिर-परिचित रास्ते पर हर दिन कोई नई चीज़ खोजने का मतलब यह याद रखना है कि हमें टहलते समय अपनी एकाग्रता को क़ायम रखना है, हर 'दिनचर्या' में ताज़गी देखना है और जागरूक रहना है। किसी चीज़ को देखने और उस पर ध्यान देने में फ़र्क़ होता है। यूसीएलए के शोधकर्ताओं ने मनोविज्ञान विभाग के शिक्षकों, स्टाफ़ और विद्यार्थियों से पूछा कि क्या वे जानते हैं कि सबसे नज़दीकी फ़ायर एक्सटिंग्विशर कहाँ पर है। केवल 24 प्रतिशत को ही यह याद था कि सबसे नज़दीकी फ़ायर एक्सटिंग्विशर कहाँ था, हालाँकि वह फायर एक्सटिंग्विशर उस जगह से केवल कुछ फ़ुट की दूरी पर था, जहाँ 92 प्रतिशत प्रतिभागियों ने सर्वे को भरा (जो आम तौर पर उनका ख़ुद का चैंबर या क्लासरूम था, जहाँ वे अक्सर जाते थे)। एक प्रोफ़ेसर को तो अहसास ही नहीं था कि जिस ऑफ़िस में वे पच्चीस साल से थे, वहाँ से कुछ इंच की दूरी पर ही एक फ़ायर एक्सटिंग्विशर रखा था।

हमारे आस-पास क्या है, इस पर सचमुच ग़ौर करने का परिणाम यह होता है कि हम अपने मस्तिष्क को ऑटोपायलट पर पहुँचने से रोक देते हैं। आश्रम में हमें अपने दैनिक टहलने में इसी का प्रशिक्षण दिया जाता था।

मैं सैकड़ों दिनों से उसी रास्ते पर टहल रहा हूँ। मौसम गर्म है, लेकिन मेरे चोगे में स्थिति ठीक है। जंगल पत्तेदार और ठंडा है, धूल भरी पगडंडी पैर के नीचे शांतिदायक महसूस होती है। आज एक वरिष्ठ संन्यासी ने हमसे एक नया पत्थर देखने को कहा, ऐसा पत्थर जिस पर हमने पहले कभी ग़ौर न किया हो। मैं थोड़ा निराश हूँ। निराशा की वजह यह है कि पिछले सप्ताह हमसे हर दिन एक नया फूल देखने को कहा गया था और कल टहलते समय मैंने आज के लिए एक अतिरिक्त फूल चुन लिया था – एक छोटा नीला फूल, जो ओस की एक बूँद को इस तरह जकड़े था, जैसे मेरी तरफ़ आँख मार रहा हो, मानो वह भी मेरी योजना में शामिल हो, लेकिन हमारे लीडर न जाने कैसे मेरे इरादे भाँप गए और उन्होंने मेरी योजना गड़बड़ा दी। और इस तरह खोज चालू हो जाती है।

संन्यासी समझते हैं कि दिनचर्या हमारे मस्तिष्क को स्वतंत्र करती है, लेकिन उस स्वतंत्रता का सबसे बड़ा ख़तरा नीरसता है। लोग अपनी ख़राब याददाश्त की शिकायत करते हैं, लेकिन हमें याद रखने की समस्या नहीं होती है। हमें तो *ध्यान देने की समस्या* होती है। जब आप किसी नई चीज़ की तलाश करते हैं, तो आप अपने मस्तिष्क को याद दिला रहे हैं कि इसे ध्यान देना है। आप इसे यह पहचानने

के लिए ढाल रहे हैं कि हर चीज़ में सीखने के लिए कुछ नया होता है। जीवन उतना निश्चित नहीं है, जितना हम मानते हैं।

मैं दिनचर्या बनाने और नयापन खोजने दोनों की पैरवी कैसे कर सकता हूँ? क्या ये एक-दूसरे के विरोधी नहीं हैं? लेकिन जाने-पहचाने काम को करने से ही नई खोज के लिए जगह बनती है। कोबे ब्राएंट यह बात समझते थे। बास्केटबॉल के इस महान खिलाड़ी ने अपना सृजनात्मक पहलू दिखाना शुरू किया, पुस्तकें लिखीं और एक वीडियो सीरीज़ भी तैयार की। जैसा ब्राएंट ने मुझे मेरे पॉडकास्ट *ऑन परपज़* में बताया, दिनचर्या बनाना उनके काम के लिए अत्यंत महत्त्वपूर्ण है। "बहुत बार सृजनात्मकता तंत्र से आती है। जब आपके पास मानदंड और तंत्र होते हैं, तो उनके भीतर आप सृजनात्मक हो सकते हैं। अगर आपके पास तंत्र नहीं है, तो आप निरुद्देश्य तरीक़े से चीज़ें करने लगते हैं।" नियम और दिनचर्या हमारे संज्ञानात्मक बोझ को हल्का कर देते हैं, इसलिए हमारे पास सृजनात्मकता के लिए जगह होती है। तंत्र सहजता को बढ़ाता है। और खोज दिनचर्या को स्फूर्ति से भर देती है।

इस उपाय से हम छोटी-छोटी चीज़ों में आनंद ले सकते हैं। हम सभी के मन में जीवन की बड़ी घटनाओं की उम्मीद से खुशी पाने की प्रवृत्ति होती है : छुट्टियाँ, प्रमोशन, बर्थडे पार्टी। हम इन घटनाओं पर दबाव डालते हैं कि वे हमें उतनी ही खुशी दें, जितनी खुशी की हमने कल्पना की थी, लेकिन अगर हम छोटी-छोटी खुशियों की तलाश करें, तो हमें कैलेंडर पर उनके आने का इंतज़ार नहीं करना पड़ेगा। इसके बजाय वे हर दिन हमारा इंतज़ार करेंगी, बशर्ते हम उनकी तलाश करने में समय लगाएँ।

और मुझे यह मिल गया! यहाँ एक विचित्र नारंगी पत्थर है, जो कल नहीं था, लेकिन आज अचानक जाने कहाँ से प्रकट हो गया। मैं इसे अपनी हथेली में घुमाता हूँ। पत्थर खोजना ही हमारी खोज की प्रक्रिया का अंत नहीं है। हम उसका गहराई से अवलोकन करते हैं, रंग, आकार का वर्णन करते हैं, खुद को इसमें डुबा देते हैं, ताकि इसे समझ सकें और इसकी क़द्र कर सकें। फिर हम इसका दोबारा वर्णन कर सकते हैं, ताकि यह सुनिश्चित हो जाए कि हमने इसका पूरा अनुभव कर लिया है। यह कोई अभ्यास नहीं है। यह तो वास्तविक है। एक गहरा अनुभव। मैं मुस्कराता हूँ और फिर वह पत्थर मार्ग के कोने पर इस तरह रख देता हूँ, ताकि यह आधा छिपा रहे और कोई दूसरा इसे खोज सके।

उसी पुराने मार्ग पर चलने और नए पत्थर को खोजने से आपका दिमाग़ खुलता है।

पेय पदार्थों को खाएँ और भोजन को पिएँ

संन्यासी प्रशिक्षण केवल नई चीज़ों को खोजने के बारे में ही नहीं था। यह तो जानी-पहचानी चीज़ों को जागरूकता के साथ करने के बारे में भी था।

एक दोपहर एक वरिष्ठ संन्यासी ने हमसे कहा, "आज हम मौन लंच करेंगे। याद रखना कि आप अपने पेय पदार्थों को चबाएँ और अपने भोजन को पिएँ।"

मैंने पूछा, "इसका क्या मतलब है?"

"हम अपने भोजन को सही तरीक़े से खाने में पर्याप्त समय नहीं देते हैं," संन्यासी ने कहा। "जब आप अपने भोजन को पीते हैं, तो इसका मतलब है कि आप ठोस भोजन को चबा-चबाकर तरल बना लेते हैं। पेय पदार्थों को चबाने का मतलब है कि उन्हें गटकने के बजाय आप हर चुस्की में उतना ही समय लगाते हैं, मानो यह भोजन का ठोस कौर हो।"

इसे आज़माएँ : वही पुराना, वही नया

अपनी दिनचर्या में किसी नई चीज़ की तलाश करें। अपनी ऑफ़िस यात्रा में क्या आप कोई ऐसी चीज़ देख सकते हैं, जो आपने पहले कभी न देखी हो? किसी के साथ बातचीत शुरू करें, जिसे आप नियमित रूप से देखते तो हैं, लेकिन आपने उससे कभी बातचीत न की हो। यह काम हर दिन एक नए व्यक्ति के साथ करें और फिर देखें कि आपका जीवन किस तरह बदलता है।

यदि कोई संन्यासी पानी की एक चुस्की के बारे में जागरूक हो सकता है, तो कल्पना करें कि यह बाक़ी की दिनचर्या में कैसे लागू होता होगा। आप हर दिन नयेपन की खोज कैसे कर सकते हैं? जब आप व्यायाम करते हैं, तो क्या आप जिस रास्ते पर दौड़ते हैं, उसे अलग तरीक़े से देख सकते हैं? या फिर आप जिम की लय को अलग तरीक़े से महसूस कर सकते हैं? क्या आप हर दिन उसी महिला को कुत्ता घुमाते देखते हैं? क्या आप सिर झुकाकर उसका अभिवादन कर सकते हैं? जब आप भोजन की ख़रीदारी करते हैं, तो क्या आप आदर्श सेव – या सबसे असाधारण सेव चुनने में समय लगा सकते हैं? क्या आप कैशियर के साथ व्यक्तिगत बातचीत कर सकते हैं?

आपकी भौतिक जगह में आप चीज़ों को नए तरीक़े से कैसे देख सकते हैं? हमारे घर और ऑफ़िस में चारों तरफ़ ऐसे सामान रखे होते हैं, जिन्हें हमने इसलिए रखा है, क्योंकि उनसे हमें खुशी मिलती है : फ़ोटो, सुंदर चीज़ें, कलात्मक वस्तुएँ। उन्हें ग़ौर से देखें। क्या वे उन चीज़ों का सच्चा प्रतिबिंब हैं, जिनसे आपको खुशी मिलती है? या फिर कोई अन्य प्रिय चीज़ें हैं, जो प्रमुखता से रखे जाने लायक़ हैं और

आपके परिचित माहौल में थोड़ा नयापन भर सकती हैं? फूलदान में फूल सजा दें या अपने फ़र्नीचर को दोबारा जमा दें, ताकि परिचित वस्तुओं में नयापन और उद्देश्य झलके। आने वाली डाक के लिए नई जगह चुनने से ही इतना परिवर्तन हो सकता है कि वह जगह अव्यवस्था के बजाय व्यवस्थित जीवन का हिस्सा दिख सकती है।

हम चीज़ों को बदलकर घर के जाने-पहचाने स्वरूप को जाग्रत कर सकते हैं। जब आपका पार्टनर घर लौटता है, तो संगीत चला दें, अगर यह ऐसी चीज़ है, जो आप आम तौर पर नहीं करती हैं। या इससे उलटा, अगर आप घर लौटने के बाद आम तौर पर संगीत या पॉडकास्ट सुनते हैं, तो इसके बजाय मौन को आज़माएँ। स्टोर से एक अजीब फल लेकर आएँ और इसे डिनर टेबल के बीच में रख दें। अपने डिनर के साथियों को बातचीत का एक विषय दें या दिन के तीन आश्चर्यजनक पल बारी-बारी से बताएँ। बिजली के बल्ब की रोशनी धीमी या तेज़ कर दें। पलंग के बिस्तर को उलट दें। बिस्तर के 'ग़लत' सिरे पर सोएँ।

हर दिन की क़द्र करने में परिवर्तन की इतनी ज़रूरत नहीं है, जितनी कि रोज़मर्रा की गतिविधियों में महत्त्व खोजने की है। अपनी पुस्तक *एट होम इन द वर्ल्ड* में संन्यासी तिक न्यात हन्ह लिखते हैं, "बर्तन धोना अप्रिय काम है, मेरे हिसाब से यह विचार सिर्फ़ तभी आ सकता है, जब आप उसे न कर रहे हों... अगर मैं आनंदपूर्वक बर्तन धोने में अक्षम हूँ, अगर मैं यह काम जल्दी से पूरा करना चाहता हूँ, ताकि मैं जाकर मिठाई खा सकूँ या चाय पी सकूँ, तो आख़िरकार जब मैं मिठाई खाऊँगा या चाय पिऊँगा, तो मैं उनका आनंद लेने में भी उतना ही अक्षम रहूँगा... जागरूकता की धूप में हर विचार, हर काम पवित्र बन जाता है। इस प्रकाश में पवित्र और अपवित्र के बीच कोई सीमा मौजूद नहीं होती।"

इसे आज़माएँ : साधारण को असाधारण बनाएँ

बर्तन धोने जैसा छोटा काम भी असाधारण बन सकता है, बशर्ते आप इसे होने दें। ख़ुद को सिंक के सामने जाने और केवल इसी काम के प्रति समर्पित होने की अनुमति दें। संगीत चलाने के बजाय अपनी सारी इंद्रियाँ बर्तनों पर केंद्रित कर लें — उनकी गंदी सतह को चमकता देखें, बर्तन धोने के साबुन की ख़ुशबू लें, गर्म पानी के धुएँ को महसूस करें। अवलोकन करें कि पूरे भरे सिंक को ख़ाली होते देखना कितना संतुष्टिदायक होता है। एक ज़ेन सूक्ति है, "बुद्धत्व से पहले लकड़ी काटें, पानी ढोएँ। बुद्धत्व के बाद लकड़ी काटें, पानी ढोएँ।" चाहे हम कितना भी विकास कर लें, हम दैनिक कामों और दिनचर्याओं से कभी स्वतंत्र नहीं हो सकते, लेकिन प्रबुद्ध होने का मतलब उन्हें अंगीकार करना है। बाहर से सब कुछ पहले जैसा ही दिख सकता है, लेकिन अंदर से आपका कायाकल्प हो जाता है।

दिन का हर पल

हमने इस बारे में बात की है कि हम किसी साधारण, जाने-पहचाने पल की क़द्र करने के नए तरीक़े कैसे खोज सकते हैं। इस उपस्थिति को दूसरे स्तर तक ले जाने के लिए हम इन पलों को एक साथ पिरोने की कोशिश करते हैं, ताकि हम निश्चित मार्गों या बर्तन धोने के प्रसंगों को चुनकर ख़ास न बना लें – हम हर पल की अपनी जागरूकता को हर पल ऊपर उठा रहे हैं।

हम सभी पल में रहने के विचार से परिचित हैं। यह देखना मुश्किल नहीं है कि अगर आप किसी दौड़ में हिस्सा ले रहे हों, तो आप अतीत में जाकर इस हक़ीक़त को नहीं बदल सकते कि आप दूसरे मील में कितनी तेज़ दौड़े थे। सफल होने का आपका एकमात्र अवसर इसी पल में है। चाहे आप ऑफ़िस में मीटिंग में हों या दोस्तों के साथ डिनर कर रहे हों, आप जो बातचीत करते हैं, आप जो शब्द चुनते हैं – आपको कभी ठीक वैसा अवसर दोबारा नहीं मिलेगा। उस पल आप अतीत को नहीं बदल सकते और आप भविष्य तय कर रहे हैं, इसलिए आप जहाँ हैं, आपको पूरी तरह वहीं रहना चाहिए। पाँचवीं सदी के महान संस्कृत कवि कालिदास ने लिखा था, "बीता कल सिर्फ़ एक याद है। आने वाला कल एक सपना है, लेकिन अगर आज को अच्छी तरह जिया जाए, तो हर बीता कल खुशी की याद बन जाता है और हर आने वाला कल आशा भरा सपना बन जाता है।"

हम सभी इस बात पर सहमत हो सकते हैं कि वर्तमान में जीने में समझदारी है, लेकिन सच तो यह है कि हम *केवल चुनिंदा क्षेत्रों में ही ऐसा करना चाहते हैं*। हम निश्चित समयों पर पूरी तरह मौजूद होना चाहते हैं – प्रिय शो या योगा क्लास के दौरान या उन नीरस कामों में, जिन्हें हमने ऊपर उठाने का चुनाव किया है – लेकिन हम अब भी भटकना चाहते हैं, जब हम भटकने का चुनाव करते हैं। हम ऑफ़िस में समुद्र तट पर वैकेशन मनाने के सपने देखते हैं, लेकिन जब हम समुद्र तट पर पहुँच जाते हैं और वह बहु-प्रतीक्षित ड्रिंक हमारे हाथ में होता है, जिसका हमने ऑफ़िस में सपना देखा था, तो हम यह पाकर चिढ़ जाते हैं कि हम ऑफ़िस के काम के बारे में सोच रहे हैं। संन्यासी सीखते हैं कि ये दोनों स्थितियाँ आपस में जुड़ी हुई हैं। ऑफ़िस का वांछित भटकाव वैकेशन के अवांछित भटकाव में छलक जाता है। लंच के समय का भटकाव दोपहर में छलकें जाता है। हम अपने मन को वहाँ रहने का प्रशिक्षण दे रहे हैं, जहाँ हम शारीरिक रूप से नहीं हैं। अगर आप खुद को दिवास्वप्न देखने की अनुमति देते हैं, तो आप हमेशा भटकते रहेंगे।

वर्तमान पल में मौजूद रहना समृद्ध और पूर्ण जीवन जीने का एकमात्र तरीका है।

स्थान में ऊर्जा होती है

किसी आम दिन में मौजूद रहने के महत्त्व को देखना ज़्यादा आसान होता है और सचमुच मौजूद रहना ज़्यादा आसान होता है, अगर हम दिनचर्या के लाभों को समझ लेते हैं और उनकी क़द्र करते हैं। दिनचर्याएँ केवल कामों के बारे में नहीं होती हैं; वे उन जगहों के बारे में भी होती हैं, जहाँ वे काम होते हैं। इसी कारण लोग लाइब्रेरी में ज़्यादा अच्छी तरह अध्ययन करते हैं और ऑफ़िसों में ज़्यादा अच्छी तरह काम करते हैं। न्यू यॉर्क सिटी अपनी व्यस्तता आपमें भरती है, जबकि लॉस एंजेलिस आपको शांत महसूस कराता है। सबसे बड़े शहर से लेकर कमरे के सबसे छोटे कोने तक हर परिवेश की अपनी ख़ास ऊर्जा होती है। हर स्थान एक अलग अहसास देता है और आपका धर्म ख़ास माहौल में फलता-फूलता या मुरझाता है।

हम बहुत सारी गतिविधियों और परिवेशों को लगातार अनुभव कर रहे हैं, लेकिन हम चिंतन-मनन करने के लिए नहीं ठहरते हैं कि कौन से हमें सबसे ज़्यादा आकर्षित करते हैं। आपको व्यस्त परिवेशों में आनंद मिलता है या एकांत में? आप आरामदेह कोनों की सुरक्षा को पसंद करते हैं या विशाल लाइब्रेरी को? आप प्रेरक चित्रों और संगीत से घिरे रहना ज़्यादा पसंद करते हैं या फिर साफ़-सुथरी सादगी से आपको एकाग्रचित्त होने में मदद मिलती है? आप काम करने से पहले दूसरों से अपने विचारों पर राय माँगना पसंद करते हैं या फिर काम पूरा करने के बाद फ़ीडबैक लेना पसंद करते हैं? आप जानी-पहचानी चीज़ों को पसंद करते हैं या दृश्य बदलने को? इस स्व-जागरूकता से आपके धर्म में मदद मिलती है। इसका मतलब है कि जब आप नौकरी के इंटरव्यू में जाते हैं, तो आपको इस बात का बेहतर अहसास होता है कि आप यह नौकरी कैसे करेंगे और क्या यह आपके लिए अच्छी रहेगी। इसका मतलब है कि जब आप किसी डेट की योजना बनाते हैं, तो आप एक ऐसी जगह चुन सकते हैं, जहाँ आप सबसे ज़्यादा आरामदेह रहेंगे। जब आप अपनी योग्यताओं के भीतर अलग-अलग करियरों की कल्पना करते हैं, तो आप जानते हैं कि कौन से करियर आपकी संवेदनाओं के हिसाब से सबसे ज़्यादा उपयुक्त हैं।

इसे आज़माएँ : परिवेश की जागरूकता

आप इस सप्ताह जहाँ भी समय बिताएँ, हर परिवेश में खुद से नीचे दिए प्रश्न पूछें। यदि संभव हो, तो अनुभव के ठीक बाद उन्हें पूछें, फिर सप्ताह के अंत में दोबारा यही काम करें।

उस जगह की मुख्य विशेषताएँ क्या थीं?

शांत या शोरगुल?

बड़ी या छोटी?

जीवंत या सादी?

सक्रिय जगह का केंद्र या दूर?

दूसरे लोगों के क़रीब या अलग–थलग?

मैंने इस जगह पर कैसा महसूस किया : उत्पादक? तनावरहित? भटकाव?

मैं जो गतिविधि कर रहा था, क्या वह उस जगह से अच्छी तरह मेल खाती थी, जहाँ मैं इसे कर रहा था?

मैं जो करने का इरादा रखता था, क्या उसके लिए मैं सर्वश्रेष्ठ मानसिकता में था? अगर नहीं, तो क्या कोई दूसरी जगह है, जहाँ मैं अपने तय लक्ष्य को हासिल करने में ज़्यादा आरामदेह रहूँगा?

आपके व्यक्तिगत स्थान एक अकेले, स्पष्ट उद्देश्य के प्रति जितने ज़्यादा समर्पित होते हैं, उनसे आपको उतना ही ज़्यादा फ़ायदा होगा। इससे आपको न सिर्फ़ अपने धर्म का अनुसरण करने में मदद मिलेगी, बल्कि आपकी मनोदशा और उत्पादकता भी बेहतर हो जाएँगी। जैसे वह कमरा, जिसमें हम संन्यासी सोते थे, उसे किसी दूसरी चीज़ के लिए नहीं, बल्कि सिर्फ़ सोने के लिए बनाया गया था। इसी तरह आश्रम की हर जगह केवल एक ही गतिविधि के लिए बनी थी। हम जहाँ सोते थे, वहाँ पढ़ते नहीं थे या ध्यान नहीं करते थे। हम जहाँ भोजन करते थे, वहाँ काम नहीं करते थे।

आश्रम के बाहर के संसार में अपने बेडरूम में नेटफ्लिक्स देखना और/या भोजन करने से उस जगह की ऊर्जा दुविधाग्रस्त हो जाती है। अगर आप इन गतिविधि की ऊर्जाओं को अपने बेडरूम में ले आते हैं, तो वहाँ सोना ज़्यादा मुश्किल हो जाता है। छोटे से छोटे अपार्टमेंट में भी हम अलग-अलग गतिविधियों के लिए अलग-अलग जगहें तय कर सकते हैं। हर घर में खाने की एक जगह होनी चाहिए। सोने की एक जगह। एक पवित्र जगह, जो शांत महसूस करने में आपकी मदद करती है और एक ऐसी जगह जो क्रोध में तसल्ली देने का काम करती हो। ऐसी जगहें बनाएँ, जो आपके इरादे से मेल खाने वाली ऊर्जा आपको दे। बेडरूम में कम भटकाव होने चाहिए - शांत रंग, धीमी रोशनी। आदर्श स्थिति में इसमें आपके काम की जगह शामिल नहीं होनी चाहिए। काम करने की जगह पर अच्छी रोशनी होनी चाहिए, यह साफ़-सुथरी होनी चाहिए और वहाँ प्रेरित करने वाली कलाकृतियाँ भी हो सकती हैं।

जब आप यह पहचान लें कि आप कहाँ खुश होते हैं, तो उन अवसरों का विस्तार करने पर ध्यान केंद्रित करें। अगर आप अपने फ़ुरसत के समय में नाइटक्लब की ऊर्जा के प्रति आकर्षित होते हैं, तो क्या आप किसी ऐसे करियर में बेहतर होंगे,

जो उतना ही ऊर्जावान हो? अगर आप रॉक म्यूज़िशिन हों, लेकिन शांति में खुश होते हों, तो शायद आपको कार्यक्रम देने के बजाय संगीत की रचना करनी चाहिए। अगर आपके पास घर से काम करने की 'आदर्श नौकरी' है, लेकिन आप ऑफ़िस की गतिविधि को ज़्यादा पसंद करते हैं, तो अपने काम को किसी कैफ़े या साझी कामकाजी जगह पर करने की कोशिश करें। मुद्दे की बात इस बारे में जागरूक बनना है कि आप कहाँ खुश होते हैं और आप कहाँ अपने सर्वश्रेष्ठ स्वरूप में होते हैं। और फिर आपको यह सोचना है कि उस जगह पर सबसे ज़्यादा समय कैसे बिताया जा सकता है।

ज़ाहिर है, हम सभी को अप्रिय गतिविधियाँ ऐसे परिवेश में करनी पड़ती हैं, जो आदर्श नहीं है – ख़ास तौर पर नौकरी – और हम सभी ने इन गतिविधियों से उत्पन्न होने वाली नकारात्मक ऊर्जाओं का अनुभव किया है। बढ़ी हुई जागरूकता के साथ हम यह समझ जाते हैं कि किस चीज़ की वजह से हम अधीर, तनावग्रस्त या पूरी तरह पस्त हैं। हम मार्गदर्शक सिद्धांत तय करते हैं कि सही परिवेश में, सही ऊर्जा के साथ अपने धर्म में जीना कैसा दिखेगा। यह दीर्घकालीन लक्ष्य होना चाहिए।

आपके जीवन की ध्वनि योजना बनाएँ

आपका स्थान और आपकी इंद्रियाँ एक दूसरे से संवाद करती हैं। यह सबसे स्पष्ट तब होता है, जब हम उन ध्वनियों के बारे में सोचते हैं, जिनका हम हर दिन सामना करते हैं। संन्यासी जीवन में जो ध्वनियाँ हम सुनते हैं, वे सीधे उससे संबंध रखती हैं, जो हम कर रहे हैं। हम पक्षियों और हवाओं की आवाज़ के साथ जागते हैं। जब हम ध्यान में जाते हैं, तो हम मंत्रों की ध्वनियाँ सुनते हैं। कोई कष्टकारी शोर नहीं होता।

लेकिन आधुनिक संसार में ज़्यादा तेज़ ध्वनियाँ होती हैं। हवाई जहाज़ सिर के ऊपर शोर मचाते हैं, कुत्ते भौंकते हैं, ड्रिल मशीनें चीख़ती हैं। हम दिन भर अनियंत्रित शोर में जीते हैं। हम सोचते हैं कि हम दैनिक जीवन के हॉर्न और शोरगुल को नज़रअंदाज़ कर रहे हैं, लेकिन इस सबसे हमारा संज्ञानात्मक बोझ बढ़ जाता है। मस्तिष्क ध्वनियों की प्रोसेसिंग तब भी करता है, जब हम उन्हें चेतन रूप से नहीं सुनते हैं। घर पर हममें से कई ख़ामोशी की चादर ओढ़ लेते हैं। इस तरह हम मौन और शोर की अतियों में जीते हैं।

अपने जीवन से शोर को हटाने के बजाय – इसकी ध्वनि की योजना बनाएँ। संसार में सबसे अच्छी अलार्म टोन चुनकर इस योजना की शुरुआत करें। ऐसे गीत से दिन शुरू करें, जिसे सुनकर आपको खुशी मिलती हो। ऑफ़िस जाते समय किसी प्रिय ऑडियोबुक, प्रिय पॉडकास्ट या अपनी गो-टू प्लेलिस्ट को सुनें। ऐसी ध्वनियाँ सुनें, जिनसे आप ज़्यादा खुश और ज़्यादा स्वस्थ महसूस करें। आश्रम की चुनिंदा ध्वनि योजना का अनुसरण करना बेहतर है।

समय की स्मृति होती है

जब हम निश्चित उद्देश्यों के लिए निश्चित जगहें तय करते हैं, तो हमें सही क़िस्म की ऊर्जा और ध्यान पाने में ज़्यादा आसानी होती है। यही समय के मामले में भी सच है। हर दिन निश्चित समय पर कोई चीज़ करने से हमें उसे करना याद रहता है, हम उसके प्रति समर्पित होते हैं और हम उसे ज़्यादा योग्यता तथा आसानी के साथ करते हैं। यदि आपको हर सुबह निश्चित समय पर जिम जाने की आदत है, तो कभी इस दिनचर्या को बदलकर शाम को जिम जाने की कोशिश करें। आपको समझ में आ जाएगा कि यह कितनी बड़ी चुनौती होती है। जब हम हर दिन कोई चीज़ करते हैं, तो वह निश्चित समय हमें उसे करने की याद दिलाता है। इससे हमारी आदत पड़ती है। जब आप अपनी दिनचर्या में किसी नई आदत को शामिल करना चाहते हों, तो इसे करने के लिए ख़ाली समय का इंतज़ार न करें। इसके लिए हर दिन एक निश्चित समय तय कर दें। इससे भी बेहतर है, नई आदत को किसी ऐसी चीज़ से जोड़ दें, जिसकी पहले से ही आपको आदत हो। मेरी एक मित्र अपनी दिनचर्या में योग को शामिल करना चाहती थी, इसलिए उसने अपने बिस्तर के ठीक पास एक मैट बिछा ली। वह बिस्तर से लुढ़कती थी और योगाभ्यास करने लगती थी। आदतें डालना बहानों से बचने का एक अच्छा तरीक़ा है।

स्थान की ऊर्जा होती है; समय की स्मृति होती है।

अगर आप हर दिन किसी निश्चित समय पर कोई चीज़ करते हैं, तो यह ज़्यादा आसान और स्वाभाविक बन जाती है।

अगर आप हर दिन किसी निश्चित जगह पर कोई चीज़ करते हैं, तो यह ज़्यादा आसान और स्वाभाविक बन जाती है।

एक ही काम

समय और स्थान पल को अधिकतम करने में हमारी मदद करते हैं, लेकिन एक घटक है, जो उस पल में पूरी तरह मौजूद रहने के लिए अनिवार्य है : एक ही काम करना। अध्ययनों में पाया गया है कि हममें से केवल 2 प्रतिशत लोग ही मल्टीटास्किंग अच्छी तरह कर सकते हैं। मल्टी-टास्किंग का मतलब है एक ही समय में कई काम एक साथ करना। हममें से ज़्यादातर लोग इसमें बहुत बुरे होते हैं, ख़ास तौर पर जब उन कामों में बहुत ज़्यादा एकाग्रता की ज़रूरत हो। जब हम सोचते हैं कि हम मल्टी-टास्किंग कर रहे हैं, तो आमतौर पर होता यह है कि हम कई अलग-अलग चीज़ों पर ध्यान को तेज़ी से बदलते रहते हैं। इस तरह ध्यान बँटने से दरअसल हमारी एकाग्र होने की योग्यता ख़त्म हो जाती है, इसलिए एक चीज़ को एक समय में भटकाव के बिना करना ज़्यादा मुश्किल हो जाता है। स्टैनफ़ोर्ड यूनिवर्सिटी के

शोधकर्ताओं ने कुछ विद्यार्थियों को दो समूहों में बाँट दिया - एक समूह के विद्यार्थी बार-बार विभिन्न मीडिया पर जाते थे (ईमेल चेक करना, सोशल मीडिया, हेडलाइन न्यूज़ आदि) और दूसरे समूह के विद्यार्थी ऐसा नहीं करते थे। उन्होंने समूहों के ध्यान और स्मृति का परीक्षण किया, जैसे अक्षरों के क्रम को याद रखना और निश्चत रंग के आकारों पर ध्यान केंद्रित करना और बाक़ी रंगों को नज़रअंदाज़ करना। मल्टी-टास्किंग करने वालों का प्रदर्शन लगातार ख़राब रहा। उन्होंने काम बदलने की योग्यता के इम्तिहान में भी ज़्यादा बुरा प्रदर्शन किया।

आप एक ही काम करने को आसान कैसे बना सकते हैं? मेरे पास इसके लिए 'नो टैक' जोन और समय होते हैं। मेरी पत्नी और मैं बेडरूम में या डाइनिंग टेबल पर टैक्नोलॉजी का इस्तेमाल नहीं करते हैं। इसी तरह हम शाम को 8 बजे से सुबह 9 बजे के बीच भी टैक्नोलॉजी का इस्तेमाल नहीं करते हैं। इस आदत को मज़बूत बनाने के लिए मैं साधारण कामों को भी अकेले और पूरी एकाग्रता से करने का अभ्यास करता हूँ। पहले मैं बिना सोच-विचार के ब्रश करता था। मेरे दाँत पर्याप्त सफ़ेद थे : वे बेहतरीन दिखते थे, लेकिन मेरे डेंटिस्ट ने मुझे बताया कि मैंने अपने मसूड़ों का नुक़सान कर दिया था। अब मैं हर दाँत की सफ़ाई में चार सेकंड लगाता हूँ। मैं अपने दिमाग़ में *एक, दो, तीन, चार* गिनता हूँ, जिससे मुझे करने के लिए एक काम मिल जाता है। मैं अब भी ब्रश करने में उतना ही समय लगा रहा हूँ, लेकिन अब मैं इसे ज़्यादा प्रभावी ढंग से कर रहा हूँ। अगर मैं ब्रश करते या नहाते समय कारोबार के बारे में सोचता हूँ, तो यह पोषक और ऊर्जादायक महसूस नहीं होता और मैं अपने मसूड़ों की ठीक से परवाह नहीं कर पाता। जब आप ब्रश कर रहे हों, तो केवल ब्रश करें। जब आप नहा रहे हों, तो सिर्फ़ नहाएँ।

हमें हर काम पर हर समय लेज़र बीम की तरह एकाग्र या केंद्रित होने की ज़रूरत नहीं है। बाथरूम धोते समय संगीत सुनना या साथ-साथ खाना खाते समय अपने पार्टनर से बात करना ठीक है। जिस तरह कुछ वाद्ययंत्र मिलकर बेहतरीन ध्वनि निकालते हैं, उसी तरह कुछ आदतें भी एक दूसरे की पूरक होती हैं, लेकिन जहाँ तक संभव हो, एक ही काम करने से आपके मस्तिष्क को एक समय में एक चीज़ पर ध्यान केंद्रित करने की आदत पड़ जाती है। आपको निश्चित दिनचर्याएँ चुननी चाहिए, जहाँ आप हमेशा एक ही काम कर रहे हों, जैसे कुत्ते को घुमाना, अपने फोन का इस्तेमाल करना (एक समय में एक एप!), नहाना, कपड़ों को तह करना, ताकि आप योग्यता हासिल कर लें।

पूरे रास्ते जाना

जब आप किसी चीज़ को करते समय उसमें डूब जाते हैं, तो दिनचर्या ज़्यादा आसान बन जाती है। अगर आप अपने जीवन में कोई नई योग्यता लाना चाहते हैं, तो

मेरा सुझाव है कि आप इसे कुछ समय तक पूरी एकाग्रता के साथ शुरू करें। अगर मैं हर दिन एक घंटे पिंग-पाँग खेलता हूँ, तो मैं निश्चित रूप से इसमें बेहतर बन जाऊँगा। अगर आप दैनिक ध्यान शुरू करना चाहते हैं, तो वीकएंड मेडिटेशन रिट्रीट से आपको एक मज़बूत नींव मिलेगी, जिस पर आप आगे निर्माण कर सकते हैं। इस पूरी पुस्तक में मैं कई परिवर्तनों का सुझाव देता हूँ, जो आप अपने जीवन में कर सकते हैं, लेकिन अगर आप एक ही समय में हर चीज़ बदलने की कोशिश करते हैं, तो वे सभी छोटी, समान प्राथमिकताएँ बन जाएँगी। परिवर्तन छोटे क़दमों और बड़ी प्राथमिकताओं से शुरू होता है। बदलने के लिए एक चीज़ चुनें, इसे अपनी नंबर वन प्राथमिकता बनाएँ और उसमें सफल होने के बाद ही अगली चीज़ की ओर आगे बढ़ें।

संन्यासी हर चीज़ में डूबने की कोशिश करते हैं। हमारे लंच ख़ामोशी में होते थे। हमारा ध्यान लंबा होता था। हम कोई चीज़ केवल पाँच मिनट में नहीं करते थे। (नहाने को छोड़कर। हम डूबकर नहीं नहाते थे।) हमारे पास समय की विलासिता थी और हम घंटों तक कोई काम अकेले करते थे। डूबने का यह स्तर आधुनिक संसार में संभव नहीं है, लेकिन आपका निवेश जितना ज़्यादा होता है, आपको लाभ भी उतना ही ज़्यादा होता है। अगर कोई चीज़ महत्त्वपूर्ण है, तो यह इस लायक़ है कि इसका ज़्यादा गहराई से अनुभव किया जाए। और याद रखें, हर चीज़ महत्त्वपूर्ण होती है।

हम सभी टालमटोल करते हैं और हम सभी का ध्यान भटकता है। यह बात संन्यासियों के मामले में भी सच है, लेकिन अगर आप खुद को ज़्यादा समय देते हैं, तो भटकने के बाद आप दोबारा एकाग्र हो सकते हैं। आपकी सुबह की दिनचर्या में अगर समय सीमित रहता है, तो इसका मतलब यह है कि एक फ़ोन आने या कॉफ़ी छलकने की वजह से आपको ऑफ़िस पहुँचने में देर हो सकती है। अगर आप किसी नई योग्यता को सीखने, किसी अवधारणा को समझने या आइकिया फ़र्नीचर को असेंबल करने में कुंठित हो रहे हैं, तो आपका सहज बोध कहेगा कि इसे छोड़ दें, लेकिन अगर आप उसके पूरी तरह अंदर चले जाते हैं, तो आप इतना हासिल कर लेंगे, जितना आपको संभव नहीं लगा था। (हेम्स ड्रेसर भी – जो असेंबल करने में आइकिया का सबसे मुश्किल फ़र्नीचर है।)

जैसा पता चलता है, गहरी एकाग्रता के दौर आपके मस्तिष्क के लिए भी अच्छे होते हैं। जब हम कामों को लगातार बदलते रहते हैं (उन मल्टीटास्करों की तरह, जिन्होंने स्टैनफ़ोर्ड के अध्ययन में कमज़ोर स्मृति और एकाग्रता का प्रदर्शन किया), तो इससे एकाग्रता की हमारी योग्यता कमज़ोर हो जाती है। हम डोपामीन (पुरस्कार) चैनल को अति उत्तेजित कर देते हैं। यह लत का मार्ग भी है, इसलिए हम सुख का वही अहसास पाने के लिए इसे ज़्यादा से ज़्यादा उत्तेजित करने पर मजबूर हो जाते हैं, जिससे भटकाव और भी बढ़ जाता है, लेकिन अंततः विडंबना यह है कि डोपामीन का अच्छा अहसास हमें जला देता है – बहुत ज़्यादा डोपामीन

हमारे शरीर को संतुष्टि का रसायन सेरोटोनिन बनाने और उसकी प्रोसेसिंग करने से रोकता है। अगर आपने कभी कॉल्स पर कूदने में, मीटिंग में लगातार जाने में, यह पुस्तक एमेज़ॉन से ऑर्डर करने में और स्नैपचैट पर आने-जाने में अपना दिन बिताया है, तो आप जानते हैं कि शाम तक आपको कितनी थकान महसूस होती है। यह डोपामीन हैंगओवर है।

जब हम खुद को डूबने वाले अनुभवों की अनुमति देते हैं - ध्यान के ज़रिये, काम की एकाग्र अवधियों द्वारा, चित्रकला, क्रॉसवर्ड पज़ल, बाग़ से खरपतवार उखाड़ने और *मनन के एकाग्र काम* के कई अन्य रूपों के ज़रिये - तो न सिर्फ़ हम ज़्यादा काम कर पाते हैं, बल्कि हम बेहतर भी महसूस करते हैं।

बहुत सारी पत्रिकाओं के लेख और फ़ोन एप आपको दिन में पाँच मिनट तक ध्यान करने के लिए प्रोत्साहित करते हैं। मैं इसके ख़िलाफ़ नहीं हूँ, लेकिन अगर इससे आपको कोई फ़ायदा नहीं होता है, तो मुझे हैरानी भी नहीं होगी। हमारी संस्कृति में किसी दैनिक अभ्यास में पाँच से दस मिनट का समय लगाना आम बात है, लेकिन सच तो यह है कि आप पाँच मिनट में बहुत कम हासिल कर पाते हैं। मेरे एक से ज़्यादा दोस्त हैं, जिन्होंने मुझसे शिकायत की है, "जय, मैं सात महीनों से हर दिन पाँच मिनट तक ध्यान कर रहा हूँ, लेकिन इससे फ़ायदा नहीं हो रहा है।"

कल्पना करें कि आपको कोई यह बताए कि आप एक महीने तक हर दिन पाँच मिनट किसी ऐसे व्यक्ति के साथ गुज़ार सकते हैं, जिसके प्रति आप आकर्षित थे। महीने भर बाद भी आप उसे अच्छी तरह नहीं जान पाएँगे। आप निश्चित रूप से प्रेम में नहीं होंगे। यह भी एक कारण है कि जब हम प्रेम में होते हैं, तो हमें प्रेमिका से सारी रात बात करने का मन होता है। शायद हम इसे दूसरी तरह से भी देख सकते हैं : हम किसी से प्रेम इसलिए करने लगे, *क्योंकि* हमने उससे सारी रात बात की। महासागर में ख़ज़ाने छिपे हुए हैं, लेकिन अगर आप सतह पर तैरते हैं, तो आप उन्हें नहीं देख पाएँगे। अगर आप इस विचार से ध्यान का अभ्यास शुरू करते हैं कि आपका मस्तिष्क तुरंत साफ़ हो जाएगा, तो आपको जल्दी ही इस बात का पता चल जाएगा कि डूबने में समय और अभ्यास की ज़रूरत होती है।

जब मैंने ध्यान करना शुरू किया, तो शरीर को स्थिर करने में पंद्रह मिनट लग जाते थे और मानसिक चटर-पटर को बंद करने में पंद्रह मिनट और लग जाते थे। मैं तेरह साल से हर दिन एक से दो घंटे तक ध्यान का अभ्यास कर रहा हूँ, लेकिन *अब भी* अपने दिमाग़ का स्विच बंद करने में मुझे लगभग दस मिनट का समय लगता है। मैं यह नहीं कह रहा हूँ कि लाभ पाने के लिए आपको तेरह साल तक हर दिन दो घंटे तक ध्यान करने की ज़रूरत है। यह मुद्दे की बात नहीं है। मुझे विश्वास है कि कोई भी प्रक्रिया काम कर सकती है, बशर्ते आप इसे डूबकर करें। जब आप सारे अवरोध तोड़ देते हैं और खुद को पूरी तरह समर्पित कर देते

हैं, तो आपको लाभ महसूस होने लगते हैं। आप समय का अहसास खो देते हैं। पूरी संलग्नता की भावना अक्सर इतनी पुरस्कारदायक होती है कि जब रुकने का समय आता है, तो आप रुकना नहीं चाहते हैं, बल्कि उसी अनुभव में डूबे रहना चाहते हैं।

मैं किसी नियमित आदत को शुरू करने या पुनर्जीवित करने के लिए डूबने के अनुभव की सलाह देता हूँ। मेरा जो मित्र दिन में पाँच मिनट के ध्यान से कुंठित था, मैंने उससे कहा, "मैं समझता हूँ। समय खोजना मुश्किल होता है, लेकिन अगर तुम्हें ऐसा महसूस होता है कि तुम्हें इससे पर्याप्त लाभ नहीं हो रहा है, तो एक घंटे की क्लास आज़माकर देखो। फिर दस मिनट की आदत पर लौट आओ। तुम्हें यह लग सकता है कि यह ज़्यादा शक्तिशाली बन चुका है। अगर तुम चाहो, तो तुम दिन भर की रिट्रीट करके भी देख सकते हो।" मैंने उससे प्रेम में पड़ने के बारे में बात की कि प्रेमिका को अच्छी तरह जानने के बाद आपको सारी रात जागने की ज़रूरत नहीं होती। जब आप शादी-शुदा होते हैं, तो पाँच मिनट का समय काफ़ी ज़्यादा होता है। मैंने उससे कहा, "ध्यान को अपनी प्रेमिका समझें और इसे समझने में समय लगाएँ।"

दिनचर्याएँ तर्क के विपरीत होती हैं – बोरिंग और दोहराव भरी होने के बजाय एक ही जगह पर एक ही समय में एक ही काम करने से सृजनात्मकता के लिए जगह बनती है। स्थान की निरंतर ऊर्जा और समय की स्मृति वर्तमान पल में मौजूद रहने में हमारी मदद करती हैं। भटकने या कुंठित होने के बजाय वे हमें काम में गहराई से डूबने में सक्षम बनाती हैं। दिनचर्याएँ बनाएँ और एकाग्रता पाने और गहरे डूबने के लिए खुद को उसी तरह प्रशिक्षित करें, जिस तरह संन्यासी करते हैं।

एक बार जब हम अपने बाहरी भटकावों को शांत कर देते हैं, तो हम सबसे सूक्ष्म और सबसे शक्तिशाली भटकावों को भी हटा सकते हैं – हमारे दिमाग़ के अंदर की आवाज़ें।

अध्याय 7

मन

सारथी की दुविधा

जब पाँच इंद्रियाँ और मन स्थिर हो जाता है, जब तर्क करने वाली
बुद्धि मौन में आराम करती है, तब सर्वोच्च मार्ग शुरू होता है।
—कथा उपनिषद

बारिश हो रही है, हालाँकि सितंबर आ गया है और मानसून का मौसम ख़त्म हो गया है, लेकिन तेज़ बारिश हो रही है। मुझे सुबह ध्यान लगाने से पहले नहाने की सचमुच ज़रूरत है। लगभग सौ संन्यासियों के साथ मैं पिछली रात मुंबई से दो दिन की ट्रेन यात्रा करके दक्षिण भारत पहुँचा हूँ। ज़ाहिर है, हमने सबसे सस्ते टिकट लेकर यात्रा की, अजनबियों के पास सोए और बाथरूम इतने गंदे थे कि मैंने उनसे बचने के लिए पूरी यात्रा के दौरान उपवास करने का निर्णय लिया। हम एक तीर्थयात्रा पर थे और समुद्र तट पर एक वेयरहाउस जैसी इमारत में ठहरे थे। सुबह के ध्यान के बाद हम सीधे क्लासों में जाने वाले थे, इसलिए यही नहाने का मेरा सर्वश्रेष्ठ अवसर था।

मैंने पूछा कि शॉवर कहाँ है। किसी ने झाड़ियों के बीच से एक गीली, कीचड़ भरी पगडंडी की तरफ़ इशारा किया। उसने कहा, "लगभग बीस मिनट का पैदल रास्ता है।"

मैंने अपने सैंडलों को देखा। शॉवर के बाद लौटते समय तो मेरे पैर उससे भी ज़्यादा गंदे हो जाएँगे, जितने कि वे इस वक़्त हैं। इसमें क्या तुक है?

फिर मेरे दिमाग़ में एक और आवाज़ आई, "आलस मत करो। तुम्हें सुबह के ध्यान के लिए तैयार होना है। चुपचाप जाकर शॉवर ले लो।"

मैंने अपना सिर झुकाया और रास्ते पर चलने लगा। कीचड़ से गुज़रते समय मैंने पूरा ध्यान रखा कि मैं कहीं फिसल न जाऊँ। हर क़दम अप्रिय था, परिस्थितियों की वजह से ही नहीं, बल्कि इसलिए भी क्योंकि मेरे दिमाग़ की पहली आवाज़ मुझे हतोत्साहित करते हुए बार-बार कह रही थी, "देखा? नहाने जाते समय तुम्हारे पैरों में कीचड़ लग गया है और लौटते समय भी ऐसा ही होगा।"

दूसरी आवाज़ मुझे आगे बढ़ने के लिए प्रोत्साहित करती रही : "तुम सही चीज़ कर रहे हो। अपने संकल्प का सम्मान करो।"

आख़िरकार मैं शॉवर तक पहुँचता हूँ, जो लाइन से बने हैं। मैं एक का दरवाज़ा खोलता हूँ और ऊपर देखता हूँ। बारिश अब भी स्याह आसमान से गिर रही है। कोई छत नहीं है। सचमुच? मैं अंदर क़दम रखता हूँ और नल चलाने की जहमत भी नहीं उठाता हूँ। हम वैसे भी ठंडे पानी से नहाते हैं और बारिश का पानी ठीक वैसा ही था।

शॉवर में खड़े होकर मैं सोचता हूँ कि मैं आख़िर यहाँ क्या कर रहा हूँ। शॉवर के नाम पर यह दुखद चीज़, कल उस गंदी ट्रेन में कष्टदायी यात्रा? क्या जीवन ऐसे ही जीना चाहिए? मैं इस समय लंदन में एक अच्छे अपार्टमेंट में सूखा और गर्म रह सकता था। यही नहीं, मैं हर साल पचास हज़ार पौंड कमा सकता था। जीवन बहुत आसान हो सकता था।

लेकिन जब मैं पैदल लौटा, तो दूसरी आवाज़ ज़्यादा रोचक विचारों के साथ लौटी और उसने बताया कि मैंने अभी-अभी जो किया, वह कितना महत्त्वपूर्ण था। बारिश में नहाने जाना कोई उल्लेखनीय उपलब्धि नहीं थी। इसमें शारीरिक शक्ति या बहादुरी की ज़रूरत नहीं थी, लेकिन इसने बाहरी मुश्किलों को झेलने की मेरी योग्यता का इम्तिहान लिया। इसने मुझे बताया कि मैं एक सुबह में कितनी कुंठा झेल सकता हूँ। हो सकता है कि इसने मुझे साफ़ न किया हो या तरोताज़ा न किया हो, लेकिन इसने कुछ और ज़्यादा मूल्यवान किया था : इसने मेरे संकल्प को मज़बूत किया था।

बंदर मन

नारायण रचित प्राचीन ग्रंथ *हितोपदेश* में मन की तुलना नशे में धुत्त बंदर से की गई है, जिसे बिच्छू ने काट लिया है और जिसे एक भूत सताता है।

हम इंसानों के दिमाग़ में हर दिन लगभग सत्तर हज़ार अलग-अलग विचार आते हैं। जर्मन मनोवैज्ञानिक और न्यूरोसाइंटिस्ट अर्न्स्ट पॉपेल ने अपने शोध के ज़रिये दिखाया है कि हमारा मन एक बार में लगभग तीन सेकंड तक ही वर्तमान पल

में रहता है। इसके अलावा हमारा मस्तिष्क आगे-पीछे सोचता रहता है, वर्तमान समय के बारे में ऐसे विचार भरता है, जिन्हें हमने या तो अतीत में अनुभव किया है या जिनके होने की हम उम्मीद कर रहे हैं। जैसा *हाउ इमोशन्स आर मेड* की लेखिका लीज़ा फेल्डमैन बैरेट अपने एक पॉडकास्ट में बताती हैं, ज़्यादातर समय "आपका मस्तिष्क उस पर प्रतिक्रिया नहीं करता है, जो हो रहा है; यह तो भविष्यवाणी करने में जुटा रहता है कि क्या होगा।" बुद्ध ग्रंथ *संयुक्त निकाय* के अनुसार हर विचार एक शाखा है और हमारा मन बंदर जैसा है, जो एक डाल से दूसरी डाल पर झूल रहा है, प्रायः निरुद्देश्य तरीक़े से। यह मज़ेदार लगता है, लेकिन जैसा हम सभी जानते हैं, यह ऐसा है नहीं। आम तौर पर ये विचार डर, चिंताएँ, नकारात्मकता और तनाव के होते हैं। ऑफ़िस में इस सप्ताह क्या होगा? मुझे डिनर में क्या खाना चाहिए? क्या मैंने इस साल छुट्टियों के लिए पर्याप्त पैसे बचा लिए हैं? मेरी प्रेमिका को डेट पर आने में पाँच मिनट देर क्यों हो गई? मैं यहाँ क्यों हूँ? ये सभी वास्तविक प्रश्न हैं, जो जवाब के हक़दार हैं, लेकिन अगर हम एक शाखा से दूसरी शाखा तक, एक विचार से दूसरे विचार तक झूलते रहेंगे, तो उनमें से कोई भी नहीं सुलझेगा। यह अप्रशिक्षित मन का जंगल है।

धम्मपद छंदों का संग्रह है, जिन्हें संभवतः बुद्ध के शिष्यों ने संकलित किया है। इसमें बुद्ध कहते हैं, "जिस तरह सिंचाई करने वाला पानी को अपनी मनचाही जगह पर ले जाता है, जिस तरह धनुर्धारी अपने तीरों को सीधा बनाते हैं, जिस तरह बढ़ाई लकड़ी तराशते हैं, उसी तरह बुद्धिमान व्यक्ति अपने मन को आकार देते हैं।" सच्चा विकास करने के लिए मन को समझने की ज़रूरत होती है। यह हमारे सारे अनुभवों का फ़िल्टर, निर्णायक और निर्देशक है, लेकिन जैसा शॉवर वाले मेरे आंतरिक संघर्ष से प्रमाणित होता है, हमारे पास हमेशा एक ही मन नहीं होता है। हम मन के साथ अपने संबंध का जितना ज़्यादा मूल्यांकन कर सकते हैं, इसे समझ सकते हैं, प्रशिक्षित कर सकते हैं और शक्तिशाली बना सकते हैं, हम उतनी ही ज़्यादा सफलता से अपने जीवन बिताते हैं और चुनौतियों से उबरते हैं।

हमारे मन में यह युद्ध छोटे-छोटे दैनिक चयनों पर लड़ा जाता है (क्या मुझे अभी उठना है?) और सबसे बड़े पर भी (क्या मुझे यह संबंध ख़त्म कर देना चाहिए?)। हम सभी हर दिन ये युद्ध लड़ते हैं।

एक वरिष्ठ संन्यासी ने मुझे एक पुरानी चेरोकी कहानी बताई कि हम सभी किस तरह इन दुविधाओं से कष्ट उठाते हैं। "एक बुजुर्ग ने अपने पोते से कहा, 'जीवन में हर चयन हमारे भीतर रहने वाले दो भेड़ियों के बीच का युद्ध है। एक भेड़िया क्रोध, ईर्ष्या, लोभ, डर, झूठ, असुरक्षा और अहं का प्रतिनिधित्व करता है। दूसरा शांति, प्रेम, करुणा, दया, विनम्रता और सकारात्मकता का प्रतिनिधित्व करता है। वे जीतने के लिए लड़ते हैं।'"

पोता पूछता है, "कौन सा भेड़िया जीतता है?"

बुजुर्ग जवाब देता है, "जिसे तुम पोषण देते हो।"

मैंने अपने गुरु से पूछा, "लेकिन हम उन्हें पोषण कैसे देते हैं?"

संन्यासी ने कहा, "जो हम पढ़ते और सुनते हैं, उससे। जिसके साथ हम समय बिताते हैं, उससे। हम अपने समय के साथ जो करते हैं, उससे। हम अपनी ऊर्जा और ध्यान जहाँ केंद्रित करते हैं, उससे।"

भगवद्गीता कहती है, "जिसने अपने मन को जीत लिया है, उसके लिए मन सर्वश्रेष्ठ मित्र है; लेकिन जो ऐसा करने में असफल रहा है, उसका मन ही उसका सबसे बड़ा शत्रु होगा।" *शत्रु* शब्द आपको कुछ ज़्यादा ही प्रबल लग सकता है, लेकिन परिभाषा सही है। ऑक्सफ़ोर्ड इंग्लिश डिक्शनरी के अनुसार शत्रु का मतलब है, "वह व्यक्ति, जो सक्रियता से किसी व्यक्ति या वस्तु के विरोध में या शत्रुतापूर्ण हो।" और "कोई चीज़, जो किसी चीज़ को नुक़सान पहुँचाती हो या कमज़ोर करती हो।" कई बार हमारा खुद का मन हमारे ख़िलाफ़ काम करता है। यह हमें कोई चीज़ करने के लिए राज़ी करता है, फिर हमें इसके बारे में अपराधी या बुरा महसूस कराता है, अक्सर इसलिए क्योंकि यह हमारे मूल्यों या नैतिकता के ख़िलाफ़ जाता है।

प्रिंसटन यूनिवर्सिटी और यूनिवर्सिटी ऑफ़ वॉटरलू के शोधकर्ताओं ने दिखाया है कि बुरे निर्णय का वज़न केवल आलंकारिक ही नहीं होता। उन्होंने अध्ययन के प्रतिभागियों से वह समय याद करने को कहा, जब उन्होंने कोई अनैतिक काम किया था, फिर उनसे उनके शरीर के वज़न की अनुभूति की रेटिंग देने को कहा। जिन लोगों से अनैतिक काम को याद करने को कहा गया था, उन्होंने शारीरिक दृष्टि से ज़्यादा भारीपन महसूस किया। दूसरी तरफ़, जिन लोगों से किसी तटस्थ स्मृति याद करने को कहा गया था, उनकी रेटिंग सामान्य थी। बाक़ी समय हम किसी चीज़ पर ध्यान केंद्रित करना चाहते हैं - ऑफ़िस का प्रोजेक्ट, कलात्मक प्रयास, घर की मरम्मत, नई हॉबी - लेकिन हमारा मन हमें उस तरफ़ जाने ही नहीं देता है। जब हम टालमटोल करते हैं, तो क्या होता है? एक तरफ़ तो हमारा 'चाहिए-स्वरूप' होता है, जिसकी वजह से हम महसूस करते हैं कि हमें वह काम करना चाहिए, क्योंकि वह हमारे लिए अच्छा है। दूसरी तरफ़ हमारा 'चाहता हूँ-स्वरूप' होता है, जिसकी वजह से हम कोई दूसरी आनंददायक या कम कष्टकारी चीज़ करना चाहते हैं। इनके बीच जो रस्साकशी होती है, उसका उदाहरण देखें। "मैं जानता हूँ कि मुझे उस कारोबारी प्रस्ताव पर काम शुरू कर देना *चाहिए,* लेकिन मैं यूएस ओपन का क्वार्टर-फ़ाइनल देखना *चाहता हूँ।*"

संन्यासी बनने से पहले मेरा खुद का मन मुझे अपनी पसंदीदा चीज़ करने से रोक देता था, क्योंकि उसमें ज़्यादा जोखिम होता था। यह मुझे हर दिन चॉकलेट बार खाने और एक लीटर सोडा पीने देता था, हालाँकि मैं स्वस्थ रहना चाहता था। यह

अपने खुद के विकास पर ध्यान केंद्रित करने के बजाय मुझे दूसरे लोगों से अपनी तुलना करने के लिए प्रेरित करता था। मैंने खुद को उन लोगों से संवाद करने से रोक दिया, जिन्हें मैंने चोट पहुँचाई थी, क्योंकि मैं कमज़ोर नहीं दिखना चाहता था। मैंने खुद को अपने प्रियजनों पर क्रोधित होने की अनुमति दी, क्योंकि मैं दयालु होने से ज़्यादा सही होने की परवाह करता था। धम्मपद के अपने अनुवाद की प्रस्तावना में एकनाथ ईश्वरन लिखते हैं कि विचारों के हमारे हर दिन के बवंडर में "हमें जीवन क्या है, इस बात का उससे ज़्यादा अंदाज़ा नहीं होता, जितना कि चूज़े को अंडे के बाहर आने से पहले होता है। रोमांच और निराशा, खुशक़िस्मती और बदक़िस्मती, खुशी और दर्द एक छोटे, निजी, खोल में बंद क्षेत्र के तूफ़ान हैं, जिसे हम पूरा अस्तित्व मान लेते हैं।" तो फिर इसमें समझदारी है कि जब बुद्ध आख़िरकार "उस क्षेत्र में पहुँच गए, जो विचार की पहुँच से परे" था, तो उन्होंने इस भावना का वर्णन करते हुए कहा कि यह चूज़े का अंडा तोड़कर बाहर निकलने जैसा था।

आश्रम में मैंने कुछ ऐसा सीखा, जो इन ख़तरनाक, स्व-विनाशकारी विचारों को रोकने में बहुत महत्त्वपूर्ण था। हमारे विचार गुज़रते बादलों जैसे हैं। सूरज की तरह स्व हमेशा मौजूद है। हम और मन एक नहीं हैं; हम अलग हैं, मन अलग है।

अभिभावक और बच्चा

जैसा मेरे गुरुओं ने समझाया, मन को एक अलग सत्ता मानने से हमें फ़ायदा होता है, क्योंकि तब हम इसके साथ अपने संबंध पर काम कर सकते हैं - हम इसे दोस्त बनाने की चर्चा मान सकते हैं या शत्रु के साथ सुलह और शांति की वार्ता मान सकते हैं।

किसी भी अन्य वार्तालाप की तरह मन के साथ हमारे संवाद की गुणवत्ता का आधार यह होता है कि इसके साथ हमारा संबंध पहले कैसा था। क्या हम गर्ममिजाज़ लड़ाकू हैं या ज़िद्दी हैं और ज़रा सा भी झुकना नहीं चाहते हैं? क्या हम बार-बार वही तर्क देते हैं या फिर हम सुनते हैं और समझौता करते हैं? हममें से ज़्यादातर लोग इस आंतरिक संबंध का इतिहास नहीं जानते, क्योंकि हमने इस बारे में कभी सोचा ही नहीं है।

बंदर मन बच्चा होता है और संन्यासी मन वयस्क। बच्चा रोता है, जब इसे इसकी मनचाही चीज़ नहीं मिलती और यह अपने पास मौजूद चीज़ को नज़रअंदाज़ कर देता है। बच्चा सच्चे मूल्य की क़द्र नहीं करता है - यह थोड़ी सी मिठाई के लिए आपको दस हज़ार रुपये के शेयर का सर्टिफ़िकेट खुशी-खुशी दे देगा। जब कोई चीज़ हमें चुनौती देती है, तो बच्चे जैसा मन तुरंत प्रतिक्रिया करता है। शायद आपको अपमान महसूस होता है और आपका बुरा मुँह बन जाता है या आप अपनी रक्षा

करने लगते हैं। इस तरह की कंडीशन्ड और स्वचालित प्रतिक्रिया तब आदर्श होती है, जब कोई चाकू बाहर निकालता है। आप डर महसूस करते हैं और आप भागने लगते हैं, लेकिन यह आदर्श प्रतिक्रिया नहीं है, अगर हम भावनात्मक रूप से रक्षात्मक इसलिए बन रहे हैं, क्योंकि किसी ने ऐसा कुछ कहा है, जो हम नहीं सुनना चाहते। हम हर मामले में स्वचालित प्रतिक्रियाओं से नियंत्रित नहीं होना चाहते, न ही हम बालसुलभ मन को पूरी तरह हटाना चाहते हैं। बालसुलभ मन हमें सहज, सृजनात्मक और प्रगतिशील बनने में सक्षम बनाता है - ये सभी अनमोल गुण हैं - लेकिन जब यह हम पर शासन करने लगता है, तो यह हमारे पतन का कारण बन सकता है।

विवेकपूर्ण और व्यावहारिक वयस्क मन आवेगपूर्ण तथा इच्छा से संचालित बालसुलभ मन को संयम में रखता है और कहता है, "यह तुम्हारे लिए अच्छा नहीं है," या "थोड़ा इंतज़ार करो।" वयस्क मन हमें ठहरने और ज़्यादा बड़ी तसवीर देखने की याद दिलाता है। वयस्क मन स्वचालित या सहज प्रतिक्रिया को तौलने का समय लेता है और इसके बाद यह निर्णय लेता है कि क्या यह उचित है और अगर यह उचित नहीं है, तो दूसरे विकल्प क्या हैं। बुद्धिमान अभिभावक जानता है कि बच्चे की ज़रूरत और इच्छा क्या है, इसलिए वह यह निर्णय ले सकता है कि उसके लिए दीर्घकालीन दृष्टि से कौन सा विकल्प बेहतर है।

आंतरिक संघर्ष को अभिभावक और बच्चे वाले साँचे में ढालने से यह सुझाव मिलता है कि बाल मन पूरी तरह हावी इसलिए होता है, क्योंकि हमारा संन्यासी मन विकसित नहीं हो पाया, मज़बूत नहीं हो पाया या इसकी बात अनसुनी कर दी गई। बच्चा कुंठित हो जाता है, रोने लगता है और हम तुरंत हारकर उसकी बात मान लेते हैं, फिर हम खुद पर गुस्सा होते हैं। *मैं यह क्यों कर रहा हूँ? मुझमें क्या गड़बड़ है?*

अभिभावक की आवाज़ ज़्यादा बुद्धिमत्ता भरी है। यदि अच्छी तरह प्रशिक्षित किया जाए, तो इसमें स्व-नियंत्रण और तर्कशक्ति होती है तथा यह वाद-विवाद में चैंपियन होता है, लेकिन यह केवल उसी शक्ति का इस्तेमाल कर सकता है, जो हम इसे देते हैं। जब हम थके या भूखे होते हैं या हमें नज़रअंदाज़ किया जाता है, तब यह ज़्यादा कमज़ोर होती है।

जब अभिभावक निगरानी नहीं कर रहा हो, तो बच्चा कुकी जार तक पहुँचने के लिए गर्म स्टोव के पास काउंटर पर चढ़ जाता है और मुश्किल खड़ी हो जाती है। दूसरी ओर, अगर अभिभावक बहुत ज़्यादा नियंत्रणकारी हो, तो बच्चा कटु, द्वेषपूर्ण और जोखिम से डरने वाला बन जाता है। अभिभावक-बच्चे के सभी संबंधों की तरह सही संतुलन खोजना एक सतत चुनौती है।

तो यह हमारे मन को समझने की दिशा में पहला कदम है - हमारे भीतर की अलग-अलग आवाज़ों के बारे में जागरूक बनना। आप जो बातें सुन रहे हैं, उसमें भेद करने से आपको बेहतर निर्णय पर पहुँचने में तुरंत मदद मिलेगी।

मन का रथ चलाएँ

जब आप अपने सिर के अंदर की कई आवाज़ों में फ़र्क़ शुरू करें, तो वहाँ होने वाले संघर्ष को देखकर आप हैरान हो सकते हैं। यह समझ से परे लगता है। हमारे दिमाग़ को हमारे सर्वश्रेष्ठ हित में काम करना *चाहिए*। यह हमारी प्रगति की राह में बाधक क्यों बनेगा? जटिलता इस बात से उत्पन्न होती है कि हम अलग-अलग स्रोतों की जानकारी को तौल रहे हैं : हमारी पाँच इंद्रियाँ, जो हमें बता रही हैं कि इस पल क्या रुचिकर लगता है; हमारी स्मृतियाँ जो याद कर रही हैं कि अतीत में हमने क्या अनुभव किया है और हमारी बुद्धि, जो दीर्घकालीन भविष्य के लिए सर्वश्रेष्ठ चयन का संश्लेषण और मूल्यांकन कर रही है।

अभिभावक-बच्चे के मॉडल की उपमा के भी आगे संन्यासियों में एक और उपमा है, जो हमारे दिमाग़ के अंदर की विरोधी आवाज़ों के बारे में है। *उपनिषदों* में मन की तुलना रथ से की गई है, जिसे पाँच घोड़े खींच रहे हैं। इस उपमा में रथ शरीर है, घोड़े पाँच इंद्रियाँ हैं, लगाम मस्तिष्क है और सारथी बुद्धि है। निश्चित रूप से मन का यह वर्णन ज़्यादा जटिल है, लेकिन धैर्य रखें, मैं इसे समझाने की कोशिश कर रहा हूँ।

अप्रशिक्षित अवस्था में सारथी (बुद्धि) काम पर सोया होता है, इसलिए घोड़ों (इंद्रियों) का लगाम (मन) पर नियंत्रण होता है और वे शरीर को जहाँ चाहे, वहाँ ले जाते हैं। घोड़ों को जब उनकी इच्छा के हिसाब से चलने दिया जाता है, तो वे अपने आस-पास की चीज़ों पर प्रतिक्रिया करते हैं। वे स्वादिष्ट दिखने वाली झाड़ी देखते हैं और इसे खाने के लिए झुक जाते हैं। किसी चीज़ से वे चौंक जाते हैं और बिदक जाते हैं। इसी तरह हमारी इंद्रियाँ भोजन, पैसे, सेक्स, शक्ति, प्रभाव आदि द्वारा तुरंत सक्रिय हो जाती हैं। यदि रथ को घोड़ों की मर्जी पर छोड़ दिया जाए, तो रथ राह भटक जाता है और अस्थायी खुशी व त्वरित संतुष्टि की दिशा वाली राह पर चलने लगता है।

प्रशिक्षित अवस्था में सारथी (बुद्धि) जाग्रत, जागरूक और ध्यानशील होता है, जो घोड़ों को उनके मनचाहे मार्ग पर जाने की अनुमति नहीं देता है। सारथी सजगता से मन की लगाम कसता रहता है, ताकि रथ सही मार्ग पर चले।

इंद्रियों को नियंत्रित करें

पाँच बेक़ाबू घोड़ों के बारे में सोचें, जो किसी आलसी सारथी के रथ में जुते हैं और अपना सिर अधीरता से हिला रहे हैं। याद रखें कि वे पाँच इंद्रियों का प्रतिनिधित्व करते हैं, जो हमेशा बाहरी जगत से संपर्क का हमारा पहला बिंदु होती हैं। इंद्रियाँ हमारी इच्छाओं और आसक्तियों के लिए ज़िम्मेदार होती हैं। वे हमें आवेग, जोश और खुशी की दिशा में खींचती हैं तथा मन को अस्थिर व चंचल कर देती हैं। मन को शांत करने के लिए संन्यासी इंद्रियों को शांत करते हैं। जैसा पेमा चोड्रॉन कहती हैं, "आप आकाश हैं। बाक़ी हर चीज़ - बस मौसम है।"

शाओलिन संन्यासी इस बात का बेहतरीन उदाहरण पेश करते हैं कि हम इंद्रियों को क़ाबू में रखने के लिए अपने मन को कैसे प्रशिक्षित कर सकते हैं। (टिप्पणी : मैंने कभी शाओलिन संन्यासी बनने का प्रशिक्षण नहीं लिया है, हालाँकि मैं इसकी कोशिश कर सकता हूँ!)

चीन में शाओलिन मंदिर पंद्रह सौ साल से ज़्यादा पुराना है और शाओलिन संन्यासी नियमित रूप से असंभव लगने वाले कामों का प्रदर्शन करते हैं। वे तलवार की नोंक पर अपना संतुलन बनाते हैं, अपने सिर से ईंटों को तोड़ देते हैं, और बिना किसी परेशानी या घाव के कीलों तथा ब्लेड के बिस्तर पर लेट जाते हैं। यह जादू जैसा लगता है, लेकिन शाओलिन संन्यासी कठोर शारीरिक और मानसिक नियंत्रण द्वारा अपनी सीमाओं को सचमुच धकेलते हैं।

बच्चे तीन साल की उम्र से ही शाओलिन मठ में अध्ययन शुरू कर सकते हैं। वे दिन में लंबे समय तक प्रशिक्षण लेते हैं और ध्यान लगाते हैं। प्राणायाम और प्राचीन उपचार तकनीक की गॉन्ग के ज़रिये संन्यासी शक्ति के अमानवीय कार्य हासिल करने की योग्यता विकसित करते हैं और अप्रिय स्थितियों - हमले से लेकर चोट तक - को सहन करने की क्षमता भी विकसित करते हैं। आंतरिक शांति विकसित करने की वजह से वे मानसिक, शारीरिक और भावनात्मक तनाव को दूर रख सकते हैं।

यह केवल शाओलिन संन्यासी ही नहीं हैं, जिन्होंने इंद्रियों पर अविश्वसनीय नियंत्रण का प्रदर्शन किया है। शोधकर्ताओं ने संन्यासियों के एक अलग समूह को लिया। साथ में ऐसे लोग भी थे, जिन्होंने कभी ध्यान नहीं लगाया था। शोध करने वालों ने उनकी कलाइयों पर थर्मल स्टिमुलेटर बाँध दिया - एक उपकरण जो तेज़ गर्मी के ज़रिये दर्द उत्पन्न करता था। प्लेट धीरे-धीरे गर्म होती है और फिर दस सेकंड तक अधिकतम गर्मी पर रहने के बाद ठंडी होने लगती है। प्रयोग के दौरान जैसे ही प्लेट गर्म होने लगी, ग़ैर-संन्यासियों के मस्तिष्क में दर्द का मैट्रिक्स पागलों की तरह सक्रिय हो गया, मानो प्लेट अधिकतम गर्मी पर पहुँच गई हो, जबकि यह

अभी गर्मी के अधिकतम स्तर पर नहीं पहुँची थी। शोधकर्ता इसे 'अपेक्षित चिंता' कहते हैं और संन्यासियों ने यह ज़रा भी नहीं दिखाई। इसके बजाय, जब प्लेट गर्म हो गई, तब भी संन्यासियों के मस्तिष्क की गतिविधि में उछाल तो आया, लेकिन यह उन्हीं क्षेत्रों तक सीमित रहा, जो दर्द की शारीरिक अनुभूतियों को दर्ज करते हैं। देखिए, हममें से ज़्यादातर लोगों के लिए दर्द दोतरफ़ा अनुभूति होती है - हम इसका कुछ हिस्सा शारीरिक तौर पर महसूस करते हैं और इसका कुछ हिस्सा भावनात्मक रूप से महसूस करते हैं। संन्यासियों के लिए गर्मी दर्द भरी तो थी, लेकिन इस अनुभव से उनके मन में कोई नकारात्मक भावनाएँ नहीं आईं। उन्हें कोई *भावनात्मक दर्द* महसूस नहीं हुआ। उनके मस्तिष्क भी ग़ैर-साधकों की तुलना में शारीरिक दर्द से ज़्यादा उबर गए।

यह इंद्रियों पर नियंत्रण का एक उल्लेखनीय स्तर है - जितना हममें से ज़्यादातर विकसित करने के लिए समर्पित नहीं होंगे - लेकिन आप अपनी इंद्रियों को मस्तिष्क के मार्ग तो मान ही सकते हैं। हमारे जीवन का ज़्यादातर हिस्सा इंद्रियों से नियंत्रित होता है - जो हम देखते हैं, सुनते हैं, सूँघते हैं, छूते हैं और स्वाद लेते हैं। यदि आपको अपनी प्रिय मिठाई की खुशबू आती है, तो आपके मन में उसे खाने की इच्छा होने लगती है। अगर आप समुद्र तट का फ़ोटो देखते हैं, तो आप दिन में ही खुली आँखों से वैकेशन के सपने देखने लगते हैं। आप एक निश्चित वाक्य सुनते हैं और आपके दिमाग़ में वह व्यक्ति कौंध जाता है, जो अक्सर उस वाक्य का इस्तेमाल करता था।

बंदर मन प्रतिक्रियाशील होता है, लेकिन संन्यासी मन प्रोएक्टिव होता है। आइए मान लेते हैं कि जब भी आप कोई वीडियो देखने के लिए यूट्यूब पर जाते हैं, तो आप अंततः ख़रगोश के बिल में पहुँच जाते हैं। आप जानवरों के एक सुंदर वीडियो के बाद शार्क के हमले वाला वीडियो देखने में जुट जाते हैं और इससे पहले कि आपको पता चल पाए, आप सिएन इवान्स को एक मशहूर हस्ती के साथ हॉट सॉस खाते देखने लगते हैं। इंद्रियाँ हमारे मन को उस जगह से काफ़ी दूर ले जाती हैं, जहाँ हम उन्हें पहुँचाना चाहते हैं। अपनी खुद की इंद्रियों को न ललचाएँ। अपनी असफलता को आमंत्रित न करें। संन्यासी किसी स्ट्रिप क्लब में समय नहीं बिताते हैं। हम मन की प्रतिक्रियाशील प्रवृत्तियों को न्यूनतम करना चाहते हैं और ऐसा करने का सबसे आसान तरीक़ा यह है कि बुद्धि प्रोएक्टिव तरीक़े से इंद्रियों को उस उद्दीपन से दूर रखे, जिसकी वजह से मन ऐसी प्रतिक्रिया कर सकता है, जिसे नियंत्रित करना मुश्किल होता है। यह जानना बुद्धि का काम है कि आप कब असुरक्षित हैं, ताकि वह उस समय लगाम कस दे, जिस तरह सारथी स्वादिष्ट घास के मैदान से गुज़रते समय करता है।

कोई भी इंद्रियगत जानकारी भावनाओं को सक्रिय कर सकती है - कोई प्रलोभनकारी या विचलित करने वाली या दुखद याद, जो उन जंगली घोड़ों को सारथी के चुने हुए मार्ग से भटकने के लिए ललचा देती है। सोशल मीडिया उस समय को खा सकता है, जो आप किसी दूसरी गतिविधि में लगाना चाहते थे; कोई फ़ोटो आपको उस मृत मित्र की एक ऐसे पल में याद दिला सकता है, जब आपके पास दुखी होने का समय न हो; पूर्व प्रेमिका की टीशर्ट आपके दिल को दोबारा तोड़ सकती है। तार्किक सीमा में मैं सुझाव देता हूँ कि आप अपने घर से अनचाहे इंद्रियगत उद्दीपकों को हटा दें (या एप डिलीट कर दें)। जब आप ऐसा करें, तो उन्हें अपने दिमाग़ से हटाने का मानसिक चित्र देखें। आप यही तब भी कर सकते हैं, जब आप किसी अवांछित मानसिक उद्दीपक पर पहुँचें - अतीत का कोई गीत या शब्द, जो आप किसी अभिभावक या एक्स से सुना करते थे। ख़ुद को उसे अपने जीवन से हटाने का उसी तरह मानसिक चित्र देखें, मानो वह कोई भौतिक वस्तु हो। जब आप उन मानसिक और शारीरिक उद्दीपकों को हटाते हैं, तो आप उनके सामने हार मानना छोड़ सकते हैं। यह कहने की ज़रूरत नहीं है कि हम सारी इंद्रियों और सारे उद्दीपकों को कभी नहीं हटा सकते। न ही हम हटाना चाहेंगे। हमारा लक्ष्य मन को ख़ामोश करना नहीं है, स्थिर करना भी नहीं है। हम तो किसी विचार का अर्थ जानना चाहते हैं। इससे हमें छोड़ने में मदद मिलती है, लेकिन अस्थायी तौर पर, जब हम अपने मन के साथ अपने संबंध मज़बूत कर रहे हैं, तब हम उद्दीपक जगहों और लोगों से बचने के लिए क़दम उठा सकते हैं। इसका अच्छा उपाय उसे नियंत्रित करना है, जो हम देखते हैं, सुनते हैं, पढ़ते हैं या ग्रहण करते हैं।

संन्यासी के दृष्टिकोण से सबसे बड़ी शक्ति स्व-नियंत्रण है। यानी अपने धर्म पर ध्यान केंद्रित करने के लिए मन और ऊर्जा को प्रशिक्षित करना। आदर्श स्थिति में आप किसी मुश्किल, चुनौतीपूर्ण या मज़ेदार चीज़ को समान संतुलन और समभाव से ले सकते हैं। समभाव का अर्थ है कि आप ख़ुशी में ज़्यादा रोमांचित नहीं होंगे, न ही दर्द में ज़्यादा निराश होंगे।

सामान्य तौर पर हमारा मस्तिष्क दोहराव वाली जानकारी पर वॉल्यूम धीमा कर देता है, लेकिन जब हम अपने मन को प्रशिक्षित कर लेते हैं, तो मनचाही चीज़ पर ध्यान केंद्रित करने की योग्यता बढ़ा सकते हैं, चाहे आस-पास कितनी ही ध्यान भटकाने वाली चीज़ें या लोग हों।

ध्यान एक महत्त्वपूर्ण औज़ार है, जो हमें इंद्रियों द्वारा दी जाने वाली जानकारी को नियंत्रित करने की अनुमति देता है, लेकिन हम बच्चे और वयस्क मन के बीच संबंध बनाकर मन को प्रशिक्षित भी कर सकते हैं। जब कोई अभिभावक कहता है, "अपना कमरा साफ़ करो," और बच्चा ऐसा नहीं करता है, तो यह आपके संन्यासी मन के कहने की तरह है, "अपनी दिशा बदलो," और बंदर मन कह रहा है,

"नहीं धन्यवाद, मैं तो हेडफ़ोन पर तेज़ संगीत सुनना ज़्यादा पसंद करूँगा।" अगर अभिभावक बच्चे पर नाराज़ होता है और कहता है, "मैंने तुमसे कमरा साफ़ करने को कहा था! तुमने इसे अब तक क्यों नहीं किया?" तो बच्चा और ज़्यादा पीछे हटता है। अंततः बच्चा आदेश का पालन कर सकता है, लेकिन इस आदान-प्रदान से जुड़ाव या संवाद नहीं बना है।

कुंठित अभिभावक और गुस्ताख़ बच्चा जितना ज़्यादा लड़ते हैं, वे एक दूसरे से उतने ही ज़्यादा अलग-थलग महसूस करते हैं। जब आप एक आंतरिक युद्ध लड़ रहे हैं, तो आपका बंदर मन विरोधी होता है। इसे सहयोगी के रूप में देखें। इस तरह आप युद्ध से जुड़ाव तक पहुँच सकते हैं, अस्वीकृत शत्रु से विश्वसनीय मित्र तक पहुँच सकते हैं। बंधन की अपनी चुनौतियाँ होती हैं - इसके बावजूद मतभिन्नता हो सकती है - लेकिन कम से कम सभी पक्ष एक ही परिणाम चाहते हैं।

ऐसे सहयोग या गठबंधन तक पहुँचने के लिए हमारी बुद्धि को मन के स्वचालित, प्रतिक्रियाशील पैटर्नों पर ज़्यादा करीबी ध्यान देना होगा, जिसे अवचेतन कहा जाता है।

हठी अवचेतन

मन के सहज बोध के निश्चित पैटर्न होते हैं, जिन्हें हम कभी चेतन होकर नहीं चुनते हैं। कल्पना करें कि आपके फ़ोन का अलार्म हर सुबह उसी समय बजता है। यह एक उत्कृष्ट व्यवस्था है, लेकिन राष्ट्रीय अवकाश के दिन भी अलार्म उसी समय पर बज जाता है। वह अलार्म हमारे अवचेतन जैसा है। इसकी प्रोग्रामिंग हर दिन उन्हीं विचारों और कार्यों से होती है और यह डिफ़ॉल्ट प्रोग्राम पर काम करता है। हम अपना ज़्यादातर जीवन उसी मार्ग पर चलते हुए बिताते हैं, जिस पर हम हमेशा चले हैं, चाहे यह अच्छा हो या बुरा और ये विचार तथा व्यवहार तब तक कभी नहीं बदलेंगे, जब तक कि हम सक्रियता से अपनी प्रोग्रामिंग को दोबारा न बदल लें।

विश्वविख्यात वायलिन वादक जोशुआ बेल ने सुबह की आपाधापी के समय एक सबवे स्टेशन के बाहर वायलिन बजाने का निर्णय लिया। एक दुर्लभ और बेशक़ीमती यंत्र को बजाते हुए उन्होंने दान के लिए अपील की और वायलिन के लिए लिखी गई सबसे मुश्किल धुनों में से कुछ निकालीं। उन्होंने लगभग पैंतालीस मिनट तक वायलिन बजाया, लेकिन कोई भी सुनने या दान करने के लिए नहीं रुका। उन्हें लगभग 30 डॉलर ही मिल पाए। सबवे के इस प्रदर्शन के तीन दिन पहले उन्होंने उसी वायलिन को बोस्टन के सिम्फ़नी हॉल में बजाया था, जहाँ एक अच्छी सीट का टिकट 100 डॉलर था।

कई कारणों से लोग इतने प्रतिभाशाली संगीतकार के वादन को सुनने नहीं रुके, लेकिन उनमें से एक निश्चित रूप से यह था कि वे ऑटोपायलट पर थे और हड़बड़ी में भीड़ से जूझ रहे थे। जब हम डिफ़ॉल्ट मोड में होते हैं, तो कितना कुछ चूक जाते हैं?

"पागलपन वही चीज़ बार-बार करना और अलग परिणामों की उम्मीद करना है।" (यह उद्धरण आइंस्टाइन का कहा जाता है, हालाँकि इस बात का कोई प्रमाण नहीं है कि उन्होंने यह बात कभी कही थी।) हममें से कितने लोग साल दर साल वही सब करते चले जाते हैं, लेकिन फिर भी यह आस लगाए रहते हैं कि हमारे जीवन का कायाकल्प हो जाएगा?

अपने बारे में हमारे जो विश्वास होते हैं, उन्हें विश्वास हमारे मन में दोहराते और मज़बूत करते हैं। हमारा चेतन मन इस दौरान काट-छाँट करने या संपादन करने के लिए जाग्रत नहीं रहता है। आपके मन में जो कहानी चलती है, वह संबंधों या पैसे आदि के बारे में आपके विश्वासों में अटकी होती है और इस बारे में भी कि आप अपने बारे में कैसा महसूस करते हैं या आपको कैसा व्यवहार करना चाहिए। हम सभी ने कभी न कभी यह सुना होगा, "आप आज कमाल के दिख रहे हैं," और हमारा अवचेतन प्रतिक्रिया करता है, "मैं कमाल का नहीं दिख रहा हूँ। वह तो झूठी तारीफ़ कर रहा है।" जब कोई कहता है, "आप सचमुच इसके हक़दार थे," तो शायद आप खुद से कहते हैं, "ओह नहीं, मुझे पक्का नहीं है कि मैं इसे दोबारा कर सकता हूँ।" ये आदतन प्रतिक्रियाएँ दिन में कई बार होती हैं। परिवर्तन आपके दिमाग़ के भीतर के शब्दों से शुरू होता है। हम अपने विचारों को सुनने, चुनने, तराशने और बदलने पर काम करने जा रहे हैं।

इसे आज़माएँ : अवचेतन को जगाएँ

हर दिन आपके दिमाग़ या मन में आप जो भी शोर सुनें, उसे लिख लें। ऐसा शोर, जिसे आप न चाहते हों। यह आपकी समस्याओं की सूची नहीं होनी चाहिए। इसके बजाय वे नकारात्मक, खुद को पराजित करने वाले संदेश लिखें, जो आपका दिमाग़ आपको भेज रहा है, जैसे :

- आप पर्याप्त अच्छे नहीं हैं।
- आप यह नहीं कर सकते।
- आपमें यह करने की बुद्धि नहीं है।

ये वे समय हैं, जब सारथी लगाम छोड़कर सोया हुआ है।

चेतन मन में निवेश करें

जिस तरह आप अपने मन से अलग हैं, उसी तरह आप अपने विचारों से भी अलग हैं। "मैं प्रेम का हक़दार नहीं हूँ" या "मेरा जीवन बरबाद हो गया" खुद से यह कहने से ये चीज़ें सच नहीं हो जाती हैं, लेकिन इन आत्म-पराजयी विचारों को बदलना मुश्किल होता है। हम सभी का दर्द, निराशा और चुनौतियों का इतिहास होता है, चाहे वे जो भी हों। हम किसी चीज़ से गुज़र चुके हैं और वह अतीत में दफ़न है, इसका यह मतलब नहीं है कि यह ख़त्म हो चुकी है। इसके विपरीत, वह किसी न किसी रूप में जारी रहेगी - अक्सर आत्म-पराजयी विचारों में - जब तक कि वह चीज़ हमें यह नहीं सिखा देती कि हमें क्या बदलने की ज़रूरत है। अगर आपने अपने माता-पिता के साथ अपने संबंधों का उपचार नहीं किया है, तो आप ऐसे पार्टनर चुनते रहेंगे, जो अनसुलझे मुद्दों की झलक दिखाएँगे। अगर आप जान-बूझकर अपनी मानसिकता को नए सिरे से नहीं ढालते हैं, तो आप उस दर्द को दोहराते रहेंगे और बार-बार उत्पन्न करते रहेंगे, जो आप पहले झेल चुके हैं।

यह मूर्खतापूर्ण लग सकता है, लेकिन अपने दिमाग़ की आवाज़ों को नए शब्द देने का सर्वश्रेष्ठ तरीक़ा उनसे बात शुरू करना है। सचमुच।

खुद से हर दिन बात करें। अपने नाम से खुद को संबोधित करने के लिए स्वतंत्र महसूस करें और इसे ज़ोर से करें, जहाँ भी आपको यह आरामदेह लगे (शायद पहली डेट या नौकरी के इंटरव्यू में ऐसा करना ठीक नहीं रहेगा)। ध्वनि शक्तिशाली होती है और खुद का नाम सुनने से आपका ध्यान उस ओर जाता है।

अगर आपका मन कहता है, "तुम यह नहीं कर सकते," तो खुद से यह कहकर प्रतिक्रिया करें, "तुम यह कर सकते हो। तुम्हारे पास योग्यता है। तुम्हारे पास समय है।"

प्रोजेक्ट या काम के दौरान खुद से बात करने से एकाग्रता बढ़ती है। जो लोग ऐसा करते हैं, वे ज़्यादा कार्यकुशलता से काम करते हैं। अध्ययनों में शोधकर्ताओं ने लोगों को कई चित्र दिखाए और फिर उनसे देखे गए चित्रों में विशिष्ट चीज़ें खोजने को कहा गया। आधे लोगों से कहा गया था कि खोज करते समय वे उन चीज़ों के नाम ज़ोर से दोहराएँ, जबकि बाक़ी आधों को ख़ामोश रहने को कहा गया था। जिन लोगों ने चीज़ों के नाम दोहराए, उन्होंने यह काम ख़ामोश खोजियों से ज़्यादा जल्दी कर लिया। शोधकर्ता इस निष्कर्ष पर पहुँचे कि खुद से बात करने से न सिर्फ़ आपकी स्मृति बढ़ती है, बल्कि इससे आपकी एकाग्रता भी बढ़ती है। मनोवैज्ञानिक लिंडा सैपेडिन कहती हैं कि खुद से बात करने से "आपके विचार स्पष्ट होते हैं, आप महत्त्वपूर्ण मुद्दों पर केंद्रित रहते हैं और जिन निर्णयों पर आप विचार कर रहे हैं, वे दृढ़ होते हैं।"

आप उपयोगी तरीक़े से अपने मन को बदलने के लिए एक नया दृष्टिकोण कैसे खोज सकते हैं, आइए इसके कुछ तरीक़ों पर विचार करते हैं।

दोबारा ढालें

अगर आप ज़्यादातर इंसानों जैसे हैं, तो आपकी बुद्धि आपके मन को यह बताने में माहिर होती है कि यह कहाँ ग़लत होता है, लेकिन यह शायद ही कभी आपके मन को यह बताने की जहमत उठाती है कि यह कहाँ सही होता है। यह किस तरह की परवरिश है?

कोई चीज़ बेहतर नहीं होने वाली

कोई मुझे नहीं समझता

मैं पर्याप्त अच्छा नहीं हूँ

मैं पर्याप्त आकर्षक नहीं हूँ

मैं स्मार्ट नहीं हूँ

हम ख़ुद में सबसे बुरे को देखते हैं और ख़ुद को बताते हैं कि यह कभी नहीं बदलेगा। यह सबसे कम उत्साहवर्धक नीति है, जिस पर हम अमल कर सकते हैं। ख़ुशी के तीन मार्ग हैं और तीनों ही ज्ञान पर केंद्रित हैं : सीखना, प्रगति करना और उपलब्धि हासिल करना। जब भी हम विकास कर रहे होते हैं, तो हम ख़ुशी महसूस करते हैं और भौतिक आकांक्षाओं से मुक्त होते हैं। अगर आप असंतुष्ट हैं या ख़ुद की आलोचना कर रहे हैं या निराश महसूस कर रहे हैं, तो इस वजह से न रुकें। खोजें कि किन तरीक़ों से आप प्रगति कर रहे हैं और आप जो कर रहे हैं, आप उसके महत्त्व या मूल्य को देखने, महसूस करने और क़द्र करने लगेंगे।

ज्ञान के संदर्भ में अपनी स्व-आलोचना को नए सिरे से ढालें। जब आप ख़ुद को यह कहते सुनें, "मैं बोर हो चुका हूँ, मैं धीमा हूँ, मैं यह नहीं कर सकता," तो ख़ुद को जवाब दें : "तुम इस पर मेहनत कर रहे हो। तुम बेहतर बन रहे हो।" इस तरह आप ख़ुद को याद दिलाते हैं कि आप प्रगति कर रहे हैं। उस निराशावादी बच्चे की आवाज़ के साथ संबंध बनाएँ। आपकी वयस्क आवाज ज़्यादा शक्तिशाली बन जाएगी, जब आप पढ़ते हैं, शोध करते हैं, अमल करते हैं और परीक्षण करते हैं। आपका मन क्या सही करता है, यह पहचानने की गति बढ़ा दें। अपनी असफलताओं को बढ़ा-चढ़ाकर देखने के बजाय अपनी प्रगति को बढ़ा-चढ़ाकर देखें। यदि आप सात में से दो दिन जल्दी जागने में कामयाब हो जाते हैं, तो ख़ुद को उसी तरह प्रोत्साहित करें, जिस तरह आप किसी बच्चे को करेंगे, जो परिवर्तन शुरू कर रहा

है। अगर आपने अपनी योजना का आधा हिस्सा भी पूरा कर लिया है, तो इसे आधा भरा गिलास कहें।

अपने विकास को बढ़ा-चढ़ाकर देखने के अलावा हम एक और काम कर सकते हैं। हम अवांछित विचारों को दोबारा ढालने के लिए 'सकारात्मक निर्देश' का इस्तेमाल कर सकते हैं। हमारा बंदर मन अक्सर इस तरह की चटर-पटर करता है, "मैं यह नहीं कर सकता।" इसे दूसरे शब्दों में इस तरह कहें, "मैं इसे... तक कर सकता हूँ।"

> "मैं यह नहीं कर सकता" बदलकर हो जाता है : "मैं इसे.... तक कर सकता हूँ"

> "मैं इसमें बुरा हूँ" बदलकर हो जाता है : "बेहतर बनने के लिए मैं इसमें समय लगा रहा हूँ"

> "मैं किसी के प्यार के क़ाबिल नहीं हूँ" बदलकर हो जाता है : "मैं नए संबंध बनाने के लिए नए लोगों तक पहुँच रहा हूँ"

> "मैं बदसूरत हूँ" बदलकर हो जाता है : "मैं अपने सबसे स्वस्थ स्वरूप में पहुँचने के लिए क़दम उठा रहा हूँ"

> "मैं इसे नहीं सँभाल सकता" बदलकर हो जाता है : "मैं प्राथमिकता तय कर रहा हूँ और अपनी सूची में पूरे हो चुके कामों पर निशान लगा रहा हूँ"

अपने कथन को समाधान केंद्रित साँचे में ढालना महत्त्वपूर्ण है, क्योंकि इससे आपको प्रोएक्टिव बनने और ज़िम्मेदारी लेने की याद रहती है।

हम अपनी मानसिक अवस्था को नए सिरे से ढालने के लिए केवल शब्दों के बजाय कर्म का सहारा भी ले सकते हैं। इससे उबरने का एक तरीक़ा हर दिन एक नई चीज सीखना है। ज़रूरी नहीं है कि यह कोई बड़ी चीज़ हो। आपको कोडिंग करना सीखने या क्वांटम मेकैनिक्स पढ़ने की ज़रूरत नहीं है। आप किसी व्यक्ति, शहर, संस्कृति के बारे में एक लेख पढ़ सकते हैं। इससे आपको आत्म-गौरव का सैलाब महसूस होगा। आपके पास अपनी अगली बातचीत में योगदान देने के लिए कुछ होगा। भले ही आप केवल एक नया शब्द सीख सकें... यहाँ एक नया शब्द देखें : इन्यूट भाषा में एक शब्द है *इक्टसुअरपोक*, जिसका मतलब है प्रत्याशा का भाव, जो आपके मन में तब होता है, जब आप किसी मेहमान का इंतज़ार करते हैं और आप खिड़की तक जाकर बार-बार देखते हैं कि क्या वह आ गया है। बातचीत में एक नया शब्द बताने भर से डिनर टेबल की चर्चा समृद्ध बन सकती है।

दृष्टिकोण का पैमाना

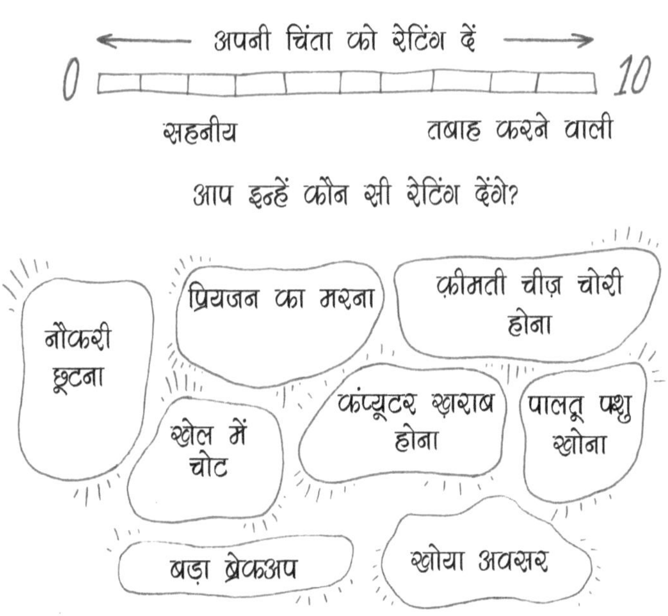

कई कुंठाएँ जो हम झेलते हैं, उन्हें वरदान के रूप में देखा जा सकता है, क्योंकि वे हमें विकास करने के लिए प्रेरित करती हैं। नकारात्मक विचारों और परिस्थितियों को दृष्टिकोण के पैमाने पर रखने की कोशिश करें। जिस तरह डॉक्टर दर्द का मूल्यांकन करते हैं, उसी तरह मैं लोगों से यह मूल्यांकन करने को कहता हूँ कि वे अपनी व्यक्तिगत चिंता को एक से दस के पैमाने पर रेटिंग दें। शून्य का मतलब है कोई चिंता नहीं। दस का मतलब है संसार की सबसे बुरी चीज़, कोई इतनी भयंकर चीज : "मुझे चिंता है कि मेरा पूरा परिवार मर जाएगा।" दरअसल, यह शायद ग्यारह है।

सभी तरह की समस्याएँ ऐसी महसूस हो सकती हैं, मानो उन्हें दस की रेटिंग देनी चाहिए, ख़ासतौर पर आधी रात को। प्रमोशन न मिलना दस जैसा महसूस होता है। मूल्यवान प्रिय घड़ी का खोना - वह भी दस। लेकिन यदि आपने कभी अपने किसी प्रियजन को खोने के दर्द का अनुभव किया है (और हम सबने किया है या करेंगे), तो पैमाना बदल जाता है; आपका पूरा दृष्टिकोण बदल जाता है। अचानक आपकी नौकरी खोना बेहतरीन तो नहीं है, लेकिन सहन करने लायक़ हो जाता है।

घड़ी चली गई है, लेकिन यह केवल एक वस्तु थी। आपका शरीर आदर्श तो नहीं है, लेकिन इसने आपको कुछ बेहतरीन अनुभव दिए हैं। गहरा दर्द सचमुच क्या है, इसकी जागरूकता रखकर छोटे व्यवधानों को सही दृष्टिकोण से देखें। और जब आप सचमुच विनाशकारी दस का सामना करें, तो इसे स्वीकार करें और इसके उपचार में समय लगाएँ। यह नकारात्मक अनुभवों के प्रभाव को कम करने के बारे में नहीं है; इसका उद्देश्य तो उनके बारे में ज़्यादा स्पष्ट दृष्टिकोण हासिल करना है। और कई बार दस का मतलब दस भी होता है।

इसे धीमा करें

कई बार रिफ़्रेमिंग या ढालने का काम काग़ज़ पर सबसे अच्छी तरह होता है। कल्पना करें कि एक बंदर पूरी तेज़ी से एक डाल से दूसरी डाल पर छलाँग लगा रहा है। इसका ध्यान जकड़ने के लिए कोशिश की ज़रूरत होती है और इसे ध्यान केंद्रित करने के लिए मजबूर करना पड़ता है। जब आपका मन चिंता में सरपट भाग रहा हो, जब आपके विचार दोहराव भरे और अनुत्पादक हों, जब आपको यह अहसास हो मानो आपको ठहरने की ज़रूरत है, तो पंद्रह मिनट का समय लें और अपने मन में आने वाले हर विचार को लिख लें।

कॉलेज विद्यार्थियों के समूह पर एक अध्ययन किया गया। इसमें उन्होंने चार दिनों तक हर दिन अपने जीवन के सबसे दर्द भरे अनुभव के बारे में अपने 'सबसे गहरे विचार और भावनाएँ' लिखीं। न सिर्फ़ विद्यार्थियों ने इस अनुभव को मूल्यवान बताया, बल्कि 98 प्रतिशत ने तो कहा कि वे इसे दोबारा करना चाहेंगे, लेकिन उन्हें सिर्फ़ लिखने में मज़ा ही नहीं आया, बल्कि इससे उनका स्वास्थ्य भी बेहतर हो गया। जिन विद्यार्थियों ने अपने यातनामय अनुभवों के बारे में लिखा था, वे अध्ययन के बाद यूनिवर्सिटी हेल्थ सेंटर पर कम गए। शोधकर्ताओं का निष्कर्ष था कि लिखने का एक लाभ यह हो सकता है कि इससे विद्यार्थियों को उनके सबसे बुरे अनुभवों को एक स्पष्ट वर्णन में ढालने में मदद मिली। इस तरह उन्होंने खुद को उस पल से दूर कर लिया और अपने अनुभवों को निष्पक्षता से देखा और ऐसी आशा है कि सुखद अंत की कल्पना भी की।

लेखिका क्रिस्टा मैकग्रे उड़ान भरने के बारे में आतंकित थीं। वे इसके बारे में सोचते हुए डरती थीं। उन्होंने तर्क का सहारा लिया। उन्होंने कुछ ड्रिंक पीकर भी इसे करने की कोशिश की, लेकिन जब भी उन्हें पता होता था कि उन्हें विमान में यात्रा करनी होगी, तो वे कई सप्ताह पहले से यह कल्पना करने लगती थीं कि अगर उनका विमान दुर्घटनाग्रस्त हो जाएगा, तो उनके बच्चों का जीवन कैसा होगा। मैकग्रे ने सही दृष्टिकोण हासिल करने की कोशिश में ब्लॉग में अपने डर के बारे में लिखना शुरू किया। तब कहीं जाकर उन्हें यह अहसास कि वे अपनी दादी जैसी बन

रही थीं, जो विमान यात्रा कभी नहीं करती थीं और इसकी वजह से वे बहुत कुछ चूक गई थीं। इसलिए मैकग्रे हर चीज़ की सूची बनाने लगीं, जो वे अपने जीवन में करना चाहती थीं, जिनके लिए वे विमान यात्रा कर सकें, हालाँकि उन्होंने अपने डर पर पूरी तरह विजय नहीं पाई है, लेकिन वे अपने पति के साथ इटली में छुट्टियाँ मनाने में कामयाब हो गईं। लिखने से हमारी सारी समस्याएँ अपने आप नहीं सुलझ जाती हैं, लेकिन इससे हमें अति महत्त्वपूर्ण दृष्टिकोण हासिल होता है, जिसकी मदद से हम समाधान खोज सकते हैं।

यदि आपको लिखना पसंद नहीं है, तो आप अपने फ़ोन में रिकॉर्ड कर सकते हैं और फिर ऑडियो फ़ाइल को सुन सकते हैं या रूपांतरित शब्दों को पढ़ सकते हैं (कई फ़ोन बोले गए शब्दों को लिख सकते हैं)। अपनी रिकॉर्डिंग को सुनते समय आप अवलोकनकर्ता की मानसिकता में पहुँच जाते हैं, जिससे आप खुद से ज़्यादा निरपेक्षता से निपट सकते हैं।

एक और विकल्प बस प्राचीन समुराई कहावत को बार-बार अपने मन में दोहराना है, जैसा हम संन्यासी करते थे, "मेरे मन को मेरा मित्र बनाओ।" जब आप इसे दोहराते हैं, तो यह डिफ़ाल्ट मोड के नेटवर्क को शांत करता है – मस्तिष्क का वह क्षेत्र, जो मन के भटकने और खुद के बारे में सोचने से जुड़ा होता है। बंदर रुकने और सुनने के लिए मजबूर हो जाएगा।

स्व-करुणा खोजें

जब चिंतित बंदर मन सुनना छोड़ देता है, तो आप आंतरिक एकालाप को स्व-करुणा से सुधार सकते हैं। जब चिंतित विचार उत्पन्न होते हैं, तो उनमें डूबने के बजाय हम करुणा से प्रतिक्रिया करते हैं, 'मैं जानता हूँ कि तुम चिंतित और विचलित हो और तुम्हें ऐसा महसूस होता है, जैसे तुम इसे नहीं सँभाल सकते, लेकिन तुम शक्तिशाली हो। तुम यह काम कर सकते हो।' याद रखें, यह आपकी भावनाओं का मूल्यांकन किए बिना उनका अवलोकन करने के बारे में है।

ब्रांडिंग कंपनी शेयरएबिलिटी के मेरे मित्रों के साथ मैंने किशोर लड़कियों और उनकी बहनों के छोटे समूह के साथ एक अभ्यास किया। मैंने लड़कियों से कहा कि वे अपने नकारात्मक विचार लिखें, जिन्होंने उनके आत्म-गौरव को प्रभावित किया था। उन्होंने ऐसी चीज़ें लिखीं, "आप डरी हुई हैं," "आप बेकार हैं," "आप महत्त्वहीन हैं।" फिर मैंने उनसे कहा कि उन्होंने जो लिखा था, उसे वे अपनी बहनों के सामने पढ़ें, मानो यह बात उनके बारे में है।

उन सभी ने इंकार कर दिया। "यह बहुत अच्छा नहीं है।" एक ने इशारा किया कि उसके दिमाग़ में यह सामान्य था, लेकिन बोलने पर पूरी तरह अलग था।

हम ख़ुद से ऐसी चीज़ें कहते हैं, जो हम उन लोगों से कभी नहीं कहेंगे, जिनसे हम प्रेम करते हैं। हम सभी स्वर्णिम नियम को जानते हैं : दूसरों के प्रति वैसा ही करो, जैसा आप उनसे अपने प्रति चाहते हों। इसमें मैं यह जोड़ना चाहूँगा : **ख़ुद के साथ उतने ही प्रेम और सम्मान से व्यवहार करें, जो आप दूसरों के प्रति दिखाना चाहते हैं।**

हम उस कहानी से परिभाषित होते हैं, जो हम हर दिन ख़ुद के लिए लिखते हैं। क्या यह ख़ुशी, लगन, प्रेम और दया की कहानी है? या फिर यह ग्लानि, दोषारोपण, कटुता और असफलता की कहानी है? आप जिन भावनाओं के अनुरूप जीना चाहते हों, उनके अनुरूप एक नई शब्दावली खोजें। ख़ुद से प्रेम से बात करें।

इसे आज़माएँ : सारथी के लिए नई पटकथा

1. उन नकारात्मक चीज़ों की एक सूची बनाएँ, जो आप ख़ुद से कहते हैं। हर एक के सामने यह लिख लें कि आप वह विचार उस व्यक्ति को कैसे बताएँगे, जिसकी आप परवाह करते हैं। मिसाल के तौर पर, ये वे नकारात्मक विचार हैं, जो बहनों ने ख़ुद के बारे में लिखे और साथ ही यह भी लिखा कि वे उनकी बहनों को कैसे बताए जा सकते हैं।

"आप डरी हुई हैं"	"डर महसूस करने में कोई बुराई नहीं है। मैं इसमें आपकी कैसे मदद कर सकती हूँ?"
"आप बेकार हैं"	"आप बेकार महसूस करती हैं – चलो इस बारे में बात करते हैं कि आपको अपने बारे में क्या पसंद है।"
"आप गहत्त्वहीन हैं"	"ये चीज़ें आपको महत्त्वहीन महसूस कराती हैं। इसे कैसे बदलें, इस पर बात करने से पहले चलो सूची बनाते हैं कि कौन सी चीज़ें आपको महत्त्वपूर्ण महसूस कराती हैं।"

2. कल्पना करें, आपको यह पता चलता है कि आपका बच्चा या सबसे अच्छा मित्र या कज़िन या कोई प्रियजन तलाक़ ले रहा है। आपकी पहली प्रतिक्रिया क्या है? आप उस व्यक्ति से क्या कहेंगे? आप उसे क्या सलाह देंगे? आप कह सकते हैं, "मुझे अफ़सोस है, मैं जानता हूँ कि यह मुश्किल समय है।" या "बधाई। मैं जानता हूँ कि आप काफ़ी मुश्किल दौर से गुज़र रहे हैं, लेकिन लोग तलाक़ लेने के बाद शायद ही कभी अफ़सोस करते हैं।" हम कभी किसी प्रियजन से यह नहीं कहेंगे, "तुम मूर्ख हो। तुम मूर्ख हो, क्योंकि तुमने उस मूर्ख से शादी करने की मूर्खता की।" हम प्रेम और समर्थन देते हैं, शायद विचार और समाधान भी। हमें ख़ुद से भी इसी तरह बात करनी चाहिए।

मौजूद रहें

यह जानना मुश्किल हो सकता है कि अपने बंदर मन को क्या बताएँ, जब यह अतीत पर केंद्रित हो या भविष्य के ताने-बाने बुन रहा हो। फादर रिचर्ड रोर लिखते हैं, "सारी आध्यात्मिक नसीहत (यह बात को ज़रूरत से ज़्यादा सरलता से कहना नहीं है, बल्कि हक़ीक़त है) इस बारे में है कि वर्तमान पल में मौजूद कैसे रहना है... लेकिन समस्या यह है, हम लगभग हमेशा कहीं और होते हैं : अतीत को दोबारा जीने में या भविष्य की चिंता करने में।"

हम सभी के पास सुखद यादें होती हैं, जिन्हें याद करने में हमें आनंद आता है और दर्दनाक यादें होती हैं, जो हमारा पीछा नहीं छोड़तीं, लेकिन यादों का मोह और पश्चाताप वे जाल हो सकते हैं, जो हमारे नए अनुभवों को रोकते हैं और हमें अनसुलझे अतीत और/या अच्छे पुराने दिनों में क़ैद कर सकते हैं। जिस तरह अतीत को बदला नहीं जा सकता, उसी तरह भविष्य को जाना नहीं जा सकता। आने वाले विभिन्न परिदृश्यों के लिए थोड़ी-बहुत योजना बनाना उपयोगी और अच्छा होता है, लेकिन जब ये विचार लगातार चिंता और तनाव या अयथार्थवादी आकांक्षाओं में अटक जाते हैं, तो वे उपयोगी नहीं रह जाते।

चाहे आपको ऐसा महसूस हो कि आपके चारों तरफ़ का संसार ढह रहा है या आपका ऑफ़िस में बुरा दिन गुज़रा हो, वर्तमान पल में उपस्थित रहना मुश्किल होता है, क्योंकि इसमें बहुत सारी चुनौतियाँ रहती हैं। सच तो यह है कि आप अपने जीवन में कभी ऐसे बिंदु पर नहीं पहुँच पाएँगे, जब आप 100 प्रतिशत समय मौजूद हों – यह लक्ष्य नहीं है। आख़िरकार, बीते हुए अच्छे समय के बारे में सोचना या अतीत में सीखे मूल्यवान सबक़ और अपने भविष्य की योजना बनाना हमारी मानसिक क्षमता के उत्कृष्ट उपयोग हैं। हमें तो बस अफ़सोस या चिंता में समय बरबाद नहीं करना चाहिए। वर्तमान पल में उपस्थित रहने के अभ्यास से हमें वह करने में मदद मिलती है, जिसकी सलाह आध्यात्मिक गुरु राम दास ने दी है *"अभी यहाँ रहो।"*

जब आपका मन लगातार अतीत या भविष्य के विचारों की ओर लौटता है, तो वर्तमान में संकेतों की तलाश करें। क्या आपका मन आपकी रक्षा करना चाहता है या आपका ध्यान भटकाना चाहता है? अतीत में क्या मायने रखता था या भविष्य के गर्भ में क्या हो सकता है, इस बारे में सोचने के बजाय अपने मन को नरमी से वर्तमान पल की ओर मोड़ें। खुद से वर्तमान पल के बारे में सवाल करें।

इस पल में क्या कमी है?

आज के बारे में क्या अप्रिय है?

मैं क्या बदलना चाहूँगा?

आदर्श रूप से, जब हम वर्तमान के बारे में खुद से बात करते हैं, तो हम अतीत के नकारात्मक और सकारात्मक तत्वों को अपूर्ण राह की तरह देखते हैं, जो हमें वहाँ तक लाई है, जहाँ हम हैं - एक ऐसा जीवन जिसे हम स्वीकार करते हैं और जहाँ से हम अब भी विकास कर सकते हैं। और आदर्श दृष्टि से, हम वर्तमान की पृष्ठभूमि में भविष्य के बारे में भी सोचते हैं - आज के वादे का अहसास करने का अवसर।

कोई चीज़ आपकी स्वामी नहीं है

जब हम खुद से बात करते हैं, जिस तरह हम किसी प्रियजन से बात करते हैं, जिस तरह हम बाल मन और वयस्क मन के बीच की बहस को देखते हैं, तो हम खुद के और हमारे मन के बीच दूरी बना रहे हैं, ताकि हम ज़्यादा स्पष्टता से देख सकें। हम इस नीति पर पहले बात कर चुके हैं; भावनात्मक दृष्टि से प्रतिक्रिया करने के बजाय संन्यासी निरपेक्ष प्रेक्षक या अवलोकनकर्ता बनने के लिए स्थिति से बाहर कदम रखते हैं और निष्पक्ष दृष्टिकोण हासिल करते हैं। अध्याय तीन में हमने डर से दूर कदम रखने पर बात की थी और हमने इस कार्य को एक नाम दिया था - अनासक्ति या अलगाव।

सारस पानी में स्थिर खड़ा है और आस-पास से गुज़रने वाली छोटी मछलियों को नज़रअंदाज़ कर देता है। अपनी स्थिरता की वजह से वह ज़्यादा बड़ी मछली पकड़ने में कामयाब होता है।

अनासक्ति या अलगाव स्व-नियंत्रण का एक रूप है, जिसके स्व-जागरूकता के हर रूप में असीमित लाभ हैं, जिसके बारे में मैं इस पुस्तक में बात करता हूँ, लेकिन इसका उद्गम हमेशा मस्तिष्क में होता है। गीता में अलगाव या अनासक्ति की परिभाषा इस तरह दी गई है : सफलता या असफलता की चिंता किए बिना सही चीज़ करने की ख़ातिर सही चीज़ करना, क्योंकि इसे किए जाने की ज़रूरत है। यह काफ़ी आसान लगता है, लेकिन ज़रा सोचें कि सही चीज़ करने की ख़ातिर सही चीज़ करने के लिए किसकी ज़रूरत होती है। इसका मतलब है अपने स्वार्थपूर्ण हित से, हमेशा सही साबित होने से, निश्चित तरीक़े से देखे जाने से, अपनी वर्तमान इच्छाओं से - इस सबसे खुद को अलग करना। अनासक्ति या खुद को अलग करने का मतलब है इंद्रियों के शिकंजे से स्वतंत्र होना, सांसारिक इच्छाओं के शिकंजे से स्वतंत्र होना, सांसारिक संसार की पकड़ से स्वतंत्र होना। आपका दृष्टिकोण एक निरपेक्ष प्रेक्षक का दृष्टिकोण होता है।

केवल अनासक्त रहकर हम मन का सच्चा नियंत्रण हासिल कर सकते हैं।

मैंने कुछ ज़ेन कहानियों को मिश्रित कर दिया है और नए पात्र डाल दिए हैं, ताकि पाठकों तक संदेश आसानी से पहुँच जाए। इन कहानियों में से एक उस

संन्यासिन के बारे में है, जो राजा के महल के द्वार पर आती है। वह एक जानी-मानी संन्यासिन है, इसलिए उसे राजा के सामने पहुँचाया जाता है, जो संन्यासिन से पूछता है कि वह क्या चाहती है। संन्यासिन कहती है, "मैं आज रात इस होटल में सोना चाहती हूँ।"

राजा यह असम्मानजनक बात सुनकर चौंक जाता है और अकड़कर कहता है, "यह होटल नहीं, मेरा महल है!"

संन्यासिन जवाब देती है, "आपसे पहले यह महल किसका था?"

राजा अपने सीने पर हाथ बाँधता है और जवाब देता है, "मेरे पिता का। मैं सिंहासन का वारिस हूँ।"

"क्या वे यहाँ हैं?"

"वे नहीं हैं। वे गुज़र चुके हैं। इसका क्या मतलब है?"

"और आपके पिता से पहले इसका मालिक कौन था?"

राजा चिल्लाता है, "उनके पिता!"

संन्यासिन सिर हिलाती है। वह कहती है, "इसका मतलब है कि जो लोग इस जगह पर आते हैं, वे यहाँ कुछ समय रुकते हैं और फिर अपनी यात्रा पर आगे बढ़ जाते हैं। यह मुझे तो होटल जैसा ही लगता है।"

यह कहानी उस स्थायित्व के भ्रम में एक खिड़की खोलती है, जिसके साथ हम सभी जीते हैं। एक हाल की खिड़की *टाइडीइंग अप विद मैरी कॉन्डो* शो है। इस शो में मैरी कॉन्डो लोगों के जीवन को 'डिक्लटर' करने यानी व्यवस्थित बनाने में मदद करती हैं। अंत में आप बार-बार देखेंगे कि अपने आस-पास से सारा कचरा साफ हो जाने पर लोग राहत और खुशी के मारे रो रहे हैं। ऐसा इसलिए है, क्योंकि उन्होंने हाल ही में उन चीज़ों की संख्या बेहद कम कर ली है, जिनके प्रति उनकी *आसक्ति* है। आसक्ति की वजह से दर्द उत्पन्न होता है। अगर आप सोचते हैं कि कोई चीज़ आपकी है या आप सोचते हैं कि आप कोई ख़ास चीज हैं, तो उसे आपसे दूर करने पर चोट पहुँचती है।

पैगंबर मोहम्मद के कज़िन और दामाद अली का एक उद्धरण अनासक्ति के संन्यासी विचार को सबसे अच्छी तरह समझाता है : "अनासक्ति का मतलब यह नहीं है कि आप किसी चीज़ के स्वामी नहीं हैं, बल्कि यह है कि कोई चीज़ आपकी स्वामी नहीं होनी चाहिए।" मुझे अनासक्ति का सार बताने का यह तरीक़ा पसंद है, जिस तरह से इसे सामान्यतः नहीं समझाया जाता। आम तौर पर लोग मानते हैं कि अनासक्ति का मतलब हर चीज़ से दूर हटना, विरक्त होना और परवाह न करना है। मैरी कॉन्डो यह नहीं कह रही हैं कि लोग परवाह करना छोड़ दें – वे उनसे आनंद की तलाश करने को कह रही हैं। वास्तव में सबसे बड़ी अनासक्ति हर चीज़

के करीब रहना और उसे ख़ुद का स्वामी न बनने देना है। यही सच्ची शक्ति है।

संन्यासियों की ज़्यादातर कोशिशों की तरह ही अनासक्ति भी कोई मंज़िल नहीं है, जहाँ आप पहुँचते हैं। यह तो एक प्रक्रिया है, जिसे आपको चेतन होकर लगातार करना चाहिए। आश्रम में भी अनासक्त होना पर्याप्त मुश्किल होता है, जहाँ संन्यासी अपने विचारों और पहचान के अलावा लगभग किसी चीज़ के स्वामी नहीं होते। आधुनिक संसार में यह ज़्यादा मुश्किल होता है। आधुनिक संसार में हम अनासक्ति की कोशिश कर सकते हैं - ख़ास तौर पर जब हम बहस या निर्णय जैसी किसी चुनौती का सामना करते हैं - और इसे कुछ समय तक हासिल करने की आशा कर सकते हैं।

इसे घर पर न आज़माएँ

संन्यासी अनासक्ति हासिल करने के लिए अति तक जाते हैं। मैं आपसे ऐसा करने की उम्मीद नहीं करता, लेकिन जब हम देखते हैं कि यह कैसे काम करता है, तो हम अनासक्ति के साथ प्रयोग करने के ज़्यादा व्यावहारिक, यहाँ तक कि मज़ेदार तरीक़ों के बारे में भी बात करेंगे और इससे होने वाले लाभ भी बताएँगे।

कष्ट में रहने के प्रयोग - जैसे उपवास, मौन, गर्मी या सर्दी में ध्यान लगाना और बाक़ी जिन पर हम चर्चा कर चुके हैं - आपको शरीर के प्रति अनासक्त कर देते हैं, क्योंकि वे आपको इस बात का अहसास कराते हैं कि कष्ट का कितना बड़ा हिस्सा मन में होता है। हम संन्यासियों ने अपनी अनासक्ति का परीक्षण एक और तरीक़े से किया था; हम ख़ाली हाथ यात्रा करते थे यानी हम कोई चीज़ लेकर सफ़र पर नहीं जाते थे। कोई भोजन नहीं, कोई आश्रय नहीं, कोई पैसे नहीं। हमें जो मिले, उसमें गुज़ारा करना था और इस बात को पहचानना था कि हमें गुज़ारा करने के लिए बहुत कम चीज़ों की ज़रूरत थी। इससे हम अपने पास की चीज़ों के लिए ज़्यादा कृतज्ञ बने। इन सारे अभ्यासों ने हमें अपनी सीमा के आख़िरी छोर तक धकाने में मदद की - मानसिक और शारीरिक रूप से - ताकि हम अपने मन पर क़ाबू करने की योग्यता को मज़बूत बनाने के लिए संकल्प, लचीलापन और लगन रख सकें।

पहली बार जब मैंने दिन भर उपवास किया, जिसमें मैंने न भोजन किया, न पानी पिया, तो शुरुआत के कुछ घंटे तो भारी भूख का अहसास हुआ। हमें उपवास के समय झपकियाँ लेने की मनाही थी - मुद्दा अनुभव लेना था, नींद के सहारे इससे बचना नहीं था। मुझे ख़ुद को तसल्ली देने के लिए अपनी बुद्धि का इस्तेमाल करना था। मुझे भूख के विचारों से छुटकारा पाने के लिए किसी ज़्यादा ऊँची चीज़ में तल्लीन होना था।

कुछ समय बाद मुझे अहसास हुआ कि चूँकि मेरे शरीर को इस बारे में सोचने की ज़रूरत नहीं थी कि क्या बनाना है, क्या खाना है है या क्या पचाना है, तो दरअसल मेरे पास एक अलग तरह की ऊर्जा ज़्यादा थी।

जब हम उपवास करते हैं, तो हम खुद को शरीर से पृथक कर लेते हैं, जबकि हम सारे समय इसकी माँगें पूरी करने में बिताते हैं। जब हम खाने को हटा देते हैं, तो हम भूख और तृप्ति, दर्द और खुशी, असफलता और सफलता को छोड़ सकते हैं। हम अपनी ऊर्जा और ध्यान मन पर केंद्रित कर सकते हैं। भावी उपवासों में मैंने अध्ययन करने, शोध करने, नोट्स बनाने या व्याख्यान की तैयारी करने में उस ऊर्जा के उपयोग की आदत डाल ली। उपवास सृजनात्मक समय बन गया और यह किसी तरह के व्यवधान या भटकाव से मुक्त था।

उपवास के अंत में मैं शारीरिक दृष्टि से थका हुआ, लेकिन मानसिक रूप से ज़्यादा शक्तिशाली महसूस करता था। जिस चीज़ पर मेरा शरीर निर्भर था, उसके बिना काम करके मैंने एक सीमा तोड़ दी थी, जो मेरे मन में मौजूद थी। मैंने लचीलापन, अनुकूलनशीलता और उपायकुशलता हासिल की। उपवास के साथ प्रयोग का मेरे बाक़ी जीवन पर भी असर पड़ा।

उपवास एक शारीरिक चुनौती है, जो बुद्धि से संचालित है। लंबी अवधि तक ख़ामोश रहने से पूरी तरह से अलग मुद्दे सामने आए - दूसरे लोगों से पृथक होने पर मैं कौन था?

मैं तीस दिन का मौनव्रत कर रहा हूँ। आज नवाँ दिन है और मुझे लग रहा है कि मेरा दिमाग़ चल गया है। पूरे महीने की बात तो रहने ही दें, इससे पहले मैंने कभी एक पूरे दिन भी अपना मुँह बंद नहीं रखा था। अब उन संन्यासियों के समूह के साथ, जो मेरे आने के समय ही आश्रम में आए थे, मैंने आठ दिन से न बोला है, न देखा है, न सुना है, न ही किसी दूसरी तरह से संप्रेषण किया है। मैं बातूनी हूँ। मैं दूसरों को अनुभव बताना और उनके अनुभव सुनना पसंद करता हूँ। मौन में मेरा दिमाग़ बेक़ाबू हो रहा है। एक के बाद एक मैं तुरंत इस बारे में सोचता हूँ :

- *उन गानों के बारे में, जिन्हें मैंने कुछ समय से नहीं सुना है*
- *हर चीज़ जो मैंने संन्यासी स्कूल में पढ़ी और सीखी है*
- *इसे दूसरे लोग कैसे झेल रहे होंगे*
- *मेरी पूर्व-गर्लफ्रेंड से हुई एक अनायास चर्चा*
- *मैं इस पल क्या कर रहा होता, अगर मैं नौकरी कर लेता? संन्यासी बनने पर तो मैं दोबारा बोलने के लिए दिन गिन रहा हूँ।*

यह सब दस मिनट में।

मेरे एक महीने के लंबे मौन में कोई बाहरी मार्ग नहीं है। मेरे पास अंदर जाने के अलावा कोई दूसरा विकल्प नहीं है। मुझे अपने बंदर मन का सामना करना होगा और बातचीत शुरू करनी होगी। मैं खुद से ये सवाल पूछता हूँ : मुझे बोलने की ज़रूरत क्यों है? मैं अपने विचारों में ही क्यों नहीं रह सकता? मौन में मैं ऐसा क्या खोज सकता हूँ, जो मुझे किसी दूसरी जगह नहीं मिल सकता? जब मेरा दिमाग़ भटकता है, तो मैं प्रश्नों की ओर लौट आता हूँ।

शुरुआत में मैं पाता हूँ कि मौन और स्थिरता चिर-परिचित दिनचर्या में नए विवरण खोजने में मदद करती है। यह ज्ञान और ज़्यादा बढ़ जाता है - शब्दों में नहीं, बल्कि अनुभवों के रूप में : मैं अपने शरीर के हर अंग के प्रति खुद को जागरूक महसूस करता हूँ। मैं अपनी त्वचा पर हवा को महसूस करता हूँ, साँस को मेरे शरीर में यात्रा करते महसूस करता हूँ। मेरा दिमाग़ ख़ाली हो जाता है।

समय के साथ दूसरे प्रश्न उभर आते हैं : मैं किसी बातचीत का हिस्सा बनना चाहता हूँ। क्यों? मैं दूसरे लोगों के साथ जुड़ना चाहता हूँ। क्यों? मुझे पूर्ण महसूस करने के लिए मित्रता की ज़रूरत है। मुझे ऐसा क्यों महसूस होता है कि मित्रता दीर्घकालीन आराम के बजाय एक तात्कालिक आवश्यकता है? मेरा अहं मित्रता का उपयोग अपने विकल्पों में सुरक्षित रहने के लिए करता है। और फिर मैं उस काम को देखता हूँ, जो मुझे अपने अहं पर करने की ज़रूरत है।

अक्सर ख़ालीपन में मैं खुद के सामने दोहराता हूँ "अपने मन को अपना मित्र बनाओ" और मैं कल्पना करता हूँ कि मेरा मन और मैं एक नेटवर्किंग कार्यक्रम में हैं। वहाँ काफ़ी शोर है, आपाधापी है, बहुत कुछ चल रहा है, लेकिन मित्रता करने का एकमात्र तरीक़ा बातचीत शुरू करना है। और मैं यही करने लगता हूँ।

संन्यासी उपवास और आत्मसंयम के जिन दूसरे कठोर नियमों का अभ्यास करते हैं, वे हमें यह याद दिलाते हैं कि हम जिसे संभव मानते थे, उससे भी ज़्यादा मुश्किलें झेल सकते हैं। वे याद दिलाते हैं कि आत्म-नियंत्रण और संकल्प के साथ हम इंद्रियों की माँगों पर विजय पा सकते हैं। धर्म चाहे जो हो, ज़्यादातर संन्यासी ब्रह्मचर्य का पालन करते हैं, बहुत कम आहार लेते हैं और समाज की मुख्य धारा से दूर रहते हैं। लेकिन कुछ अतियाँ भी होती हैं। जैन संन्यासी श्री हंसरत्न विजयजी महाराज साहब ने 423 दिन तक उपवास किया (कुछ विराम के साथ)। सोकुशिनबुत्सु जापान का एक ममिफ़िकेशन शैली का अभ्यास है, जहाँ संन्यासी चीड़ की पत्ती, पेड़ की छाल और राल का आहार लेते हैं, फिर वे भोजन और जल त्याग देते हैं। वे मंत्रों का जाप करते रहते हैं, जब तक कि अंततः उनका शरीर चेतनाशून्य नहीं हो जाता।

आपको अपनी सीमाओं को टटोलने के लिए पेड़ की छाल खाने या संन्यासी बनने की ज़रूरत नहीं है। प्रायः हमारी ग़लत मान्यता या विश्वास ही हमें कई काम करने से रोक देता है। हम कई चीज़ें करने की कोशिश सिर्फ़ इसलिए नहीं करते,

क्योंकि हमें यह विश्वास होता है कि उन्हें करना असंभव है। 1850 से (जब सही नाप का पहला गोलाकार रनिंग ट्रैक बना था) 1954 तक एक मील की दौड़ का रिकॉर्ड चार मिनट से ऊपर था। कोई भी इससे कम समय में एक मील नहीं दौड़ पाया था और लोगों को यह विश्वास था कि यह काम इंसान के लिए असंभव है। फिर 1954 में ब्रिटिश ओलिंपिक धावक रोजर बैनिस्टर ने इसे करने का बीड़ा उठाया। उन्होंने एक मील की दौड़ 3:59.4 सेकंड में पूरी की और इतिहास में पहली बार चार मिनट की बाधा तोड़ दी। तब से धावक इससे ज़्यादा तेज़ गति से दौड़कर नए-नए रिकॉर्ड बना रहे हैं। एक बार जब लोगों को यह अहसास हो गया कि कोई सीमा नहीं थी, तो उन्होंने ज़्यादा कोशिश की और करते चले गए।

सामान्य लोग भी हैं, जो अपने खेल को ऊपर करने के लिए कठोर आत्मसंयम का इस्तेमाल करते हैं। लोग निरंतर बताते हैं कि अति संयम से उन्हें रोज़मर्रा के जीवन में ज़्यादा विचारपूर्ण और सकारात्मक होने में मदद मिलती है। आइए टटोलते हैं कि आप अनासक्त होने के लिए आत्मसंयम का इस्तेमाल कैसे कर सकते हैं।

अनासक्त कैसे बनें

हमने मन को प्रशिक्षण देने के जितने भी तरीक़ों पर बात की है, उनमें अनासक्ति शामिल है : आपके सिर में गूँजती प्रतिस्पर्धी आवाज़ों के निरपेक्ष दर्शक बनना, विचारों को दोबारा ढालने के लिए चेतन मन के साथ नई बातचीतें करना, खुद के लिए करुणा खोजना, वर्तमान पल में बने रहना। हम जो चाहते हैं, उसे प्रतिक्रियाशील तरीक़े से करने के बजाय हम स्थिति का प्रोएक्टिव तरीक़े से मूल्यांकन करते हैं और उसे करते हैं, जो सही है।

संयम को अनासक्ति का बूट कैंप यानी शुरुआती प्रशिक्षण स्थल मानें। जो विचार आपको सीमित करते हैं, उनसे खुद को अलग कर लें। अपने मन को नई संभावनाओं के प्रति खोलें और जिस तरह कोई सैनिक युद्ध के लिए प्रशिक्षण लेता है, उसी तरह आप पाएँगे कि आपकी बुद्धि ज़्यादा शक्तिशाली होती जाती है। आप पाएँगे कि आप अपनी कल्पना से ज़्यादा सक्षम हैं।

असीमित संयम के काम या चुनौतियाँ हैं, जिन्हें आप आज़मा सकते हैं : अपने टीवी या अपने फ़ोन को छोड़ना, मिठाई या शराब को छोड़ना, शारीरिक चुनौती लेना, गपशप या आलोचना करना छोड़ना, शिकायत करना छोड़ना और तुलना करना छोड़ना। मेरे लिए जो संयम सबसे ज़्यादा शक्तिशाली था, वह था ठंड या गर्मी में ध्यान करना। ठंड से बचने का एकमात्र तरीक़ा अंदर की ओर जाना था। मुझे अपने मन से बात करके शारीरिक कष्ट से ध्यान हटाना सीखना था। मैं अब भी जिम में इस तकनीक का इस्तेमाल करता हूँ। अगर मैं क्रंचेस लगा रहा हूँ,

तो मैं अपनी जागरूकता शरीर के उस हिस्से पर ले जाता हूँ, जिसे कष्ट नहीं हो रहा है। मैं मनोवैज्ञानिक दर्द के लिए इसकी सलाह नहीं देता हूँ! लेकिन शारीरिक दर्द से खुद को अलग करने की यह क्षमता आपको सकारात्मक मायने में दर्द सहन करने की अनुमति देती है। जब आप जानते हैं कि दर्द मूल्यवान है – आप जिम में ज़्यादा शक्तिशाली बन रहे हैं; आप बहुत गर्मी में बच्चों को खाना परोस रही हैं – आप खुद को मानसिक और शारीरिक रूप से आगे धकाने और अपनी सीमाओं का विस्तार करने में सक्षम होते हैं। आप अपने कष्ट से विचलित होने के बजाय सचमुच महत्त्वपूर्ण चीज़ पर ध्यान केंद्रित कर सकते हैं।

हम जागरूकता से शुरू करते हैं। आसक्ति को पहचानें। आप इसका अनुभव कब करते है? आप इसके प्रति सबसे ज़्यादा असुरक्षित कब होते हैं? आइए मान लेते हैं कि आप टैक्नोलॉजी यानी प्रौद्योगिकी के प्रति अनासक्त होना चाहते हैं। आप इसका इस्तेमाल क्यों करते हैं? बोरियत के कारण, आलस की वजह से, कोई ख़बर चूकने के डर से या अकेलेपन को दूर करने के लिए? अगर आप शराब छोड़ना चाहते हैं, तो देखें कि आप दिन में किस समय पीते हैं और कितनी बार पीते हैं। क्या आप इसका इस्तेमाल थकान दूर करने, सामाजिक मेल-जोल करने, खुद को पुरस्कार देने या ग़म भुलाने के लिए कर रहे हैं?

एक बार जब आप आसक्ति का निदान कर लेते हैं, तो अगला कदम है रुककर इस बारे में दोबारा सोचना। आप क्या जोड़ना चाहते हैं और आप क्या घटाना चाहते हैं? आप प्रौद्योगिकी में कितना समय लगाना चाहते हैं और किस रूप में? क्या निश्चित एप हैं, जिन्हें आप पूरी तरह हटाना चाहते हैं, या आप अपने फ़ोन का इस्तेमाल करने के समय को सीमित करना चाहते हैं? शराब पीने के मामले में आप यह सोच सकते हैं कि क्या आपको यह पूरी तरह से छोड़ना चाहिए। या फिर आपको एक महीने तक इसे छोड़ने का प्रयोग करके देखना चाहिए कि आपको खुद के बारे में क्या पता चलता है? या फिर आपको इसकी मात्रा को सीमित करना चाहिए?

तीसरा कदम नए व्यवहार यानी परिवर्तन को अंगीकार करना है। दो आम नीतियाँ हैं, जिनकी मैं सलाह देता हूँ – जो आपके व्यक्तित्व के हिसाब से सबसे ज़्यादा उपयुक्त हो, उसे चुन लें। संन्यासी का तरीक़ा है पूरी तरह से अंदर जाना। अगर डूबना और अतियाँ आपके लिए सबसे अच्छी तरह काम करती हैं, तो आप सोशल मीडिया से एक सप्ताह या एक महीने तक दूर रहने का संकल्प ले सकते हैं। या जैसा मैंने ऊपर सुझाव दिया है, आप एक महीने तक इस काम में संयम बरत सकते हैं। अगर छोटे-छोटे और क्रमिक दोहराव आपके लिए ज़्यादा कारगर हैं, तो एक छोटा परिवर्तन करें और फिर इसे बढ़ाते जाएँ। प्रौद्योगिकी के मामले में आप अपने ऑनलाइन रहने के समय को सीमित कर सकते हैं या शायद कुछ एप्स को हटाए बिना उनके इस्तेमाल को सीमित कर सकते हैं।

यह निर्णय लें कि इससे आपको जो समय मिलेगा, उसे आप कहाँ लगाएँगे। अगर आप अपने यूट्यूब के समय को न्यूनतम करना चाहते हैं, तो तनावमुक्ति या राहत को पाने के दूसरे तरीक़े की तलाश करें। ध्यान मेरा पहला विकल्प होता है। यदि आप सोशल मीडिया में काट-छाँट कर रहे हैं, तो क्या आप ऑनलाइन मित्रों के बजाय असली ज़िंदगी के दोस्तों के साथ बातचीत करना चाहते हैं? शायद प्रोजेक्ट के रूप में आप यह चुन सकते हैं कि कौन से इंस्टाग्राम फ़ोटो किसी एलबम में या आपकी फ़ेसबुक वॉल पर जाने लायक़ हैं। अपने नए मिले हुए समय का इस्तेमाल उसी आवश्यकता को पूरा करने या अधूरे प्रोजेक्ट और कार्यसूची को पूरा करने में करें, जो लंबे समय से अधूरे पड़े हैं।

जब हम कोई परिवर्तन करते हैं, तो शुरुआत में मन बगावत कर सकता है। इस रूपांतरण को आसान बनाने के तरीक़ों की तलाश करें। यदि मैं कम शकर खाना चाहता हूँ, तो शकर को कैंसर से जोड़ने वाले अध्ययन पढ़ने से मेरी बुद्धि मज़बूत होती है और इससे मुझे इस काम में जुटे रहने का प्रोत्साहन मिलता है। उसी समय, मेरी पत्नी "सारे समय का सबसे बुरा स्नैक ड्रॉअर" भरती है। इसमें एक भी 'बुरी' चीज़ नहीं है, एक भी जंक फ़ूड नहीं है। मेरी इंद्रियों को उनका मनचाहा स्नैक्स मिल ही नहीं सकता। मैं उन स्वाभाविक आदतों की भी तलाश करता हूँ, जो मेरी इच्छा को दबाती हैं। मैं ग़ौर करता हूँ कि जिम जाने के बाद मैं कम शकर खाता हूँ। मेरे लिए जिम जाना सारथी को जगाने जैसा होता है। मैं अपनी ऊर्जा बढ़ाने और अपने मूड को बेहतर बनाने के लिए शकर की ओर मुड़ता हूँ, यह पता लगने के बाद मैं दूसरी, ज़्यादा स्वस्थ गतिविधियों की तलाश करता हूँ, जो यही काम कर सकें।

एक बार जब इच्छा के शुरुआती कष्ट कम हो जाते हैं, तो आप अनासक्ति के लाभ महसूस करने लगेंगे। आपको नई स्पष्टता और दृष्टिकोण प्राप्त होगा। आप बंदर मन पर ज़्यादा नियंत्रण महसूस करेंगे। बहरहाल, आप उस चीज़ को नियंत्रित करने की कोशिश छोड़ देंगे, जिसे आप नियंत्रित नहीं कर सकते। मन शांत हो जाएगा और आप डर, अहं, ईर्ष्या या लोभ के बिना निर्णय लेंगे। आप आत्मविश्वासी और माया-मोह से रहित महसूस करेंगे, हालाँकि जीवन अपूर्ण बना रहता है, लेकिन यह जैसा भी है, आप इसे स्वीकार करते हैं और आगे एक स्पष्ट मार्ग देखते हैं।

मन का रखरखाव

अनासक्ति का मतलब यह नहीं है कि हम अपने शरीर और मस्तिष्क को पूरी तरह से नज़रअंदाज़ कर दें। शरीर एक पात्र यानी बर्तन है। हम इसमें रहते हैं, इसलिए यह महत्त्वपूर्ण है। हमें इसकी देखभाल करनी होती है, इसे भोजन देना होता है, इसे

स्वस्थ रखना होता है, लेकिन पात्र तो बस एक वाहक है। सच्चा मूल्य तो उसी का है, जो उसके अंदर है। और जैसा हम बता चुके हैं, मन बुद्धि के नियंत्रण और संयम का एक महत्त्वपूर्ण विरोधी संतुलन है। अपने रथ, घोड़े और लगाम के बिना सारथी के विकल्प सीमित होते हैं। वह धीमा होता है। या वह अपने दम पर ज़्यादा दूर तक यात्रा नहीं कर सकता। या वह किसी थके हुए यात्री को उठाकर उसकी यात्रा में मदद नहीं कर सकता। हम अपने सिर के अंदर की आवाज़ों को ख़त्म नहीं करना चाहते या उस शरीर को, जिसमें हम रहते हैं - हम तो बस उन्हें सही दिशा में ले जाना चाहते हैं - लेकिन इसका मतलब है कि सारथी का काम कभी ख़त्म नहीं होता।

हम सुबह की बदबूदार साँस और आलस के साथ जागते हैं। हर सुबह हम अपने दाँत साफ़ करने और नहाने की ज़रूरत को स्वीकार करते हैं। हम नहाने की ज़रूरत के लिए ख़ुद की आलोचना नहीं करते। जब हमें भूख लगती है, तो हम ख़ुद से यह नहीं कहते हैं, हे भगवान, मैं सबसे बुरा हूँ। मुझे फिर से भूख क्यों लगी? यही धैर्य और समझ तब भी दिखाएँ, जब आपकी प्रेरणा कम हो, आप एकाग्र न हों, चिंतित या व्याकुल हों और सारथी कमज़ोर हो। उसे जगाना नहाने और भोजन करने जैसा है; यह हर दिन की आदत है।

'संसार के सबसे ख़ुश आदमी' मैथ्यू रिकार्ड ने मुझे बताया कि हमें आंतरिक शांति को किसी योग्यता की तरह बढ़ाना चाहिए। उन्होंने बताया, "अगर आप दुख और नकारात्मकता पर सोचते रहते हैं, तो इससे दुख और नकारात्मकता का अहसास उत्पन्न होगा, लेकिन अगर आप करुणा, आनंद और आंतरिक स्वतंत्रता विकसित करते हैं, तो आप एक तरह का लोच उत्पन्न करते हैं और आप आत्मविश्वास से जीवन का सामना कर सकते हैं। जब मैंने उनसे पूछा कि हम वे योग्यताएँ कैसे बढ़ा सकते हैं, तो उन्होंने कहा, "हम अपने मस्तिष्क को प्रशिक्षित करते हैं। अंततः यह आपका मन है, जो पूरे संसार का अनुवाद सुख या दुख में करता है।"

अच्छी ख़बर यह है कि आप अपने मन से गहरा संबंध बनाने का जितना ज़्यादा अभ्यास करते हैं, इसमें उतनी ही कम मेहनत की ज़रूरत होती है। जिस मांसपेशी का आप नियमित व्यायाम करते हैं, उसी तरह आपकी यह योग्यता भी समय के साथ ज़्यादा शक्तिशाली और ज़्यादा विश्वसनीय बन जाती है। यदि हम हर दिन अपने हानिकारक या अनावश्यक विचारों की सफ़ाई करने की मेहनत करते हैं और उन्हें नरमी से दूसरी दिशा में ले जाते हैं, तो हमारा मन शुद्ध और शांत रहेगा; यह विकास के लिए तैयार रहेगा। हम नई चुनौतियों के कई गुना होने और अनियंत्रित होने से पहले ही उनसे निपट सकते हैं और उन्हें सुलझा सकते हैं।

जैसी भगवद्गीता में सलाह दी गई है, "सच्चे ज्ञान को पहचानने के लिए अपनी बुद्धि को विकसित करें। और बुद्धिमत्ता का अभ्यास करें, ताकि आप सत्य

और असत्य, वास्तविकता और माया, अपने झूठे स्व और सच्चे स्व, दैवी गुण और आसुरी गुण, ज्ञान और अज्ञान में भेद जान लें। सच्चा ज्ञान प्रकाशित करता है और स्वतंत्र करता है, जबकि अज्ञान आपकी बुद्धि पर परदा डाल देता है और आपको बंधन में रखता है।"

अक्सर हमारा अहं हमें सच्चे ज्ञान से दूर रखता है। यही हमारे मन को आवेग और धारणा की ओर ले जाता है। अगले अध्याय में हम यह देखेंगे कि यह मन को कैसे प्रभावित करता है और हम इसे सही आकार में कैसे ला सकते हैं।

अध्याय 8

अहं

अगर मुझे पकड़ सकते हो, तो पकड़ो

वे हमेशा के लिए स्वतंत्र हो जाते हैं, जो सारी स्वार्थपूर्ण इच्छाओं का त्याग
कर देते हैं और 'मैं' और 'मेरा' वाले अहं के पिंजरे को तोड़ देते हैं।
—भगवद्गीता, 2:71

संस्कृत शब्द *विनयम* का अर्थ है 'विनम्रता'। जब हम विनम्र होते हैं, तो हम सीखने के प्रति खुले होते हैं, क्योंकि हम यह बात समझते हैं कि बहुत कुछ है, जो हम नहीं जानते हैं। इससे यह निष्कर्ष निकलता है कि सीखने की राह में सबसे बड़ी बाधा खुद को सर्वज्ञाता मानना है। इस झूठे आत्मविश्वास की जड़ अहं में होती है।

भगवद्गीता अहं और झूठे अहं में फ़र्क़ करती है। सच्चा अहं हमारा सार है, वह चेतना जो हमें वास्तविकता के बारे में जागरूक और जाग्रत करती है। झूठा अहं एक पहचान है, जिसे हम इसलिए बनाते हैं, क्योंकि हम अपने सबसे महत्त्वपूर्ण और सर्वज्ञाता होने के अहसास को सुरक्षित रखना चाहते हैं। जब आप झूठे अहं पर विश्वास करते हैं कि यह आपकी रक्षा करेगा, तो यह एक ऐसा कवच पहनने की तरह है, जिसे आप फ़ौलाद से बना मानते हैं, लेकिन जो दरअसल काग़ज़ का बना है। आप युद्धभूमि में पूरे विश्वास से जाते हैं कि यह आपकी रक्षा करेगा, लेकिन आप बटर नाइफ़ से भी आसानी से घायल हो जाते हैं। सामवेद में कहा गया है, "दौलत का घमंड दौलत को नष्ट करता है, शक्ति का घमंड शक्ति को नष्ट करता है और इसी तरह ज्ञान का अहंकार ज्ञान को नष्ट कर देता है।"

अहं एक नक़ाब है

अनियंत्रित अहं हमें नुक़सान पहुँचाता है। ख़ुद को सबसे महान और सबसे चतुर दिखाने की चाह में हम अपने सच्चे स्वभाव को छिपा लेते हैं। मैंने उस परसोना या छवि का ज़िक्र किया है, जो हम संसार के सामने पेश करते हैं। यह एक जटिल घालमेल होता है, जिसमें ये चीज़ें शामिल होती हैं - जो हम हैं, जो हम बनना चाहते हैं, जैसे हम देखे जाना चाहते हैं (इस बारे में अध्याय 1 में चर्चा की गई है) और किसी पल हम क्या महसूस कर रहे हैं। जब हम घर पर अकेले होते हैं, तो हम अलग तरह के इंसान होते हैं, लेकिन संसार के सामने हम अपना एक अलग संस्करण पेश करते हैं। आदर्श दृष्टि से दोनों के बीच इकलौता फ़र्क़ यह होता है कि हमारा सार्वजनिक व्यक्तित्व विचारशील, परवाह करने वाला और उदार दिखने के लिए ज़्यादा कड़ी मेहनत करता है, लेकिन कई बार हमारा अहं बीच में आ जाता है। असुरक्षाओं की वजह से हम ख़ुद को और दूसरों को यह विश्वास दिलाना चाहते हैं कि हम ख़ास हैं, इसलिए हम अपना एक झूठा संस्करण गढ़ लेते हैं, ताकि हम ज़्यादा ज्ञानी, ज़्यादा योग्य, ज़्यादा आत्मविश्वासी दिखें। हम इस फूले हुए अहं को दूसरों के सामने पेश करते हैं और हम इसकी रक्षा के लिए वह सब कुछ करते हैं, जो हम कर सकते हैं : वह स्वरूप, जिसका हम दूसरों को विश्वास दिलाना चाहते हैं। चौथी सदी के संन्यासी इवाग्रियस पॉन्टिकस (जिन्हें इवाग्रियस एकाकी भी कहा जाता है, क्योंकि कई बार संन्यासियों के भी ऐसे यादगार नाम पड़ जाते हैं) ने लिखा था कि अहंकार "आत्मा के सबसे विनाशकारी पतन का कारण होता है।"

गुरूर और अहंकार साथ-साथ चलते हैं। हम संसार के सामने जो स्वरूप दिखाना चाहते हैं, उसे चमकाने की भारी कोशिशें करते हैं। जब हम अपनी ख़ातिर पोशाक पहनते और तैयार होते हैं, तो ऐसा इसलिए होता है, क्योंकि हम आरामदेह और सही महसूस करना चाहते हैं (जो एक दैनिक 'यूनिफ़ॉर्म' से आसानी से हासिल हो जाता है) और इसलिए भी, क्योंकि हम निश्चित पोशाकों के रंग या शैली को पसंद करते हैं, लेकिन अहं ज़्यादा चाहता है - हम कैसे दिखते हैं, इस बारे में यह लोगों का ध्यान खींचना चाहता है, बड़ी प्रतिक्रिया पाना चाहता है और प्रशंसा सुनना चाहता है। दूसरों को प्रभावित करने पर इसका आत्मविश्वास बढ़ता है और इसे ख़ुशी मिलती है। एक मीम में वॉरेन बफ़े और बिल गेट्स को एक साथ दिखाया गया है। कैप्शन में लिखा है, "एक फ़ोटो में 162 अरब डॉलर, लेकिन एक भी गूची बेल्ट नज़र नहीं आ रहा है।" मुझे गूची बेल्टों से कोई दिक़्क़त नहीं है, लेकिन मुद्दे की बात यह है कि आप जो हैं, अगर आप उससे संतुष्ट हैं, तो आपको किसी दूसरे के सामने अपने मूल्य को साबित करने की ज़रूरत नहीं होती।

आपमें और आपके परसोना यानी छवि के फ़र्क़ को समझने के लिए विचार करें कि जब आप अकेले होते हैं, तो आप कौन से विकल्प चुनते हैं, जब आपकी

आलोचना करने के लिए कोई नहीं होता और जब आप किसी को प्रभावित करने की कोशिश नहीं कर रहे होते हैं। केवल आप जानते हैं कि आप ध्यान करने का चुनाव करते हैं या नेटफ्लिक्स देखने का, झपकी लेते हैं या दौड़ने जाते हैं, स्वेटपैंट पहनते हैं या डिज़ाइनर पोशाक पहनने का निर्णय लेते हैं। केवल आप ही जानते हैं कि आप सलाद खाते हैं या गर्ल स्काउट कुकीज़। अपने उस स्वरूप पर विचार करें, जो तब प्रकट होता है, जब आस-पास कोई नहीं होता, जब आपको किसी को प्रभावित नहीं करना होता या किसी से कोई मतलब नहीं निकालना होता। यह इस बात की झलक दिखा देता है कि आप सचमुच कौन हैं। जैसी एक सूक्ति है, "आप वही हैं, जो आप तब होते हैं, जब कोई नहीं देख रहा होता है।"

अहं हमें झूठा बना देता है

कई बार अहं दूसरों को प्रभावित करने की इतनी कड़ी कोशिश करता है कि यह खुद को ऊँचा या श्रेष्ठ दिखाने से भी ज़्यादा करता है। यह हमें झूठ बोलने के लिए प्रेरित करता है। हमारा दाँव उलटा पड़ जाता है और अंततः हम बुरे नज़र आते हैं। सड़क पर चल रहे सामान्य लोगों के साथ जिमी किमेल के एक "लाई विटनेस न्यूज़" इंटरव्यू में उन्होंने कैमरा दल को कोचेला भेजा। वहाँ उन्होंने कार्यक्रम में जाने वाले लोगों से पूछा कि वे अमुक-अमुक बैंडों के बारे में क्या सोचते हैं; पेंच यह था कि इन बैंडों के नाम काल्पनिक थे और ऐसे बैंडों का कोई अस्तित्व ही नहीं था। इंटरव्यू लेने वाली युवती ने दो युवतियों से कहा, "इस साल मेरा प्रिय बैंड है डॉ. स्क्लोमो और जीआई क्लीनिक।"

एक युवती ने जवाब दिया, "हाँ, वे हमेशा ग़ज़ब के होते हैं।"

"हाँ, मैं उन्हें लाइव देखकर सचमुच रोमांचित हो जाती हूँ," दूसरी ने कहा। "मैं सोचती हूँ कि यह एक ऐसा बैंड बनने जा रहा है, जिसे लाइव देखना सचमुच बेहतरीन होगा।"

"क्या आपने उन्हें देखा था, जब उन्होंने लोलापैलूज़ा में कार्यक्रम दिया था?"

"नहीं, मैं नहीं देख पाई। मुझे उसका बहुत अफ़सोस रहा था।"

फिर इंटरव्यू लेने वाली ने तीन के समूह से पूछा, "क्या आप लोग ओबेसिटी एपिडेमिक के बारे में उतने ही रोमांचित हैं, जितनी कि मैं हूँ?"

एक युवक ने उत्साह से प्रतिक्रिया दी, "मुझे उनकी पूरी शैली पसंद है, वैसे उनका सब कुछ बेहतरीन है। वे नवाचारी हैं और नए हैं।"

अहं मान्यता चाहता है, प्रशंसा चाहता है, कद्र की लालसा करता है। अहं सही होना चाहता है, ज़्यादा होना चाहता है, दूसरों को नीचा दिखाना चाहता है, खुद को ऊँचा दिखाना चाहता है। अहं बेहतर नहीं बनना चाहता। यह तो खुद को बेहतर

दिखाना चाहता है। जब हम जीवनभर झूठ बोलते हैं, वह होने का नाटक करते हैं, जो हम नहीं हैं, तो अंततः हम वास्तविकता से भी बदतर दिखते हैं।

फ़्रैंक एबैगनेल जूनियर की कहानी उनके संस्मरण *कैच मी इफ़ यू कैन* और इसी नाम की फ़िल्म में बताई गई है। यह झूठे अहंकार का शानदार उदाहरण है। एबैगनेल एक योग्य चालबाज़ थे, उन्होंने एयरप्लेन पायलट और सर्जन होने का नाटक किया, ऐसी नौकरियाँ जो उन्होंने अर्जित नहीं की थीं और उनके पास उनकी आवश्यक योग्यताएँ नहीं थीं। वे अपने अहंकार में लिपटे रहे और उन्होंने अपनी स्वाभाविक योग्यताओं का इस्तेमाल क्षुद्र व स्वार्थपूर्ण उद्देश्यों से किया और खुद को खो दिया, लेकिन जब वे जेल से रिहा हुए, तो उन्होंने उन्हीं योग्यताओं और गुणों का इस्तेमाल सुरक्षा परामर्शदाता के रूप में ईमानदार जीवन जीने के लिए किया। सच्चा अहं - स्वस्थ आत्म-छवि - सर्वोच्च उद्देश्यों के लिए आपके धर्म पर चलने से आती है। शायद जेल में सज़ा काटते वक़्त उन्हें चिंतन-मनन और विनम्रता का समय मिला होगा और उन्होंने एक ज़्यादा ऊँचे उद्देश्य को पा लिया।

अहं झूठी श्रेणियाँ बनाता है

आत्मविश्वास और ज्ञान का मुखौटा लगाना झूठे अहं की इकलौती रणनीति नहीं है, जिससे यह खुद को और बाक़ी सबको यह विश्वास दिलाता है कि यह महान है। यह दूसरे लोगों को नीचा दिखाने के लिए काफ़ी दूर तक जाता है - क्योंकि अगर दूसरे हमसे 'कम' हैं, तो हम ख़ास हैं। हमारे अहं इसे हासिल करने के लिए खुद की और दूसरे लोगों की शारीरिक विशेषताओं, शिक्षा, नेटवर्थ, जाति, धर्म, राष्ट्रीयता, अपनी कारों, अपनी पोशाकों के आधार पर श्रेणी बनाते हैं - हम दूसरों को नीचा दिखाने वाली आलोचना करने के असंख्य तरीक़े खोज लेते हैं, सिर्फ़ इसलिए क्योंकि वे अलग हैं।

कल्पना करें कि हम लोगों को इस आधार पर अलग कर दें कि वे किस टूथब्रश का इस्तेमाल करते हैं। हमारे शरीर के तत्वों के आधार पर या हम कहाँ पैदा हुए थे, इस आधार पर भेदभाव भी इतना ही झूठा विभाजन है। त्वचा के रंग को ब्लड ग्रुप से ज़्यादा अहमियत क्यों मिलनी चाहिए? हम सभी एक ही कोशिकाओं से आए हैं। दलाई लामा कहते हैं, "चमकते सूरज के तले हममें से कई लोग अलग-अलग भाषाओं, अलग-अलग पोशाक की शैलियों, यहाँ तक कि अलग-अलग धर्मों के साथ इकट्ठे हुए हैं। बहरहाल, हम सभी इंसान होने के नाते समान हैं और हम सभी में अनूठे रूप से 'मैं' का विचार होता है और हम सभी में यह समानता होती है कि हम खुशी पाना चाहते हैं और कष्ट से बचना चाहते हैं।"

अध्याय 5 में हमने भारत की जाति प्रथा में *वर्णों* के ग़लत उपयोग के बारे में बात की थी। जन्म से तय होने वाला ब्राह्मण *वर्ण* बाक़ी *वर्णों* से श्रेष्ठ है, इसलिए

ब्राह्मणों को सरकार में ऊँचे पद मिलने चाहिए, यह विचार *वर्णों* की अहं-संचालित व्याख्या है। विनम्र संत हर प्राणी को समान महत्त्व देता है। इसीलिए संन्यासी जानवरों का मांस नहीं खाते हैं। गीता के अनुसार, "आदर्श योगी वे हैं, जो अपने स्व की तुलना में सभी जीवों की सच्ची समानता देखते हैं, उनकी खुशी और उनके दुख दोनों में।"

जब सफलता हमारे सिर पर सवार हो जाती है, तो हम भूल जाते हैं कि हर व्यक्ति समान है। आप चाहे जो हों और आपने चाहे जो हासिल किया हो, ग़ौर करें कि क्या आप अपने काल्पनिक स्टेटस के कारण विशेष व्यवहार की उम्मीद या माँग करते हैं। जीवन के थिएटर में कोई भी बेहतर सीट का हक़दार नहीं होता। टिकट मिलने से पहले आपको रात को घंटों लाइन में इंतज़ार करना पड़ सकता है, ज़्यादा क़रीब वाली सीट के लिए ज़्यादा पैसे देने पड़ सकते हैं या थिएटर के आपके समर्थन की वजह से आपको कृतज्ञतावश बेहतर सीट दी जा सकती है। या फिर आप बस बेहतर सीट की उम्मीद करते हैं, जैसी हममें से ज़्यादातर लोग करते हैं, लेकिन अगर आप यह महसूस करते हैं कि आपको बेहतर मिलना *चाहिए*, तो उस भावना की गहराई में जाएँ। कौन सी चीज़ आपको बाक़ी दर्शकों से बेहतर बनाती है? **घमंडी अहं सम्मान चाहता है, जबकि विनम्र कार्यकर्ता सम्मान को प्रेरित करता है।**

मैं अक्सर सोचता हूँ कि हम सभी एक-दूसरे को संसार के नागरिक के रूप में कैसे देख सकते हैं और इसके लिए कौन सा तरीक़ा अपनाया जाना चाहिए। मैंने एड काउंसिल के लिए कुछ वीडियो बनाए, जो 'लव हैज़ नो लेबल्स' नामक सार्वजनिक सेवा मुहिम का हिस्सा हैं। ऑरलैंडो में मैंने लोगों से पल्स नाइटक्लब शूटिंग की विभीषिका के बारे में बात की और समुदायों के विभिन्न सदस्यों की कहानियाँ सुनीं कि इस त्रासदी की वजह से वे कैसे एकजुट हुए। मैंने रेवरेंड टेरी स्टीड पियर्स से मुलाक़ात की, जो पल्स के क़रीब के चर्च से हैं और पादरी जोएल हंटर से मिला, जिनका धर्मसमुदाय ज़्यादातर श्वेत है। त्रासदी के बाद उन्होंने मिलकर काम किया और वे मित्र बन गए। "कोई सिर्फ़ इसलिए आशा खोज लेगा, क्योंकि हम बातचीत कर रहे हैं," रेवरेंड पियर्स ने कहा और डॉ. हंटर ने कहा, "और यह भविष्य को बदलने वाला परिणाम है।" जैसा रेवरेंड पियर्स ने कहा, वे दोनों "दो बहुत समान मानसिकता वाले लोग हैं, जो संसार में फ़र्क़ डालना चाहते हैं।"

इस सुंदर मित्रता से यह प्रश्न उत्पन्न होता है : **हमें एक साथ आने के लिए दुखद घटना की ज़रूरत क्यों पड़ती है?** हमारा अहं हमें एक ऐसे मार्ग पर चलाता है, जहाँ हम खुद को और उन्हें ज़्यादा महत्त्वपूर्ण मानने लगते हैं, जिन्हें हम 'अपने जैसा' मानते हैं। ऐसा क्यों है कि हम इस मार्ग पर तब तक चलते रहते हैं, जब तक कि इस पर कोई बुलडोज़र नहीं चलता? सबको समान मानने से अहं क़ाबू

में रहता है। जब भी आप सोचें कि किसी का ओहदा या मूल्य आपसे कम है, तो खुद की ओर नज़र घुमाकर देखें कि आपका अहं जोखिम क्यों महसूस कर रहा है। यह संन्यासियों के लिए बुनियादी चीज़ है कि वे हर एक के साथ समान सम्मान के साथ व्यवहार करें।

आलोचना

भेदभाव किए बिना, बाहरी तौर पर खुद को श्रेष्ठ श्रेणी में रखे बिना या दूसरों को बाहर रखे बिना भी हम दूसरों की आलोचना या मूल्यांकन करके खुद को ऊपर उठाने की कोशिश करते हैं, जिनमें हमारे सहकर्मी, मित्र और परिवार वाले शामिल हैं। चार संन्यासियों के बारे में एक ज़ेन कहानी है, जो सात दिन तक मौन में ध्यान करने का संकल्प लेते हैं। पहला दिन अच्छी तरह गुज़रता है, लेकिन शाम होने पर पहला संन्यासी बेचैन हो जाता है, क्योंकि जिस संन्यासी का काम दीपक जलाने का है, वह स्थिर बैठा हुआ है। आख़िर पहला संन्यासी बोल पड़ता है, "तुम क्या कर रहे हो? दीपक जलाओ!"

दूसरा संन्यासी उसकी ओर मुड़ता है और चिल्लाता है, "तुमने मौन तोड़ दिया!"

तीसरा संन्यासी बीच में कूद पड़ता है, "मूर्खों! तुम दोनों ने मौन तोड़ दिया है!"

चौथा अपने साथियों को देखता है और गर्व भरी मुस्कान के साथ कहता है, "अरे वाह! मैं ही अकेला हूँ, जो चुप रहा।"

इस कहानी का हर संन्यासी बोलने के लिए दूसरे संन्यासी को फटकारता है और ऐसा करते ही वह खुद भी उसी पाप का भागी हो जाता है। यह आलोचना की प्रकृति है : यह लगभग हमेशा किसी न किसी तरह हमें भी अपने लपेटे में ले लेती है। ज़्यादा ऊँचे मानदंडों के हिसाब से न जीने की वजह से जब हम दूसरों की आलोचना करते हैं, तो यह करते समय हम भी सर्वोच्च मानदंडों के अनुरूप नहीं जी रहे हैं।

कई मामलों में ऐसा होता है कि हम खुद में जो कमियाँ देखते हैं, उनसे दूसरों का या अपना खुद का ध्यान हटाने के लिए हम उनकी आलोचना करने लगते हैं। 'प्रोजेक्शन' एक मनोवैज्ञानिक शब्दावली है, जो अपनी भावनाओं को दूसरों पर प्रक्षेपित करने की हमारी प्रवृत्ति दर्शाती है, जिनसे हम खुद के मामले में नहीं निपटना चाहते। और प्रोजेक्शन बहुत होता है! इसलिए दूसरों की आलोचना करने से पहले एक पल ठहरें और पूछें – *क्या मैं अपनी खुद की असुरक्षाओं से खुद को या दूसरों को भटकाने के लिए दोष निकाल रहा हूँ? क्या मैं अपनी खुद की कमज़ोरी उन पर प्रोजेक्ट कर रहा हूँ। और अगर मैं इनमें से कुछ नहीं कर रहा हूँ, तब भी क्या*

मैं उस व्यक्ति से बेहतर हूँ, जिसकी मैं आलोचना कर रहा हूँ? मैं यह नहीं कह सकता कि पहले दो प्रश्नों का आपका जवाब क्या होगा, लेकिन तीसरे प्रश्न का जवाब हमेशा 'नहीं' होगा!

अहं विकास में बाधा है

यह सारी चालबाज़ी और फ़रेब हमें अज्ञान में रखता है। फ्रैंक एबैगनेल की तरह, जिसने पायलट या डॉक्टर की योग्यता हासिल करने के लिए मेहनत नहीं की, उसी तरह प्रभावशाली मुखौटा बनाने की कोशिश की वजह से हम सीख नहीं पाते हैं और विकास नहीं कर पाते हैं। हममें से जो लोग चालबाज़ी में माहिर नहीं हैं, वे भी चूक जाते हैं। जब आप लोगों के समूह में बैठते हैं और किसी की बात के पूरी होने का इंतज़ार करते हैं, ताकि आप अपनी बेहतरीन कहानी सुना सकें या अपनी वाकपटुता दिखाने वाली टिप्पणी कर सकें, तो आप दरअसल कही गई बात को सुन या समझ नहीं रहे हैं। आपका अहं उछल रहा है और यह दिखाने के लिए तैयार है कि आप कितने चतुर और रोचक हैं।

हम सब कुछ जानते हैं, खुद को और दूसरों को यह दिखाने की हमारी इच्छा की वजह से हम निष्कर्षों पर कूदते हैं, अपने मित्रों की बात सुनने में असफल रहते हैं और संभावित रूप से मूल्यवान नए दृष्टिकोण चूक जाते हैं। और एक बार जब हमें दृष्टिकोण मिल जाता है, तो इस बात की बहुत कम संभावना होती है कि हम उसे बदलेंगे। अपनी लोकप्रिय टेड टॉक "जब आप ग़लत होते हैं, तो आप क्यों सोचते हैं कि आप सही हैं" में जूलिया गैलेफ़, जो पॉडकास्ट *रैशनली स्पीकिंग* की होस्ट हैं, कठोरता को 'सैनिक मानसिकता' कहती हैं। सैनिक का काम अपने पक्ष की रक्षा करना है। इसके विपरीत 'स्काउट मानसिकता' होती है। गैलेफ़ कहती हैं, "स्काउट मानसिकता का मतलब है जो कुछ भी देखा जा सकता है, वह सब देखना और यथासंभव सटीकता से देखना, भले ही यह सुखद न हो।" सैनिक पहले ही एक उद्देश्य पर हस्ताक्षर कर चुके हैं, इसलिए वे निरंतरता को महत्त्व देते हैं। स्काउट अपने विकल्पों की जाँच कर रहे हैं, इसलिए वे सत्य को महत्त्व देते हैं। सैनिक मानसिकता की जड़ रक्षात्मकता और कबीलेवाद में है; स्काउट मानसिकता की जड़ उत्सुकता और कौतूहल में है। सैनिक सही पक्ष में होने को महत्त्व देते हैं; स्काउट निष्पक्षता को महत्त्व देते हैं। गैलेफ़ कहती हैं कि हम सैनिक हैं या स्काउट, इसका हमारी बुद्धि या शिक्षा के स्तर से बहुत कम संबंध होता है; इसका ज़्यादातर संबंध तो जीवन के बारे में हमारे नज़रिये से होता है।

जब हमें पता चलता है कि हम किसी चीज़ के बारे में ग़लत थे, तो हम शर्मिंदा होते हैं या कृतज्ञ? जब हमें ऐसी जानकारी मिलती है, जो हमारी मान्यता के विरोध

में होती है, तो हम रक्षात्मक होते हैं या क्या हम रक्षात्मक होते हैं या कौतूहल में होते हैं? अगर हम खुली मानसिकता के नहीं हैं, तो हम सीखने, विकास करने और परिवर्तन करने के अवसरों को नकार देते हैं।

संस्थागत अहं

अहं केवल व्यक्तियों के ही दृष्टिकोण को सीमित नहीं करता है। यह संस्थाओं के साथ भी यही करता है। बंद मानसिकता वाले नेतृत्व के अधीन सरकार, स्कूल और संगठन भी अपने वर्तमान ज्ञान से आगे देखने में असफल रहते हैं और अंततः अहं से संचालित संस्कृति बना लेते हैं। चुने हुए नेता अपने निर्वाचन क्षेत्र और/या दानदाताओं के लिए जूझते हैं और अपने समर्थकों के अलावा बाकी संसार की ज़्यादा चिंता नहीं पालते हैं। वे उनकी भी ज़्यादा चिंता नहीं पालते हैं, जो हम सभी के यहाँ से जाने के बाद आएँगे। पाठ्यपुस्तकें इतिहास को विजेताओं के दृष्टिकोण से बताती हैं। संगठन पूर्ववत-व्यवसाय की मानसिकता में फँस जाते हैं और अपने आस-पास के परिवर्तनों पर प्रतिक्रिया नहीं करते हैं। जब नेटफ्लिक्स के सह-संस्थापक रीड हेस्टिंग्स ने 2000 में अपनी कंपनी की 49 प्रतिशत हिस्सेदारी ब्लॉकबस्टर को बेचने की कोशिश की, तो ब्लॉकबस्टर ने यह पेशकश ठुकरा दी। दस साल बाद ब्लॉकबस्टर दिवालिया हो गई, जबकि आज नेटफ्लिक्स का मूल्य कम से कम 100 अरब डॉलर है। इस तरह के वाक्य ख़तरनाक होते हैं : "हमने यह काम हमेशा इसी तरह किया है," या "मैं पहले ही यह जानता हूँ"।

टैक्नोलॉजी जगत में ब्लॉकबस्टर/ नेटफ्लिक्स की कहानी काफ़ी मशहूर है, इसलिए जब मैंने इसे एक सम्मेलन में 70 मार्केटिंग डायरेक्टर्स को सुनाया, तो मैंने उनसे पूछा, "जब मैंने आपको यह बता दिया है, तो आपमें से कितनों को यह महसूस हुआ कि आप पहले से ही यह जानते थे कि मैं क्या कहने जा रहा हूँ?" उनमें से लगभग आधों ने अपने हाथ उठा दिए। इस पर मैंने उन्हें बताया कि उनकी यह मान्यता ही सटीकता से इन कंपनियों की समस्या थी कि वे पहले से ही वह जानते थे, जो उन्हें जानने की ज़रूरत थी। जब आप ज्ञान का दंभ भरते हैं, तो आप एक अवरोध खड़ा कर लेते हैं, जिसके पार कोई चीज़ नहीं जा सकती और सीखने का एक मौक़ा आपके हाथ से निकल जाता है। अगर उस कहानी में कोई अतिरिक्त ज्ञानवर्धक बात हो, तो क्या होगा? (यह बिंदु अपने आप में अतिरिक्त ज्ञानवर्धक बात थी।) आप जानी-पहचानी चीज़ को ख़ारिज कर सकते हैं या फिर ज़्यादा गहरे विचार बिंदु के रूप में इसका इस्तेमाल कर सकते हैं। भले ही आप सोचते हों कि आप पहले से ही कोई कहानी जानते हैं, लेकिन हर बार इसे एक नए अनुभव की तरह जीने की कोशिश करें।

ज़ेन गुरु नैन-इन के पास एक यूनिवर्सिटी प्रोफ़ेसर ज़ेन के बारे में पूछने आए थे। जब नैन-इन ने चाय डाली, तो उन्होंने आगंतुक का कप पूरा भर दिया, लेकिन इसके बाद भी उसमें चाय डालते रहे। प्रोफ़ेसर ने चाय को छलकते देखा और खुद को यह कहने से रोक नहीं पाए, "यह भर गया है। अब और अंदर नहीं जाएगा!"

नैन-इन ने कहा, "इस कप की तरह ही आप भी अपनी खुद की रायों और अनुमानों से पूरे भरे हुए हैं। मैं आपको ज़ेन कैसे बता सकता हूँ, जब तक कि आप पहले अपना कप ख़ाली न कर लें?" आप ज्ञान और पुरस्कारदायक अनुभवों से तभी भर सकते हैं, जब आप खुद को ख़ाली होने की अनुमति दें।

अहं हमें अकेला कर देता है

जब एक रोमन सेनापति युद्ध जीतकर लौटता था, तो यह परंपरा थी कि एक दास उसके पीछे खड़े होकर उसके कान में फुसफुसाता था, "याद रखो, तुम इंसान हो।" चाहे उसने कितना भी अच्छा प्रदर्शन किया हो और चाहे उसके नेतृत्व के लिए उसकी कितनी ही भारी प्रशंसा की जा सकती हो, फिर भी वह एक इंसान था, जो दूसरे इंसानों की ही तरह था। अगर आप अपने खेल के शिखर पर हों, तो सतर्क रहें। अहं आपको अकेला कर देता है। एक ऐसे संसार में न रहें, जहाँ आप यह सोचने लगें कि आप इतने ख़ास हैं कि एक व्यक्ति इस लायक है कि आपको उसे समय देना चाहिए और दूसरा नहीं है।

एक इंटरव्यू में रॉबर्ट डाउनी जूनियर ने इसी बुद्धिमत्ता का आधुनिक संस्करण बताया था। जब वे घर पर होते हैं, तो वे लौह पुरुष नहीं होते हैं। उन्होंने कहा था, "जब मैं अपने घर के अंदर जाता हूँ, तो लोग ऐसे नहीं होते हैं, 'हौआ आ गया!' इसके बजाय सूसन कहती है, "क्या तुमने मॉन्टी को बाहर निकाला? क्या तुमने बिल्ली को बाहर निकाला?" मैं इस तरह का जवाब देता हूँ, "मैं नहीं जानता।" वह इस तरह की बात कहती है, "मैं नहीं सोचती कि वह घर पर है - जाकर उसे खोजो।" यह उन्हें याद दिलाता है (और हमें भी) कि एक फ़िल्मी सितारा भी अपने घर पर बस एक इंसान होता है। अगर आपको विश्वास है कि आप लौह पुरुष हैं, तो ऐसा इसलिए होना चाहिए, क्योंकि आप वह सचमुच कर सकते हैं, जो लौह पुरुष करता है। यदि आप विशेष व्यवहार को प्रेरित करते हैं, तो ऐसा इसलिए है, क्योंकि लोग आपकी क़द्र करते हैं, लेकिन जब आप इसकी माँग करते हैं या इसके हक़दार महसूस करते हैं, तो आप उस सम्मान की तलाश कर रहे हैं, जिसे आपने अर्जित नहीं किया है।

दोहरी धार वाला अहं

झूठा स्व, जो हमें बनाता है, उतनी ही आसानी से हमें चीर भी डालता है। जब हमारी कमज़ोरियाँ उजागर होती हैं, तो जिस अहं ने हमें कभी बताया था कि हम प्रतिभाशाली और सफल हैं, वह रक्षा करने की स्थिति में नहीं होता है। हमारी छवि, हमारे झूठ, हमारे पूर्वाग्रहों के बिना हम कुछ नहीं हैं, जैसा फ्रैंक एबैगनेल को गिरफ़्तार होते समय महसूस हुआ होगा। अहंकार अक्सर आत्म-गौरव की कमी को छिपाता है और फिर यह कम आत्म-गौरव में रूपांतरित हो जाता है। दोनों ही परिस्थितियों में हम खुद में ज़रूरत से ज़्यादा लिपटे होते हैं और इसे ज़रूरत से ज़्यादा महत्त्व देते हैं कि दूसरे हमारे बारे में क्या सोचते हैं।

आप अपने महत्त्व के मिथक को केवल एक निश्चित समय तक ही रख सकते हैं। **अगर आप अपने अहं को नहीं तोड़ते हैं, तो यकीन मानें जीवन आपके लिए इसे तोड़ देगा।**

मैं तीन साल तक आश्रम में रहा हूँ और मैं अपनी सेहत से जूझ रहा हूँ। मैं इस शरीर से पृथक हूँ, लेकिन फिर भी मुझे रहने के लिए इसकी ज़रूरत है। मैं अंततः अस्पताल में पहुँचता हूँ, थका हुआ, खोया हुआ, दुर्बल।

मैं दो महीने से आयुर्वेदिक उपचार करा रहा हूँ। संन्यासी आते हैं और मुझे धर्मग्रंथ पढ़कर सुनाते हैं, लेकिन मैं अकेला हूँ और मेरे अकेलेपन में दो चीज़ें मेरे दिमाग़ में आती हैं।

सबसे पहले, मैं शारीरिक तौर पर उस जीवन के लिए नहीं बना हूँ, जिसे मैं जीने की कोशिश कर रहा हूँ। दूसरी और ज़्यादा विचलित करने वाली चीज़, हो सकता है कि आश्रम में रहना मेरे जीवन का आह्वान न हो। बुद्धिमत्ता का प्रचार-प्रसार करने की मेरी मुहिम संन्यासियों के साँचे में आदर्श रूप से फ़िट नहीं होती है। मुझे ज़्यादा आधुनिक तरीक़ों से विचार और दर्शन लोगों तक पहुँचाने की ज़रूरत महसूस होती है। यह मेरा धर्म हो सकता है, लेकिन यह संन्यासी बनने का लक्ष्य नहीं है। यह पवित्र परंपरा नहीं है।

मैं नहीं जानता कि क्या यह मार्ग मेरे लिए है।

यह विचार अचानक मेरे मन में आता है और इससे मैं गहराई से विचलित हो जाता हूँ। मैं इसे छोड़ने की कल्पना नहीं कर सकता। और मैं सोचता हूँ कि क्या मेरी शंकाएँ मेरी शारीरिक दुर्बलता की वजह से उत्पन्न हुई हैं। क्या मैं कोई निर्णय लेने के लिए सही मानसिक अवस्था में हूँ?

जब मैं अस्पताल से बाहर आता हूँ, तो मैं आगे की जाँच कराने के लिए लंदन जाता हूँ। राधानाथ स्वामी और मैं कार से घूमने जाते हैं। मैं उन्हें अपने विचार बताता हूँ। वे कुछ समय तक सुनते हैं, कुछ सवाल पूछते हैं और सोचते हैं। फिर वे

कहते हैं, “यूनिवर्सिटी में पढ़ने जाने वाले कुछ लोग प्रोफ़ेसर बन जाते हैं और कुछ यूनिवर्सिटी में पढ़ने के बाद उद्यमी बन जाते हैं। कौन सा बेहतर है?”

“कोई भी नहीं,” मैं कहता हूँ।

“तुमने अपना प्रशिक्षण पूरा कर लिया है। मैं सोचता हूँ कि यहाँ से आगे बढ़ना तुम्हारे लिए सबसे अच्छा रहेगा।”

मैं स्तब्ध हूँ। मुझे उम्मीद नहीं थी कि वे इतनी जल्दी और निर्णायक तरीक़े से एक पक्ष में फ़ैसला सुना देंगे। मैं जानता हूँ कि वे मुझे असफल नहीं मानते हैं, लेकिन मैं ख़ुद को असफल माने बिना नहीं रह पाता। मैं असफल हो गया हूँ और वे मेरे साथ संबंध तोड़ रहे हैं। जैसे वे कह रहे हों, “यह आप नहीं हो, यह मैं हूँ, यह काम नहीं कर रहा है।”

न सिर्फ़ मैं अपने गुरुओं, अपनी योजनाओं, अपने सपने को छोड़ने के विचार से कष्ट में हूँ, बल्कि यह मेरे अहं के लिए भी एक बड़ा आघात है। मैंने इस जगह में, इस संसार में ख़ुद का बहुत ज़्यादा निवेश किया है और मैंने अपने भविष्य की सारी योजनाएँ उस निर्णय के आधार पर बनाई हैं, लेकिन मैं जानता हूँ कि यह सही मार्ग नहीं है और मेरे गुरु जानते हैं कि यह सही मार्ग नहीं है। मैं वह हासिल नहीं कर पाऊँगा, जो मैं हासिल करने निकला था। इससे भी आगे, मैंने अपने परिवार वालों, अपने मित्रों और हर परिचित के सामने इस मार्ग का ऐलान करने का बड़ा क़दम भी उठाया था। मेरा अहं इसमें लिपटा हुआ था कि अगर मैं इसमें असफल हो गया, तो वे मेरे बारे में क्या सोचेंगे। आश्रम में आना सबसे कठोर निर्णय था, जो मैंने कभी लिया था। छोड़ना ज़्यादा मुश्किल निर्णय था।

मैं शून्य के साथ दोबारा अपने माता-पिता के पास लौट आता हूँ, उद्देश्यरहित, टूटा हुआ, अपनी असफलता से चूर, कॉलेज की पढ़ाई के 25,000 डॉलर के कर्ज़ के साथ। थोड़ी चॉकलेट खाना एक तरह से रोमांचक है, लेकिन यह मेरे अस्तित्ववादी संकट का केवल अल्पकालीन समाधान है। मैं यह सोचते हुए वहाँ गया था कि मैं संसार को बदलने जा रहा हूँ। लंदन में लौटने के बाद कोई नहीं जानता है कि मैंने क्या किया है; कोई भी उसका महत्त्व नहीं समझता है। मेरे माता-पिता नहीं जानते कि मुझसे क्या कहें या उनके मित्रों से क्या कहें। मेरे रिश्तेदार मेरे परिवार वालों से पूछ रहे हैं कि क्या मैं होश में आ गया हूँ या मेरे होश ठिकाने आ गए हैं। मेरे कॉलेज के दोस्त यह सोच रहे हैं कि क्या मैं ‘असली’ नौकरी करने वाला हूँ। वे इस तरह की बात करते हैं, “तुम संन्यासी बनने में नाकाम रहे? तुम शून्य के बारे में सोचने में नाकाम रहे?”

मेरा सबसे बड़ा सपना नष्ट हो गया है और मैं अपने अहं पर इस आघात को गहराई से महसूस करता हूँ। यह मेरे जीवन के सबसे मुश्किल, सबसे अपमानजनक, सबसे दर्द भरे अनुभवों में से एक है। और सबसे महत्त्वपूर्ण अनुभवों में से एक भी।

हालाँकि संन्यासी मेरा और मेरे निर्णय का इससे ज़्यादा समर्थन नहीं कर सकते थे, लेकिन आश्रम छोड़ने से हर वह चीज़ उलट गई थी, जिसने मुझे यह आत्मविश्वास दिया था कि मैं कौन था और मैं क्या कर रहा था। जब मेरा संसार डगमगाया, तो मेरा आत्म-गौरव रसातल में पहुँच गया। कम आत्म-गौरव फूले हुए अहं का दूसरा छोर है। अगर हम सब कुछ नहीं हैं, तो हम कुछ नहीं हैं। अगर मैं ऊँचे इरादों और गहरी आध्यात्मिकता वाला इंसान नहीं हूँ, तो मैं असफल हूँ। अगर मैं महान नहीं हूँ, तो मैं बहुत बुरा हूँ। ये दो अतियाँ समान रूप से समस्या उत्पन्न करती हैं। कई बार आपको यह दिखाने के लिए पिचके हुए अहं की ज़रूरत होती है कि फूला हुआ अहं अपने बारे में क्या सोचता था। मुझे विनम्र बना दिया गया था।

विनम्रता अहं का इलाज है

अहं के दो चेहरे होते हैं। एक पल तो यह हमें बताता है कि हम हर चीज़ में बेहतरीन हैं और अगले पल यह हमें बताता है कि हम सबसे बुरे हैं। दोनों ही तरह से हम उसकी वास्तविकता के प्रति अंधे हो जाते हैं, जो हम सचमुच हैं। सच्ची विनम्रता इन दोनों अतियों के बीच की स्थिति को देखना है। *मैं कुछ चीज़ों में बेहतरीन हूँ और बाक़ी में उतना अच्छा नहीं हूँ। मेरे इरादे अच्छे हैं, लेकिन मैं अपूर्ण हूँ।* अहं के सब कुछ या कुछ नहीं के बजाय विनम्रता हमें अपनी कमज़ोरियों को समझने और उन्हें सुधारने की अनुमति देती है।

श्रीमद्भागवतम् के दसवें अध्याय में सृजन के देवता ब्रह्माजी परम ईश्वर कृष्णजी से प्रार्थना करते हैं। वे कृष्णजी से क्षमा माँग रहे हैं, क्योंकि संसार को बनाते समय ब्रह्माजी खुद से काफ़ी प्रभावित थे। फिर वे कृष्णजी से मिलते हैं और स्वीकार करते हैं कि वे जुगनू जैसे हैं।

रात को जब जुगनू चमकता है, *तो यह सोचता है, मैं कितना चमकदार हूँ! कितना अद्भुत! मैं पूरे आसमान में रोशनी कर रहा हूँ!* लेकिन सूरज उगने के बाद, चाहे जुगनू की चमक कितनी ही तेज़ हो, इसकी रोशनी फीकी पड़ जाती है और इसे अपनी महत्त्वहीनता का अहसास हो जाता है। ब्रह्माजी को अहसास हो जाता था कि उन्होंने सोचा था कि वे संसार में प्रकाश कर रहे थे, लेकिन जब कृष्णजी सूरज को बाहर लाते हैं, तो उन्हें अहसास हो जाता है कि वे जुगनू से ज़्यादा नहीं हैं।

अहं के अंधकार में हम सोचते हैं कि हम ख़ास हैं, शक्तिशाली हैं और महत्त्वपूर्ण हैं, लेकिन जब हम विशाल ब्रह्मांड की पृष्ठभूमि में खुद को देखते हैं, तो हमें नज़र आता है कि हम केवल एक छोटी भूमिका ही निभा रहे हैं। सच्ची विनम्रता पाने के लिए जुगनू की तरह हमें भी खुद को तब देखना चाहिए, जब सूरज चमक रहा हो। तब हम स्थिति को ज़्यादा स्पष्टता से देख सकते हैं।

विनम्रता का अभ्यास करें

आश्रम में विनम्रता का सबसे सीधा मार्ग छोटे कामों यानी शारीरिक श्रम के कामों के ज़रिये था, जिन्हें करने वाला लोगों के ध्यान का केंद्र नहीं बनता था। हम पाइप से बड़े बर्तन धोते थे, सब्ज़ियों के बगीचे की खरपतवार उखाड़ते थे और टॉयलेट साफ़ करते थे - सबसे बुरा! मुद्दे की बात सिर्फ़ ज़रूरी काम करना ही नहीं थी। मुद्दे की बात तो हमारे दिमाग़ को फूलने से बचाना भी थी। मैंने इस बारे में बताया है कि मैं इनमें से कुछ कामों में कितनी उलझन महसूस करता था। मैं कचरा उठाने में अपनी विशेषज्ञता क्यों बरबाद कर रहा हूँ? संन्यासियों ने कहा कि मैं असली बात नहीं समझ रहा हूँ। कुछ काम सक्षमता का निर्माण करते हैं और कुछ चरित्र का निर्माण करते हैं। जिन गतिविधियों में दिमाग़ का इस्तेमाल करने की ज़रूरत नहीं होती थी, उनसे मैं चिढ़ता था, लेकिन अंततः मैं यह सीख गया कि जो गतिविधि मानसिक रूप से चुनौती रहित होती है, उसे करने से चिंतन-मनन और आत्म-परीक्षण के लिए जगह ख़ाली होती है। मैं आखिरकार इसका महत्त्व समझ गया।

आश्रम में साधारण काम करने को आधुनिक जगत में पूरी तरह नहीं दोहराया जा सकता, लेकिन कोई भी यह सरल मानसिक अभ्यास कर सकता है, जिसे हम हर दिन अपने अहं के बारे में ज़्यादा जागरूक बनने के लिए करते थे। हमें सिखाया गया था कि दो चीज़ें हैं, जो हमें हमेशा याद रखनी चाहिए और दो चीज़ें हैं जिन्हें हमें भूलने की कोशिश करनी चाहिए।

याद रखने वाली दो चीज़ें ये हैं : हमने दूसरों का जो बुरा किया है और दूसरों ने हमारा जो भला किया है। हमने दूसरों का जो बुरा किया है, उस पर ध्यान केंद्रित करने से हमारे अहं को अपनी अपूर्णताएँ और अफ़सोस याद रखने के लिए मजबूर होना पड़ता है। इससे हम आसमान में नहीं उड़ते हैं, बल्कि ज़मीन पर रहते हैं। जब हम उस भलाई को याद करते हैं, जो दूसरों ने हमारे साथ की है, तो हम दूसरों की आवश्यकता का अहसास करके विनम्र होते हैं और खुद को मिले उपहारों के लिए कृतज्ञ होते हैं।

हमें ये दो चीज़ें **भूलने** को कहा गया था : हमने दूसरों का जो भला किया है और दूसरों ने हमारा जो बुरा किया है। अगर हम अपने अच्छे कामों से प्रभावित होते हैं और उन पर अपना ध्यान केंद्रित करते हैं, तो हमारा अहं बढ़ जाता है, इसलिए हम उन कामों को अलग रख देते हैं। और अगर दूसरे हमारे साथ बुरा बरताव करते हैं, तो हम उसे भी जाने देते हैं। इसका यह मतलब नहीं है कि हमें किसी चोट पहुँचाने वाले का सबसे अच्छा मित्र बनना है, लेकिन क्रोध और द्वेष को मन में रखने से हमारा दृष्टिकोण व्यापक नहीं होता है और हम खुद पर ही ध्यान केंद्रित करते रहते हैं।

इस बारे में सोचने का एक और तरीक़ा था, जो मैंने राधानाथ स्वामी से सुना, जब वे लंदन के मंदिर में आत्म-साक्षात्कार के लिए आवश्यक गुणों पर व्याख्यान दे रहे थे। उन्होंने हमसे कहा कि हम नमक जैसे बनें। उन्होंने संकेत किया कि हमारा ध्यान नमक पर तभी जाता है, जब यह हमारे भोजन में ज़रूरत से ज़्यादा या ज़रूरत से कम होता है। कोई भी कभी नहीं कहता, "वाह, इस भोजन में नमक की आदर्श मात्रा है।" जब नमक का इस्तेमाल सर्वश्रेष्ठ संभव तरीक़े से किया जाता है, तो इस पर किसी का ध्यान नहीं जाता है। नमक इतना विनम्र होता है कि जब कोई चीज़ गड़बड़ हो जाती है, तो यह दोष अपने सिर पर ले लेता है और जब हर चीज़ सही होती है, तो यह कोई श्रेय नहीं लेता है।

1993 में मैरी जॉनसन का बेटा लैरेमियन बर्ड सिर्फ़ बीस साल का था, जब एक पार्टी में विवाद के दौरान सोलह साल के ओशिया इज़राइल ने उसे सिर में गोली मार दी। इसके लिए इज़राइल ने जेल में पंद्रह से ज़्यादा साल की सजा काटी। जॉनसन के पास शायद सबसे तर्कसंगत कारण था कि वह इज़राइल से नफ़रत करे और उसने की। अंततः उसे यह समझ में आ गया कि वह अकेली ही दुखी नहीं थी; इज़राइल के परिवार ने भी अपना बेटा खो दिया था। जॉनसन ने फ्रॉम डेथ टू लाइफ़ नामक एक समर्थन समूह शुरू करने का निर्णय लिया। इसमें वे उन माताओं को शामिल करना चाहती थीं, जिनके बच्चों को मारा गया था और उन्हें भी, जिनके बच्चों ने जान ली थी। जॉनसन को यह नहीं लगा कि वे हत्यारों की माताओं के साथ तब तक तालमेल बैठा सकती हैं, जब तक कि वे इज़राइल को सचमुच माफ़ नहीं कर देतीं, इसलिए उन्होंने उससे मिलने की पेशकश की। जब वे मिले, तो इज़राइल ने पूछा कि क्या वह उन्हें गले लगा सकता है। वे कहती हैं, "जब मैं उठकर खड़ी हुई, तो मुझे अहसास हुआ कि कोई चीज़ मेरे पैरों के तलवों से निकल रही है और मुझे छोड़कर जा रही है।" इस शुरुआती मुलाक़ात के बाद दोनों नियमित रूप से मिलते रहे और जब इज़राइल को जेल से रिहा किया गया, तो जॉनसन ने अपने मकान मालिक से बात की और पूछा कि क्या इज़राइल उनकी इमारत में आकर रह सकता है। जॉनसन कहती हैं, "क्षमा न करना कैंसर जैसा होता है। यह आपको अंदर से खा जाएगा।" वे दोतरफ़ा लॉकेट नेकलेस पहनती हैं, जिसमें एक तरफ़ उनकी अपने बेटे के साथ तसवीर है, और दूसरी तरफ़ इज़राइल की तसवीर है, जो कहता है कि वह अब भी खुद को माफ़ करने की कोशिश कर रहा है। ये दोनों अब आस–पास रहते हैं, जेलों तथा चर्चों में जाते हैं और अपनी कहानी के साथ-साथ क्षमा की शक्ति पर व्याख्यान देते हैं।

अपनी ग़लतियों को याद रखने और अपनी उपलब्धियों को भूलने से अहं क़ाबू में रहता है और कृतज्ञता बढ़ती है – विनम्रता का एक आसान, प्रभावी नुस्ख़ा।

अपने अहं पर नज़र रखें

बढ़ी हुई जागरूकता के साथ हम विशिष्ट पलों या परिस्थितियों पर ग़ौर करने लगते हैं, जब हमारे अहं फूलते हैं।

एक बार आश्रम का एक समूह स्कैंडिनेविया के पार बैकपैक यात्रा पर गया और शहरी केंद्रों में पॉप-अप ध्यान सत्र आयोजित किए। हमें जो लोग मिले, उनमें से ज़्यादातर बहुत स्नेहिल थे, स्वास्थ्य में रुचि रखते थे और ध्यान के बारे में जानने को उत्सुक थे, लेकिन डेनमार्क में हमारे पड़ाव पर मैं एक सज्जन के पास गया और उससे पूछा, "क्या आपने ध्यान के बारे में सुना है? हम आपको यह सिखाना पसंद करेंगे।"

वह बोला, "क्या तुम अपने जीवन में इससे बेहतर कोई चीज़ नहीं कर सकते?"

मेरा अहं भड़क गया। मैं कहना चाहता था, "मैं मूर्ख नहीं हूँ। मैं स्मार्ट हूँ! मैंने एक बहुत अच्छे कॉलेज से डिग्री ली है! मैं एक लाख डॉलर से ज़्यादा कमा सकता था। मुझे यह सब मजबूरी में नहीं करना पड़ रहा है - मैंने इसे करने का विकल्प चुना था!" मैं उस आदमी को सचमुच सही करना चाहता था।

इसके बजाय मैंने कहा, "मुझे आशा है कि आपका दिन अच्छा रहे। अगर आप सीखना चाहते हों कि ध्यान कैसे करना है, तो कृपया लौटकर आएँ।"

मुझे अपने अहं की प्रतिक्रिया महसूस हुई। मैंने उस पर ग़ौर किया, लेकिन इसकी बात मानने से इंकार कर दिया। यह अपने अहं पर नियंत्रण रखने की हक़ीक़त है। यह ग़ायब नहीं होता, लेकिन हम इसे देख सकते हैं और हम खुद पर इसकी शक्ति को सीमित कर सकते हैं।

सच्ची विनम्रता अहं के दमन से एक क़दम आगे है, जो मैंने किया। लंदन के मंदिर में एक क्लास में मेरे कुछ साथी संन्यासी अभद्र हो रहे थे - हम जो अभ्यास कर रहे थे, उस पर हँस रहे थे, जबकि उन्हें शांत रहना चाहिए था। मैंने हमारे गुरु सुतपा को देखा, जो लंदन के मुख्य संन्यासी थे। मुझे उम्मीद थी कि सुतपा उन्हें फटकार लगाएँगे, लेकिन वे शांत रहे। क्लास के बाद मैंने उनसे पूछा कि उन्होंने उन लोगों के व्यवहार को क्यों बर्दाश्त किया।

वे बोले, "तुम यह देख रहे हो कि वे आज कैसा व्यवहार कर रहे हैं। मैं यह देख रहा हूँ कि वे कितनी दूर तक आ गए हैं।"

संन्यासी उस भलाई को याद कर रहे थे, जो उन्होंने की थी। वे उस बुराई को भूल रहे थे, जो उन्होंने की थी। उन्होंने उन लोगों को व्यवहार को अपने प्रति बदतमीज़ी नहीं माना; उन्होंने इसे अपने सम्मान पर आघात नहीं माना। उन्होंने ज़्यादा लंबा दृष्टिकोण अपनाया कि इसका उनसे कोई संबंध नहीं था।

अगर कोई आपके साथ बुरा बरताव कर रहा है, तो मैं यह सलाह नहीं दे रहा हूँ कि आप संन्यासी की तरह इसे बर्दाश्त करें। कुछ ग़लत व्यवहारों को स्वीकार नहीं करना चाहिए, लेकिन पल के पार जाकर सामने वाले के अनुभव की ज़्यादा बड़ी तसवीर देखने से लाभ होता है - क्या वे थके हुए हैं? कुंठित हैं? जहाँ वे कभी थे, वहाँ से सुधार कर रहे हैं? अपने अहं को कूदने का मौक़ा देने के बजाय यह विचार करें कि वे किस कारण ऐसा व्यवहार कर रहे हैं। हर एक की कहानी होती है और कई बार हमारे अहं इसे नज़रअंदाज़ करने का चुनाव करते हैं। हर चीज़ को व्यक्तिगत रूप से न लें - आम तौर पर इसका आपसे कोई संबंध नहीं होता।

अपने अहं से अलग हों

संन्यासी और मैंने दोनों ने ही अपने अहं को शांत करने के लिए एक ही नीति का पालन किया। हम प्रतिक्रिया से अनासक्त हो गए और निरपेक्ष दर्शक बन गए। हम सोचते हैं कि हम वह हर चीज़ हैं, जो हमने हासिल की है। हम सोचते हैं कि हम वह हैं, जो हमारी नौकरी है। हम सोचते हैं कि हम अपना आलीशान घर हैं। हम सोचते हैं कि हम अपना यौवन और सौंदर्य हैं। पहचानें कि आपके पास जो भी है - योग्यता, सबक़, संपत्ति या सिद्धांत - वह आपको दिया गया था और जिसने आपको यह दिया था, वह उसे किसी दूसरे से मिला था। यह सीधे भगवद्गीता से नहीं लिया गया है, लेकिन अनासक्ति के सार के रूप में लोग अक्सर यह कहते हैं, **"आज जो आपका है, वह कल किसी और का था और आने वाले कल में किसी और का होगा।"** आपके आध्यात्मिक विश्वास चाहे जो हों, जब आप इस बात को पहचान लेते हैं, तो आप यह देखने लगते हैं कि आप एक पात्र हैं, औज़ार हैं, रखवाले हैं, संसार की महानतम शक्तियों के साधन हैं। आप अपने गुरु को धन्यवाद दे सकते हैं और उस उपहार का इस्तेमाल ज़्यादा ऊँचे उद्देश्य के लिए कर सकते हैं।

अनासक्ति स्वतंत्र कर देती है। जब हम अपनी उपलब्धियों से परिभाषित नहीं होते हैं, तो दबाव हट जाता है। हमें सर्वश्रेष्ठ बनने की ज़रूरत नहीं है। मुझे डेनमार्क का सबसे प्रभावशाली अतिथि संन्यासी बनने की ज़रूरत नहीं है। मेरे गुरु को अपने विद्यार्थियों को हर पल स्तब्ध आश्चर्य में बैठे देखने की ज़रूरत नहीं है।

अनासक्ति कृतज्ञता को प्रेरित करती है। जब हम स्वामित्व को छोड़ देते हैं, तो हमें अहसास होता है कि हमने जो भी किया है, वह सब दूसरों की सहायता से किया है : माता-पिता, गुरु, कोच, बॉस, पुस्तकें - यहाँ तक कि जो व्यक्ति 'स्व-निर्मित' है, उसके ज्ञान और योग्यताओं की जड़ें भी दूसरों के काम में होती हैं। जब हम अपनी उपलब्धियों के लिए कृतज्ञ महसूस करते हैं, तो हम याद रखते हैं कि यह हमारे

दिमाग़ पर हावी न हो जाए। आदर्श दृष्टि से कृतज्ञता हमें अपने ख़ुद के तरीक़े से शिक्षक और मार्गदर्शक बनने के लिए प्रेरित करती है। यह हमें दी गई चीज़ों को किसी न किसी रूप में आगे बढ़ाने के लिए प्रेरित करती है।

इसे आज़माएँ : अहं का रूपांतरण करना

अपने अहं से अलग होने और विचारशील, सकारात्मक प्रतिक्रिया देने के लिए इन अवसरों की तलाश करें।

1. *अपमान होना :* अपने अहं पर ग़ौर करें, सामने वाले की नकारात्मकता के बारे में व्यापक दृष्टिकोण रखें और अपमान पर नहीं, बल्कि स्थिति पर प्रतिक्रिया दें।

2. *बधाई या प्रशंसा मिलना :* इस अवसर पर उस शिक्षक के प्रति कृतज्ञ बनें, जिसने इस गुण को आगे बढ़ाने में आपकी मदद की।

3. *किसी पार्टनर के साथ बहस करना :* सही होने या जीतने की इच्छा इसलिए उत्पन्न होती है, क्योंकि आपका अहं कमज़ोरी स्वीकार नहीं करना चाहता। याद रखें, आप सही हो सकते हैं या आप आगे बढ़ सकते हैं। सामने वाले के पहलू को देखें। लड़ाई में हार जाएँ। एक दिन इंतज़ार करें और देखें कि यह कैसा महसूस होता है।

4. *लोगों से ऊपर होना :* जब हम दूसरों की बात सुनते हैं, तो हम अक्सर ऐसी कहानी सुनाकर उनसे ऊपर होना चाहते हैं, जो दिखाती है कि हमने इसे उनसे बेहतर या बदतर कैसे किया। इसके बजाय समझने और मान्यता देने के लिए सुनें। चेतन बनें। ख़ुद के बारे में कुछ न कहें।

असफलता के बाहर क़दम रखें

जब हम असुरक्षित महसूस करते हैं - हम वहाँ नहीं हैं, जहाँ हम अपने करियर, अपने संबंधों या ख़ुद के लिए तय दूसरे मील के पत्थरों के संदर्भ में होना चाहते हैं - तो या तो अहं हमारी रक्षा के लिए आता है या हमारा आत्म-गौरव रसातल में पहुँच जाता है। दोनों ही मामलों में यह हमारे बारे में होता है। *केयर ऑफ़ द सोल* पुस्तक में साइकोथैरेपिस्ट और पूर्व संन्यासी टॉमस मूर लिखते हैं, "असफलता से सचमुच तबाह होना 'नकारात्मक आत्ममुग्धता' जैसा है... कल्पना की मदद से असफलता की क़द्र करने पर हम इसे सफलता से दोबारा जोड़ लेते हैं। इस जुड़ाव के बिना काम सफलता की भव्य आत्ममुग्ध फंतासियों और असफलता की दुखद भावनाओं में विभक्त हो जाता है।" आप जहाँ हैं, उसे स्वीकार करना विनम्रता है,

जबकि आप इसे इस बात का प्रतिबिंब नहीं मानते हैं कि आप कौन हैं। तब आप सफलता खोजने के लिए अपनी कल्पना का इस्तेमाल कर सकते हैं।

सारा ब्लैकली लॉ कॉलेज जाना चाहती थीं, लेकिन दो बार परीक्षा देने के बाद भी उन्हें एलएसएटी का वह स्कोर नहीं मिला, जो वे चाहती थीं। वकील बनने के बजाय उन्होंने सात साल तक घर-घर जाकर फ़ैक्स मशीनें बेचीं, लेकिन वे अपने डैडी की सिखाई एक बात नहीं भूलीं। हर रात को डाइनिंग टेबल पर उनके डैडी उनसे और उनके भाई से यह नहीं पूछते थे, "आज तुमने स्कूल में क्या किया?" बल्कि यह पूछते थे, "आज तुम किसमें असफल रहे?" असफल होने का मतलब था कि वे कोशिश कर रहे थे और यह त्वरित परिणाम से ज़्यादा महत्त्वपूर्ण था। जब सारा के मन में उनकी खुद की कंपनी शुरू करने का विचार आया, तो वे जानती थीं कि एकमात्र असफलता यही होगी कि वे कोशिश न करें, इसलिए उन्होंने अपने 5,000 डॉलर लिए और वह बिज़नेस शुरू किया, जिसने पंद्रह साल में उन्हें अरबपति बना दिया - स्पैंक्स। प्रायः हम अवसरों का लाभ इसलिए नहीं लेते हैं, क्योंकि हम असफलता से डर जाते हैं और अक्सर इसका कारण यह होता है कि हमारे अहं चोट पहुँचने से डरते हैं। अगर हर चीज़ हमारे सोचे अनुसार तुरंत न हुई, तो हम टूट जाएँगे, जब हम इस विचार को पार कर लेते हैं, तो हमारी क्षमताओं का कई गुना विस्तार हो सकता है।

ब्लैकली के इलहाम का मेरा खुद का संस्करण लंदन में आया, जब मुझे आश्रम छोड़े हुए एकाध सप्ताह हुआ था।

मेरा यह विश्वास था कि मेरा धर्म संन्यासी के रूप में सेवा करना था, बुद्धिमत्ता और सहायता का प्रचार-प्रसार करना था। अब जब मैं अपने बचपन के घर लौट आया था, तो मैं इससे नीचे के किसी उद्देश्य से समझौता नहीं करना चाहता था। मैं क्या कर सकता हूँ? हमारा परिवार समृद्ध नहीं है। मैं बस शांति से बैठकर इस बात का इंतज़ार नहीं कर सकता कि जवाब हवा में से अपने आप आ जाएँगे। मैं डरा हुआ हूँ, घबराया हुआ हूँ, चिंतित हूँ। मुझे जो नहीं बनने का प्रशिक्षण दिया गया था, मैं तेज़ी से वह सब बन रहा हूँ।

एक रात, डिनर के बाद बर्तन धोते समय मैं सिंक के ऊपर खिड़की से बाहर देखता हूँ। बाहर बगीचा है, लेकिन अँधेरे में मुझे केवल अपना खुद का प्रतिबिंब दिखाई देता है। मैं सोचता हूँ, अगर मैं इस वक़्त आश्रम में होता, तो क्या कर रहा होता? शाम के 7 बजे थे और मैं शायद पढ़ रहा होता या व्याख्यान देने जा रहा होता। मैं एक पल आश्रम के एक मार्ग पर चलने का मानसिक चित्र देखता हूँ, जब मैं शाम की क्लास के लिए लाइब्रेरी की ओर जा रहा हूँ, फिर मैं सोचता हूँ, दिन का वही समय यहाँ भी तो है। मेरे पास इस समय भी एक विकल्प है। यदि मैं इस समय का समझदारी से इस्तेमाल करता हूँ, तो मैं इस शाम को अर्थपूर्ण और

उद्देश्यपूर्ण बना सकता हूँ, जैसा मैं आश्रम में करता या फिर मैं इसे आत्म-करुणा और अफ़सोस में बरबाद कर सकता हूँ।

तब मैंने अपने पिचके हुए अहं को छोड़ा और यह अहसास किया कि संन्यासी के रूप में मुझे चिंता, दर्द और दबाव से निपटने का तरीक़ा सिखाया गया था। मैं अब ऐसी जगह पर नहीं हूँ, जहाँ इन लक्ष्यों को हासिल करना स्वाभाविक और आसान हो, लेकिन इस ज़्यादा शोर भरे और जटिल संसार में मैं अपनी सीखी हुई चीज़ों का यहाँ इम्तिहान ले सकता हूँ। आश्रम स्कूल जैसा था; यह इम्तिहान है। मुझे पैसे कमाने हैं और मेरे पास अभ्यास करने के लिए उतना समय नहीं होगा, लेकिन अभ्यास की गुणवत्ता मुझ पर निर्भर करती है। मैं दो घंटे तक धर्मग्रंथों का अध्ययन नहीं कर सकता, लेकिन मैं एक छंद हर दिन पढ़कर उस पर अमल कर सकता हूँ। मैं अपने हृदय को साफ़ करने के लिए मंदिरों की सफ़ाई नहीं कर सकता, लेकिन मैं अपने घर की सफ़ाई करने में विनम्रता खोज सकता हूँ। यदि मैं अपने जीवन को अर्थहीन देखता हूँ, तो यह ऐसा ही बन जाएगा। अगर मैं अपने धर्म के अनुसार जीने के तरीक़े खोजता हूँ, तो मैं उसमें कामयाब हो जाऊँगा।

मैं हर दिन इस तरह के कपड़े पहनने लगता हूँ, जैसे मेरे पास नौकरी हो। मैं अपना ज़्यादातर समय लाइब्रेरी में बिताता हूँ। मैं वहाँ बैठकर व्यक्तिगत विकास, व्यवसाय और टैक्नोलॉजी के बारे में व्यापक अध्ययन करता हूँ। विनम्र बनने के बाद मैं जीवन का विद्यार्थी बनने की ओर लौट जाता हूँ। यह संसार में दोबारा दाख़िल होने का एक शक्तिशाली तरीक़ा है।

शिकार बनने का मतलब यह है कि अहं उलट-पुलट हो गया है। आपको यह विश्वास होता है कि आपके साथ संसार की सबसे बुरी चीज़ें होती हैं। आपको राबरो बुरे पत्ते मिले हैं।

जब आप असफल होते हैं, तो शिकार या पीड़ित होने के अहसास के सामने घुटने न टेकें। इसके बजाय उस पल को विनम्रता का लंगर मानें, जो आपको ज़मीन से जोड़े हुए है। फिर खुद से पूछें, "मेरा आत्मविश्वास किस चीज़ से दोबारा बढ़ेगा?" यह किसी बाहरी घटक से नहीं बढ़ेगा, जो आपके नियंत्रण से परे हो। मैं इस बात को नियंत्रित नहीं कर सकता कि कोई मुझे नौकरी देगा या नहीं, लेकिन मैं अपने असली स्वरूप में रहने और अपनी प्रिय चीज़ों को करने के तरीक़े पर ध्यान केंद्रित कर रहा था। मैं जानता था कि इससे मेरा आत्मविश्वास बढ़ जाएगा।

अहं नहीं, आत्मविश्वास बढ़ाएँ

विडंबना यह है : अगर आपने कभी नाटक किया है कि आप कोई चीज़ जानते हैं, तो आपको शायद यह पता चला होगा कि अक्सर आत्मविश्वास का नाटक करने

और घमंड को पोषण देने में भी ऊर्जा की उतनी ही मात्रा लगती है, जितनी कि मेहनत करने, अभ्यास करने और सच्चा आत्मविश्वास हासिल करने में लगती है।

विनम्रता आपको अपनी शक्तियों और कमज़ोरियों को स्पष्टता से देखने की अनुमति देती है, ताकि आप काम कर सकें, सीख सकें और विकास कर सकें। आत्मविश्वास और उच्च आत्म-गौरव आपको अपने वर्तमान स्वरूप में खुद को स्वीकार करने में मदद करते हैं - विनम्र, अपूर्ण, लेकिन प्रयासरत। फूले हुए अहं और स्वस्थ आत्म-गौरव में घालमेल न करें।

अहं चाहता है कि हर कोई आपको पसंद करे। उच्च आत्म-गौरव को इससे दिक्कत नहीं होती कि हर व्यक्ति आपको पसंद नहीं करता। अहं सोचता है कि यह हर चीज़ जानता है। आत्म-गौरव सोचता है कि यह किसी से भी सीख सकता है। अहं खुद को साबित करना चाहता है। आत्म-गौरव खुद को व्यक्त करना चाहता है।

अहं	आत्म-गौरव
डरता है कि लोग क्या कहेंगे	लोग जो कहते हैं, उसे फ़िल्टर करता है
दूसरों से तुलना करता है	स्वयं से तुलना करता है
खुद को साबित करना चाहता है	अपने वास्तविक स्वरूप में रहना चाहता है
हर चीज़ जानता है	किसी से भी सीख सकता है
शक्तिशाली होने का नाटक करता है	असुरक्षित रहने में दिक्कत नहीं होती
चाहता है कि लोग उसका सम्मान करें	स्वयं का और दूसरों का सम्मान करता है

ऊपर दी गई टेबल फूले हुए अहं और स्वस्थ आत्म-गौरव के फ़र्क़ को ही नहीं दिखाती है। इसका इस्तेमाल आपके आत्मविश्वास को बढ़ाने की मार्गदर्शिका के रूप में भी किया जा सकता है। यदि आप ग़ौर से देखते हैं, तो आपको दिख जाएगा कि आप जो स्व-जागरूकता विकसित कर रहे हैं, वह विनम्रता और आत्म-गौरव के आपस में गुँथे हुए गुणों को बढ़ाती है। लोग क्या कहेंगे, इस बारे में चिंता करने के बजाय हम लोगों की बातों को फ़िल्टर कर देते हैं। दूसरों से अपनी तुलना करने के बजाय हम अपने दिमाग़ की सफ़ाई करते हैं और खुद को बेहतर बनाने की कोशिश करते हैं। खुद को साबित करना चाहने के बजाय हम अपने असली स्वरूप में पहुँचना चाहते हैं। इसका अर्थ यह है कि हम बाहरी इच्छाओं से कमियों से विचलित नहीं होते। हम संकल्प के साथ अपने धर्म में जीना चाहते हैं।

छोटी-छोटी जीत

छोटी-छोटी जीतों को इकट्ठा करने से आत्मविश्वास बढ़ता है। ओलिंपिक में तैराकी की स्वर्ण पदक विजेता जेसिका हार्डी कहती हैं, "मेरे दीर्घकालीन लक्ष्य वे हैं, जिन्हें मैं अपने 'सपने' मानूँगी और मेरे अल्पकालीन लक्ष्य एक दिन या एक महीने में हासिल किए जा सकते हैं। मैं अपने अल्पकालीन लक्ष्य ऐसे बनाती हूँ, जो मुझे बेहतर महसूस कराएँ और मेरे दीर्घकालीन लक्ष्यों की ज़्यादा अच्छी तैयारी करने में मेरी मदद करें।"

इसे आज़माएँ : लिख लें कि आप किन क्षेत्रों में सचमुच आत्मविश्वासी बनना चाहते हैं

स्वास्थ्य, करियर, संबंध – इन तीनों में से कोई एक चुन लें

लिख लें कि इस क्षेत्र में आपको कौन सी चीज़ आत्मविश्वासी महसूस कराएगी, कोई ऐसी चीज़ जो यथार्थवादी भी हो और हासिल करने योग्य भी।

अपने क्षेत्र को छोटी–छोटी जीतों में तोड़ लें। ऐसी चीज़ें जिन्हें आप आज ही हासिल कर सकते हों।

फ़ीडबैक आमंत्रित करें

आत्मविश्वास का मतलब है यह निर्णय लेना कि आप क्या बनना चाहते हैं। इसका मतलब है यह काम करते समय इस बारे में चिंता न करना कि दूसरे लोग क्या सोचते हैं, लेकिन इसका मतलब यह भी है कि आप अपने सर्वश्रेष्ठ स्वरूप में पहुँचने के लिए दूसरों से प्रेरित होते हैं और उनका सहयोग लेते हैं। अच्छे, समझदार, सेवाभाव रखने वाले लोगों के साथ समय बिताएँ और आप विनम्र महसूस करेंगे – और नेकी, बुद्धिमत्ता और सेवा के लिए प्रोत्साहित होंगे।

फ़ीडबैक माँगने के लिए अपने सलाहकार समझदारी से चुनें। फ़ीडबैक माँगते समय हम आम तौर पर दो ग़लतियों में से कोई एक करते हैं। हम एक समस्या के बारे में हर एक से सलाह माँगते हैं या फिर हम एक ही व्यक्ति से अपनी सारी समस्याओं के बारे में सलाह माँगते हैं। अगर आप ज़्यादा व्यापक रूप से सलाह माँगें, तो आपको 57 अलग-अलग विकल्प मिलेंगे, जिनसे आप अभिभूत या दुविधाग्रस्त हो जाएँगे और भटक जाएँगे। दूसरी ओर, अगर आप अपनी सारी दुविधाएँ एक ही व्यक्ति पर लाद देते हैं, तो वह अभिभूत हो जाएगा, इस योग्य नहीं होगा और आपका बोझ उठाते-उठाते किसी बिंदु पर थक जाएगा।

इसके बजाय विशिष्ट क्षेत्रों में परामर्श के लिए छोटे समूह बनाएँ। यह सुनिश्चित करें कि आप सही चुनौतियों के लिए सही लोगों का चुनाव करें। अध्याय दस में हम उन लोगों को खोजने के बारे में ज़्यादा गहराई से बात करेंगे, जो सक्षमता, चरित्र, परवाह और निरंतरता प्रदान करते हैं, लेकिन हाल-फ़िलहाल उपयोगी फ़ीडबैक को पहचानने के लिए स्रोत पर विचार करें : क्या वह व्यक्ति विशेषज्ञ है? क्या उसके पास इतना अनुभव और बुद्धिमत्ता है कि वह आपको उपयोगी सलाह दे सकता है? यदि आप अपने सलाहकार समझदारी से चुनते हैं, तो आपको जब ज़रूरत होगी, तब सही मदद मिलेगी और आपका वहाँ पर स्वागत भी होगा।

संन्यासी नीति यह है कि आप अपने गुरु (अपने मार्गदर्शक), *साधु* (दूसरे गुरु और संत) और *शास्त्र* (ग्रंथ) की ओर देखें। हम इन तीनों स्रोतों के बीच एकरूपता की तलाश करते हैं। आधुनिक संसार में हममें से कई के पास 'मार्गदर्शक' नहीं होते हैं और अगर होते भी हैं, तो हम उन्हें शिक्षकों से भिन्न श्रेणी में नहीं रखते हैं। न ही हम सभी धार्मिक ग्रंथों के अनुयायी होते हैं, लेकिन यहाँ संन्यासी विश्वसनीय स्रोतों से सलाह चाहते हैं, जो आपके लिए सर्वश्रेष्ठ चाहते हैं, लेकिन जो अलग-अलग दृष्टिकोण पेश करते हैं। उन लोगों में से चुनाव करें, जो आपके भावनात्मक स्वास्थ्य की सबसे ज़्यादा परवाह करते हैं (अक्सर मित्र और परिवार, जो गुरु का काम करते हैं), वे जो आपके बौद्धिक विकास और अनुभव को प्रोत्साहित करते हैं (ये मार्गदर्शक या शिक्षक हो सकते हैं, *साधु* के रूप में काम कर सकते हैं), और वे जिनके जीवनमूल्य और संकल्प आपके समान हों (धार्मिक मार्गदर्शक और/या वैज्ञानिक तथ्य, जो *शास्त्र* का काम करते हैं)।

हमेशा अप्रत्याशित फ़ीडबैक के बारे में सतर्क रहें। ज़्यादातर उपयोगी फ़ीडबैक बिना माँगे मिलता है, ग़ैर-इरादतन भी। आप पर लोगों की ग़ैर-शाब्दिक प्रतिक्रिया कैसी होती है, उस पर क़रीबी ध्यान देकर अहं को नियंत्रित करें। क्या उनके चेहरे के भाव कौतूहल दिखाते हैं या फिर बोरियत दिखाते हैं? क्या वे चिड़चिड़े, आंदोलित और थके हुए दिखते हैं? इंट्रीग या बोरियत दिखाती हैं? यहाँ एक बार फिर सामंजस्य या एकरूपता की तलाश करें। जब आप किसी विषय पर बात करते हैं, तो क्या कई अलग-अलग लोगों को जम्हाई आने लगती है? इसे उनका फ़ीडबैक मानें और इसका विश्लेषण करें।

जब लोग अपने विचार बताएँ, तो हमें सावधानी और समझदारी से चुनना चाहिए कि हम किनका अनुसरण करेंगे। अहं यह विश्वास करना चाहता है कि यह सबसे ज़्यादा जानता है, इसलिए यह तुरंत ही फ़ीडबैक को आलोचना के रूप में ख़ारिज कर देता है। इसका दूसरा पहलू यह है कि पिचका हुआ अहं वहाँ भी आलोचना देख लेता है, जहाँ यह होती ही नहीं है। यदि आपकी नौकरी के आवेदन पर यह जवाब मिलता है, "माफ़ करें, हमारे पास बहुत से आवेदन हैं," तो यह उपयोगी फ़ीडबैक नहीं है।

इसलिए क्योंकि यह आपको आपके बारे में कुछ नहीं बताता है।

इन बाधाओं से निपटने का मार्ग फ़ीडबैक को फ़िल्टर करना है। आलोचना करने के बजाय चिंतन-मनन करें। जिज्ञासु बनें। यह नाटक न करें कि आप सब कुछ समझते हैं। ऐसे सवाल पूछें, जिनसे सामने वाले की बात पूरी तरह स्पष्ट हो जाए। ऐसे सवाल पूछें, जिनसे आपको बेहतरी की दिशा में व्यावहारिक क़दम उठाने में मदद मिले।

कोई व्यक्ति भलमनसाहत से आलोचना कर रहा है या नहीं, इसकी जाँच करने के लिए इस बात पर ग़ौर करें कि क्या वह आपके विकास में निवेश करने का इच्छुक है। क्या वह सिर्फ़ एक समस्या या कमज़ोरी बता रहा है या वह परिवर्तन करने में आपकी मदद करना चाहता है? परिवर्तन में अगर वह खुद मदद नहीं कर रहा है, तो भी क्या वह आगे बढ़ने के तरीक़े सुझा रहा है?

फ़ीडबैक माँगते और पाते समय यह सुनिश्चित करें कि आप यह जानते हों कि आप कैसा विकास करना चाहते हैं। प्रायः फ़ीडबैक आपको यह नहीं बताता है कि किस दिशा में जाना है, यह तो आपको बस अपनी राह पर आगे की तरफ़ ढकेलता है। आपको अपने खुद के निर्णय लेने और फिर उन निर्णयों पर काम करने की ज़रूरत होती है। ये तीन क़दम – फ़ीडबैक माँगना, मूल्यांकन करना और उस पर प्रतिक्रिया करना – आपके आत्मविश्वास और स्व-जागरूकता को बढ़ा देंगे।

इसे आज़माएँ : उपयोगी फ़ीडबैक हासिल करें

एक क्षेत्र चुनें, जिसमें आप बेहतर बनना चाहते हैं। यह वित्तीय, मानसिक, भावनात्मक या शारीरिक हो सकता है।

किसी ऐसे व्यक्ति को खोजें, जो उस क्षेत्र में विशेषज्ञ हो और उससे मार्गदर्शन माँगें।

स्पष्ट करने के लिए निश्चित सवाल पूछें। यह भी पूछें कि उसके मार्गदर्शन को आपकी स्थिति में व्यावहारिक रूप से कैसे लागू करना है।

नमूने के प्रश्न :

क्या आप सोचते हैं कि यह मेरे लिए यथार्थवादी रास्ता है?

टाइमिंग के मामले में क्या आपकी कोई सलाह है?

क्या यह ऐसी चीज़ है, जो आपके हिसाब से दूसरों ने मुझमें देखी होगी?

क्या कोई ऐसी चीज़ है, जिसमें रिट्रोएक्टिव रिपेयर (माफ़ी या रिवीज़न) की ज़रूरत है, या यह इस बारे में सलाह है कि आगे कैसे बढ़ना है?

आप जो सलाह दे रहे हैं, उसमें कौन से जोखिम हैं?

अपनी शान के जाल में न फँसें

अगर आप खुशक़िस्मती से सफल हैं, तो वही शब्द सुनें, जो विजयी रोमन सेनापति सुनते थे : याद रखें कि आप केवल एक इंसान हैं, याद रखें कि आप किसी न किसी दिन मरेंगे। अपनी उपलब्धियों को अपने सिर पर हावी होने देने के बजाय उनसे पृथक हों। अपने शिक्षकों और अपनी नियामतों के लिए कृतज्ञता महसूस करें। खुद को याद दिलाएँ कि आप कौन हैं और आप वह काम क्यों कर रहे हैं, जो आपको सफलता दिलाता है।

अपनी महानता को सही परिप्रेक्ष्य में रखने के लिए बुरे को याद रखें और अच्छे को भूल जाएँ। हाई स्कूल में मुझे कई तरह की मूर्खताओं के लिए स्कूल से तीन बार सस्पेंड किया गया था। मैं अपने अतीत पर शर्मिंदा हूँ, लेकिन इससे मेरे पैर ज़मीन पर रहते हैं। मैं पीछे पलटकर देख सकता हूँ और मैं सोचता हूँ, *कोई आज मेरे बारे में चाहे जो कहता हो या मैंने चाहे जितना विकास किया है, लेकिन मेरे लंगर मुझे विनम्र रखते हैं। वे मुझे याद दिलाते हैं कि मैं कौन था और मैं क्या बन गया होता, अगर मुझे वे लोग नहीं मिलते, जिन्होंने मुझे बदलने की प्रेरणा दी।* हर एक की ही तरह मैं भी जहाँ हूँ, वहाँ पर चयनों, अवसरों और मेहनत के मिश्रण की बदौलत पहुँचा हूँ।

आप अपनी सफलता या अपनी असफलता नहीं हैं।

जब आप कुछ हासिल कर लें, तो उसके बाद भी इस विनम्रता को क़ायम रखें। जब आपको बधाई दी जाती है, प्रशंसा की जाती है या पुरस्कार दिया जाता है, तो इसे न तो लपकें, न ही अस्वीकार करें। उस पल शालीन रहें और बाद में खुद को याद दिलाएँ कि आपने कितनी कड़ी मेहनत की थी और उन त्यागों को पहचानें, जो आपने किए थे। फिर खुद से पूछें कि उस योग्यता को विकसित करने में किसने आपकी मदद की थी। अपने माता-पिता, अपने गुरुओं, अपने मार्गदर्शकों के बारे में सोचें। आप आज जो हैं, आपको वह बनाने के लिए किसी ने अपने समय, धन और ऊर्जा का निवेश किया था। उन लोगों को याद करें और धन्यवाद दें, जिन्होंने आपको वे योग्यताएँ दीं, जिनके लिए आपको आज प्रशंसा या मान्यता मिल रही है। उन्हें सफलता का श्रेय देने से आप विनम्र बने रहते हैं।

सच्ची महानता

आपको दूसरों की तुलना में छोटा महसूस नहीं करना चाहिए, लेकिन आपको अपने लक्ष्यों की तुलना में छोटा महसूस करना चाहिए। सफलता के बाद विनम्र रहने की मेरी खुद की नीति लक्ष्यों के पार चलते रहना है। सफलता का पैमाना संख्याएँ नहीं हैं; यह तो गहराई है। संन्यासी इस बात से प्रभावित नहीं होते कि आप कितने ज़्यादा

समय तक ध्यान लगाते हैं। हम पूछते हैं कि आप कितनी गहराई तक गए। ब्रूस ली ने कहा था, "मुझे उस व्यक्ति से डर नहीं लगता, जिसने 10,000 किक्स का एक-एक बार अभ्यास किया हो, लेकिन मुझे उस व्यक्ति से डर लगता है, जिसने एक ही किक का 10,000 बार अभ्यास किया हो।"

हम चाहे जो हासिल कर लें, हम ज़्यादा बड़े पैमाने और गहराई तक जाने का लक्ष्य बना सकते हैं। मैं घमंडी पैमानों की चिंता नहीं करता। मैं अक्सर कहता हूँ कि मैं बुद्धिमत्ता को वाइरल करना चाहता हूँ, लेकिन मैं इसे अर्थपूर्ण बनाना चाहता हूँ। मैं अंतरंग संबंध खोए बिना बहुत सारे लोगों तक कैसे पहुँच सकता हूँ? जब तक पूरा संसार स्वस्थ और खुश नहीं हो जाता, तब तक मेरा काम पूरा नहीं होता है। ज़्यादा ऊँचा लक्ष्य बनाने – खुद से आगे अपने समुदाय, अपने देश, अपने ग्रह तक – से आप विनम्र रहते हैं। इस अहसास से भी आप विनम्र बने रहते हैं कि आपका चरम लक्ष्य हासिल नहीं हो सकता।

सचमुच, विनम्रता का हमारा लक्ष्य हासिल नहीं हो सकता।

जिस पल आप महसूस करते हैं कि आप सफल हो गए हैं, आप दोबारा यात्रा शुरू कर रहे हैं। यह विरोधाभास कई चीज़ों के मामले में सच है : अगर आप सुरक्षित महसूस करते हैं, तो उस वक़्त आप सबसे ज़्यादा असुरक्षित होते हैं। अगर आप अजेय महसूस करते हैं, तो उस वक़्त आप सबसे कमज़ोर होते हैं। आंद्रे जिदे ने कहा था, "उन लोगों पर विश्वास करो, जो सत्य की तलाश करते हैं; उन लोगों पर शक करें, जिन्होंने इसे पा लिया है।" अक्सर जब आप नेक काम करते हैं, तो आप अच्छा महसूस करते हैं, आप अच्छी तरह जीते हैं और आप कहने लगते हैं, "मुझे यह मिल गया!" लेकिन उसी समय आप गिर जाते हैं। अगर मैं यहाँ बैठकर कहूँ कि गुरुओं कोई अहं नहीं है, तो यह सरासर झूठ होगा। अपने अहं से उबरना उपलब्धि नहीं, बल्कि अभ्यास है।

असली महानता वह है, जब आप दूसरों को सिखाने के लिए अपनी खुद की उपलब्धियों का इस्तेमाल करते हैं और वे सीखते हैं कि दूसरों को कैसे सिखाना है। इस तरह आपने जो महानता हासिल की है, वह कई गुना फैल जाती है। उपलब्धि को स्टेटस के रूप में न देखें। इसके बजाय आप दूसरों के जीवन में जो भूमिका निभाते हैं, उसे सबसे मूल्यवान मुद्रा मानें। जब आप अपने स्वप्न का विस्तार करते हैं, तो आपको अहसास होता है कि जिन लोगों के पास सब कुछ है, उन्हें भी सेवा में ही सबसे ज़्यादा संतुष्टि मिलती है।

चाहे आप दूसरों की कितनी भी मदद कर दें, कोई गर्व महसूस न करें, क्योंकि करने के लिए बहुत कुछ बाकी रहता है। कैलाश सत्यार्थी बाल अधिकार कार्यकर्ता हैं, जो बच्चों को शोषण से बचाने के प्रति समर्पित हैं। उनके एनजीओ ने लाखों बच्चों को शोषण से बचाया है, लेकिन जब उनसे पूछा गया कि 2014 का नोबेल शांति

पुरस्कार जीतने पर उनकी पहली प्रतिक्रिया क्या थी, तो उन्होंने जवाब दिया, "मेरी पहली प्रतिक्रिया? देखिए, मैंने सोचा कि क्या मैंने इस पुरस्कार को पाने के लिए पर्याप्त काम किया था।" सत्यार्थी इस ज्ञान से विनम्र हैं कि कितना कुछ करने को बाक़ी है। किसी भी इंसान में सबसे शक्तिशाली, प्रशंसनीय, मनमोहक गुण तब देखा जाता है, जब उन्होंने महान चीज़ें हासिल की हों, लेकिन वे इसके बावजूद विनम्रता को अंगीकार करते हैं और अपनी महत्त्वहीनता को स्वीकार करते हैं।

हम उसमें गहरी खुदाई कर रहे हैं कि आप कौन हैं, आप अर्थपूर्ण जीवन कैसे जी सकते हैं और आप क्या बदलना चाहते हैं। यह बहुत सारे विकास का काम है और यह रातों-रात नहीं होगा। आपके प्रयासों में सहायता के लिए मेरा सुझाव है कि आप मानसिक चित्रण को अपने ध्यान के अभ्यास में शामिल कर लें। मानसिक चित्रण अतीत का उपचार करने और भविष्य की तैयारी करने का आदर्श तरीक़ा है।

मानसिक चित्रण करें

ध्यान के दौरान संन्यासी मन के लिए मानसिक चित्रण का इस्तेमाल करते हैं। जब हम अपनी आँखें बंद कर लेते हैं और अपने मन को किसी दूसरी जगह और समय पर ले जाते हैं, तो हमारे पास अतीत का उपचार करने और भविष्य की तैयारी करने का अवसर होता है। अगले तीन अध्यायों में हम एक यात्रा पर जा रहे हैं, जिसमें हम खुद को देखने के तरीक़े का कायाकल्प करेंगे और संसार में अपने अनूठे उद्देश्य का भी। इसमें मदद के लिए हम मानसिक चित्रण की शक्ति का इस्तेमाल करेंगे।

मानसिक चित्रण का इस्तेमाल करते समय हम अतीत की दोबारा यात्रा कर सकते हैं और उस कहानी में काट-छाँट कर सकते हैं, जो हम अपने इतिहास के बारे में खुद को बताते हैं। कल्पना करें कि आपने किसी गुज़रे हुए अभिभावक से जो आख़िरी बात कही थी, उसका आपको अफ़सोस है। खुद को अपने दिमाग़ की आँखों से देखें कि आप अपने अभिभावक को बता रहे हैं कि आप उससे कितना ज़्यादा प्रेम करते थे। इससे अतीत नहीं बदल जाता, लेकिन मोह और अफ़सोस के विपरीत, इससे उपचार शुरू हो जाता है। और अगर आप अपनी आशाओं, सपनों तथा भविष्य के डरों की मानसिक कल्पना कर लेते हैं, तो आप भावनाओं के उत्पन्न होने से पहले ही उनकी प्रोसेसिंग कर सकते हैं। इस तरह आप नई चुनौतियाँ लेने के लिए खुद को शक्तिशाली बना रहे हैं। व्याख्यान देने से पहले मैं अक्सर यह मानसिक चित्र देखता हूँ कि मैं मंच पर खड़े होकर एक बेहतरीन व्याख्यान दे रहा हूँ। इसे इस तरह देखें : आप मानव-निर्मित जगत में जो भी देखते हैं - पुस्तक, टेबल, घड़ी - हर वस्तु अस्तित्व में आने से पहले किसी के दिमाग़ में मौजूद रही थी। किसी चीज़ को उत्पन्न करने के लिए हमें उसकी कल्पना करनी होती है।

इसीलिए मानसिक चित्रण इतना महत्त्वपूर्ण होता है। हम अंदर जो भी बनाते हैं, उसे हम बाहर भी बना सकते हैं।

हर व्यक्ति रोज़मर्रा के जीवन में मानसिक चित्रण करता है। ध्यान इस प्रवृत्ति को जागरूकता और उपयोगी तरीक़े से करने का अवसर देता है। अतीत हो या भविष्य, स्थिति बड़ी हो या छोटी, आप किसी भी स्थिति से ऊर्जा को खींचने और इसे साकार करने के लिए मानसिक चित्रण का इस्तेमाल कर सकते हैं। मिसाल के तौर पर, अगर आप किसी ऐसी जगह पर ध्यान करते हैं, जहाँ आप खुश और तनावरहित महसूस करते हैं, तो आपकी साँस और नाड़ी बदलती है, आपकी ऊर्जा बदलती है और आप उस भाव को अपनी वास्तविकता में खींचते हैं।

मानसिक चित्रण मस्तिष्क के उन्हीं हिस्सों को सक्रिय करता है, जो सचमुच काम को करते समय सक्रिय होते। क्लीवलैंड क्लीनिक के वैज्ञानिकों ने दिखाया है कि जिन लोगों ने बारह सप्ताहों तक अपनी छोटी अँगुली की मांसपेशी खींचने की कल्पना की, उनकी उस अँगुली की शक्ति लगभग उतनी ही बढ़ गई, जितनी कि इतने समय तक अँगुली का सचमुच व्यायाम करने वालों की बढ़ी थी। हमारे प्रयास वही रहते हैं - मानसिक चित्रण हमारे शरीर में सच्चे परिवर्तन करता है।

मैंने ज़िक्र किया है कि हम कहीं भी ध्यान लगा सकते हैं। चाहे आपके चारों ओर कितनी ही उथल-पुथल हो, मानसिक चित्रण तनावरहित अवस्था में पहुँचने में आपकी मदद कर सकता है। एक बार मैंने मुंबई से दक्षिण भारत दो-तीन दिन की रेल यात्रा की। ट्रेन गंदी और भीड़ भरी थी। मुझे ध्यान लगाना मुश्किल लगा और मैंने अपने गुरु से कहा, "मैं इस वक़्त ध्यान नहीं लगाऊँगा। मैं यह काम तब करूँगा, जब हम रुकेंगे या जब ज़्यादा शांति होगी।"

मेरे गुरु ने पूछा, "क्यों?"

मैंने कहा, "क्योंकि हम आश्रम में यही करते हैं।" मैं शांत आश्रम में ध्यान लगाने का आदी था, जहाँ आस-पास झील, बेंचें और पेड़ थे।

उन्होंने कहा, "क्या तुम सोचते हो कि मृत्यु का समय शांत होगा? अगर तुम अभी ध्यान नहीं लगा सकते, तो तुम तब ध्यान कैसे लगाओगे?"

मुझे अहसास हुआ कि हमें शांति में ध्यान लगाने का प्रशिक्षण इसलिए दिया जाता है, ताकि हम उथल-पुथल में ध्यान लगा सकें। उसके बाद से मैंने हवाई जहाज़ों में, न्यू यॉर्क सिटी में, हॉलीवुड में ध्यान लगाया है। ज़ाहिर है, भटकाव होते हैं, लेकिन ध्यान भटकावों को ख़त्म नहीं करता है; यह तो उनका प्रबंधन करता है।

जब मैं किसी ध्यान में मार्गदर्शन देता हूँ, तो मैं अक्सर यह कहकर शुरू करता हूँ, "अगर आपका दिमाग़ भटकता है, तो अपने सामान्य साँस लेने के क्रम पर लौट आएँ। कुंठित न हों, चिढ़ें नहीं, बस धीरे से अपना ध्यान वापस अपनी साँस,

मानसिक चित्रण या मंत्र पर ले आएँ।" ध्यान तब नहीं टूटता, जब आप भटकते हैं। यह तो तब टूटता है, जब आप उस भटकाने वाले विचार का पीछा करते हैं या अपनी एकाग्रता खोते हैं और सोचते हैं, *ओह, मैं इसमें बहुत बुरा हूँ।* ध्यान के अभ्यास का हिस्सा विचार का अवलोकन करना है, उसे रहने देना है और फिर उस ओर लौट जाना है, जिस पर आप ध्यान केंद्रित कर रहे थे। यदि यह मुश्किल नहीं है, तो इसका मतलब है कि आप इसे सही तरीक़े से नहीं कर रहे हैं।

एक महत्त्वपूर्ण टिप्पणी : हम सकारात्मक मानसिक चित्रणों का चयन करना चाहते हैं। नकारात्मक मानसिक चित्रण हमें दर्द भरे विचारों और चित्रों में उलझा देते हैं। हाँ, हमारे अंदर का 'बुरा' ध्यान में प्रकट होता है, लेकिन उदासी की भूलभुलैया में अपने खोने की कल्पना करने से कोई फ़ायदा नहीं होता। पूरा मुद्दा अँधेरे में मार्ग का मानसिक चित्र देखना है।

दो तरह के मानसिक चित्र होते हैं - निश्चित और अन्वेषणात्मक। निश्चित मानसिक चित्रण में कोई व्यक्ति अपने शब्दों से आपको राह दिखाता है। *आप समुद्र तट पर हैं। आप अपने पैरों के नीचे बालू महसूस करते हैं। आप नीला आसमान देखते हैं और आप सीगल्स तथा लहरों की आवाज़ें सुनते हैं।* अन्वेषणात्मक मानसिक चित्रण आपसे अपने विवरण ख़ुद सोचने को कहता है। यदि मैं ध्यान लगाने वाले अपने ग्राहकों से उस जगह की कल्पना करने को कहता हूँ, जहाँ वे सबसे ज़्यादा आरामदेह महसूस करते हैं, तो उनमें से एक ख़ुद को समुद्र तट के पास बाइक चलाते हुए देख सकता है, जबकि दूसरा अपने बचपन के ट्री हाउस को याद कर सकता है।

 : **मानसिक चित्रण**

यहाँ कुछ मानसिक चित्रण हैं, जिन्हें आप आज़मा सकते हैं। मैं आपको प्रोत्साहित करता हूँ कि आप कोई एप डाउनलोड कर लें या किसी ध्यान केंद्र में जाएँ – वहाँ अभ्यास में आपकी मदद करने के लिए बहुत सारे विकल्प हैं।

मैं नीचे जिन मानसिक चित्रण अभ्यासों का वर्णन कर रहा हूँ, उनके लिए निम्न क़दमों से अभ्यास शुरू करें।

1. एक आरामदेह स्थिति खोजें – कुर्सी पर बैठ जाएँ, गद्दी लगाकर सीधे बैठें या लेट जाएँ।

2. अपनी आँखें बंद कर लें।

3. अपनी निगाह झुका लें।

4. ख़ुद को इस स्थिति में आरामदेह बना लें।

5. अपनी जागरूकता शांति, संतुलन, आसानी और स्थिरता पर ले आएँ।

6. जब भी आपका ध्यान भटके, तो इसे धीरे और नरमी से शांति, संतुलन, आसानी और स्थिरता पर ले आएँ।

शरीर की जाँच

1. अपनी जागरूकता साँस लेने के अपने स्वाभाविक पैटर्न पर ले आएँ। अंदर–बाहर साँस लें।

2. अपनी जागरूकता अपने शरीर पर लाएँ। इस बारे में जागरूक रहें कि यह कहाँ ज़मीन को छूता है, सीट को छूता है और कहाँ यह ऐसा नहीं करता है। आप पा सकते हैं कि आपकी एड़ी ज़मीन को छूती है, लेकिन बीच का हिस्सा नहीं छूता है। या आपकी निचली कमर तो बिस्तर को छूती है, लेकिन आपकी कमर का बीच वाला हिस्सा थोड़ा उठा हुआ है। इन सूक्ष्म चीज़ों के बारे में जागरूक बनें।

3. अब अपने शरीर की जाँच शुरू करें।

4. अपनी जागरूकता अपने पैरों पर लाएँ। अपने पंजे की अँगुलियों, अपने अकिलीज़ हील, अपने टखनों, अपनी एड़ी की जाँच करें। आप जो अलग–अलग अनुभूतियाँ महसूस कर रहे हैं, उनके बारे में जागरूक बनें। आप तनावरहित महसूस कर सकते हैं या आप दर्द, दबाव, झुनझुनी या किसी बिलकुल ही अलग चीज़ को महसूस कर सकते हैं। इसके बारे में जागरूक बनें और फिर मानसिक चित्र देखें कि आप एक सकारात्मक, ऊपर उठाने वाली, उपचारदायक ऊर्जा में साँस ले रहे हैं और साँस छोड़कर किसी भी तरह की नकारात्मक, विषाक्त ऊर्जा को बाहर निकाल रहे हैं।

5. अब ऊपर अपने पैरों, पिंडली और घुटनों की ओर जाएँ। एक बार फिर बस जाँच करें और अनुभूतियों का अवलोकन करें।

6. जब भी आपका ध्यान भटके, तो इसे धीरे से और नरमी से अपनी शरीर की ओर ले आएँ। कोई शक्ति या दबाव नहीं। कोई आलोचना नहीं।

7. किसी बिंदु पर आपको उस दर्द का पता चल सकता है, जिसके बारे में आप पहले जागरूक नहीं थे। उस दर्द के साथ मौजूद रहें। इसका अवलोकन करें। और तीन बार इसमें साँस लें और तीन बार छोड़ें।

8. अपने शरीर की जाँच करते समय आप अलग–अलग अंगों के प्रति कृतज्ञता भी व्यक्त कर सकते हैं।

9. यह काम पैरों से शुरू करते हुए सिर तक पूरी तरह करें। आप अपनी स्वाभाविक गति से यह काम करें; जल्दबाज़ी न करें।

पवित्र स्थान बनाना

1. किसी ऐसी जगह पर अपना मानसिक चित्र देखें, जो आपको शांत और तनावरहित बनाती हो। यह समुद्र तट हो सकता है, प्राकृतिक यात्रा, बगीचा या पर्वत शिखर हो सकता है।

2. जब आप इस जगह पर चलें, तो अपने पैरों तले, ज़मीन, बालू या पानी को महसूस करें।

3. अपनी आँखें खोले बिना बाईं तरफ़ देखें। आप क्या ग़ौर करते हैं? इसका अवलोकन करें और चलते रहें।

4. दाईं तरफ़ देखें। आपको क्या दिखता है? इसका अवलोकन करें और चलते रहें।

5. अपने आस–पास के रंगों, संरचनाओं और दूरियों के बारे में जागरूक बनें।

6. आपको क्या सुनाई देता है? चिड़ियों के चहचहाने, पानी या हवा की आवाज़ें?

7. हवा को अपने चेहरे पर महसूस करें।

8. बैठने के लिए एक शांत, आरामदेह जगह खोजें।

9. शांति, संतुलन, आराम और स्थिरता में साँस लें।

10. तनाव, दबाव और नकारात्मकता को साँस के ज़रिये बाहर निकाल दें।

11. जब भी आपको महसूस हो कि आपको तनावरहित होने की ज़रूरत है, तो इस जगह पर चले जाएँ।

उपस्थिति और मानसिक चित्र

अक्सर हमारे मानसिक चित्र हमारे चुने जाने के बजाय किसी गतिविधि के दोहराव के ज़रिये बनते हैं। किसी पल को स्मृति में बदलने के लिए मानसिक चित्रण का इस्तेमाल किया जा सकता है। किसी स्मृति को बनाने या खुशी, आनंद और उद्देश्य को जकड़ने के लिए इस मानसिक चित्रण का इस्तेमाल करें। इसका इस्तेमाल किसी पुरानी स्मृति से गहराई से जुड़ने, उस समय और जगह पर लौटने के लिए भी किया जा सकता है, जब आपने आनंद, खुशी और उद्देश्य को महसूस किया था। यदि आप कोई स्मृति उत्पन्न कर रहे हैं, तो अपनी आँखें खुली रखें। यदि आप दोबारा जुड़ रहे हैं, तो उन्हें बंद कर लें।

मैं तनावविरोधी तकनीक का इस्तेमाल करता हूँ, जिसे 5.4.3.2.1 कहा जाता है। हम पाँच चीज़ें खोजने जा रहे हैं, जिन्हें आप देख सकते हैं, चार चीज़ें जिन्हें आप छू सकते हैं, तीन चीज़ें जिन्हें आप सुन सकते हैं, दो चीज़ें जिन्हें आप सूँघ सकते हैं और एक चीज़ जिसका आप स्वाद ले सकते हैं।

1. सबसे पहले, पाँच चीज़ें खोजें, जिन्हें आप देख सकते हैं। एक बार जब आपको वे मिल जाएँ, तो एक समय में एक चीज़ पर ध्यान दें और एक के बाद एक उन पर एकाग्र हों।

2. अब चार चीज़ें खोजें, जिन्हें आप छू सकते हैं। कल्पना करें कि आप उन्हें छू रहे हैं और महसूस कर रहे हैं। अलग—अलग संरचनाओं पर ग़ौर करें। अपनी एकाग्रता एक से दूसरी चीज़ पर ले जाएँ।

3. तीन चीज़ें खोजें, जिन्हें आप सुन सकते हैं। अपनी एकाग्रता एक से दूसरी चीज़ पर ले जाएँ।

4. दो चीज़ें खोजें, जिन्हें आप सूँघ सकते हैं। क्या यह फूल हैं? क्या यह पानी है? क्या यह कुछ नहीं है? अपनी एकाग्रता एक से दूसरी चीज़ पर ले जाएँ।

5. एक चीज़ खोजें, जिसका आप स्वाद ले सकते हों।

6. अब आपने हर इंद्रिय पर काम कर लिया है, इसलिए खुशी और आनंद में साँस लें। इसे अपने शरीर के भीतर ले जाएँ। इससे आपको जैसा महसूस होता है, उसकी प्रतिक्रिया में स्वाभाविक रूप से मुस्कराएँ।

7. अब आपने इस पल को हमेशा के लिए जकड़ लिया है और आप मानसिक चित्रण के ज़रिये किसी भी समय यहाँ जा सकते हैं।

भाग तीन

समर्पित करना

अध्याय 9

कृतज्ञता

संसार की सबसे शक्तिशाली दवा

हर चीज़ की क़द्र करें, साधारण की भी। ख़ासतौर पर साधारण की।
—पेमा चोड्रॉन

एक बार जब हम मन को अंदर की ओर देखने के लिए प्रशिक्षित कर लेते हैं, तो हम बाहर देखने के लिए तैयार हैं कि हम संसार में दूसरों के साथ कैसे व्यवहार करते हैं। आजकल अपने जीवन में कृतज्ञता को बढ़ाने के बारे में बात करना आम हो गया है, जैसे ट्विटर पर भी कृतज्ञता हैशटैग का इस्तेमाल किया जाता है, लेकिन हमें दी गई नियामतों की जड़ तक पहुँचना और हर दिन अपने जीवन में सच्ची, संकल्पित कृतज्ञता लाना अलग ही मामला है।

बेनडिक्टीन संन्यासी ब्रदर डेविड स्टिंडल-रैस्ट कृतज्ञता को क़द्र की भावना के रूप में परिभाषित करते हैं, जो तब आती है, जब "आप पहचानते हैं कि कोई चीज़ आपके लिए मूल्यवान है, जिसका इसके आर्थिक मूल्य से कोई संबंध नहीं होता।"

किसी मित्र के शब्द, एक दयालुतापूर्ण कार्य, एक अवसर, एक सबक़, एक नया तकिया, किसी प्रियजन का स्वस्थ होना, किसी आनंददायक पल की स्मृति, वीगन चॉकलेट का बॉक्स (संकेत, संकेत)। जब आप अपना दिन कृतज्ञता के साथ शुरू करते हैं, तो आप बाधाओं के नहीं, अवसरों के प्रति खुलेंगे। आप शिकायत के प्रति नहीं, बल्कि सृजनात्मकता के प्रति आकर्षित होंगे। आप नकारात्मक विचारों के प्रलोभन से बचेंगे, जो आपके विकल्पों को सिकोड़ते हैं और आप विकास करने के नए तरीक़े खोजेंगे।

इस अध्याय में हम कृतज्ञता की अपनी जागरूकता को बढ़ाने जा रहे हैं और यह भी देखने जा रहे हैं कि यह आपके लिए क्यों अच्छी होती है, फिर हम हर दिन कृतज्ञ बनने के कारण खोजने का अभ्यास करेंगे। हम सीखेंगे कि छोटे उपहारों और सबसे महत्त्वपूर्ण उपहारों दोनों के लिए कृतज्ञता कब और कैसे व्यक्त करनी है।

कृतज्ञता आपके लिए अच्छी होती है

यह विश्वास करना मुश्किल होता है कि कृतज्ञता के दरअसल ऐसे लाभ हो सकते हैं, जिसे मापा जा सकता है, लेकिन विज्ञान यही कहता है। कृतज्ञता का संबंध बेहतर मानसिक स्वास्थ्य, स्व-जागरूकता, बेहतर संबंधों और संतुष्टि के अहसास से जोड़ा गया है।

वैज्ञानिकों ने कृतज्ञता के लाभों को मापने के लिए लोगों के दो समूहों से यह कहा कि वे दिन के दौरान जरनल में लिखें। पहले समूह से कहा गया कि वे उन चीज़ों का रिकॉर्ड रखें, जिनके लिए वे कृतज्ञता महसूस करते थे और दूसरे समूह को ऐसे समयों का रिकॉर्ड करने को कहा गया, जब वे चिढ़ महसूस करते थे। शाम को कृतज्ञता समूह में तनाव का स्तर कम पाया गया। एक और अध्ययन कॉलेज के उन विद्यार्थियों पर किया गया, जिनकी शिकायत थी कि उनके मन में विचार दौड़ते रहते थे और चिंताएँ भरी हुई थीं। उनसे कहा गया कि वे सोने से पहले पंद्रह मिनट तक उन चीज़ों की सूची बनाएँ, जिनके लिए वे कृतज्ञ थे। कृतज्ञता जरनल ने विचारों की दौड़ को धीमा कर दिया और बेहतर नींद में मदद की।

इसे आज़माएँ : कृतज्ञता जरनल में लिखें

हर रात सोने से पहले पाँच मिनट तक वे चीज़ें लिखें, जिनके लिए आप कृतज्ञ हैं।

अगर आप अपना खुद का प्रयोग करना चाहते हैं, तो शुरू करने से पहले वाले सप्ताह में लिखें कि आप कितना सोते हैं। अगले सप्ताह कृतज्ञता जरनल रखें और सुबह लिखें कि आप कितना सोए। कोई सुधार दिखा?

कृतज्ञता और मन

बंदर मन नकारात्मकता को बढ़ाता-चढ़ाता है और हमें यह विश्वास दिलाने की कोशिश करता है कि हम बेकार और अयोग्य हैं। तब ज़्यादा तार्किक संन्यासी मन यह संकेत करके इसका प्रतिकार करता है कि दूसरों ने हमें उनका समय, ऊर्जा और

प्रेम दिया है। उन्होंने हमारी मदद के लिए कोशिशें की हैं। उनकी दयालुता के प्रति कृतज्ञता आत्म-गौरव से जुड़ी है, क्योंकि अगर हम बेकार हैं, तो हमारे प्रति उनकी उदारता भी बेकार होगी।

कृतज्ञता उस कटुता और दर्द से उबरने में भी हमारी मदद करती है, जो हम सभी अपने साथ रखते हैं। एक ही समय में ईर्ष्यालु और कृतज्ञ महसूस करने की कोशिश करें। कल्पना करना मुश्किल है, ठीक है? **जब आप कृतज्ञता में मौजूद होते हैं, तो आप कहीं और नहीं हो सकते।** यूसीएलए के न्यूरोसाइंटिस्ट अलेक्स कॉर्ब के अनुसार हम एक ही समय में सकारात्मक और नकारात्मक दोनों तरह की भावनाओं पर ध्यान केंद्रित नहीं कर सकते। जब हम कृतज्ञ महसूस करते हैं, तो हमारा मस्तिष्क डोपामीन प्रवाहित करता है (पुरस्कार रसायन), जिससे हम दोबारा उसी तरह महसूस करना चाहते हैं और हम कृतज्ञता को एक आदत बनाना शुरू करते हैं। कॉर्ब के अनुसार, "एक बार जब आप उन चीज़ों को देखने लगते हैं, जिनके लिए आप कृतज्ञ हैं, तो आपका मस्तिष्क कृतज्ञ होने के लिए ज़्यादा चीज़ों की तलाश करने लगता है।" यह एक 'अच्छा चक्र' है।

बरसों तक शोधकर्ताओं ने दिखाया है कि कृतज्ञता असली ट्रॉमा से उबरने में महत्त्वपूर्ण भूमिका निभाती है। 2006 में प्रकाशित एक अध्ययन में यह बताया गया कि वियतनाम युद्ध के जिन सैनिकों में कृतज्ञता का स्तर ज़्यादा था, उन्होंने पोस्ट-ट्रॉमैटिक स्ट्रेस डिसऑर्डर (पीटीएसडी) का कम अनुभव किया। अगर आपका ब्रेकअप हुआ है, अगर आपने किसी प्रियजन को खोया है - अगर किसी चीज़ ने आप पर भावनात्मक प्रहार किया है - तो कृतज्ञता इसका समाधान है।

कृतज्ञता के लाभ केवल मन के लिए ही नहीं हैं, बल्कि शरीर के लिए भी हैं। कृतज्ञता, जिन विषाक्त भावनाओं को रोकती है, वे इनलैफ्मेशन उत्पन्न करती हैं, जिससे ढेर सारी दीर्घकालीन बीमारियाँ हो सकती हैं, जिनमें हृदय रोग भी शामिल है।

अध्ययन दिखाते हैं कि कृतज्ञ लोग न सिर्फ़ ज़्यादा स्वस्थ महसूस करते हैं, बल्कि उनके स्वस्थ गतिविधियों में हिस्सा लेने और बीमार पड़ने पर इलाज कराने की ज़्यादा संभावना भी होती है।

कृतज्ञता के स्वास्थ्य लाभ इतने वृहद हैं कि ड्यूक यूनिवर्सिटी मेडिकल सेंटर के डिवीज़न ऑफ़ बायोलॉजिक साइकोलॉजी के प्रमुख डॉ. पी. मुरली दोराइस्वामी ने एबीसी न्यूज़ को बताया, "अगर कृतज्ञता कोई दवा होती, तो यह संसार का बेस्टसेलिंग प्रॉडक्ट होती, जो हर मुख्य अंग को लाभ पहुँचाती और स्वस्थ रखती।"

हर दिन की कृतज्ञता

यदि कृतज्ञता आपके लिए अच्छी है, तो ज़्यादा कृतज्ञता आपके लिए और भी अच्छी होनी चाहिए। इसलिए इस बारे में बात करते हैं कि हम अपने दैनिक जीवन में कृतज्ञता को कैसे बढ़ाएँ। संन्यासी हर समय हर चीज़ के लिए कृतज्ञ होने की कोशिश करते हैं। जैसा बौद्ध धर्मसिद्धांत के सुत्त पिटक में सलाह दी गई है, "संन्यासियों। आपको खुद को इस तरह प्रशिक्षित करना चाहिए : 'हम कृतज्ञ होंगे, शुक्रगुज़ार होंगे और हम किसी के हम पर किए गए छोटे से छोटे अहसान को भी नज़रअंदाज़ नहीं करेंगे'।"

कृतज्ञता के मेरे सबसे यादगार सबक़ों में से एक मुझे तब मिला, जब मुझे आश्रम में आए कुछ दिन ही हुए थे।

एक वरिष्ठ संन्यासी हम नए आने वालों से कहते हैं कि हम किसी ऐसे अनुभव के बारे में लिखें, जिसके बारे में हमारा यह मानना हो कि हम उसके हक़दार नहीं थे। ख़ामोशी छाई रही, जब हमने अपनी नोटबुक में लिखा। मैंने अपने किशोर वर्षों का एक प्रसंग चुना, जब मेरे एक बहुत अच्छे मित्र ने मेरे साथ धोखा किया था।

लगभग पंद्रह मिनट बाद हमने बताया कि हमने क्या लिखा था। एक ने अपनी बहन की दर्द भरी असमय मृत्यु का वर्णन किया, दूसरों ने दुर्घटनाओं या चोटों के बारे में लिखा, कुछ ने खोए प्रेम की बात की। जब हमने यह काम पूरा कर लिया, तो हमारे शिक्षक ने हमें बताया कि जिन अनुभवों को हमने चुना है, वे सभी वैध हैं, लेकिन उन्होंने इस तथ्य की ओर संकेत किया कि हम सभी ने नकारात्मक घटनाओं को चुना है। हममें से किसी ने भी किसी अच्छी चीज़ के बारे में नहीं लिखा है, जो हमारे खुद के प्रयासों के बजाय किसी की दयालुता या अपनी खुशकिस्मती की वजह से हमें मिली हो। कोई ऐसी अद्भुत चीज़, जिसके हम हक़दार नहीं थे।

हमें यह सोचने की आदत होती है कि हम दुर्भाग्य के हक़दार नहीं हैं, लेकिन जो भी वरदान हमें मिलते हैं, हम उनके पूरी तरह से हक़दार हैं। अब कक्षा अपनी खुशकिस्मती पर सोच-विचार करने का समय लेती है : एक ऐसे परिवार में पैदा होने का सौभाग्य, जिसके पास हमारी अच्छी परवरिश के संसाधन थे; ऐसे लोग जिन्होंने हममें उससे ज़्यादा निवेश किया है, जितना हमने खुद में किया है; ऐसे अवसर जिन्होंने हमारे जीवन में फ़र्क़ डाला। हम बड़ी आसानी से यह पहचानना भूल जाते हैं कि हमें कितना कुछ दिया गया है। हम कृतज्ञता महसूस करने और व्यक्त करने का मौक़ा चूक जाते हैं।

यह अभ्यास मुझे पहली बार कृतज्ञ महसूस करने की ओर ले गया, जब मैंने उन सारी चीज़ों के प्रति कृतज्ञता महसूस की, जिन्हें मैंने तब तक अनदेखा किया था।

जब मैं लगभग नौ साल का था, तब मैं अपने माता-पिता के साथ भारत की यात्रा पर पहली बार गया था। टैक्सी से होटल जाते समय हम लाल बत्ती पर रुके। खिड़की से बाहर मैंने एक लड़की के पैर देखे, जिसकी उम्र लगभग मेरे जितनी ही थी। उसका बाक़ी का शरीर कचरे के एक डिब्बे में गहराई तक झुका हुआ था। ऐसा लग रहा था, जैसे वह कोई चीज़ खोजने की कोशिश कर रही थी, संभवतः भोजन। जब वह खड़ी हुई, तो मुझे यह देखकर सदमा लगा कि उसके हाथ नहीं थे। मैं उसकी किसी तरह सचमुच मदद करना चाहता था, लेकिन मैं असहाय अंदाज़ में देखता रहा, जब हमारी कार दूर चली गई। उसने मेरी निगाह पर ग़ौर किया और मुस्करा दी, इसलिए मैं भी मुस्करा दिया - मैं इतना ही कर पाया।

होटल लौटकर मैं उस लड़की के बारे में काफ़ी उदास महसूस कर रहा था। मैं सोच रहा था कि काश! मैंने उसकी ख़ातिर कुछ किया होता। मैंने लंदन में अपने दोस्तों के बारे में सोचा। हममें से ज़्यादातर की क्रिसमस सूचियाँ और बर्थडे पार्टियाँ और शौक थे, जबकि दूसरी ओर संसार में बहुत सारे बच्चे ऐसे भी थे, जो बस ज़िंदा रहने की कोशिश कर रहे थे। यह एक तरह की जागृति थी।

मेरा परिवार लंच के लिए होटल के रेस्तराँ में गया और मैंने सुना, एक बच्चा शिकायत कर रहा था कि मैन्यू की एक भी चीज़ उसे पसंद नहीं है। मैं स्तंभित रह गया। यहाँ हमारे पास भोजन के अच्छे-ख़ासे विकल्प थे। दूसरी तरफ़, जिस लड़की को मैंने देखा था, उसका मैन्यू केवल कूड़ादान था।

मैं तब शायद इसे व्यक्त नहीं कर सकता था, लेकिन उस दिन मुझे पता चला कि मुझे कितना कुछ दिया गया था। मेरे और उस लड़की के बीच सबसे बड़ा फ़र्क़ यह था कि हम कहाँ और किसके घर पैदा हुए थे। मेरे पिता ने दरअसल पुणे की झोंपड़ी में से बाहर निकलने का रास्ता बनाया था। मैं कड़ी मेहनत और त्याग का परिणाम था।

आश्रम में मैं उस जागरूकता की ओर लौटकर अपना कृतज्ञता अभ्यास करने लगा, जिसे मैंने नौ साल की उम्र में महसूस करना शुरू किया था। मैंने उस सबके लिए कृतज्ञता महसूस की, जो पहले से ही मेरा था : मेरा जीवन और स्वास्थ्य, मेरा आराम, सुरक्षा और आत्मविश्वास कि मुझे खाना, आश्रय और प्रेम मिलता रहेगा। यह सब एक उपहार था।

सृष्टि के उपहारों की क़द्र करने और इसकी आदत डालने के लिए संन्यासी हर दिन धन्यवाद से शुरू करते हैं। सचमुच। जब हम अपनी चटाई पर जागते हैं, तो हम पेट के बल लेट जाते हैं और पृथ्वी को नमन करते हैं, उसे उसके लिए धन्यवाद देते हैं, जो यह हमें देती है, देखने के लिए प्रकाश, चलने के लिए ज़मीन और साँस लेने के लिए हवा।

इसे आज़माएँ : हर दिन के कृतज्ञता अभ्यास

सुबह की कृतज्ञता : मुझे अंदाज़ा लगाने दें। आप जागते ही जो सबसे पहले जो चीज़ करते हैं, वह शायद यह होगी कि आप अपने फ़ोन की जाँच करते हैं। शायद यह अपने दिमाग़ को चालू करने का एक आसान तरीक़ा लगता है, लेकिन जैसा हम बातचीत कर चुके हैं, इससे दिन सही तरह से शुरू नहीं होता। इसे आज़माएँ – इसमें केवल एक मिनट लगेगा। (अगर आप इतने थके हैं कि आप पर दोबारा सोने का ख़तरा मँडरा रहा हो, तो स्नूज़ अलार्म सेट कर लें।) बिस्तर में एक पल के लिए अपने पेट के बल लेट जाएँ और अपने हाथ प्रार्थना में उठाएँ और अपना सिर झुकाएँ। इस पल सोचें कि आपके जीवन में जो भी अच्छा है : हवा और प्रकाश जो आपको ऊपर उठाता है, वे लोग जो आपसे प्रेम करते हैं, वह कॉफ़ी जो आपका इंतज़ार कर रही है।

भोजन कृतज्ञता : पृथ्वी पर हर नौ में से एक व्यक्ति के पास हर दिन खाने के लिए पर्याप्त भोजन नहीं रहता है, यानी लगभग 80 करोड़ लोग। दिन का एक भोजन चुनें और एक पल ठहरकर भोजन के लिए धन्यवाद दें। नेटिव अमेरिकी प्रार्थनाओं से प्रेरणा लें या अपनी खुद की प्रार्थना बनाएँ। अगर आपका परिवार है, तो बारी–बारी से कृतज्ञता ज्ञापित करें।

कृतज्ञता की प्राचीन, शाश्वत परंपराएँ पूरे संसार में रही हैं। नेटिव अमेरिकियों के बीच शुक्रिया अदा करने की बहुत सारी परंपराएँ हैं। बौद्ध बुद्धिजीवी और पर्यावरण कार्यकर्ता जोआना मैसी ने नेटिव अमेरिकियों की एक परंपरा का वर्णन किया है। इसमें ओनोनडेगा बच्चे कृतज्ञता की प्रार्थना के साथ अपना स्कूली दिन शुरू करने के लिए हर दिन सुबह की सभा में इकट्ठे होते हैं। एक शिक्षक शुरू करता है, "चलो हम अपने मन को एक के रूप में इकट्ठा करते हैं और अपने सबसे बड़े भाई सूर्य को धन्यवाद देते हैं, जो हर दिन सुबह प्रकाश लाने के लिए उगता है, ताकि हम एक-दूसरे के चेहरे देख सकें और बीजों को बढ़ने के लिए गर्मी मिल सके।" इसी तरह मोहॉक लोग एक प्रार्थना करते हैं, जिसमें वे लोगों, धरती माता, पानी, मछली, पौधों, आहार के पौधों, चिकित्सा की जड़ी-बूटियों, जानवरों, पेड़ों, पक्षियों, चार हवाओं, बिजली, सबसे बड़े भाई सूर्य, दादी चंद्रमा, तारों, प्रबुद्ध गुरुओं और सृजनकार के प्रति कृतज्ञता व्यक्त करते हैं। कल्पना करें कि अगर हम सभी अपने आस-पास के जीवन के सबसे बुनियादी और अनिवार्य उपहारों के लिए धन्यवाद देकर अपना दिन शुरू करें, तो संसार कैसा होगा?

इसे आज़माएँ : कृतज्ञता के ध्यान

इच्छानुसार किसी भी समय कृतज्ञता तक पहुँचने के लिए मैं निम्न ध्यानों की सलाह देता हूँ।

ओम नमो भगवते वासुदेवाय नम:

आश्रम में हम आध्यात्मिक ग्रंथों को पढ़ने से पहले इस मंत्र का जाप करते थे, ताकि हम उन लोगों के लिए कृतज्ञता महसूस करें, जिन्होंने उन धर्मग्रंथों के अस्तित्व को सुरक्षित रखने में मदद की। हम इस मंत्र का इस्तेमाल गुरुओं और संतों के प्रति कृतज्ञता महसूस करने के लिए भी कर सकते हैं, जिन्होंने हमें ज्ञान और मार्गदर्शन दिया।

मैं... के लिए कृतज्ञ हूँ

बैठने, तनावरहित होने और प्राणायाम करने के बाद दोहराएँ, "मैं.... के लिए कृतज्ञ हूँ," इस वाक्य में जितनी ज़्यादा चीज़ें लिख सकते हों, लिखें। यह अभ्यास तुरंत आपको एकाग्र कर देता है। यदि संभव हो, तो मन में अचानक आने वाली नकारात्मक चीज़ों को सकारात्मक अंदाज़ में ढालने की कोशिश करें और उनके ऐसे तत्व खोजें, जिनके लिए आप कृतज्ञ हों। आप यह एक जरनल में कर सकते हैं या वॉइस नोट के रूप में ताकि अगर ये नकारात्मक विचार लौटें, तो आपको याद रहे।

आनंद का मानसिक चित्रण

ध्यान के दौरान खुद को ऐसे समय और जगह पर ले जाएँ, जहाँ आपने आनंद का अनुभव किया था। उस आनंद के भाव को अपने अंदर दोबारा दाख़िल होने की अनुमति दें। ध्यान पूरा होने के बाद यह भाव आपके साथ रहेगा।

कृतज्ञता का अभ्यास

कृतज्ञता को अपनी दिनचर्या का हिस्सा बनना आसान चीज़ है, लेकिन मैं अब जो कहने जा रहा हूँ, वह आसान नहीं है : मैं चाहता हूँ कि आप *सारे समय* और *सारी परिस्थितियों* में कृतज्ञ रहें। भले ही आपका जीवन आदर्श न हो, लेकिन अपनी कृतज्ञता को एक मांसपेशी की तरह मज़बूत बनाएँ। यदि आप इसे इसी समय प्रशिक्षित करने लगते हैं, तो यह समय के साथ मज़बूत बन जाएगी।

कृतज्ञता के ज़रिये ही हम उसका कायाकल्प करते हैं, जिसे ज़ेन गुरु रॉशी जोआन हैलिफ़ैक्स ने 'ग़रीबी की मानसिकता' कहा है। वे कहती हैं कि इस मानसिकता

का 'भौतिक ग़रीबी' से कोई संबंध नहीं है। जब हम ग़रीबी की मानसिकता में फँस जाते हैं, तो हम उस पर ध्यान केंद्रित करते हैं, जिसकी हमारे पास कमी है; हमें महसूस होता है कि हम प्रेम के हक़दार नहीं हैं; और हमें जो कुछ भी दिया गया है, हम उस सबको नज़रअंदाज़ कर देते हैं। कृतज्ञता का चेतन अभ्यास ग़रीबी की मानसिकता से बाहर निकलने का रास्ता है, जो हमारी कृतज्ञता को और इसके साथ ही हमारी सत्यनिष्ठा को भी क्षीण कर देती है।"

ब्रायन एक्टन कृतज्ञता के इस चेतन अभ्यास के उदाहरण हैं। उन्होंने ग्यारह साल तक याहू में काम किया और इसके बाद उन्होंने ट्विटर में नौकरी के लिए आवेदन दिया, हालाँकि वे अपने काम में काफ़ी अच्छे थे, लेकिन उनके आवेदन को अस्वीकार कर दिया गया। जब उन्हें यह समाचार मिला, तो उन्होंने ट्वीट किया, "ट्विटर मुख्यालय द्वारा इंकार। यह ठीक है। हर दिन ऑफ़िस जाने के लिए ज़्यादा लंबी यात्रा करनी पड़ती।" इसके बाद उन्होंने फ़ेसबुक में नौकरी के लिए आवेदन दिया। इसके कुछ समय बाद ही उन्होंने ट्वीट किया, "फ़ेसबुक ने मुझे ठुकरा दिया। यह कुछ ज़बरदस्त लोगों के साथ जुड़ने का बेहतरीन अवसर था। जीवन की अगली रोमांचक यात्रा की राह देख रहा हूँ।" वे सोशल मीडिया पर अपनी असफलताओं को पोस्ट करने से नहीं झिझके और उन्होंने अच्छे-बुरे सभी अनुभवों के लिए कृतज्ञता के अलावा कभी कुछ व्यक्त नहीं किया। इन झटकों के बाद वे अपने व्यक्तिगत समय में एक एप पर काम करते रहे। पाँच साल बाद फ़ेसबुक ने 19 अरब डॉलर में व्हाट्सएप को ख़रीद लिया, जिसकी सह-स्थापना ब्रायन एक्टन ने की थी।

जिन कंपनियों ने एक्टन को अस्वीकार किया था, वहाँ नौकरी करने पर एक्टन को इतना वेतन नहीं मिलता, जितना उन्हें व्हाट्सएप बनाने से मिला। अस्वीकृतियों पर ध्यान केंद्रित करने और ग़रीबी की मानसिकता अपनाने के बजाय उन्होंने बस यह देखने के लिए कृतज्ञतापूर्वक इंतज़ार किया कि भविष्य में उनके लिए क्या हो सकता है।

पल की आलोचना न करें। जैसे ही आप किसी चीज़ पर बुरे का लेबल लगाते हैं, आपका मन उस लेबल पर विश्वास करने लगता है। इसके बजाय, विपत्तियों के लिए कृतज्ञ बनें। जीवन की यात्रा को इसके घुमावदार मार्ग पर अपनी ख़ुद की गति से चलने दें। सृष्टि के पास आपके लिए दूसरी योजनाएँ हो सकती हैं।

एक संन्यासी के बारे में कहानी है, जो दो बाल्टियों में एक कुएँ से पानी लाता था, जिनमें से एक में छेद था। वह यह काम हर दिन करता था और बाल्टी की मरम्मत नहीं करता था। एक दिन एक राहगीर ने उससे पूछा कि वह छेद वाली बाल्टी क्यों लाता है। संन्यासी ने रास्ते की उस तरफ़ इशारा किया। जिस तरफ़ वह भरी बाल्टी को रखता था, वह बंजर था, लेकिन जिस तरफ़ छेद वाली बाल्टी रहती थी, उस तरफ़ के मार्ग पर सुंदर जंगली फूल लग गए थे। उसने कहा, "मेरी

अपूर्णता से मेरे आस-पास के लोगों के लिए सुंदरता खिल गई है।"

हेलन केलर बचपन में ही एक अज्ञात बीमारी के बाद बधिर और अंधी हो गई थीं। उन्होंने लिखा था, "जब खुशी का एक दरवाज़ा बंद होता है, तो दूसरा खुल जाता है; लेकिन अक्सर हम बंद दरवाज़े को इतनी ज़्यादा देर तक देखते रहते हैं कि हमें वह दरवाज़ा दिखाई ही नहीं देता, जो हमारे लिए खुल गया है।"

जब कोई चीज़ आपके मनचाहे तरीक़े से न हो, तो खुद से कहें, "लगता है, मुझे कोई बेहतर चीज़ मिलने वाली है।" बस इतना ही। आपको यह सोचने की ज़रूरत नहीं है, *मैं बहुत कृतज्ञ हूँ कि मेरी नौकरी चली गई!* जब आप कहते हैं, "यही मैं चाहता था। यह इकलौता जवाब था," तो सारी ऊर्जा "यह" में चली जाती है। जब आप कहते हैं, "यह कारगर नहीं रहा, लेकिन वहाँ कोई बेहतर चीज़ है," तो ऊर्जा संभावनाओं से भरे भविष्य में पहुँच जाती है।

आप संभावित परिणामों के प्रति जितने ज़्यादा खुलते हैं, आप कृतज्ञता की प्रतिक्रिया को उतना ही ज़्यादा सहज बना सकते हैं। ब्रदर डेविड स्टिंडल-रैस्ट कहते हैं, "लोग आम तौर पर सोचते हैं कि कृतज्ञता धन्यवाद देना है, मानो यही इसका सबसे अहम पहलू हो। कृतज्ञ जीवन के अभ्यास का सबसे महत्त्वपूर्ण पहलू जीवन में विश्वास है... इस तरह से जीना, जिसे मैं 'कृतज्ञ जीवन' कहता हूँ, क्योंकि तब आपको हर पल एक उपहार लगता है... यह तब होता है, जब आप ठहरकर खुद से पूछते हैं, 'इस पल में क्या अवसर है?' आप इसकी तलाश करते हैं और फिर आप उस अवसर का लाभ लेते हैं। यह इतना ही आसान है।"

यदि आपका बॉस आपको फ़ीडबैक देता है, जिससे आप सहमत नहीं होते, तो प्रतिक्रिया करने से पहले ठहरें। एक पल सोचें, *मैं इस पल से क्या सीख सकता हूँ?* फिर कृतज्ञता की तलाश करें। शायद आप कृतज्ञ हो सकते हैं कि आपका बॉस आपको बेहतर बनाने की कोशिश कर रहा है या इस बारे में कृतज्ञ हो सकते हैं कि आपके बॉस ने आपको यह नौकरी छोड़ने का एक और कारण दे दिया है। अगर आप बस पकड़ने के लिए दौड़ते हैं और सफल हो जाते हैं, तो आप सामान्य तौर पर क्षणिक राहत महसूस करते, फिर अपने दिन में रोज़मर्रा की तरह लग जाते। इसके बजाय ठहरें। एक पल याद करने का समय लें कि आपको तब कैसा महसूस हुआ था, जब आपने सोचा था कि आपकी बस छूट जाएगी। इस स्मृति का इस्तेमाल करके अपने सौभाग्य की क़द्र करें। और अगर आप बस चूक जाते हैं, तो आपको विचार करने के लिए एक पल मिल जाएगा, इसलिए स्थिति को सही दृष्टिकोण में रखने के लिए इसका इस्तेमाल करें। दूसरी बस कुछ ही देर में आ जाएगी। आपका सौभाग्य था कि आपको किसी कार ने टक्कर नहीं मारी थी। स्थिति इससे भी ज़्यादा बुरी हो सकती थी। जीतों का जश्न मनाने और दुखों पर अफ़सोस करने के बाद हम हर स्थिति को सकारात्मक संकल्प के दृष्टिकोण से देखते हैं, इसे कृतज्ञता और

विनम्रता के साथ स्वीकार करते हैं और फिर आगे बढ़ जाते हैं।

इसे आज़माएँ : अतीत के बारे में कृतज्ञता

अपने अतीत की उस एक चीज़ के बारे में सोचें, जिसके लिए आप तब कृतज्ञ नहीं थे, जब यह हुई थी। आपकी शिक्षा? कोई टीचर? मित्रता? क्या कोई प्रोजेक्ट है, जिसने आपको तनावग्रस्त किया? किसी पारिवारिक सदस्य की ज़िम्मेदारी, जिससे आप चिढ़ गए थे? या फिर किसी ऐसे नकारात्मक परिणाम को चुनें, जो अब दर्द भरा न हो : ब्रेकअप, छँटनी, अनचाहा समाचार।

अब विचार करने के लिए एक पल लें कि उस अनुभव के लिए आप किस तरह कृतज्ञ हो सकते हैं। क्या इसने आपको किसी अप्रत्याशित तरीक़े से फ़ायदा पहुँचाया? क्या वह प्रोजेक्ट नई योग्यताएँ सीखने या किसी सहकर्मी का सम्मान हासिल करने में आपकी मदद करेगा? क्या आपकी उदारता की वजह से परिवार के उस सदस्य के साथ आपका संबंध बेहतर हो गया था?

इस वक़्त जो भी अप्रिय हो रहा हो और भविष्य में जिस भी अप्रिय चीज़ के होने की आशंका हो, उसके बारे में सोचें। उसके लिए कृतज्ञता ज्ञापित करने के साथ प्रयोग करें।

कृतज्ञता व्यक्त करें

अब जब हमने कृतज्ञता को व्यापक कर लिया है, जिसे हम अंदर महसूस करते हैं, तो आइए उस कृतज्ञता को बाहर की ओर मोड़ते हैं और इसे दूसरों के सामने व्यक्त करते हैं।

बहुत बार हम गहराई से कृतज्ञ महसूस करते हैं, लेकिन हमें ज़रा भी पता नहीं होता कि इसे कैसे बताएँ।। धन्यवाद देने और कृतज्ञता व्यक्त करने के कई तरीक़े और गहराइयाँ हैं।

कृतज्ञता दिखाने का सबसे बुनियादी तरीक़ा धन्यवाद देना है, लेकिन बुनियादी कौन बनना चाहता है? अपने धन्यवाद को यथासंभव विशिष्ट या ख़ास बनाएँ। उन थैंक-यू नोट्स के बारे में सोचें, जो आपको किसी कार्यक्रम के सफल आयोजन के बाद मिले थे। कम से कम एक में यह कहा गया होगा, "कल रात के लिए आपको धन्यवाद। यह शानदार था!" दूसरा कह सकता है, "कल रात के लिए धन्यवाद – भोजन कमाल का था और आपने अपने मित्र की प्रशंसा में जो बातें कही थीं, मुझे वह मज़ेदार लगा।" अपनी कृतज्ञता को विशिष्ट संदर्भ में व्यक्त करना कहीं बेहतर

होता है। जिस मिनट हमें ज़्यादा विस्तृत कृतज्ञता दी जाती है, हम बेहतर महसूस करने लगते हैं।

यही कुंजी है : आपके मित्र को उस समारोह का हिस्सा बनने पर खुशी महसूस हुई, जिसे आपने आयोजित किया था और उसने थैंक-यू नोट लिखने की मेहनत की, जिससे आपको खुशी मिली। आपमें से हर एक के लिए कृतज्ञता इस अहसास से उत्पन्न होती है कि किसी दूसरे ने आपमें निवेश किया। यह प्रेम का फ़ीडबैक चक्र है।

दयालुता और कृतज्ञता सहजीवी हैं

प्रेम का फ़ीडबैक चक्र बुद्ध की नसीहत से मेल खाता है कि दयालुता और कृतज्ञता एक साथ विकसित की जानी चाहिए और उन्हें सामंजस्य में काम करना चाहिए।

दयालुता इतनी ही आसान और कठोर है : सचमुच किसी दूसरे के लिए किसी अच्छी चीज़ की इच्छा करना, इस बारे में सोचना कि उसे किस चीज़ से लाभ होगा और उसे वह लाभ देने की कोशिश करना।

यदि आपने कभी किसी दूसरे के लाभ के लिए कोई त्याग किया है, तो आप आसानी से उस प्रयास और ऊर्जा को पहचान सकते हैं, जो कोई दूसरा आपको देता है। इसका मतलब यह है कि दयालुता के आपके खुद के कार्य आपको सिखा देते हैं कि दयालु बनने के लिए किस चीज़ की ज़रूरत होती है, इसलिए आपकी दयालुता आपको सचमुच कृतज्ञ महसूस करने में सक्षम बनाती है। दयालुता कृतज्ञता सिखाती है। यही विचारशील थैंक-यू नोट में हो रहा है : आपकी डिनर पार्टी की दयालुता ने आपके मित्र की कृतज्ञता को प्रेरित किया। उस कृतज्ञता ने आपके प्रति उसकी दयालुता को प्रेरित किया।

दयालुता - और उसके बाद की कृतज्ञता - का लहर जैसा उत्तरोत्तर प्रभाव होता है। पेमा चोड्रॉन सलाह देती हैं, "अपने प्रति ज़्यादा दयालु बनें। और फिर अपनी दयालुता का सैलाब संसार में भर दें।" हमारी दैनिक मुलाक़ातों में हम यह चाहते हैं कि दूसरे लोग हमारे प्रति दयालु, करुण और देने वाले बनें - ऐसा कौन नहीं चाहता? लेकिन इन गुणों को अपने जीवन में आकर्षित करने का सर्वश्रेष्ठ तरीक़ा उन्हें खुद में विकसित करना है। अध्ययनों ने लंबे समय से दिखाया है कि हमारे सामाजिक नेटवर्क के भीतर नज़रिये, व्यवहार और सेहत भी संक्रामक होती है, लेकिन यह स्पष्ट नहीं था कि क्या ऐसा सिर्फ़ इसलिए था, क्योंकि हम अपने ही जैसे लोगों से आम तौर पर दोस्ती करते हैं। इसलिए हार्वर्ड और कैलिफ़ोर्निया यूनिवर्सिटी, सैन डिएगो के दो शोधकर्ता यह पता लगाने निकले कि क्या दयालुता अनजान लोगों के बीच भी संक्रामक होती है। उन्होंने एक खेल तय किया, जहाँ उन्होंने अजनबियों को चार-चार के समूह में बाँट दिया और हर व्यक्ति को बीस

क्रेडिट दिए। हर खिलाड़ी को अकेले में यह निर्देश दिया गया कि उसे यह निर्णय लेना है कि वह कितने क्रेडिट खुद के लिए रखना चाहता था और कितने एक आम पूल में देना चाहता था, जो चक्र के अंत में सभी खिलाड़ियों में बराबर-बराबर बाँट दिए जाएँगे। हर राउंड के अंत में खिलाड़ियों को बदला गया, ताकि उन्हें यह पता न चले कि हर खेल में *कौन* उदार था, लेकिन वे यह जानते थे कि दूसरे समूह के प्रति *कितने* उदार थे। जब खेल आगे बढ़ा, जो जिन खिलाड़ियों के प्रति उनकी टीम के साथियों ने उदारता दिखाई थी, उन्होंने भावी राउंड्स में खुद के ज़्यादा क्रेडिट देने की प्रवृत्ति दिखाई। दयालुता से दयालुता मिलती है।

जब आप दयालुता-कृतज्ञता आदान-प्रदान का हिस्सा होते हैं, तो आप अवश्यंभावी रूप से खुद को कृतज्ञता के पाने वाले छोर पर पाएँगे। जब हमें धन्यवाद मिलता है, तो हमें अपने अहं पर ध्यान देना चाहिए। अपनी खुद की महानता की फंतासी में खोना आसान होता है। जब संन्यासियों की प्रशंसा की जाती है, तो हम अनासक्त हो जाते हैं और यह याद करते हैं कि हमने जो दिया, वह दरअसल कभी हमारा था ही नहीं। विनम्रता के साथ कृतज्ञता प्राप्त करने के लिए सामने वाले को धन्यवाद देकर शुरू करें कि उसने इस पर ग़ौर किया। उसके ध्यान और इरादों की प्रशंसा करें। सामने वाले में किसी अच्छे गुण की तलाश करें और प्रशंसा को लौटा दें।

फिर जो कृतज्ञता आपको दी गई है, उसे अपने गुरुओं के प्रति कृतज्ञ बनने का अवसर बना लें।

अजनबियों की दयालुता

संन्यासी दिनभर के सभी छोटे-बड़े कामों में अपनी कृतज्ञता का अभ्यास करते हैं। मैं एक बार ऊबर कार में बैठा, तो मैं हड़बड़ी और जल्दबाज़ी में था। कार लंबे समय तक खड़ी रही और आखिरकार जब मैंने इस बात पर ग़ौर किया और ड्राइवर से पूछा कि क्या सब कुछ ठीक है, तो वह बोला, "हाँ, मैं तो बस इंतज़ार कर रहा था कि आप मेरे हाय का जवाब देंगे।" यह जगाने वाली घंटी थी और आप शर्त लगा सकते हैं कि मैं अब लोगों का अभिवादन करने के बारे में ज़्यादा सावधान रहता हूँ।

संक्षिप्त और सीधा होना ज़्यादा कार्यकुशल और पेशेवर हो सकता है, लेकिन अगर हम अपने दिन को ऑटोपायलट पर बिताते हैं, तो हम उन भावनाओं को व्यक्त करने से रुक सकते हैं, जो हमें एक साथ जोड़ती हैं और पोषण देती हैं। एक अध्ययन में शिकागो सबवे पर कुछ दैनिक यात्रियों को प्रोत्साहित किया गया कि वे अजनबियों के साथ किसी विषय पर बातचीत शुरू करें, चाहे इसमें कितना भी समय लगे। यह पाया गया कि जिनमें बातचीत शुरू करने का साहस था, उन्होंने यात्रा का अनुभव ज़्यादा सकारात्मक लगा। इनमें से ज़्यादातर दैनिक यात्रियों ने विपरीत

परिणाम की उम्मीद की थी और आगे जाँच करने पर शोधकर्ताओं ने पाया कि यात्री यह नहीं सोचते थे कि अजनबी अप्रिय होंगे, बल्कि उन्हें डर था कि बातचीत शुरू करना अजीब होगा और उन्हें चिंता थी कि उन्हें झिड़का जा सकता है। स्थिति ऐसी नहीं थी और ज़्यादा अजनबी बातचीत शुरू करने के बारे में खुश थे। जब हम अपने आस-पास के लोगों से जुड़ने की कोशिश करते हैं, तो हम गुमनामी में क्षीण होने के बजाय कृतज्ञता के अवसर बनाते हैं।

उन सारी दैनिक गतिविधियों के बारे में सोचें, जिनमें दूसरे लोग शामिल होते हैं : कम्प्यूटिंग, ऑफिस का प्रोजेक्ट, किराने की ख़रीदारी, बच्चों को स्कूल छोड़ने जाना, हमारे पार्टनर के साथ छुटपुट बातचीत। हमारे जीवन की ये छोटी-छोटी घटनाएँ हमें कितनी खुशी देती हैं, यह काफ़ी हद तक हम पर निर्भर करता है। ख़ास तौर पर, यह इस बात पर निर्भर करता है कि हम इन व्यवहारों में कितनी दयालुता दिखाते हैं और कितनी कृतज्ञता महसूस करते हैं।

इसे आज़माएँ : कृतज्ञता का मानसिक चित्रण

इसी समय तीन चीज़ों के बारे में सोचें, जो दूसरों ने आपको दी हैं :

1. एक छोटी दयालुता, जो किसी ने आपके प्रति की
2. एक उपहार, जो आपके लिए मायने रखता था
3. कोई चीज़, जो हर दिन को थोड़ा बेहतर बनाती है

अपनी आँखें बंद कर लें। खुद को इनमें से प्रत्येक कार्य के समय पर ले जाएँ और उस पल को दोबारा जीकर देखें कि यह कैसा महसूस हुआ था – दृश्य, गंध और आवाज़ें। इसका अनुभव श्रद्धामिश्रित आश्चर्य के साथ करें और इन भावनाओं का अनुभव ज़्यादा गहराई से करें।

इस मानसिक चित्रण के बाद पहचानें कि आपकी ख़ातिर छोटी–छोटी चीज़ें हो रही हैं। उन्हें नज़रअंदाज़ न करें या अनदेखा न करें। इसके बाद पल भर के लिए यह अहसास करें कि लोग आपकी परवाह करते हैं, आपके बारे में सोचते हैं, आपसे प्रेम करते हैं। इससे आपके आत्म–गौरव और आत्मविश्वास को बढ़ावा मिलेगा। अंत में, यह जान लें कि महान महसूस करना अंतिम लक्ष्य नहीं है। इस चिंतन–मनन से यह महसूस करने की ओर बढ़ें कि जिन लोगों ने आपको दिया है, आप उन्हें लौटाने का काम प्रेम से करना चाहते हैं या फिर यह प्रेम और परवाह उन लोगों तक आगे बढ़ाना चाहते हैं, जिनके पास यह नहीं है।

सेवा के ज़रिये कृतज्ञता

यदि हम दिन की अनायास दयालुताओं से आगे जाना चाहते हैं, तो हम सक्रियता से अपनी कृतज्ञता को और ज़्यादा प्रेरित कर सकते हैं और बढ़ा सकते हैं। हम स्वयंसेवा करने और दूसरों की सेवा करने की सोचते हैं, क्योंकि हमें लगता है कि इस तरह हम कम सौभाग्यशाली लोगों की मदद करते हैं, लेकिन सच तो यह है कि जिसकी सेवा की जा रही है, उसे जितना फ़ायदा होता है, उतना ही फ़ायदा सेवा करने वाले को भी होता है। सेवा क्रोध, तनाव, ईर्ष्या और निराशा जैसे नकारात्मक भावों का कायाकल्प कृतज्ञता में कर देती है। ऐसा इसलिए होता है, क्योंकि सेवा हमें सही दृष्टिकोण देती है।

एक दुखी युवक एक बूढ़े, समझदार गुरु के पास पहुँचता है। गुरु पूछते हैं, "तुम मेरे पास क्यों आए हो?"

युवक ने कहा, "मैं अपने आस-पास खुशी और सुंदरता देखता हूँ, लेकिन दूर से। मेरा खुद का जीवन दर्द से भरा हुआ है।"

समझदार गुरु ख़ामोश हो गया। उन्होंने धीरे-धीरे उस दुखी युवक के लिए एक गिलास में पानी डाला और उस युवक को थमा दिया। फिर गुरु ने नमक रखने वाला कटोरा आगे बढ़ा दिया।

गुरु ने कहा, "थोड़ा नमक पानी में डालो।"

युवक झिझका, फिर उसने चुटकी भर नमक ले लिया।

गुरु ने कहा, "ज़्यादा लो। मुट्ठी भरकर।"

संदेह करते हुए उस युवक ने अपने गिलास में मुट्ठी भर नमक डाल लिया। गुरु ने अपने सिर से इशारा किया कि अब वह युवक उस पानी को पी ले। युवक ने पानी की चुस्की ली, अपना मुँह बनाया और कच्चे फ़र्श पर उसे उगल दिया।

गुरु ने पूछा, "इसका स्वाद कैसा था?"

"भयंकर," युवक ने थोड़े शिकायती अंदाज़ में कहा।

गुरु हँसे और युवक को नमक का कटोरा थमाकर उसे पास की एक झील तक ले गए। झील का पानी साफ़ और ठंडा था। गुरु ने कहा, 'अब मुट्ठी भर नमक झील में डाल दो।'

युवक ने ऐसा ही किया और नमक पानी में घुल गया।

गुरु ने कहा, 'अब पानी पियो।'

युवक झील के किनारे बैठा और अपने हाथों से पानी पी लिया।

जब युवक ने ऊपर देखा, तो गुरु ने एक बार फिर पूछा, 'यह कैसा था?'

युवक ने कहा, 'अच्छा!'

गुरु ने पूछा, "क्या तुम्हें नमक का स्वाद आया?"

युवक ने कहा, "बिलकुल नहीं!"

गुरु भी युवक के पास बैठ गए और थोड़ा पानी पीने के बाद बोले, "जीवन का दर्द शुद्ध नमक है। इसकी मात्रा हमेशा समान रहती है, लेकिन अगर आप इसे किसी छोटे गिलास में डालते हैं, तो इसका स्वाद भयंकर होता है। अगर आप इसे किसी झील में डालते हैं, तो आपको उसके होने का पता ही नहीं चलता। अपनी इंद्रियों का विस्तार करो, अपने संसार का विस्तार करो। इससे दर्द कम हो जाएगा। गिलास न बनें। झील बनें।"

ज़्यादा व्यापक दृष्टिकोण रखने से हमारा दर्द कम होता है और हम अपने पास की चीज़ों की क़द्र कर सकते हैं और हम दूसरों को देकर सीधे इस ज़्यादा व्यापक दृष्टिकोण तक पहुँच सकते हैं। बीएमसी *पब्लिक हेल्थ* में प्रकाशित शोध बताता है कि स्वयंसेवा करने से डिप्रेशन की भावनाएँ कम होती हैं और अच्छे स्वास्थ्य की भावनाएँ बढ़ती हैं। जब मैं न्यू यॉर्क में रहता था, तो कैप्स फ़ॉर किड्स नामक एक परोपकारी संस्था क्वीन्स के एक स्कूल में गई और विद्यार्थियों को मुश्किल पृष्ठभूमियों के बच्चों के लिए सुपरहीरो कैप बनाने में मदद की। जिन बच्चों ने कैप बनाए, उन्होंने अपने काम और प्रतिभाओं का प्रभाव देखा। इससे उन्हें यह अहसास हुआ कि उनके पास सचमुच कितना कुछ था। जब हम दिन की स्पष्ट रोशनी में दूसरों के संघर्ष देखते हैं, जब हम उनके संसार को थोड़ा सा बेहतर बनाने के लिए अपनी योग्यताओं का इस्तेमाल करते हैं, तो हम तुरंत कृतज्ञता का सैलाब महसूस करने लगते हैं।

सेवा आपके दृष्टिकोण को व्यापक करती है और नकारात्मक भावनाओं को कम करती है। स्वयंसेवा करें – यह महीने में या सप्ताह में एक बार हो सकती है – लेकिन कोई भी चीज़ इससे जल्दी कृतज्ञता नहीं पढ़ा सकती या आपको इसे व्यक्त करने के लिए प्रेरित नहीं कर सकती।

गहरी कृतज्ञता

कई बार उन लोगों के प्रति कृतज्ञता व्यक्त करना सबसे मुश्किल होता है, जो हमारे लिए सबसे ज़्यादा मायने रखते हैं – परिवार, मित्र, टीचर और मार्गदर्शक, जिन्होंने हमारे जीवन में सच्चा फ़र्क डाला या अब भी डालते हैं।

इसे आज़माएँ : कृतज्ञता पत्र लिखें

एक व्यक्ति चुनें, जिसके प्रति आप गहरी कृतज्ञता महसूस करते हैं – कोई ऐसा, जो कृतज्ञता महसूस करने को आसान बना देता है।

उन ज़्यादा व्यापक गुणों और मूल्यों की सूची लिखें, जिनकी आप इस व्यक्ति में क़द्र करते हैं। क्या वे सहायक और समर्थनकारी थे? क्या वे प्रेमपूर्ण थे? क्या उनमें सत्यनिष्ठा थी? फिर उनके विशिष्ट शब्दों और उनके साथ बिताए पलों को याद करें। आगे देखें और लिखें कि जब आप उनसे दोबारा मिलते हैं, तो आप क्या करने और कहने वाले हैं। (यदि वे गुज़र चुके हैं, तो आप यह कह सकते हैं : "अगर मैं आपसे दोबारा मिलता, तो मैं यह कहता।")

अब अपनी लिखी बातों को देखते हुए एक कृतज्ञता पत्र लिखें।

यदि संभव हो, तो व्यक्तिगत रूप से प्रेम और क़द्र दिखाने की कोशिश करें। यदि यह संभव न हो, तो नोट लिखकर, टेक्स्ट मैसेज करके या फ़ोन कॉल करके विशिष्ट रूप से व्यक्त करें कि आप उस व्यक्ति में किस चीज़ की क़द्र करते हैं। इससे वह व्यक्ति भी खुश होगा और आप भी।

जिन लोगों से आप प्रेम करते हैं, कई बार वे अंतरंगता का प्रतिरोध करेंगे और आपको दूर झटक देंगे। इस प्रकरण में अपनी स्थिति को क़ायम रखें। कृतज्ञता पाने के लिए असुरक्षा और खुलेपन की ज़रूरत होती है। हम इन भावनाओं को रोक देते हैं, क्योंकि हम चोट पहुँचने से डरते हैं। यदि आपका प्रतिरोध होता है, तो आप अपनी नीति को बदलने की कोशिश कर सकते हैं। पल भर विचार करें कि सामने वाला किस तरह की कृतज्ञता को सबसे ज़्यादा पसंद करेगा। कुछ मामलों में लिखकर अपनी कृतज्ञता व्यक्त करना आप दोनों के लिए ही सबसे आसान होता है, ताकि इन भावनाओं की प्रोसेसिंग करने के लिए समय और जगह मिल जाए।

जब आप किसी को कृतज्ञता पत्र लिखते हैं, जो आपके लिए बहुत ज़्यादा मायने रखता है, तो उसे परवाह और प्रेम का उतना ही अहसास कराएँ, जितना आपको तब महसूस हुआ था, जब उसने आपकी मदद की थी। शाब्दिक थैंक-यू से उसकी उदारता की मान्यता और महत्त्व उतना स्थायी नहीं होता, जितना पत्र से होता है। इससे आपका बंधन गहरा बनता है। यह मान्यता आप दोनों को ही विचारशील बनने और एक-दूसरे को देने के लिए प्रेरित करती है और जैसा हम जान चुके हैं, इसका आपके पूरे समुदाय पर लहर प्रभाव पड़ता है।

क्षमा के बाद कृतज्ञता

शायद आप सोच रहे हैं, *मेरे अभिभावकों ने मेरे साथ ग़लत किया था। मुझे उनके प्रति कृतज्ञ क्यों होना चाहिए?* हमारे जीवन में दोषयुक्त और अपूर्ण लोग होते हैं - जिनके प्रति हम अनसुलझी या मिश्रित भावनाएँ महसूस करते हैं, इसलिए हमें उनके प्रति कृतज्ञता के विचार सोचने में मुश्किल आती है, लेकिन फिर भी कृतज्ञता कोई ऐसी चीज़ नहीं है, जो या तो सौ प्रतिशत हो या फिर बिलकुल भी न हो। हम अपने प्रति किसी व्यक्ति के थोड़े से, लेकिन सारे नहीं, व्यवहार के लिए कृतज्ञ हो सकते हैं। यदि आपके संबंध जटिल हैं, तो उनकी जटिलता को स्वीकार करें। उनकी असफलताओं के लिए उन्हें क्षमा करने की कोशिश करें। उनके प्रयासों के लिए कृतज्ञता खोजने की कोशिश करें।

बहरहाल, मैं यह सुझाव कतई नहीं दे रहा हूँ कि अगर किसी ने आपके साथ कोई ग़लत काम किया हो, तब भी आपको कृतज्ञ महसूस करना चाहिए। आपको अपने जीवन में हर एक के प्रति कृतज्ञ होने की ज़रूरत नहीं है। संन्यासियों का ट्रॉमा यानी मानसिक आघात के बारे में कोई आधिकारिक दृष्टिकोण नहीं है, लेकिन बाहर के उपचार से पहले अंदर के उपचार पर हमेशा ध्यान केंद्रित किया जाता है। अपनी खुद की गति से, अपने खुद के समय पर।

● ● ●

हम कृतज्ञता के बारे में यह सोचने की प्रवृत्ति रखते हैं कि हमें जो दिया गया है, यह उसकी क़द्र करनी है। संन्यासी इसी तरह महसूस करते हैं। और अगर आप किसी संन्यासी से पूछते हैं कि उसे क्या दिया गया है, तो जवाब है हर चीज़। जीवन की सच्ची जटिलता उपहारों और सबकों से भरी है, जिसकी सच्चाई हम हमेशा साफ़ता से नहीं देख सकते कि वे क्या हैं। इसलिए जो है और जो भी संभव है, उस हर चीज़ के लिए कृतज्ञ होने का चुनाव क्यों न करें? दैनिक अभ्यास के ज़रिये कृतज्ञता को अंगीकार करें। यह काम अपने बाहरी कार्यों से भी करें और अंदर से भी - जिस तरह आप अपने जीवन और अपने आस-पास के संसार को देखते हैं। कृतज्ञता से दयालुता उत्पन्न होती है और यह भाव हमारे समुदाय में फैल जाता है। इससे हमारे आस-पास के लोगों के सर्वोच्च इरादे बाहर आ जाते हैं।

कृतज्ञता समस्त गुणों की जननी है। जिस तरह माँ जन्म देती है, उसी तरह कृतज्ञता सभी दूसरे गुणों को पैदा करती है - करुणा, लचीलापन, आत्मविश्वास, जोश - सकारात्मक गुण, जो अर्थ खोजने और दूसरों से जुड़ने में हमारी मदद करते हैं। यह स्वाभाविक निष्कर्ष निकलता है कि अगले अध्याय में हम संबंधों पर बातचीत करेंगे - हम दूसरों के साथ क्या बनने की कोशिश करते हैं, हम अपने जीवन में किनका स्वागत करना चाहते हैं और हम अर्थपूर्ण संबंध कैसे क़ायम रख सकते हैं।

अध्याय 10

संबंध

लोग देख रहे हैं

हर व्यक्ति एक संसार है, जिसकी खोज की जा सकती है।
—तिक न्यात हन्ह

संन्यासियों के बारे में यह कल्पना की जाती है कि वे तपस्वी होते हैं, अकेले रहते हैं, मानवता से अलग-थलग रहते हैं, लेकिन संन्यासी के रूप में मेरे अनुभव ने हमेशा के लिए दूसरे लोगों के साथ मेरे व्यवहार को हमेशा के लिए बदल दिया। जब मैं आश्रम छोड़ने का निर्णय लेने के बाद लंदन लौटा, तो मैंने पाया कि मैं पहले के मुक़ाबले सभी तरह के संबंधों में ज़्यादा अच्छा बन गया था। सुधार रोमांस के मामले में भी सच था, जो थोड़ा आश्चर्यजनक था, क्योंकि संन्यासी ब्रह्मचारी होते हैं और आश्रम में रहते समय मेरे महिलाओं के साथ कोई रूमानी संबंध नहीं थे।

अपेक्षाएँ तय करना

आश्रम का गाँव साहचर्य और सौहार्द्र को बढ़ावा देता है, एक दूसरे की मदद करना, एक दूसरे की सेवा करना। ब्लू जोन्स एक संगठन है, जो संसार के उन क्षेत्रों का अध्ययन करता है, जहाँ लोग सबसे लंबा और सबसे स्वस्थ जीवन जीते हैं। इसके सह-संस्थापक डैन बुएटनर ने पाया कि इस तरह के समुदाय की आवश्यकता पूरे संसार में है। आहार और जीवनशैली की आदतों के अलावा बुएटनर ने पाया कि दीर्घायु का संबंध समुदाय के विभिन्न पहलुओं से होता है : परिवार के साथ करीबी

संबंध (जब आपको मदद की ज़रूरत होगी, तो वे आपकी देखभाल करेंगे), और एक कुनबा, जिसमें साझे विश्वास और स्वस्थ सामाजिक व्यवहार हों। बुनियादी तौर पर इसमें एक गाँव की ज़रूरत होती है।

इन ब्ल्यू जोन्स की तरह ही आश्रम भी एक परस्पर निर्भर समुदाय है, जो सहयोग की मनोदशा और एक-दूसरे की सेवा करने के भाव को बढ़ावा देता है। हर व्यक्ति को अपने अलावा दूसरे लोगों की आवश्यकताओं का ध्यान रखने के लिए भी प्रोत्साहित किया जाता है। बायोस्फ़ियर 2 के वृक्ष याद हैं, जिनकी जड़ें इतनी गहरी नहीं थीं कि वे हवा को झेल पाएँ? रेडवुड वृक्ष की कहानी अलग है। वे काफ़ी ऊँचे होते हैं और आप सोचेंगे कि उन्हें बचे रहने के लिए गहरी जड़ों की ज़रूरत होती होगी, लेकिन नहीं! वास्तव में उनकी जड़ें ज़्यादा गहरी नहीं होतीं। ये पेड़ दीर्घायु इसलिए होते हैं, क्योंकि उनकी जड़ें व्यापक रूप से फैली होती हैं। रेडवुड झुंड में सबसे अच्छी तरह पनपते हैं, क्योंकि उनकी जड़ें आपस में इतनी मज़बूत गुँथ जाती हैं कि वे प्रकृति की शक्तियों को झेल जाते हैं।

प्रेम का चक्र

एक ऐसे समुदाय में जहाँ हर व्यक्ति एक-दूसरे की मदद करता था, मुझे शुरुआत में यह उम्मीद थी कि अगर मैं दूसरे संन्यासियों की परवाह करता हूँ और उन्हें समर्थन देता हूँ, तो वे मेरे साथ ऐसा ही करेंगे, लेकिन वास्तविकता इससे ज़्यादा जटिल थी।

आश्रम में मेरे पहले साल के दौरान मैं विचलित हो जाता हूँ और सलाह के लिए अपने एक गुरु के पास जाता हूँ। मैं कहता हूँ, "मैं विचलित हूँ। मुझे ऐसा महसूस होता है, जैसे मैं बहुत सारा प्रेम दे रहा हूँ, लेकिन मुझे यह महसूस नहीं होता कि सामने वाला मेरे प्रेम को लौटा रहा है। मैं दूसरों के प्रति प्रेमपूर्ण हूँ, परवाह करता हूँ और उनकी देखभाल करता हूँ, लेकिन वे मेरी ख़ातिर ऐसा नहीं करते। मुझे यह समझ नहीं आ रहा है।"

संन्यासी पूछते हैं, "तुम प्रेम क्यों दे रहे हो?"

मैं कहता हूँ, "क्योंकि यह मेरा स्वभाव है।"

संन्यासी कहते हैं, "तो फिर इसके लौटकर आने की उम्मीद क्यों करते हो? लेकिन इसके अलावा, ग़ौर से सुनो। जब भी तुम किसी तरह की कोई ऊर्जा बाहर भेजते हो - प्रेम, नफ़रत, क्रोध, दयालुता - तो यह तुम्हें हमेशा वापस मिलेगी। एक तरह से या दूसरी तरह से। प्रेम एक चक्र की तरह होता है। जो भी प्रेम तुम बाहर भेजते हो, यह हमेशा तुम्हारी ओर लौटता है। समस्या तुम्हारी अपेक्षाओं में निहित है। तुम यह मानते हो कि जो प्रेम तुम्हें मिलता है, वह उसी व्यक्ति से मिले, जिसे तुमने प्रेम दिया था, लेकिन यह हमेशा उस व्यक्ति के माध्यम से नहीं लौटता है।

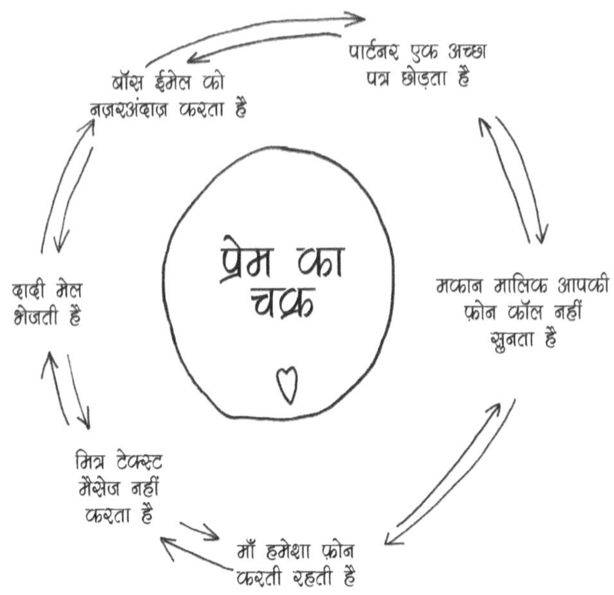

इसी तरह ऐसे लोग हैं, जो तुमसे प्रेम करते हैं, लेकिन जिन्हें तुम बदले में उतना प्रेम नहीं लौटाते हो।"

उनकी बात सही थी। अक्सर हम उन लोगों से प्रेम करते हैं, जो हमसे प्रेम नहीं करते, लेकिन हम उन दूसरे लोगों का प्रेम लौटाने में असफल रहते हैं, जो हमसे प्रेम करते हैं।

मैंने अपनी माँ के बारे में सोचा, जो मेरा फ़ोन सुनने के लिए अपना हर काम छोड़ देती थीं। अगर वे फ़ोन उठाती थीं, तो सबसे पहले मुझे या मेरी बहन को फ़ोन लगाने की सोचती थीं। वे मुझसे सारे समय बात करना चाहती थीं। जब कोई मेरे टेक्स्ट मैसेज का जवाब नहीं देता था, तो मैं कुंठित हो जाता था, जबकि उस वक़्त मेरी माँ बैठकर सोच रही होती थीं, *काश मेरा बेटा मुझे फ़ोन करता!*

मेरे गुरु के प्रेम के दायरे के वर्णन ने मेरा जीवन बदल दिया। कृतज्ञता की कमी की वजह से ही हमें महसूस होता है कि लोग हमसे प्रेम नहीं करते हैं। जब हम सोचते हैं कि कोई परवाह नहीं करता, तो हमें दोबारा इस दृष्टिकोण की जाँच करने की ज़रूरत है और यह अहसास करने की भी कि जो प्रेम हम बाहर देते हैं, वह विभिन्न स्रोतों से हमारी ओर लौटता है। एक ज़्यादा सामान्य अर्थ में, हमने जो बाहर भेजा है, वह लौटकर हमारे पास आएगा। यह कर्म का उदाहरण है, यह विचार

कि आपके कर्म, चाहे वे अच्छे हों या बुरे, हमेशा आपकी ओर लौटकर आएँगे। जब हम महसूस करें कि हमसे प्रेम नहीं किया जाता है, तो हमें खुद से यह पूछना चाहिए : *जितनी बार मैं मदद माँगता हूँ, क्या मैं उतनी बार मदद करने की कोशिश कर रहा हूँ? कौन मुझे दे रहा है, जिसे मैं बदले में कुछ नहीं दे रहा हूँ?*

करुणा का नेटवर्क

संन्यासी प्रेम और परवाह को व्यक्तिगत आदान-प्रदान के बजाय करुणा के नेटवर्क के रूप में देखते हैं और इसमें समझदारी दिखती है। संन्यासी यह मानते हैं कि अलग-अलग लोग अलग-अलग उद्देश्यों की पूर्ति करते हैं, जिनमें से हर भूमिका अपने तरीके से हमारे विकास में योगदान देती है। हमारे पास मित्रता के लिए समकक्ष होते हैं, सिखाने के लिए विद्यार्थी होते हैं और सीखने तथा सेवा करने के लिए मार्गदर्शक होते हैं। ये भूमिकाएँ हमेशा उम्र और अनुभव से नहीं बँधी होतीं। हर संन्यासी हमेशा इस चक्र की हर अवस्था में होता है। संन्यासी मानते हैं कि ये भूमिकाएँ निश्चित नहीं होतीं। एक दिन जो आपका शिक्षक है, वही अगले दिन आपका विद्यार्थी हो सकता है। कई बार वरिष्ठ संन्यासी हम जैसे युवा संन्यासियों के साथ कक्षा में आकर फर्श पर बैठ जाते थे और किसी नए संन्यासी का व्याख्यान सुनते थे। वे वहाँ हमारी योग्यताओं की जाँच करने नहीं आए थे - वे तो वहाँ सीखने आए थे।

इसे आज़माएँ : नेतृत्व और अनुसरण करें

अपने विद्यार्थियों और शिक्षकों की सूची बनाएँ। अब लिखें कि विद्यार्थी आपको क्या सिखा सकते हैं और शिक्षक आपसे क्या सीख सकते हैं।

विश्वास के चार प्रकार

आश्रम में मैं इसलिए विचलित था, क्योंकि मुझे महसूस हो रहा था कि मेरी परवाह का प्रतिदान नहीं मिल रहा था। हम अक्सर दूसरों से ज़रूरत से ज़्यादा उम्मीद करते हैं। ऐसा इसलिए होता है, क्योंकि हमें अपने जीवन में उनके उद्देश्य का स्पष्ट अहसास नहीं होता। आइए चार चीज़ों पर विचार करते हैं, जिनकी हम लोगों में तलाश करते हैं, जिन्हें हम अपने जीवन में आने की अनुमति देते हैं। आप इन लोगों को पहचान लेंगे - हममें से ज़्यादातर प्रत्येक श्रेणी में आने वाले कम से कम एक व्यक्ति को जानते होंगे।

विश्वास के चार प्रकार

<table>
<tr>
<td>

सक्षम

इस व्यक्ति में आपकी समस्या सुलझाने की सही योग्यताएँ हैं। वह उस क्षेत्र में विशेषज्ञ है।

</td>
<td>

परवाह

वह आपकी सफलता की नहीं, आपके भले की परवाह करता है और जो आपके लिए सबसे अच्छा है, उसकी कामना करता है।

</td>
</tr>
<tr>
<td>

चरित्र

प्रबल नैतिक कम्पास और अटल मूल्यों वाले लोग।

</td>
<td>

एकरूपता

जब आपको उनकी ज़रूरत हो, तब विश्वसनीय, मौजूद और उपलब्ध।

</td>
</tr>
</table>

सक्षमता : यदि हमें किसी की राय और अनुशंसा पर विश्वास करना है, तो उसे सक्षम होना चाहिए। इन लोगों में आपकी समस्या सुलझाने की सही योग्यताएँ होती हैं। वे अपने क्षेत्र में विशेषज्ञ होते हैं। उनके पास अनुभव, संदर्भ और/या ऊँची रेटिंग होती है।

परवाह : अगर हम अपनी गोपनीय भावनाएँ किसी को बता रहे हैं, तो हमें यह विश्वास होना चाहिए कि वह हमारी परवाह करता है। सच्ची परवाह का मतलब है कि वे इस बारे में सोच रहे हैं कि आपके लिए सबसे अच्छा क्या है, इस बारे में नहीं कि उनके लिए सबसे अच्छा क्या है। वे आपकी सफलता की नहीं, आपकी भलाई के बारे में चिंता करते हैं। उनके हृदय में आपके सर्वश्रेष्ठ हित रहते हैं। वे आप पर विश्वास करते हैं। वे आपका साथ देने या आपकी मदद करने के लिए अपने कर्तव्य से आगे तक जाएँगे : घर बदलने में मदद करेंगे, किसी डॉक्टर के महत्त्वपूर्ण अपॉइंटमेंट में आपके साथ जाएँगे या किसी बर्थडे पार्टी या शादी की योजना बनाने में मदद करेंगे।

चरित्र : कुछ लोगों में ज़बरदस्त नैतिक कम्पास और अटल जीवनमूल्य होते हैं। जब हमें पक्का नहीं होता कि हम क्या चाहते हैं या क्या सही है, तो हम इन लोगों की ओर देखते हैं कि वे स्थिति को स्पष्ट करने में हमारी मदद करें। चरित्र

ख़ास तौर पर तब महत्त्वपूर्ण होता है, जब हम किसी अंतर्निर्भर साझेदारी (संबंध, कारोबारी साझेदारी, टीम) में होते हैं। ये लोग जो सिद्धांत सिखाते हैं, उन पर अमल भी करते हैं। उनके पास अच्छी प्रतिष्ठा, प्रबल राय और ज़मीन से जुड़ी सलाह होती है। वे विश्वसनीय होते हैं।

एकरूपता : जो लोग एकरूप होते हैं, हो सकता है कि वे शीर्ष विशेषज्ञ न हों, उनका चरित्र सर्वोच्च न हो या वे सबसे गहराई से आपकी परवाह न करते हों, लेकिन जब आपको उनकी ज़रूरत होती है, तो वे विश्वसनीय, उपस्थित और उपलब्ध रहते हैं। वे जीवन के उतार-चढ़ाव में आपके साथ रहे हैं।

कोई भी अपने सीने पर तख़्ती लगाकर नहीं चलता, जिस पर लिखा हो कि वह हमें क्या दे सकता है। लोगों के इरादों और कार्यों का अवलोकन करें। क्या वे सामंजस्य में हैं? क्या वे वह दर्शा रहे हैं, जो उनके कहे अनुसार मूल्यवान है? क्या उनके मूल्य आपके मूल्यों के अनुरूप हैं? हम वादों के बजाय व्यवहार से ज़्यादा सीखते हैं। आप किसी के प्रति क्यों आकर्षित हैं और क्या आपका उनसे मित्र, सहकर्मी या रूमानी साझेदार के रूप में जुड़ना संभव है, यह समझने के लिए विश्वास के इन चार प्रकारों का इस्तेमाल करें। *खुद से पूछें, इस संबंध में शामिल होने के पीछे मेरा सच्चा इरादा क्या है?*

चार प्रकार के विश्वास बुनियादी गुणों जैसे दिख सकते हैं, जिनकी हम सहज बोध से तलाश करते हैं और जिनकी हमें आवश्यकता महसूस होती है, लेकिन ग़ौर करें कि किसी ऐसे व्यक्ति के बारे में सोचना मुश्किल है, जो आपकी परवाह करता हो, हर क्षेत्र में सक्षम हो, सर्वोच्च चरित्र वाला हो और कभी आपकी ख़ातिर व्यस्त न हो। मेरे जीवन में दो सबसे महत्त्वपूर्ण लोग रबागी (गेरे रांग्यासी गुरु) और मेरी माँ हैं। स्वामी मेरे आध्यात्मिक मार्गदर्शक हैं। उनके चरित्र में मुझे चरम विश्वास है, लेकिन जब मैंने उन्हें बताया कि मैं एक्सेंचर छोड़कर मीडिया में जाना चाहता हूँ, तो उन्होंने कहा, "मुझे पता नहीं है कि तुम्हें क्या करना चाहिए।" वे मेरे सबसे मूल्यवान सलाहकारों में से एक हैं, लेकिन उनसे मेरे करियर के बारे में राय रखने की उम्मीद करना मूर्खतापूर्ण था और वे इतने समझदार थे कि उन्होंने राय देने का नाटक नहीं किया। मेरी माँ करियर के परिवर्तनों के बारे में पूछने के लिए सर्वश्रेष्ठ व्यक्ति नहीं थीं। कई माताओं की तरह वे भी मेरे स्वास्थ्य की सबसे ज़्यादा चिंता करती थीं : मैं कैसा महसूस कर रहा हूँ, मैं अच्छी तरह खा रहा हूँ या नहीं, मैं पर्याप्त सो रहा हूँ या नहीं। वे परवाह और एकरूपता के मामले में तो मेरे साथ थीं, लेकिन वे मेरी कंपनी के प्रबंधन पर मुझे सलाह नहीं दे सकतीं। मुझे अपनी माँ पर इस बात पर नाराज़ होने की ज़रूरत नहीं है कि वे मुझे मेरे जीवन के हर पहलू के बारे में परवाह या सलाह नहीं दे सकतीं। इसके बजाय मुझे अपना समय, ऊर्जा,

ध्यान और दर्द बचाना चाहिए और बस उसकी क़द्र करनी चाहिए, जो वे दे रही हैं।

हममें यह उम्मीद करने की प्रवृत्ति होती है कि हर व्यक्ति पूरा पैकेज होगा और हमें हर वह चीज देगा, जिसकी हमें ज़रूरत है। यह छड़ को असंभव ऊँचाई पर रखना है। ऐसे व्यक्ति को खोजना या ऐसा व्यक्ति बनना मुश्किल है। चार प्रकार के विश्वास यह दिमाग़ में रखने में हमारी मदद करेंगे कि हम उनसे क्या उम्मीद कर सकते हैं और क्या नहीं कर सकते। आपका जीवनसाथी या साझेदार भी सारे तरीक़ों से सारे समय परवाह, चरित्र, सक्षमता और एकरूपता प्रदान नहीं कर सकता। परवाह और चरित्र, हाँ, लेकिन कोई भी सारी चीज़ों में सक्षम नहीं होता और हालाँकि आपके साझेदार को विश्वसनीय होना चाहिए, लेकिन कोई भी हमेशा उतना उपलब्ध नहीं होता, जितनी आपको उनकी ज़रूरत होती है। हम उम्मीद करते हैं कि हमारा जीवनसाथी हमारा सब कुछ होगा, हमें 'पूरा' कर देगा (जेरी मैग्वायर को धन्यवाद), लेकिन उस गहरे और आजीवन संगम के भीतर भी केवल आप ही आपकी हर चीज़ हो सकते हैं।

जो परिवार वाले नहीं थे या हमसे किसी दूसरी तरह जुड़े हुए नहीं थे, उन लोगों के साथ आश्रम में रहने से हमें एक यथार्थवादी दृष्टिकोण मिला। वहाँ यह स्पष्ट था कि कोई भी हर भूमिका नहीं निभा सकता, न ही उसे निभानी चाहिए। रोचक बात यह है कि *साइकालजी टुडे* में छपे एक लेख के अनुसार मनोवैज्ञानिक कर्नल पैट्रिक जे. स्वीनी ने इराक में सैन्य नेतृत्व की एक फ़ील्ड स्टडी की थी, जहाँ उन्होंने विश्वास के 'तीन आधार' पाए थे : सक्षमता, परवाह और चरित्र। फ़र्क़ यह है कि उन्होंने कहा कि सभी तीनों गुण आवश्यक थे, तभी सैनिक अपने लीडर पर भरोसा कर सकते हैं। सेना और संन्यासी जीवन दोनों ही दिनचर्या और सिद्धांतों का पालन करते हैं, लेकिन संन्यासी अपने लीडर्स का अनुसरण नहीं कर रहे हैं और अपनी जान दाँव पर नहीं लगा रहे हैं। संबंधों के बारे में किसी संन्यासी की तरह सोचने का मतलब यह है कि आप सभी चारों गुणों की तलाश किसी एक इंसान में न करें। यह न सोचें कि आपके हिसाब से उसे क्या देना चाहिए। वह वास्तव में आपको जो देता है, उस आधार पर यथार्थवादी अपेक्षाएँ तय करें। जब किसी में चारों गुण न हों, तब भी आपको उनके रहने से लाभ हो सकता है।

और आपको इस बारे में भी उतना ही ध्यान देना चाहिए कि आप उन्हें क्या दे सकते हैं। मित्रों या सहकर्मियों के मामले में ख़ुद से यह पूछने की आदत डालें, *मैं क्या पहले दे सकता हूँ? मैं कैसे सेवा कर सकता हूँ? क्या मैं शिक्षक हूँ, समकक्ष हूँ या विद्यार्थी हूँ?* मैं इस व्यक्ति को चार गुणों में से कौन सा देता हूँ? जब हम अपनी शक्तियों का इस्तेमाल करते हैं, तो हम ज़्यादा अर्थपूर्ण संबंध बनाते हैं और स्वामी की तरह वहाँ अपनी विशेषज्ञता नहीं दिखाते हैं, जहाँ हम विशेषज्ञ नहीं होते।

इसे आज़माएँ : विश्वास पर चिंतन-मनन करें

अपने जीवन के तीन अलग–अलग लोगों को चुनें – शायद एक सहकर्मी, परिवार का कोई सदस्य और मित्र – और निर्णय लें कि वे आपके जीवन में चार गुणों में से कौन से लाते हैं। उसके लिए कृतज्ञ बनें। इसके लिए उन्हें धन्यवाद दें।

जो अभ्यास ऊपर दिया गया है, ऐसे अभ्यासों का उद्देश्य लोगों पर लेबल लगाना नहीं है। जैसा मैं स्पष्ट कर चुका हूँ, मैं लेबलों के ख़िलाफ़ हूँ, क्योंकि वे जीवन के कई सूक्ष्म रंगों को भी काले और सफ़ेद तक सीमित कर देते हैं। संन्यासी नीति यह है कि अर्थ की तलाश करें और आलोचना में तालाबंद होने के बजाय उसे ग्रहण करें, जिसकी ज़रूरत आपको आगे बढ़ने के लिए है। बहरहाल, जब हम चार गुणों जैसे फ़िल्टर लगाते हैं, तो हम देख सकते हैं कि क्या करुणा का हमारा नेटवर्क इतना व्यापक है कि यह जीवन की जटिलता और अराजकता में हमें मार्गदर्शन दे सकता है।

भले ही हम चारों गुणों को शामिल कर लें, लेकिन हम इनमें से हर श्रेणी के भीतर बहुल दृष्टिकोणों से लाभ ले सकते हैं। माँ की परवाह मार्गदर्शक की परवाह से अलग होती है। एक चरित्रवान व्यक्ति बेहतरीन रोमांटिक सलाह दे सकता है, जबकि दूसरा पारिवारिक विवाद में आपकी मदद कर सकता है। और एक निरंतर मित्र ब्रेकअप के दौरान आपकी मदद कर सकता है, जबकि दूसरा आपके साथ घूमने के लिए हमेशा उपलब्ध रहता है।

अपना ख़ुद का परिवार बनाएँ

विविधता खोजने के लिए हमें नए जुड़ावों के प्रति खुले रहना चाहिए। विकास करने का हिस्सा - किसी भी उम्र में - यह स्वीकार करना है कि हमारा मूल परिवार हमें कभी वह सब नहीं दे पाएगा, जिसकी हमें ज़रूरत है। यह स्वीकार करना ठीक है कि आपको उन लोगों से क्या मिलता है और क्या नहीं मिलता, जिन्होंने आपकी परवरिश की। और यह भी ठीक है - दरअसल ज़रूरी है - कि आप अपने परिवार के उन लोगों से अपनी रक्षा करें, जो आपके लिए अच्छे नहीं हैं। हमारे पास अपने परिवार के लिए भी वही मानदंड होने चाहिए, जैसे बाक़ी सबके लिए होते हैं और अगर संबंध कष्टकारी है, तो हम उनसे दूरी से प्रेम कर सकते हैं और सम्मान कर सकते हैं, जबकि हम बाहरी संसार से वह परिवार इकट्ठा कर सकते हैं, जिसकी हमें ज़रूरत है। इसका यह मतलब नहीं है कि हमें अपने परिवार की उपेक्षा करनी चाहिए, लेकिन क्षमा और कृतज्ञता ज़्यादा आसानी से आती हैं, जब हम यह स्वीकार

कर लेते हैं कि हमारे पास मित्र और परिवार हैं और हमारे पास ऐसे मित्र हैं, जो परिवार बन गए हैं। सारी मानव जाति से किसी स्तर पर जुड़ाव महसूस करना उन लोगों के लिए सकारात्मक रूप से उपचार करने वाला हो सकता है, जिनके खुद के परिवार ने उनका जीवन मुश्किल बना दिया है।

मानव परिवार

जब आप किसी नए समुदाय में दाख़िल होते हैं - जैसे जब मैं आश्रम में दाख़िल हुआ था - तो आपके पास एक कोरी स्लेट होती है। आपके अंदर कोई अपेक्षाएँ नहीं होतीं, जो परिवार वालों और मित्रों के बीच पहले से बनी होती हैं। संभावना इस बात की है कि नए समुदाय में कोई भी अतीत में आपके साथ नहीं था। इस तरह की स्थितियों में ज़्यादातर लोग 'अपने जैसे लोगों' को खोजने के लिए दौड़ते हैं, लेकिन आश्रम ने मुझे एक और तरीका दिखाया। मुझे परिवार की प्रतिलिपि बनाने की ज़रूरत नहीं थी। मुझे आराम और विश्वास का एक छोटा दायरा बनाने की ज़रूरत नहीं थी। आश्रम में हर व्यक्ति मेरे परिवार का सदस्य था। और जब हमने भारत और यूरोप की यात्रा की तथा लोगों से जुड़े, तो मैं यह पहचानने लगा कि संसार का हर व्यक्ति मेरे परिवार का सदस्य था। जैसा गाँधीजी ने कहा था, "स्वर्णिम तरीक़ा संसार के साथ मित्रता रखना और पूरे मानव परिवार को एक मानना है।"

हम सीखने, विकास करने और साझे अनुभवों के लिए जो समूह बनाते हैं - जैसे परिवार, स्कूल और चर्च - वे लोगों को श्रेणीबद्ध करने में हमारी मदद करते हैं। ये *वे लोग* हैं, जिनके साथ मैं जीता हूँ। ये *वे लोग* हैं, जिनके साथ मैं सीखता हूँ। ये *वे लोग* हैं, जिनके साथ मैं प्रार्थना करता हूँ। ये वे लोग हैं, जिनकी मैं मदद करना चाहता हूँ, लेकिन मैं किसी की राय या महत्त्व को इसलिए कम नहीं करता, क्योंकि वह इन दायरों में से किसी एक में अच्छी तरह फ़िट नहीं होता। व्यावहारिकता की सीमाओं से परे ऐसे कोई निश्चित लोग नहीं थे, जो बाक़ी लोगों से ज़्यादा मेरे ध्यान या परवाह या सहायता के हक़दार थे।

हर एक को अपने परिवार का सदस्य मानना ज़्यादा आसान होता है, अगर आप यह कल्पना नहीं करते हैं कि यह हर पल हर मानव के बारे में है। जीन डॉमिनिक मार्टिन की कविता में कहा गया है, "लोग एक कारण, एक मौसम या जीवन भर के लिए आपके जीवन में आते हैं।" ये तीन श्रेणियाँ इस पर आधारित हैं कि संबंध कितना लंबा चलता है। कोई व्यक्ति स्वागत-योग्य परिवर्तन की तरह आपके जीवन में दाख़िल हो सकता है। एक नए मौसम की तरह वे ऊर्जा का रोमांचक और मोहक परिवर्तन होते हैं, लेकिन हर मौसम किसी न किसी बिंदु पर ख़त्म होता है। दूसरा व्यक्ति किसी कारण से आपके जीवन में आ सकता है। वह आपको कुछ

सिखाने और विकास करने में आपकी मदद कर सकता है या मुश्किल समय में आपको सहारा दे सकता है। ऐसा महसूस होता है, जैसे उन्हें आपके पास किसी ख़ास अनुभव में सहायता करने या मार्गदर्शन देने के लिए जान-बूझकर भेजा गया था, जिसके बाद आपके जीवन में उनकी केंद्रीय भूमिका घट जाती है। और फिर जीवनभर के साथी होते हैं। वे सबसे बुरे और सबसे अच्छे समय में आपके साथ खड़े रहते हैं और तब भी आपसे प्रेम करते हैं, जब आप उन्हें कुछ न दे रहे हों। जब आप इन श्रेणियों पर विचार करें, तो प्रेम के चक्र को दिमाग़ में रखें। प्रेम एक उपहार है, जिसमें कोई शर्त नहीं होती। इसका मतलब है कि इसके साथ यह ज्ञान आता है कि सभी संबंध अनंत काल तक समान शक्ति से क़ायम नहीं रहेंगे। याद रखें कि आप भी अलग-अलग समय पर अलग-अलग लोगों के लिए एक मौसम, एक कारण और आजीवन मित्र हैं और आप किसी दूसरे के जीवन में जो भूमिका निभाते हैं, वह हमेशा उस भूमिका से मेल नहीं खाएगा, जो वे आपके जीवन में निभा रहे हैं।

इन दिनों मैं लोगों के एक छोटे, निरंतर समूह सबसे निकट हूँ, लेकिन इससे वह जुड़ाव नहीं बदलता है, जो मैं सारी मानव जाति के प्रति महसूस करता हूँ। और इसलिए मैं आपसे कहता हूँ कि आप जिन लोगों को पहचानते हैं, उनके पार देखें, अपने आरामदेह दायरे के पार देखें, अजनबियों को और उन लोगों को देखें, जिन्हें आप नहीं समझते हैं। आपको उन सबसे दोस्ती करने की ज़रूरत नहीं है, लेकिन उन सभी को समान मानें, जिनमें समान आत्मा है और आपके ज्ञान तथा अनुभव में विविधता बढ़ाने की क्षमता है। वे सभी आपकी परवाह के दायरे में हैं।

इसे आज़माएँ : अपनी मित्रताओं के बारे में यथार्थवादी बनें

उन लोगों की सूची बनाएँ, जिनसे आप पिछले एक–दो सप्ताह में सामाजिक रूप से मिले हैं। दूसरे कॉलम में यह लिखें कि क्या वह व्यक्ति मौसम है, कारण है या आजीवन मित्र है। ज़ाहिर है, इस तरह आप उन पर लेबल लगा रहे हैं और मैंने आपसे ऐसा न करने का आग्रह किया है। लोग जो भूमिका निभाते हैं, उसके बारे में हमें लचीला होना चाहिए, लेकिन आपके वर्तमान सामाजिक जीवन के परिदृश्य का एक मोटा खाका आपको यह विचार दे सकता है कि क्या आप लोगों के संतुलित समूह से घिरे हैं – जो रोमांच, समर्थन और दीर्घकालीन प्रेम प्रदान करता है। अब तीसरे कॉलम में विचार करें कि आप इन लोगों में से प्रत्येक के लिए क्या भूमिका निभाते हैं। आपको जो मिलता है, क्या आप वह दे रहे हैं? आप कहाँ और कैसे ज़्यादा दे सकते हैं?

विश्वास अर्जित किया जाता है

एक बार जब आप किसी संबंध से तार्किक अपेक्षाएँ तय कर लेते हैं, तो विश्वास बनाना और क़ायम रखना ज़्यादा आसान हो जाता है। विश्वास हर संबंध के लिए केंद्रीय होता है। विश्वास का मतलब है कि हम यह यक़ीन करते हैं कि वह व्यक्ति हमारे साथ ईमानदार है, वह दिल से हमारा भला चाहता है, वह अपने वादे निभाएगा और वह भविष्य में इन इरादों के प्रति सच्चा रहेगा। ग़ौर करें, मैंने यह नहीं कहा है कि वह सारे समय सही रहता है या हर चुनौती को आदर्श तरीक़े से सँभालता है। विश्वास का संबंध योग्यताओं से नहीं, इरादों से होता है।

जब कोई महत्त्वपूर्ण व्यक्ति हमें निराश करता है, तो हमारे विश्वास को लगा आघात हमारे सारे संबंधों में गूँजता है। सर्वश्रेष्ठ इरादों वाले लोग भी बदल जाते हैं या उसी मार्ग पर नहीं चलते हैं, जिस पर हम चलते हैं। दूसरे लोग हमें बहुत से संकेत देते हैं कि उनके इरादे हमारे इरादों से मेल नहीं खाते, लेकिन हम उन्हें नज़रअंदाज़ कर देते हैं। और कई बार, अगर हम ज़्यादा जागरूक होते हैं, तो ऐसे लोग भी होते हैं, जिन पर हम विश्वास न करने का चुनाव कर सकते हैं। दूसरे लोगों का व्यवहार हमेशा हमारे नियंत्रण से बाहर होता है - तो फिर हम किसी पर भरोसा कैसे कर सकते हैं?

विश्वास की अवस्थाएँ

विश्वास टैक्सी ड्राइवर से लेकर कारोबारी साझेदार से लेकर प्रेमी तक किसी पर भी किया जा सकता है, लेकिन ज़ाहिर है, हम हर एक के प्रति विश्वास का समान स्तर नहीं रखते हैं। इस पर ध्यान देना महत्त्वपूर्ण है कि हम कितनी गहराई से किसी पर भरोसा करते हैं और क्या उसने विश्वास का वह स्तर सचमुच अर्जित किया है।

अमेरिका के शीर्ष वैवाहिक विशेषज्ञ जॉन गॉटमैन यह पता लगाना चाहते थे कि दंपती संघर्ष को सुलझाने और आगे बढ़ने के बजाय निरंतर संघर्ष में किस वजह से अटके रहते हैं। उन्होंने पूरे देश के दंपतियों की जाँच की। विभिन्न सामाजिक-आर्थिक और प्रजातीय पृष्ठभूमियों के दंपतियों का परीक्षण किया गया, जिनकी स्थितियाँ अलग-अलग थीं, जैसे कोई नवविवाहित था, कोई माँ-बाप बनने वाला था और किसी का पति सेना में था। इन सभी दंपतियों के लिए सबसे महत्त्वपूर्ण समस्या विश्वास और विश्वासघात की थी। उन्होंने अपने मुद्दों का वर्णन करने के लिए जिस भाषा का इस्तेमाल किया, उसमें थोड़ा अंतर था, लेकिन केंद्रीय प्रश्न हमेशा वही था : क्या मैं आप पर वफ़ादार होने का भरोसा कर सकता हूँ? क्या मैं घर के काम में मदद के लिए आप पर भरोसा कर सकती हूँ? क्या मैं सुनने और मेरा साथ देने के लिए आप पर भरोसा कर सकती हूँ?

विश्वास के चार प्रकार

तटस्थ विश्वास

सकारात्मक गुण मौजूद हैं,
लेकिन वे विश्वास नहीं जगाते हैं

अनुबंधात्मक विश्वास

मैं तुम्हारी पीठ खुजाऊँगा,
अगर तुम मेरी खुजाओ!

आपसी

सहायता पारस्परिक होती है - आप जानते हैं कि
भविष्य में आप एक-दूसरे की सहायता करेंगे।

शुद्ध

चाहे जो हो जाए, आप एक-दूसरे की सहायता करेंगे

दंपतियों के पास विश्वास को प्राथमिकता बनाने का अच्छा कारण था। डॉ. बेला डेपॉलो के अध्ययनों के अनुसार लोग अपने बीस प्रतिशत व्यवहार में बेईमान रहते हैं। 77 कॉलेज विद्यार्थियों और समुदाय के 70 अन्य लोगों से सात दिनों तक उनके सामाजिक व्यवहार की निगरानी करने को कहा गया। उन्हें अपने सारे व्यवहार का रिकॉर्ड रखने और यह दर्ज करने को कहा गया था कि उन्हें कितनी बार झूठ बोला। मैं जानता हूँ कि आप क्या सोच रहे हैं कि अगर वे झूठ बोलने के बारे में झूठ बोल दें, तो क्या? ईमानदारी को प्रोत्साहित करने के लिए शोधकर्ताओं ने प्रतिभागियों से कहा कि इसके लिए उनकी कोई आलोचना नहीं की जाएगी और उनकी सच्ची प्रतिक्रियाओं से झूठ बोलने के व्यवहार के बारे में बुनियादी प्रश्नों का जवाब खोजने में मदद मिलेगी। उन्होंने इस प्रयोग का प्रचार इस रूप में भी किया कि इससे उन्हें खुद को बेहतर तरीके से जानने का मौका मिलेगा। अंत में विद्यार्थियों ने अपने व्यवहार में एक-तिहाई बार झूठ बोलने की बात स्वीकार की और समुदाय के सदस्यों ने पाँच

में से एक बार झूठ बोला। कोई हैरानी नहीं कि हमारे पास विश्वास के इतने सारे मुद्दे और इतनी सारी समस्याएँ हैं।

अहं पर हमने जो चर्चा की थी, उससे हम जानते हैं कि हम दूसरों को प्रभावित करने के लिए झूठ बोलते हैं और हम जो सचमुच हैं, खुद को उससे 'बेहतर' दिखाने के लिए झूठ बोलते हैं, लेकिन जब ये झूठ उजागर होते हैं, तो विश्वासघात से दोनों ही लोगों का इतना ज़्यादा नुक़सान होता है, जितना ईमानदारी से नहीं होता। यदि विश्वास का बीज शुरू में ही अच्छी तरह नहीं बोया जाता, तो अविश्वास और विश्वासघात की खरपतवार का उगना तय है।

हम इस बारे में सावधान नहीं रहते हैं कि हम कब और कैसे किसी पर विश्वास करते हैं। हम या तो दूसरे लोगों पर बहुत आसानी से विश्वास कर लेते हैं या फिर किसी पर भी विश्वास नहीं करते। इन दोनों ही अतियों से हमें फ़ायदा नहीं होता। हर एक पर विश्वास करने से आप धोखे और निराशा के प्रति असुरक्षित हो जाते हैं। किसी पर विश्वास न करने से आप शंकालु और अकेले रह जाते हैं। हमारे विश्वास का स्तर व्यक्ति के रूप में हमारे अनुभव के समान होना चाहिए और इसे विश्वास की चार अवस्थाओं से गुज़रकर बढ़ना चाहिए।

तटस्थ विश्वास : जब आप किसी से पहली बार मिलते हैं, तो उस पर विश्वास न करना सामान्य है। आप उन्हें मज़ेदार या आकर्षक मान सकते हैं और उनके आस-पास रहने में आपको खुशी मिलती है, लेकिन ये सकारात्मक गुण विश्वास के हक़दार नहीं होते। उनकी वजह से तो आप बस नए परिचित को शानदार मानते हैं। हमारे भीतर विश्वसनीयता को आकर्षण के साथ मिलाकर देखने की प्रवृत्ति होती है। अध्ययनों में जूरी के सदस्यों की विशेषज्ञ गवाहों के प्रति अनुभूतियों की जाँच की गई। जूरी के लोगों को जो ज़्यादा पसंद आए, उन्हें ज़्यादा विश्वसनीय भी माना गया। हममें भी उन लोगों पर विश्वास करने की प्रवृत्ति होती है, जो हमें आकर्षक लगते हैं। *जजिंग अ बुक बाइ इट्स कवर : ब्यूटी एंड एक्सपेक्टेशन्स इन द ट्रस्ट गेम* के सह-लेखक रिक विल्सन कहते हैं, "हमने पाया कि आकर्षक लोगों को 'सौंदर्य लाभ' मिलता है, क्योंकि उन पर ज़्यादा भरोसा किया जाता है, लेकिन हमने 'सौंदर्य दंड' भी पाया, जब आकर्षक लोग अपेक्षाओं पर खरे नहीं उतरते हैं।" जब हम पसंद आने या आकर्षण को विश्वास का दर्जा दे देते हैं, तो हम खुद को भारी निराशा के लिए तैयार कर लेते हैं। तटस्थ विश्वास करना किसी पर ग़लत कारणों से भरोसा करने या उस पर अंधा विश्वास करने से ज़्यादा अच्छा होता है।

अनुबंधात्मक विश्वास : मैंने विश्वास का यह स्तर राजस से लिया है, जीवन का आवेगपूर्ण स्वरूप, जहाँ आप अल्पकाल में अपने मनचाहे परिणाम को हासिल करने पर केंद्रित होते हैं। अनुबंधात्मक विश्वास संबंधों का आदान-प्रदान है। यह बस कहता है : अगर मैं डिनर का भुगतान करता हूँ और आप मुझे पैसे देने का

वादा करते हैं, तो मुझे विश्वास है कि आप ऐसा ही करेंगे। अगर आप योजना बनाते हैं, तो आप उस इंसान के आने पर भरोसा कर सकते हैं - और इससे आगे कोई अपेक्षा नहीं है। अनुबंधात्मक विश्वास उपयोगी होता है। हममें से ज़्यादातर लोग अपने रास्ते में आने वाले बहुसंख्यक लोगों के साथ अनुबंधात्मक विश्वास कर लेते हैं, लेकिन हम उनसे खुद पर अंतर्निहित विश्वास करने की अपेक्षा करते हैं। हृदय ज़्यादा गहरा संबंध चाह सकता है, लेकिन हमें विवेकशील बनना चाहिए। कोई व्यक्ति आपके प्रति अनुबंधात्मक विश्वास दिखा रहा है, इस आधार पर उससे ज़्यादा अपेक्षा करना सर्वश्रेष्ठ स्थिति में अपरिपक्वता की निशानी है और सबसे बुरी स्थिति में ख़तरनाक है।

आपसी विश्वास : अनुबंधात्मक विश्वास ज़्यादा ऊँचे स्तर पर पहुँच जाता है, जब आप किसी की मदद इस उम्मीद से करते हैं कि वह भी किसी न किसी तरह भविष्य में ऐसा ही करेगा। जहाँ अनुबंधात्मक विश्वास एक निश्चित आदान-प्रदान पर निर्भर होता है, जिस पर दोनों ही पक्ष पहले से सहमत हैं, वहीं आपसी विश्वास ज़्यादा शिथिल होता है। विश्वास की यह अवस्था *सत्य* से उत्पन्न होती है, जो नेकी की अवस्था है, जहाँ हम अच्छाई, सकारात्मकता और शांति की स्थिति से कार्य करते हैं। हम सभी इस स्तर को पाना चाहते हैं और अच्छी मित्रताएँ आम तौर पर ऐसी ही होती हैं।

शुद्ध विश्वास : शुद्ध विश्वास ही विश्वास का सर्वोच्च स्तर है, जब आप जानते हैं कि चाहे जो हो जाए, सामने वाला आपके साथ है और इसका विपरीत भी सच है। कॉलेज के बास्केटबॉल कोच डॉन मेयर अपनी टीम के हर सदस्य को एक कोरा काग़ज़ देते थे, जिस पर वे उनसे एक गोला खींचने और उस पर 'फ़ॉक्सहोल' (शत्रु की गोलाबारी से बचने के लिए सैनिकों द्वारा ज़मीन के नीचे छिपने वाला गड्ढा) लिखने को कहते थे। वे गोले के ऊपर उनका नाम लिखते थे, फिर उनके दाएँ, बाएँ और पीछे लकीरें खींच देते थे और हर लकीर पर उन्हें टीम के एक साथी का नाम लिखना था, जिसे वे अपने फ़ॉक्सहोल में अपने साथ चाहेंगे। टीम के साथियों द्वारा सबसे ज़्यादा बार चुने गए खिलाड़ी टीम के स्वाभाविक लीडर थे। अपना फ़ॉक्सहोल गैंग समझदारी से चुनें।

आप हर स्तर पर जितने लोगों पर भरोसा करते हैं, यदि आप उनकी संख्या का ग्राफ़ बनाएँ, तो परिणाम शायद किसी पिरामिड जैसा दिखेगा। तटस्थ विश्वास के स्तर पर बहुत सारे लोग होंगे। उससे कम लोग अनुबंधात्मक विश्वास के स्तर पर होंगे। आपसी विश्वास के स्तर पर आपके क़रीबी दायरे के लोग होंगे। और सर्वोच्च स्तर यानी शुद्ध विश्वास के स्तर पर केवल मुट्ठी भर लोग ही होंगे।

चाहे आप अपने पिरामिड से कितने ही असंतुष्ट हों, बिना कारण के लोगों को इसमें तरक्क़ी न दें। वे केवल आपको निराश करेंगे। हम सबसे बड़ी ग़लती यह करते हैं कि हम यह मान लेते हैं कि हर व्यक्ति ठीक हमारी तरह काम करता है। हम विश्वास करते हैं कि दूसरे भी उसे ही महत्त्व देते हैं, जिसे हम महत्त्व देते हैं। हम विश्वास करते हैं कि हम किसी संबंध से जो चाहते हैं, वही दूसरे भी उससे चाहते हैं। जब कोई कहता है, "मैं आपसे प्रेम करता हूँ," तो हम सोचते हैं कि हम उसका सटीक मतलब समझते हैं, जो वैसा ही है, जैसा हमारे "मैं आपसे प्रेम करता हूँ" का होता है, लेकिन अगर हम सोचते हैं कि हर व्यक्ति हमारा प्रतिबिंब है, तो हम चीज़ों को उस तरह देखने में असफल हो जाते हैं, जैसी वे हैं। हम तो चीज़ों को वैसी देखते हैं, जैसे हम हैं।

आपसी विश्वास के लिए धैर्य और समर्पण की ज़रूरत होती है। यह सामने वाले की सच्ची समझ पर बनता है, इसके बावजूद और इसलिए भी कि वह हमसे अलग है और संसार को अलग तरह से देखता है। अनुमान लगाने से पीछे हटने का तरीक़ा यह है कि आप उनके शब्दों और व्यवहार का क़रीब से अवलोकन करें। जब लोग आपको उनके विश्वास का स्तर दिखाते हैं, तो उन पर विश्वास करें।

मैं चाहता हूँ कि आप उन लोगों के प्रति कृतज्ञता महसूस करें, जिन पर आप विश्वास कर सकते हैं और उन लोगों द्वारा सम्मानित महसूस करें, जो आप पर विश्वास करते हैं। यदि आपका किसी के साथ तटस्थ विश्वास का स्तर है, तो यह भी अच्छा है। लोग जैसे हैं, उन्हें वैसे ही स्वीकार करें और आप उन्हें विश्वास करने तथा खुद को ज़्यादा साबित करने का अवसर दें। जब हम विश्वास को स्वाभाविक रूप से विकसित होने देते हैं, तो हम दीर्घकालीन विश्वास की राह खोल देते हैं।

विश्वास एक दैनिक आदत है

संबंध शायद ही कभी उस बिंदु पर पहुँचते हैं, जहाँ दोनों प्रतिभागी कह सकें, "मैं इस व्यक्ति को पूरी तरह से जानता हूँ और वह मुझे पूरी तरह से जानता है।" किसी वक्र रेखा की तरह, जो लगातार लकीर की ओर जाता है, लेकिन उस तक कभी पहुँच नहीं पाता, आप भी कभी यह कहने के बिंदु पर नहीं पहुँच पाते, "मैं उस पर पूरा विश्वास करता हूँ और वह मुझ पर पूरा विश्वास करता है, हमेशा-हमेशा के लिए।" विश्वास छोटे-बड़े तरीक़ों से जोखिम में पड़ सकता है और इसे हर दिन मज़बूत बनाने की ज़रूरत होती है।

हर दिन यह कहकर विश्वास को बढ़ाएँ और मज़बूत करें :

- वादे करना और निभाना (अनुबंधात्मक विश्वास)
- आप जिनकी परवाह करते हैं, उन्हें सच्ची प्रशंसा और सृजनात्मकता आलोचना

दें; समर्थन देने के लिए सामान्य से ज़्यादा कोशिश करें (आपसी विश्वास)

- कोई बुरी स्थिति में है, उसने ग़लती की है या उसे ऐसी मदद चाहिए, जिसमें काफ़ी समय लगेगा, तब भी साथ दें (शुद्ध विश्वास)

इरादतन प्रेम का जीवन

अब जब हमारे पास कुछ औज़ार आ चुके हैं, जिनसे हम यह आकलन कर सकते हैं कि लोग हमारे जीवन में कौन सी भूमिकाएँ निभाते हैं, तो आइए देखते हैं कि हम अपने वर्तमान संबंधों को कैसे गहरा कर सकते हैं और मज़बूत नए संबंध कैसे बना सकते हैं। पारंपरिक परिवार की भूमिकाओं को छोड़ने से हम संन्यासियों को मानवता के साथ अपने संबंध व्यापक करने की अनुमति मिली। इसी तरह, ब्रह्मचर्य ने उस ऊर्जा और ध्यान को स्वतंत्र कर दिया, जो रूमानी प्रेम में लगता था। इससे पहले कि आप इस पुस्तक को कमरे से बाहर फेंकें, मैं ग़ैर-संन्यासियों को ब्रह्मचर्य की सलाह नहीं दे रहा हूँ। ब्रह्मचर्य तो एक अतिरेक वाला समर्पण है और यह हर एक के लिए अनिवार्य नहीं है, लेकिन इससे मुझे कुछ इलहाम हुए, जिन्हें मैं बताना चाहूँगा। आइए इसे इस तरह कहते हैं कि इसे मैंने इसलिए किया, ताकि यह आपको न करना पड़े।

शराब पीना छोड़ना? यह मेरे लिए आसान था। जुआ खेलना छोड़ना? मैंने इस क्षेत्र में कभी ज़्यादा कुछ किया ही नहीं था। और मैंने सोलह साल की उम्र में ही मांस खाना छोड़ दिया था। मेरे लिए रूमानी संबंधों को छोड़ना सबसे मुश्किल त्याग था। यह मूर्खतापूर्ण, यहाँ तक कि असंभव भी लग रहा था, लेकिन मैं इसके पीछे का उद्देश्य जानता था : उस प्रयास और ऊर्जा को बचाना, जो किसी रूमानी संबंध को मज़बूत बनाने में लगती थी। अब मुझे उस प्रयास और ऊर्जा का इस्तेमाल किसी दूसरे के साथ नहीं, बल्कि अपने खुद के साथ संबंध बनाने में करना था। इसके बारे में उसी तरह सोचें, जिस तरह शकर छोड़ने की बात लगती है - कौन समझदार इंसान आइसक्रीम छोड़ना चाहेगा? - लेकिन हम सभी जानते हैं कि एक अच्छा कारण है : स्वस्थ रहना और ज़्यादा लंबा जीना। जब मैंने संन्यासियों को देखा, तो मैं देख सकता था कि वे कोई चीज़ सही कर रहे थे। "संसार के सबसे खुश आदमी" मैथ्यू रिकार्ड याद हैं? मैं जितने भी संन्यासियों से मिला, वे सभी बहुत युवा और बहुत खुश नज़र आए। मेरे रोमांटिक संबंधों से मुझे संतुष्टि नहीं मिली थी, इसलिए मैं आत्म-नियंत्रण और अनुशासन का प्रयोग करने के लिए तैयार था।

जब मैं संन्यासी बना, तो मेरे कॉलेज के एक मित्र ने पूछा, "अब हम किस बारे में बात करेंगे? अब तक तो हम केवल लड़कियों के बारे में ही बातें करते थे।" उसकी बात सही थी। मेरा ज़्यादातर जीवन रोमांटिक संबंधों में डूबा हुआ था। एक

कारण है कि हम रोमांस के बारे में असंख्य टीवी शो और फ़िल्में देखते हैं - यह अंतहीन रूप से मनोरंजक होता है - लेकिन हर मनोरंजन की तरह यह भी गंभीर मसलों से समय को दूर ले जाता है। यदि मैं आश्रम में रहने के बजाय इन तीन सालों तक डेटिंग करता या पक्के संबंध में पहुँच जाता, तो मैं वहाँ नहीं होता, जहाँ मैं आज हूँ। तब मैं अपनी शक्ति को नहीं समझ पाता और यह नहीं जान पाता कि मैं कौन हूँ।

ब्रह्मचर्य संन्यासी के लिए संस्कृत शब्द है, जिसका अनुवाद यह हो सकता है : "ऊर्जा का सही उपयोग" डेटिंग के संसार में जब आप बार में जाते हैं, तो आप इधर-उधर नज़र डालकर देखते हैं कि कौन आकर्षक दिख रहा है या आप ऑनलाइन संभावित युवक-युवतियों के चित्र देखते हैं। आप इस बारे में विचार ही नहीं करते हैं कि किसी से संबंध जोड़ने की कोशिश में आप कितना ज़्यादा समय लगा रहे हैं, लेकिन कल्पना करें कि आप वह सारा समय दोबारा अपने लिए ख़रीद सकें और अगर आप हर चीज वापस पा सकें, जो आपने असफल संबंधों में निवेश की थी। उस ध्यान और एकाग्रता का इस्तेमाल सृजनात्मकता, मित्रता, आत्मपरीक्षण या उद्योग के लिए किया जा सकता था। इसका यह मतलब नहीं है कि हर असफल संबंध समय की बरबादी है। इसके विपरीत, हम हर ग़लती से सीखते हैं, लेकिन संबंध में लगने वाले समय के बारे में सोचें, टेक्स्ट मैसेज का इंतज़ार करना, यह सोचना कि क्या वह आपको पसंद करती है, किसी दूसरे को उस साँचे में ढालना, जैसा आप उसे बनाना चाहते हैं। यदि हम अपनी आवश्यकताओं और अपेक्षाओं के बारे में विचारशील हैं, तो हमें अपने समय और ऊर्जा का बेहतर इस्तेमाल करना चाहिए।

यौन ऊर्जा केवल आनंद के बारे में नहीं है। यह पवित्र है - इसमें संतान का सृजन करने की शक्ति है। कल्पना करें कि जब इसका सही दोहन किया जाता है, तो यह हमारे भीतर कितना सृजन कर सकती है। प्रमाणित सेक्स शिक्षाविद माला मॅड्रोन कहती हैं, "ब्रह्मचर्य का चेतन चयन अपनी ऊर्जा के साथ काम करने और जीवन की ऊर्जा की शक्ति का दोहन करने का एक शक्तिशाली तरीक़ा है। यह आपके सहज बोध को शक्तिशाली सकता है, आपकी सीमाओं को मज़बूत कर सकता है और आपकी समझ को भी मज़बूत कर सकता है कि सहमति का सचमुच क्या अर्थ है, जिसमें यह भेद कैसे करना है यह शामिल है कि किस तरह के संपर्क और व्यवहार का आपके जीवन में और शरीर द्वारा सचमुच स्वागत है।" लेकिन आपकी ऊर्जा तब बरबाद हो जाती है, जब यह किसी दूसरे के आदर्श स्वरूप या मनचाहे साँचे के हिसाब से खुद को ढालने में बरबाद हो जाती है, जो आपके हिसाब से सामने वाला चाहता होगा, या फिर आप उस पर शक करते हैं कि वह आपको धोखा दे रही है। डेटिंग में इतना सारा तनाव और नकारात्मकता होती है और 'उस एक सही व्यक्ति' को खोजने का इतना ज़्यादा दबाव होता है - इसे तो छोड़ ही दें कि क्या हम किसी

के साथ घर बसाने में सक्षम हैं या इसके लिए तैयार हैं।

एक बार जब रोमांटिक संबंधों का तत्व हट गया, तो मैं बॉयफ्रेंड के रूप में अपना प्रचार करने, अच्छा दिखने, महिलाओं को मेरे बारे में सोचने पर मजबूर करने, वासना में लिप्त होने की कोशिश नहीं कर रहा था। मैंने महिला मित्रों – मेरे सभी मित्रों – के साथ अपने जुड़ाव को ज़्यादा गहरा होते पाया। मेरे पास उनकी आत्मा के लिए ज़्यादा शारीरिक और मानसिक स्थान तथा ऊर्जा थी। मेरा समय और ध्यान ज़्यादा अच्छी तरह लग रहे थे।

एक बार फिर कहना चाहूँगा, मैं यह सुझाव नहीं दे रहा हूँ कि आप सेक्स छोड़ दें (हालाँकि आप निश्चित रूप से ऐसा कर सकते हैं), लेकिन क्या हो अगर आप खुद को अकेला होने, अपने करियर, अपने मित्रों और अपनी मानसिक शांति पर ध्यान केंद्रित करने की अनुमति दे दें? पादरी और दार्शनिक पॉल टिलिच ने कहा था, "हमारी भाषा ने मनुष्य के अकेले रहने के इन दो पहलुओं को समझदारी से पहचान लिया है। इसने अकेले रहने के दर्द को व्यक्त करने के लिए 'अकेलापन' शब्द गढ़ा है। और इसने एकाकी होने की महिमा को व्यक्त करने के लिए 'एकाकी' शब्द गढ़ा है।"

मैंने संन्यासी के रूप में तीन साल गुज़ारे और अपनी आत्म-जागरूकता को विकसित किया, जिसके अंत में मैं खुद से किसी संबंध के बारे में सही प्रश्न पूछने में सक्षम हो पाया। हो सकता है कि मैंने अपने सभी जाग्रत घंटे *सत्व* – अच्छाई की अवस्था – में न गुज़ारे हों, लेकिन मैं जानता था कि मैं कहाँ रहना चाहता था और यह कैसा महसूस होता था। मेरे पास वह व्यक्ति बनने का अवसर था, जिसके साथ मैं डेटिंग करना चाहूँ। मुझे खुश करने के लिए दूसरों की तरफ़ देखने के बजाय मैं खुद के लिए वह इंसान बनने में सक्षम था।

आकर्षण बनाम जुड़ाव

हमारा बढ़ा हुआ संकल्प हमें इस बारे में ज़्यादा स्पष्ट दृष्टिकोण देता है, जिससे हम यह मूल्यांकन करते हैं कि हम लोगों के प्रति शुरुआत में क्यों आकर्षित होते हैं और क्या वे कारण हमारे मूल्यों का समर्थन करते हैं। ये जुड़ाव के पाँच बुनियादी अभिप्रेरण हैं – और ग़ौर करें कि ये केवल रोमांटिक क्षेत्र में ही लागू नहीं होते हैं :

1. *शारीरिक आकर्षण :* वे जैसे दिखते हैं, वह आपको पसंद आता है – आप उनके हुलिये, शैली या उपस्थिति के प्रति आकर्षित होते हैं या आपको उनके साथ देखे जाने का विचार अच्छा लगता है।

2. *भौतिक :* आप उनकी उपलब्धियों को पसंद करते हैं और उस शक्ति और/या उन संपत्तियों को, जो उनकी वजह से उन्हें मिली हैं।

3. *बौद्धिक :* आपको उनके सोचने का तरीक़ा पसंद आता है - आप उनकी बातचीत और विचारों से प्रेरित होते हैं।

4. *भावनात्मक :* आप अच्छी तरह जुड़ते हैं। वे आपकी भावनाएँ समझते हैं और आपकी खुशी की अनुभूति को बढ़ाते हैं।

5. *आध्यात्मिक :* उनमें भी आप जैसे ही सबसे गहरे लक्ष्य और मूल्य हैं।

जब आप यह पहचान लेते हैं कि आपको क्या आकर्षित कर रहा है, तो यह स्पष्ट हो जाता है कि आप पूरे व्यक्ति के प्रति आकर्षित हैं या उसके किसी एक ख़ास हिस्से के प्रति आकर्षित हैं। मेरा अनुभव यह है कि अगर आप ज़्यादातर लोगों से पूछते हैं कि वे किसी के प्रति क्यों आकर्षित हैं, तो वे शीर्ष तीन गुणों के किसी तालमेल का ज़िक्र करेंगे : चेहरा-मोहरा, सफलता और बुद्धि, लेकिन ये गुण अकेले ही दीर्घकालीन और मज़बूत संबंध नहीं बना सकते।

संन्यासियों को विश्वास होता है कि किसी का चेहरा वह नहीं है, जो वे हैं - शरीर आत्मा का केवल एक पात्र है। इसी तरह, किसी की संपत्तियाँ उनकी नहीं हैं - वे निश्चित रूप से उस व्यक्ति के चरित्र के बारे में आपको कुछ नहीं बताती हैं! और भले ही आप किसी की बुद्धि के प्रति आकर्षित हों, लेकिन इस बात की कोई गारंटी नहीं है कि इससे आपका सार्थक संबंध बनेगा। ये तीनों गुण दीर्घकालीन और मज़बूत संबंधों की बुनियाद नहीं होते, लेकिन वे दूसरे व्यक्ति के साथ आपकी केमिस्ट्री को दिखाते हैं। अंतिम दोनों - भावनात्मक और आध्यात्मिक - ज़्यादा गहरे और स्थायी जुड़ाव की ओर संकेत करते हैं - वे आपकी अनुकूलता दिखाते हैं।

मात्रा नहीं, गुणवत्ता

जब उस ऊर्जा की बात आती है, जो हम संबंधों में ख़र्च करते और पाते हैं, तो महत्त्वपूर्ण मात्रा नहीं, गुणवत्ता है। मैं अक्सर अभिभावकों (आम तौर पर माताओं) की अपराधबोध भरी बात सुनता हूँ कि वे अक्सर बुरा महसूस करती हैं कि उन्हें लंबे घंटे काम करना होता है और अपने बच्चों के साथ समय नहीं बिता पातीं। माताओं के समय के प्रभाव का पहली बार बड़े पैमाने का अध्ययन किया गया। इसमें यह पाया गया कि बच्चों के साथ गुज़ारे गए समय की मात्रा नहीं, बल्कि गुणवत्ता महत्त्वपूर्ण होती है। (इसका मतलब है परिवार वालों के साथ रहते समय अपना फ़ोन दूर रख दें।) मैं अभिभावक नहीं हूँ, लेकिन मैं जानता हूँ कि बच्चे के रूप में मैंने हमेशा अपनी माँ की ऊर्जा महसूस की है। मैंने कभी इस बात को नहीं नापा कि उन्होंने मेरे साथ कितना समय गुज़ारा। मेरी माँ कामकाजी महिला थीं और बचपन में मैं डे-केयर में जाता था। मुझे डे-केयर की एक भी याद नहीं है - माँ की अनुपस्थिति की कोई दर्द भरी यादें नहीं हैं - लेकिन मुझे यह याद है कि वे मुझे लेने आती थीं।

वे हमेशा मुस्कराती थीं और मेरे दिन के बारे में पूछती थीं।

यह सारे संबंधों में सच है। कोई भी डिनर पर आपके साथ नहीं बैठना चाहता, जब आप फ़ोन पर लगे रहते हों। यहीं पर हम समय और ऊर्जा में दुविधा कर देते हैं। हो सकता है कि आप किसी व्यक्ति के साथ एक घंटे का समय बिताएँ, लेकिन उसे केवल दस मिनट की ही ऊर्जा दें। मैं अपने परिवार के साथ ज़्यादा समय नहीं बिता पाता हूँ, लेकिन मैं जब भी उनके साथ होता हूँ, मैं वहाँ 100 प्रतिशत होता हूँ। मैं उनके साथ रहकर एक पूरे वीकएंड में उन्हें आंशिक, भटकी हुई ऊर्जा नहीं देना चाहूँगा; इसके बजाय मैं उनके साथ एकाग्र और संलग्न दो घंटे गुज़ारना चाहूँगा।

संन्यासी उपस्थिति और ध्यान के जरिये प्रेम दर्शाता है। आश्रम में इस बात को कभी परवाह या संलग्नता का विश्वसनीय पैमाना नहीं माना जाता था कि आपने कितना समय लगाया। जैसा मैंने ज़िक्र किया है, ध्यान के बाद कोई नहीं पूछता था कि आपने कितने लंबे समय तक ध्यान लगाया; वे पूछते थे कि आप कितनी गहराई तक गए थे। अगर आप हर रात को इकट्ठे डिनर करते हैं, तो बेहतरीन है, लेकिन चर्चा की गुणवत्ता कैसी रहती है? उसी तरह सोचें, जिस तरह संन्यासी सोचते हैं, समय के नहीं, ऊर्जा के प्रबंधन के बारे में सोचें। क्या आप किसी पर अपनी पूरी उपस्थिति और ध्यान ला रहे हैं?

इसे आज़माएँ : ध्यान चुराने वालों को हथकड़ी लगा दें

इन दिनों हम में से ज़्यादातर लोग अपने ध्यान का युद्ध हार रहे हैं। विजेता हमारे स्क्रीन हैं। किसी दूसरे व्यक्ति पर पूरा ध्यान देने का एकमात्र तरीक़ा अपनी स्क्रीनों को बंद करना है। आपके जीवन में सामने वाला जिस एकाग्रता का हक़दार है, उसे वह देने के लिए उसके साथ बैठकर आपसी सहमति से फ़ोन, लैपटॉप और टीवी संबंधी नियम बना लें। निश्चित गतिविधियाँ चुनें, जब आप किसी भटकाव की अनुमति नहीं देंगे और गुणवत्तापूर्ण समय गुज़ारेंगे। अपने फ़ोन बंद करने, उन्हें दूसरे कमरे में रखने या उन्हें घर पर छोड़ने के लिए सहमत हों। यह शुरुआत में चुनौतीपूर्ण हो सकता है। शायद बातचीत धीमी हो जाएगी या मित्र और सहकर्मी कुंठित हो जाएँगे, क्योंकि वे आप तक नहीं पहुँच सकते। इन सीमाओं को तय करने से दोनों मोर्चों पर नई अपेक्षाएँ स्थापित हो जाएँगी : बातचीत में अंतराल का अटपटापन ख़त्म हो जाएगा; मित्र और सहकर्मी इस बात को स्वीकार कर लेंगे कि आप 24x7 उपलब्ध नहीं हैं।

छह प्रेमपूर्ण आदान-प्रदान

ज़्यादातर दंपती बैठकर मूल्यों की सूची बनाकर यह नहीं देखते हैं कि क्या वे उन दोनों में समान हैं, लेकिन एक बार जब हम अपने बारे में स्पष्ट हो जाते हैं, तो हम ज़्यादा संकल्प के साथ दूसरों से जुड़ सकते हैं। उपदेशामृत बंधन मज़बूत करने और मिलकर विकास करने के लिए छह प्रेमपूर्ण आदान-प्रदान के बारे में बात करती है। (ये तीन प्रकार के आदान-प्रदान हैं; हर एक में देना *और* पाना शामिल है, जिन्हें मिलाकर ये छह हो जाते हैं।) ये उदारता, कृतज्ञता और सेवा पर आधारित संबंध बनाने में हमारी मदद करते हैं।

उपहार : दान देना और बदले में जो भी मिले, वह पाना। यह स्पष्ट नज़र आता है या शायद भौतिक भी - हम एक दूसरे का स्नेह नहीं ख़रीदना चाहते, लेकिन इस बारे में सोचें कि इरादे के साथ किसी को कुछ देने का क्या मतलब होता है। क्या आप वैलेंटाइन्स डे पर अपने पार्टनर के लिए फूल लाते हैं? यह बहुत पारंपरिक काम है, इसलिए विचार करें कि क्या यह वही है, जिससे आपकी पार्टनर को सबसे ज़्यादा खुशी मिलती है। यदि ये फूल हैं, तो क्या आप उसके साथ छह महीने पहले फूलों की दुकान के सामने से गुज़रे थे और उनसे उस दिन की तैयारी के लिए उनकी पसंद पूछी थी या आपने उनकी सबसे क़रीबी सहेली से गोपनीय रूप से पूछताछ की थी? (दोनों ही स्थितियों में गुलाब के फूल ऑनलाइन आर्डर करने से ज़्यादा संकल्प का पता चलता है, हालाँकि ज़ाहिर है, यह उस ख़ास दिन को पूरी तरह भूलने से बेहतर है!) क्या वैलेंटाइन्स डे आपके प्रेम को व्यक्त करने का सर्वश्रेष्ठ पल है या कोई अप्रत्याशित काम और भी ज़्यादा अर्थपूर्ण होगा? क्या आपने यह सोचने का समय निकाला है कि बीमार मित्र सचमुच क्या पसंद करेगा? शायद यह कोई वस्तु नहीं है, बल्कि एक कार्य है, सेवा है, हमारा समय है। उसकी कार साफ़ करना, गतिविधियों को व्यवस्थित करना, दायित्वों में उसकी मदद करना या कोई सुंदर चीज़ लाना।

आप यही विचारशीलता उपहार प्राप्त करने के बारे में दिखा सकते हैं। क्या आप उस प्रयास के लिए कृतज्ञ हैं, जो उपहार में लगा था? क्या आप समझते हैं कि देने वाले के लिए इसका क्या और क्यों मतलब है?

बातचीत : सुनना उन सबसे विचारशील उपहारों में से एक है, जो हम दे सकते हैं। यह सबसे अच्छा तरीक़ा है, जो यह दिखाता है कि हम सामने वाले के अनुभव की परवाह करते हैं। इरादे के साथ सुनने का मतलब है शब्दों के पीछे की भावनाओं की तलाश करना, ज़्यादा समझने के लिए प्रश्न पूछना, आपने जो सीखा है उसे सामने वाले के ज्ञान में जोड़ना, उन्होंने जो कहा है, उसे याद रखने की सर्वश्रेष्ठ कोशिश करना और जहाँ प्रासंगिक हो, वहाँ आगे भी स्थिति के बारे में पूछना। सुनने

छह प्रेमपूर्ण आदान-प्रदान

1. संकल्प के साथ देना
2. कृतज्ञता के साथ पाना

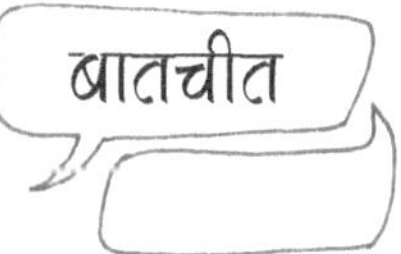

3. आलोचना के बिना सुनना
4. असुरक्षा के बावजूद बोलना

5. एजेंडा के बिना तैयार करना
6. उपस्थिति के साथ ग्रहण करना

में विश्वास का माहौल बनाना भी शामिल होता है, जहाँ व्यक्ति को महसूस होता है कि वह सुरक्षित है और उसका स्वागत किया जा रहा है।

अपने खुद के विचारों और सपनों, आशाओं और चिंताओं को बताना भी महत्त्वपूर्ण है। खुद को उजागर करने की असुरक्षा यह दिखाती है कि आप सामने वाले पर विश्वास करते हैं और उसकी राय का सम्मान करते हैं। इससे सामने वाला आपके पिछले अनुभवों और विश्वासों को समझने में सक्षम होता है, जिनकी वजह से आप साझे काम करते हैं।

इसे आज़माएँ : अपनी बातचीत को उपहार में बदलें

आदर्श दृष्टि से, आप नियमित रूप से बातचीत में इसकी कोशिश करते हैं, लेकिन इस बार इसे फ़ोकस और इरादे के साथ करें। एक पल चुनें, जो आप अपने लिए किसी महत्त्वपूर्ण व्यक्ति के साथ बिताने वाले हों – कोई मित्र, कोई रिश्तेदार, आपका पार्टनर। शायद यह भोजन करना हो या टहलना हो, जो आप साथ–साथ करेंगे। इस दौरान अपना फ़ोन बंद कर दें। सामने वाले को अपनी पूरी एकाग्रता दें। एजेंडा रखने के बजाय जिज्ञासु बनें। यदि कोई विषय न उभरे, तो उनके लिए महत्त्वपूर्ण किसी विषय के बारे में उनसे खुले सिरे वाले सवाल पूछें : आपके दिमाग़ में कुछ समय से क्या चल रहा है? एक्स के साथ आपका संबंध कैसा है? ध्यान से सुनें और फ़ॉलो–अप करने वाले प्रश्न पूछें। बातचीत को खुद की ओर मोड़े बिना अपने अनुभव बताएँ। कुछ दिनों बाद फ़ॉलो अप करने के लिए मित्र को ईमेल या टेक्स्ट मैसेज भेजें।

भोजन : ज़ाहिर है, जब उपदेशामृत लिखी गई थी, तब संसार बहुत अलग हुआ करता था। और मैं भोजन के इस आदान-प्रदान की व्याख्या अनुभवों के आदान-प्रदान के मायने में व्यापकता से करता हूँ : परवाह और सेवा की कोई मूर्त अभिव्यक्ति, जो शरीर या आत्मा को पोषण देती है, जैसे मालिश करना, घर में सामने वाले को तनावरहित करने वाली जगह बनाना या उसके प्रिय संगीत को चलाना। ज़्यादा भव्य पैमाने पर मेरी पत्नी मेरे साथ रहने के लिए अपने प्रिय परिवार को छोड़कर न्यू यॉर्क आ गई – परवाह और उदारता की इस अभिव्यक्ति ने मुझे इतना पोषण दिया कि मैं बता नहीं सकता। एक बार जब हम न्यू यॉर्क में बस गए, तो मैंने उसका परिचय दूसरी महिलाओं से करा दिया, ताकि समुदाय बन सके। हमने जिन अनुभवों का आदान-प्रदान किया, उनके आदर्श रूप से समान होने की ज़रूरत नहीं थी – हम तलाश करते हैं कि सामने वाले को सबसे ज़्यादा ज़रूरत किस चीज़ की है।

ये छह आदान-प्रदान विचारशून्य और खोखले हो सकते हैं, या फिर उनमें सच्ची गहराई और अर्थ हो सकता है, लेकिन लोगों के प्रयासों को सफल होने का मौक़ा दिए बिना उनका मूल्यांकन न करें। कोई भी आपके दिमाग़ को नहीं पढ़ सकता। अगर आपका रूममेट या पार्टनर यह अंदाज़ा नहीं लगा पाता है कि आप चाहते हैं कि वह आपकी बर्थडे पार्टी आयोजित करे, तो इसमें उसकी कोई ग़लती नहीं है। इसके बजाय आपको जो ज़रूरत है, उसे स्पष्टता और ईमानदारी से बता दें।

इसे आज़माएँ : **आप जो चाहते हैं, उसे माँगें**

अपने जीवन के महत्त्वपूर्ण लोगों को बता दें कि आप प्रेम कैसे पाना पसंद करते हैं। जब हम लोगों को यह नहीं बताते हैं कि हम क्या चाहते हैं, तो हम उनसे अपने दिमाग़ को पढ़ने की अपेक्षा करते हैं और अक्सर ऐसा न कर पाने के लिए उनकी आलोचना करते हैं। इस सप्ताह आप जो चाहते हैं, उसकी भविष्यवाणी उनसे न कराएँ। इसके बजाय लोगों से मदद माँगने के बारे में ज़्यादा स्पष्ट और ईमानदार बनें।

1. किसी शिकायत के बारे में सोचें, जो आपके मन में किसी प्रियजन के व्यवहार के बारे में हो। (लेकिन दोषों को ज़्यादा कसकर न खोजें! अगर दिमाग़ में पहली बार में कुछ नहीं आता है, तो यह एक बेहतरीन संकेत है और आपको इस अभ्यास को रहने देना चाहिए।)

2. समस्या की जड़ तक खुदाई करें। सच्चा असंतोष कहाँ है? आप यह पा सकते हैं कि आपकी आवश्यकता प्रेमपूर्ण आदान–प्रदान से मेल खाती है। क्या आप बातचीत और जुड़ने के लिए ज़्यादा समय चाहते हैं? (बातचीत) क्या आप अप्रशंसित महसूस करते हैं? (उपहार) क्या आप ज़्यादा समर्थन चाहते हैं? (भोजन या सेवा के दूसरे कार्य)

3. आलोचना के बिना इसे व्यक्त करें। यह न कहें, "आप यह ग़लत करते हैं।" इसके बजाय यह कहें, "इस तरह से मुझे इस बात का ज़्यादा अहसास होगा कि मुझसे प्रेम किया जा रहा है और मेरी क़द्र की जाती है।"

इस तरह आप अपने साथी को जुड़ाव का एक मार्ग देते हैं, जिस पर चलना उनके लिए ज़्यादा आसान हो जाता है और वे आपको संतुष्ट करने की ज़्यादा अच्छी स्थिति में आ जाते हैं।

प्रेम के लिए तैयार

छह प्रेमपूर्ण आदान-प्रदान किसी करीबी संबंध की नींव डाल देते हैं, लेकिन हममें से ज़्यादातर 'एक' की तलाश कर रहे हैं। हार्वर्ड ग्रांट स्टडी ने 75 वर्षों तक 268 हार्वर्ड अंडरग्रेजुएट्स का रिकॉर्ड रखा और इस दौरान उनके बारे में ढेर सारा डाटा इकट्ठा किया। जब शोधकर्ताओं ने जानकारी को छाना, तो उन्हें एक अकेला घटक मिला, जिसने प्रतिभागियों के जीवन की गुणवत्ता की भविष्यवाणी की : प्रेम। प्रतिभागियों के पास सफलता का अन्य बाहरी चिह्न हो सकता था - पैसा, अच्छा करियर, अच्छी शारीरिक सेहत - लेकिन अगर उनके पास प्रेमपूर्ण संबंध नहीं थे, तो वे खुश नहीं थे।

हम सभी आत्म-जागरूकता के अलग-अलग स्तरों के साथ संबंध शुरू करते हैं। ऑनलाइन क्विजेस और डेटिंग एप्स के प्रोत्साहन के साथ हम उन विशेषताओं की सूची बनाते हैं, जो हम किसी पार्टनर में चाहते हैं - हास्य बोध, परवाह करने वाला, अच्छा दिखने वाला - लेकिन हम यह नहीं देखते हैं कि हमें किस चीज़ की सच्ची ज़रूरत है। हम किस तरह की परवाह चाहते हैं? हमें प्रेम का अहसास किस चीज़ से होता है?

हाउ टू लव में तिक न्यात हन्ह लिखते हैं, "अक्सर हम दूसरों पर इसलिए फ़िदा नहीं होते, क्योंकि हम सचमुच उनसे प्रेम करते हैं और उन्हें समझते हैं। हम तो इसलिए फ़िदा होते हैं, क्योंकि हम अपने कष्ट से खुद को भटकाना चाहते हैं। जब हम खुद को प्रेम करना और समझना सीख लेते हैं और अपने प्रति सच्ची करुणा रखते हैं, तभी हम सामने वाले को सचमुच प्रेम कर सकते हैं और समझ सकते हैं।" आश्रम के बाद जब मैं एक संबंध के लिए तैयार था (मेरे मित्रों का अनुमान ग़लत था कि आश्रम छोड़ने के पल से ही मैं तैयार था), तो मैं पार्टनर में क्या चाहता था, इस बात का मेरा अहसास आत्म-ज्ञान से संचालित था। मैं जानता था कि मेरा पूरक कैसा होगा और कैसा नहीं होगा। मैं जानता था कि मुझे अपने जीवन में क्या ज़रूरत थी और मेरे पास देने के लिए क्या था। सही संबंध खोजने की मेरी योग्यता इसलिए विकसित हुई, क्योंकि मैं विकसित हुआ था।

राधी देवलुकिया, वह महिला जो मेरी पत्नी बनी, उसके पास यह आत्म-ज्ञान पहले से ही था। मैंने जो यात्रा की, उसके बिना ही वह जानती थी कि वह किसी आध्यात्मिक जुड़ाव वाले, उच्च नैतिकता वाले और मूल्यों वाले किसी व्यक्ति के साथ जीवन गुज़ारना चाहती थी। मुझे विश्वास है कि मेरे बिना भी वह सही रहती, लेकिन मैं जानता हूँ कि अगर मैंने गंभीर संबंध में गोता लगाने से पहले खुद पर काम करने का समय नहीं लिया होता, तो मेरा जीवन अलग होता और दर्द से भरा होता।

मैसिव अटैक के अनुसार प्रेम एक क्रिया है। *डैन इन रियल लाइफ़* कहता है कि प्रेम एक योग्यता है। दलाई लामा कहते हैं, "प्रेम आलोचना की अनुपस्थिति

है।" प्रेम धैर्यवान भी होता है। यह दयालु होता है। और स्पष्ट रूप से, प्रेम ही वह सब कुछ है, जिसकी आपको ज़रूरत है। हमारी संस्कृति में प्रेम की इतनी सारी परिभाषाएँ हैं कि मामला थोड़ा दुविधापूर्ण हो जाता है। और मेरे संन्यासी अनुभव - मेरे आत्म-अन्वेषण, संकल्प और करुणा - के बावजूद मैं दुविधा में था, जब मैं लंदन लौटने के बाद अपनी पहली डेट पर गया।

मैं पहले से ही जानता हूँ कि मैं उसे पसंद करता हूँ। जिस थिंक आउट लाउड समूह को मैंने कॉलेज में शुरू किया था, वह मेरे जाने के कुछ साल बाद तक चलता रहा और मैं संपर्क में बना रहा। जब भी मैं लंदन जाता था, तो मैं वहाँ जाकर व्याख्यान देता था। राधी उस समुदाय का हिस्सा थी, वह मेरे कुछ व्याख्यान सुनने आई थी और मेरी बहन की सहेली बन गई थी। अब उस समुदाय के लोग, जिनमें मैं और राधी शामिल थे, जातिभेद और इंग्लैंड में छोटे बच्चों को सताने के ख़िलाफ़ एक चैरिटी कार्यक्रम आयोजित करने के लिए एक साथ आए। उस पृष्ठभूमि में राधी को देखने से मुझे उसके बारे में उससे ज़्यादा पता चला, जितना डेटिंग प्रोफ़ाइल से या कुछ डेट्स के बाद भी पता नहीं चलता। मैंने देखा कि वह टीम में हर व्यक्ति के प्रति बहुत सम्मानजनक थी। उसकी राय रोचक और विचार शानदार रहते हैं। मुझे इस पर सच्ची निगाह डालने का मौक़ा मिला कि वह कौन है - कोई भी एक घंटे की डेट के लिए अपनी ऑनलाइन प्रोफ़ाइल के मुताबिक़ अभिनय कर सकता है। यह उसका सर्वश्रेष्ठ स्वरूप हो सकता है, लेकिन इससे पूरी तसवीर नहीं दिखती है।

मुझे अब भी पूर्णकालिक नौकरी नहीं मिली है, लेकिन मैं थोड़े पैसे कमाने के लिए ट्यूशन कर रहा हूँ। मैंने एक महीने की आमदनी बचा ली है और मैं राधी को विक्ड दिखाने के लिए थिएटर ले जाता हूँ। फिर मैं उसे एक फ़ैंसी रेस्तराँ लोकैंडा लोकाटेली ले जाता हूँ, जो मेरी आर्थिक स्थिति के काफ़ी ऊपर है।

वह विनम्र, लेकिन अप्रभावित है। बाद में वह कहती है, "आपको यह करने की ज़रूरत नहीं थी," और स्वीकार करती है कि उसकी आदर्श डेट सुपरमार्केट की गलियों में पैदल टहलना और ब्रेड ख़रीदना होता। मैं चकरा गया। यह कौन करना चाहेगा?

संन्यासी बनने के बाद मेरे कोई संबंध नहीं थे और मुझे अब भी अपने डेटिंग के तरीक़े के साथ इसे जोड़ना था कि मैं आध्यात्मिक दृष्टि से कौन था। मुझे महसूस हुआ कि मेरा एक-एक पैर दोनों संसारों में था। मेरे संन्यासी प्रशिक्षण के बावजूद मैं संबंधों के अपने पुराने साँचे में फिसल गया - जहाँ मैं सामने वाले को वह देने की कोशिश करता था, जो मीडिया, फ़िल्में और संगीत वाले बताते थे कि वे चाहते थे; इसके बजाय मुझे अपनी ख़ुद की जागरूकता बढ़ानी चाहिए थी कि वे कौन थे। मैं ख़ुद उपहारों और प्रेम के गगनचुंबी प्रदर्शनों से प्रेम करता हूँ और कुछ समय तक मैं बिना किसी सोच-विचार के राधी को भी यही तोहफ़े देता रहा। मैं इसे पूरी तरह

ग़लत समझा था। वह इनमें से किसी चीज़ से प्रभावित नहीं हुई। वह बहुत फैंसी नहीं थी। आश्रम में तीन साल रहने के बाद भी मैं बाहरी प्रभावों या अपनी ख़ुद की वरीयताओं से विचलित हो गया। इसके बजाय मुझे सावधानीपूर्वक देखना चाहिए था कि उसे क्या पसंद था, लेकिन कुछ शुरुआती ग़लत क़दमों के बाद मैं इतना जागरूक था कि यह समझ गया और ईश्वर का शुक्र है कि उसने मुझसे शादी कर ली।

अगर आप यह नहीं जानते कि आप क्या चाहते हैं, तो आप ग़लत संकेत भेजेंगे और ग़लत लोगों को आकर्षित कर लेंगे। अगर आप अपने बारे में जागरूक नहीं हैं, तो आप ग़लत गुणों की तलाश करेंगे और ग़लत लोगों को चुन लेंगे। इसी के बारे में हमने इस पूरी पुस्तक में बात की है। जब तक आप ख़ुद को नहीं समझ लेते हैं, तब तक आप प्रेम के लिए तैयार नहीं होंगे।

कई बार हम ख़ुद को वही ग़लती बार-बार दोहराते हुए पाते हैं, उसी तरह के प्रतिकूल पार्टनरों को आकर्षित करते हैं या ख़ुद के बावजूद उन्हें चुन लेते हैं। अगर ऐसा होता है, तो यह बदक़िस्मती नहीं है - यह तो इस बात का संकेत है कि हमें इस पर काम करने की ज़रूरत है। संन्यासी का दृष्टिकोण यह है कि आप दर्द को ढोते हैं। आप उस दर्द में राहत पाने के लिए लोगों को खोजने की कोशिश करते हैं, लेकिन केवल आप ही यह कर सकते हैं। अगर आप इस पर काम नहीं करते हैं, तो यह आपके साथ ही रहता है और आपके निर्णयों में हस्तक्षेप करता है। जो समस्यामूलक लोग प्रकट होते हैं, वे आपके अनसुलझे मुद्दों के प्रतिबिंब होते हैं और वे तब तक प्रकट होते रहेंगे, जब तक कि आप वह सबक़ नहीं सीख लेते, जो आपको सीखने की ज़रूरत है। जैसा इयानला वैनज़ेंट ने ओपरा से कहा था, "… जब तक आप अपने अतीत के घाव नहीं भर लेते, तब तक आपके ख़ून बहता रहेगा। आप भोजन से, शराब से, नशीली दवाओं से, कामकाज से, सिगरेट से, सेक्स से उस घाव पर बैंडेज बाँध सकते हैं, लेकिन अंततः यह रिसता रहेगा और आपके जीवन पर दाग़ लगा देगा। आपको घावों को खोलने, अपने हाथ अंदर डालने, उस दर्द की जड़ को बाहर निकालने की शक्ति खोजनी होगी, जो आपको अपने अतीत में, यादों में रोक रही है और उनके साथ शांति स्थापित करनी होगी।"

एक बार जब आप अपने ख़ुद के बैग ख़ाली कर लेते हैं और अपने घाव भर लेते हैं (ज़्यादातर), तो आप देने के लिए तैयार होकर संबंधों में आएँगे। आप अपनी समस्याओं को सुलझाने या किसी ख़ाली जगह को भरने की तलाश में उनके पास नहीं आएँगे। कोई भी आपको पूरा नहीं करता है। आप आधे नहीं हैं। आपको पूर्ण नहीं होना है, बल्कि आपको देने का दृष्टिकोण अपनाना है। किसी दूसरे को निचोड़ने की बजाय आप उन्हें पोषण दे रहे हैं।

प्रेम को जीवित रखना

याद है जब हमने मन के बारे में बात की थी, तो हमने कहा था कि खुशी तब मिलती है, जब हम सीख रहे होते हैं, प्रगति कर रहे होते हैं और उपलब्धि हासिल कर रहे होते हैं, लेकिन जब कोई संबंध लंबा होता है, तो हम चाहते हैं कि हनीमून का वह दौर फिर से लौट आए, जब हम पहली बार प्रेम में पड़ रहे थे। कितनी बार आपने किसी संबंध में खुद से यह कहा होगा, "काश मैं दोबारा वैसा महसूस कर सकता," या "काश हम दोबारा उस समय में लौट सकते।" लेकिन डिनर के लिए उसी रेस्तराँ में जाने या उस जगह जाने से जहाँ आपने अपना पहला चुंबन लिया था, वह सारा जादू लौटकर नहीं आएगा। हममें से कई लोगों को वही अनुभव दोबारा पाने की लत जैसी होती है और इस वजह से हम नए अनुभवों के लिए जगह ही नहीं बना पाते हैं। अपने संबंध की शुरुआत में आप दरअसल ऊर्जा और खुलेपन के साथ नई यादें बना रहे थे। प्रेम ज़्यादा नई यादें बनाकर सजीव रखा जाता है – एक साथ सीखना और विकास करना जारी रखकर। ताज़े अनुभव आपके जीवन में रोमांच लाते हैं और ज़्यादा मज़बूत बंधन बनाते हैं। दंपती मिलकर जो गतिविधियाँ कर सकते हैं, उस बारे में मेरी कई सलाहें हैं, लेकिन यहाँ मेरी कुछ प्रिय सलाहें हैं, जो संन्यासी सिद्धांतों पर आधारित हैं।

1. *पुराने में नया खोजें :* वह प्रसंग याद है, जब संन्यासियों के रूप में हम उसी मार्ग पर एक ख़ास पत्थर की तलाश करते थे, जिस पर हम हर रोज़ इकट्ठे चलते थे? आप भी उस संसार के प्रति अपनी आँखें खोल सकते हैं, जिसमें आप पहले से रहते हैं। सप्ताह के बीच में कैंडललाइट डिनर लें। सोने से पहले अपने फ़ोन को घूरते रहने के बजाय एक-दूसरे को पुस्तक पढ़कर सुनाएँ। मिलकर आस-पास टहलें और एक-दूसरे को एक निश्चित तरह के मेलबॉक्स या चिड़िया को पहले देखने की चुनौती दें।

2. *साथ समय बिताने के नए तरीक़े खोजें :* मनोवैज्ञानिक आर्थर आरोन ने एक अध्ययन में पाया कि जब दंपती मिलकर नई और रोमांचक काम करते हैं, तो उनके बंधन मज़बूत होते हैं। मेरी पत्नी और मैंने मिलकर कमरों से एस्केप रूम खेलना शुरू किया। एस्केप रूम एक खेल है, जहाँ आप दोनों ही एक कमरे में बंद हैं और आपको बाहर का रास्ता खोजना है। स्टाफ़ आपको कुछ संकेत देता है और आपको पज़ल के कई क़दम सुलझाने के लिए मिलकर काम करना होता है। यह थोड़ा डरावना लगता है, लेकिन यह दरअसल बहुत मज़ेदार होता है। आपको मिलकर सीखने को मिलता है। आप मिलकर ग़लतियाँ करते हैं। यह बराबरी का खेल का मैदान है, जहाँ आपमें से किसी के भी पास दूसरे से ज़्यादा अनुभव या विशेषज्ञता नहीं है। जब आप दंपती के रूप में मिलकर प्रयोग करते हैं, तो आप अपने जीवन के सभी क्षेत्रों में खुद को मिलकर विकास करते हुए महसूस करते हैं। आप कोई

सचमुच डरावनी चीज़ भी एक साथ करने की कोशिश कर सकते हैं – जैसे स्काई डाइविंग या कोई दूसरी चीज़, जो आपके आरामदेह दायरे के बाहर है। वे सारे लाभ याद हैं, जो हमें अपने डरों के क़रीब आने पर मिलते हैं? मिलकर डर का सामना करना आपके ज़्यादा गहरे डरों में जाने का अभ्यास करने का एक तरीक़ा है। यह उन डरों को अपने पार्टनर को बताने का, उसके समर्थन का अहसास करने का और मिलकर डर का रूपांतरण करने का अवसर देता है।

3. *मिलकर सेवा करें :* जिस तरह सेवा आपके जीवन को अर्थ देती है, उसी तरह अपने पार्टनर के साथ मिलकर सेवा करने से आपके जुड़ाव को अर्थ मिलता है, चाहे यह चैरिटी कार्यक्रम आयोजित करना हो, बेघरों को खाना खिलाना हो या मिलकर कुछ सिखाना हो। संन्यासी जीवन में जुड़ाव के सबसे ज़्यादा अनुभव मुझे तब हुए, जब मैंने सामूहिक प्रोजेक्ट्स में हिस्सा लिया। वह दो-तीन दिन की ट्रेन की भयंकर यात्रा, जिसका मैं ज़िक्र कर चुका हूँ। मिलकर पेड़ लगाना। स्कूल बनाना। संबंध की चुनौतियों पर ध्यान केंद्रित करने के बजाय हम असली ज़िंदगी के मुद्दों पर एक साझा दृष्टिकोण विकसित करते हैं। ज़्यादा ऊँचे उद्देश्य के लिए जुड़कर हम कृतज्ञता महसूस करते हैं और इसे अपने संबंध में लाते हैं। मैं कई दंपतियों को जानता हूँ, जो स्वयंसेवा के माध्यम से एक-दूसरे से मिले हैं, इसलिए अगर आप अपने लिए उपयुक्त पार्टनर की तलाश कर रहे हैं, तो किसी ऐसे उद्देश्यपूर्ण काम को खोजें, जो आपके दिल के क़रीब हो। अगर आप स्वयंसेवा जैसी किसी गतिविधि के ज़रिये एक-दूसरे से मिलते हैं, तो शुरुआत से ही आप दोनों के बीच बहुत गहरी समानता होगी और आपके बीच ज़्यादा गहरा बंधन बनने की ज़्यादा संभावना होगी।

4. *ध्यान और जप मिलकर करें :* जब किसी दंपती में विवाद हो जाता है और वे कमरे में आते हैं, तो आप उनके बीच नकारात्मक ऊर्जा के कंपन महसूस कर सकते हैं। इसका विपरीत भी सच है, जब आप और आपका पार्टनर मिलकर जप या मंत्रोच्चार करते हैं। आप अपनी ऊर्जा को एक ही जगह पर ला रहे हैं और सचमुच एक-दूसरे की लय में महसूस करते हैं।

5. *अंत में, मिलकर चित्र देखें कि आप दोनों संबंध से क्या चाहते हैं :* जब आप इस बारे में जागरूक होते हैं कि एक दूसरे के लिए क्या महत्त्वपूर्ण है, तो आप यह पता लगा सकते हैं कि आप कितना तालमेल बैठाना चाहते हैं। आदर्श दृष्टि से आपमें से प्रत्येक अपने ख़ुद के धर्म में जीने की कोशिश कर रहा है। सर्वश्रेष्ठ संबंधों में आप एक साथ वहाँ पहुँचते हैं।

दिल के दर्द से उबरना

जब आपका हृदय दाँव पर होता है, तो स्पष्टता से देखना मुश्किल होता है, लेकिन मैं एक बात बहुत स्पष्ट कर देना चाहता हूँ : आपके पास जो है, उसके लिए कृतज्ञ होना एक बात है; आप जिसके हक़दार हैं, उससे कम का समझौता करना दूसरी बात है। दोनों में फ़र्क़ होता है। अगर हम अब भी अपने बाल मन की सुन रहे हैं, तो हम ऐसे लोगों के प्रति आकर्षित होते हैं, जो हमारे लिए अच्छे नहीं हैं, लेकिन हमें उस पल बेहतर महसूस कराते हैं। अपना आत्म-गौरव किसी दूसरे के इर्द-गिर्द न लपेटें। कोई भी शाब्दिक, भावनात्मक या शारीरिक दुर्व्यवहार का हक़दार नहीं होता। इससे बेहतर तो अकेले रहना होता है। न ही आपको किसी अपमानजनक, शोषक या विषाक्त संबंध को मित्रता में बदलने की अनुमति देनी चाहिए। मेरा यक़ीन मानें, वह समीकरण नहीं बदलेगा।

हर संबंध में आपके पास यह तय करने का मौक़ा होता है कि आपकी अपेक्षित खुशी का स्तर क्या हो और वह दर्द का स्तर कितना हो, जिसे आप स्वीकार करेंगे। कोई संबंध आदर्श नहीं होता, लेकिन अगर खुशी कभी निश्चित ऊँचाई पर नहीं पहुँच पाती है या काफ़ी कम रहती है, तो यह तब तक नहीं बदलेगा, जब तक कि आप दोनों ही काफ़ी मेहनत न करें। यही इस बारे में सच है कि आप कितनी निराशा सहन करने के लिए तैयार हैं। हो सकता है कि आपके जुड़ाव की शुरुआत धीमी हो – एक-दूसरे को जानने में थोड़ा समय लग सकता है – लेकिन अगर यह कभी संतुष्टिदायक स्तर पर नहीं पहुँचती है, तो आपको यह निर्णय लेने की ज़रूरत है कि इसे स्वीकार करें या आगे बढ़ जाएँ।

मैं जानता हूँ कि यह आसान नहीं है। जब आपने किसी के साथ गुणवत्तापूर्ण समय गुज़ारा है, जब आपने किसी में निवेश किया है, जब आपने खुद को किसी को दिया है, तो छोड़ना मुश्किल होता है। तिब्बत की बौद्ध नन जेत्सुनमा तेंज़िन पामो बताती हैं कि हम अक्सर आसक्ति को प्रेम समझने की ग़लती करते हैं। वे कहती हैं, "हम कल्पना करते हैं कि हमारे संबंधों में जो जकड़ना और चिपकना होता है, वह यह दिखाता है कि हम प्रेम करते हैं, जबकि दरअसल यह सिर्फ़ आसक्ति है, जिससे दर्द होता है। चूँकि हम जितना ज़्यादा जकड़ते हैं, हम खोने से उतना ही ज़्यादा डरते हैं और अगर हम खो देते हैं, तो ज़ाहिर है हमें कष्ट होगा।" अंततः किसी ग़लत व्यक्ति को छोड़ने पर कम दर्द होता है, जबकि उससे जुड़े रहने में ज़्यादा दर्द होता है।

दिल के दर्द से उबरने की जिन रणनीतियों की मैं सलाह देता हूँ, वे स्व के संन्यासी विचारों से सीधे बँधी हैं। वे हमें शांति और उद्देश्य तक अपना रास्ता खोजने का तरीक़ा बताती हैं। चाहे हमारे मन में कोई भी विचार हो, हम उससे दूर

नहीं भागते हैं। हम खुद को उसका आकलन करने और परिवर्तन करने की जगह देते हैं। **खोजो, रुको, बदलो।**

हर भावना को महसूस करें। दिल के दर्द से अपना ध्यान भटकाना संभव है, लेकिन यह समाधान सिर्फ़ अल्पकालीन होता है। और अगर आप अपनी भावनाओं को नकारते हैं, तो आप अंत में दूसरे तरीक़ों से कष्ट उठाते हैं। शोधकर्ताओं ने नए आने वाले कॉलेज विद्यार्थियों का अध्ययन यह देखने के लिए किया कि वे इस परिवर्तन के प्रति कितनी अच्छी तरह अनुकूलन कर रहे थे। उन्होंने पाया कि जिन विद्यार्थियों में अपनी भावनाओं का दमन करने की प्रवृत्ति थी, उनके कम क़रीबी संबंध थे और वे कम सामाजिक समर्थन महसूस करते थे। इसके बजाय सोचें कि इस स्थिति में सामने वाले ने आपको कैसा महसूस कराया। आप अपनी भावनाओं को लिखकर या उन्हें रिकॉर्ड करके व्यक्त कर सकते हैं। आपने जो लिखा है, उसे पढ़ें और निष्पक्ष भाव से उसे सुनें। क्या आपको कोई दोहराव भरे पैटर्न सुनाई देते हैं?

आप खुद से नुक़सान के बारे में पूछ सकते हैं और प्रश्न ध्यान भी कर सकते हैं। हम भावनाओं का रिप्ले पसंद करते हैं : यह कितना आदर्श था, यह कितना अच्छा हो सकता था, हमारे हिसाब से यह कैसा होने जा रहा था। संबंध ख़राब होने और तबाह होने से पहले कितना रोमांटिक था, यह सब सोचने के बजाय वास्तविकता पर ध्यान केंद्रित करें। संबंध से आपको क्या आशाएँ थीं? आपने क्या खोया? क्या आपकी निराशा इससे बँधी थीं कि वह व्यक्ति कौन था या वह कौन नहीं था? अपनी भावनाओं को टटोलें, जब तक कि आप दर्द की जड़ तक न पहुँच जाएँ।

स्थिति से सीखें। फ़िल्में, संगीत और बाक़ी मीडिया हमें सीमित और प्रायः ग़लत संदेश भेजता है कि प्रेम को कैसा दिखना चाहिए। ब्रेकअप की वास्तविकता का इस्तेमाल करके यथार्थवादी अपेक्षाएँ तय करें कि आप किसके हक़दार हैं और आपको किसी नए संबंध से क्या ज़रूरत है। याद रखें कि आपकी ज़रूरत उस व्यक्ति से भिन्न हो सकती है, जिसके साथ आपका ब्रेकअप हुआ है और/या अगले व्यक्ति से भी, जो आपके जीवन में आता है। आपकी सबसे बड़ी अपेक्षा क्या थी, जो पूरी नहीं हुई? आपके लिए क्या महत्त्वपूर्ण था? उस संबंध में क्या अच्छा था, क्या बुरा था? इसके ख़त्म होने में आपकी भूमिका क्या थी? यहाँ अपने दर्द की पड़ताल करने के बजाय आप संबंध की कार्यप्रणाली की जाँच-पड़ताल करना चाहते हैं, ताकि आप यह पहचान सकें कि आप अपने अगले संबंध से क्या चाहते हैं और आपको खुद में किस चीज़ पर काम करने की ज़रूरत हो सकती है।

अपने मूल्य में विश्वास न खोएँ। ब्रेकअप के पल में आप खुद को कम आँक सकते हैं, लेकिन आपका महत्त्व या मूल्य किसी दूसरे व्यक्ति की भरपूर क़द्र या प्रेम पर निर्भर नहीं है। यदि आप अपनी पहचान संबंध के इर्द-गिर्द बना लेते हैं, तो आप जो दर्द महसूस करते हैं, वह यह है कि आपको अपनी पहचान के उस हिस्से

का त्याग करना पड़ा। यदि आपने एक ही व्यक्ति से अपनी सारी आवश्यकताओं को पूरा करने की अपेक्षा की थी, तो ज़ाहिर है उसके चले जाने के बाद एक शून्य रह जाता है। अब जब आप अकेले हैं, तो इस समय का इस्तेमाल करके लोगों का समुदाय बनाएँ, जिनकी रुचि आपकी रुचियों के समान हो और जिन्हें आप अपने जीवन में हमेशा रखना चाहते हों। खुद को पूर्ण बनाएँ। आपको ऐसा व्यक्ति बनने की ज़रूरत है, जो आपको खुश करता हो।

दोबारा डेटिंग करने से पहले इंतज़ार करें। याद रखें, अगर आपने पिछले दर्द का घाव नहीं भरा है, तो आप किसी अविश्वसनीय इंसान के साथ अविश्वसनीय जुड़ाव का अपना अगला अवसर चूक सकते हैं। जल्दबाज़ी न करें या प्रतिशोध में डेटिंग शुरू न करें। इससे केवल ज़्यादा चोट और अफ़सोस उत्पन्न होता है। इससे दर्द का वायरस आगे फैलता है। इसके बजाय खुद को ज़्यादा अच्छी तरह जानने में थोड़ा समय लगाएँ। अपने आत्म-गौरव को बढ़ाएँ। अपने विकास में निवेश करें। **अगर आपने संबंध में खुद को खो दिया है, तो ब्रेकअप के बाद खुद को दोबारा खोज लें।**

संन्यासी तरीक़ा जागरूकता बनाने, स्थिति से निपटने और सुधार करने का है। हम रिश्ते के भीतर हों या रिश्ते में दाख़िल हो रहे हों, हम पहले एक क़दम पीछे उठाते हैं, ताकि आकलन कर सकें और यह सुनिश्चित कर सकें कि हम अपने खुद के इरादों को समझते हैं। तभी हम डेटिंग के संसार में क़दम रख सकते हैं या आत्म-जागरूकता तथा प्रेम के साथ संबंध की ओर लौट सकते हैं। **पहचानें, रुकें, बदलें।**

हमने अपना ध्यान हमारे जीवन के अंतरंग संबंधों पर फ़ोकस करने के लिए बाहर की ओर मोड़ा है। अब हम ज़्यादा बड़े संसार के साथ अपने संबंध पर आते हैं। मैंने ज़िक्र किया था कि आश्रम में मैंने अपने परिवार के अपने बंधनों से परे का बंधन महसूस किया था, जो एक ज़्यादा बड़ी शक्ति थी, जो हम सभी को एक कर रही थी और जोड़ रही थी। एस्ट्रोफ़िज़िसिस्ट नील डीग्रासे टाइसन ने कहा था, "हम सभी जुड़े हुए हैं; एक-दूसरे से, जैविक दृष्टि से। पृथ्वी से, रासायनिक दृष्टि से। और बाक़ी सृष्टि से, आणविक दृष्टि से।" यह जानने के बाद हमें अपने जीवन में सच्चा अर्थ खोजने के लिए सृष्टि की ओर देखना चाहिए।

अध्याय 11

सेवा

ऐसे पेड़ लगाएँ, जिनकी छाया के नीचे आप बैठने की योजना न बना रहे हों

अज्ञानी अपने ख़ुद के लाभ के लिए काम करते हैं...
बुद्धिमान संसार के कल्याण के लिए काम करते हैं...
—भगवद्गीता, 3:25

मैं आश्रम में नौसिखिया हूँ और हमें एक गाँव में छोड़ दिया गया है। हमारे पास पैसा या भोजन नहीं है और हमारा लक्ष्य तीस दिनों तक अपना इंतज़ाम ख़ुद करना है।

मौसम अच्छा है और हमें रुकने के लिए एक वेयरहाउस दिया गया है। हम अपनी चटाई वहीं छोड़कर गाँव में जाते हैं। वहाँ छोटी झोपड़ियाँ हैं, जिनमें लोग भोजन, मसाले और छुटपुट दीगर सामान बेचते हैं। झोपड़ियों के बीच कपड़े लटके हुए हैं। ज़्यादातर लोग साइकल से या पैदल यात्रा करते हैं - कुछ बच्चे तो नंगे पैर घूमते हैं।

बिना किसी योजना के, बिना किसी सहायता के हम जो पहली चीज़ महसूस करते हैं, वह है डर, जो हमें वह करने के लिए उकसाता है, जो ज़िंदा रहने के लिए ज़रूरी है। हम दान माँगते हैं - भारत में लोग उदार होते हैं और अक्सर आध्यात्मिक पोशाक वाले लोगों को रोटी, फल या सिक्के देते हैं। हम मंदिर जाते हैं, जहाँ **भक्तों** को मुफ़्त भोजन दिया जाता है, जिसे **प्रसाद** कहते हैं - यह पवित्र भोजन है, जो

ईश्वर को चढ़ाया जाता है और फिर मंदिर जाने वालों को दिया जाता है। हम अपने बचाव की चिंता में स्वार्थ और संग्रह का सहारा लेते हैं।

दूसरे सप्ताह तक हम बेहतर स्थिति में होते हैं। हमने यह पता लगा लिया है कि हम गाँव में लोगों की मदद करके अपना गुज़ारा कर सकते हैं। हम भारी बोझ उठाने में लोगों की मदद करने लगते हैं और फेरी वालों की गाड़ियाँ धकाने में मदद करते हैं। हम जल्दी ही यह सीख जाते हैं कि अगर हम अपना दिल और आत्मा खोल देते हैं, तो दूसरे भी यही करने के लिए प्रोत्साहित होते हैं। हमें जो दान मिलते हैं, वे उनसे बहुत ज़्यादा अलग नहीं हैं, जो आने पर शुरुआत में मिलते थे, लेकिन आदान-प्रदान से हमें सामुदायिक करुणा और उदारता का ऊष्ण अहसास मिलता है और मुझे ऐसा महसूस होता है, जैसे मैंने हमारी यात्रा के सबक़ को ग्रहण कर लिया था। हम सोचते थे कि हमारे पास कुछ नहीं था और सचमुच हमारे पास भौतिक सामान के नाम पर कुछ था भी नहीं, लेकिन इसके बावजूद हम अपने प्रयास से लोगों को कुछ देने में सक्षम थे और सेवा कर सकते थे।

बहरहाल, अंतिम सप्ताह तक हमारी भूख की चिंता ख़त्म हो गई और हम इतने सुरक्षित महसूस करने लगे कि हमारा ध्यान एक ज़्यादा गहरी चीज़ पर गया, हालाँकि हम शून्य के साथ आए थे, लेकिन फिर भी हमारे पास एक ख़ास तरह की दौलत थी : हम गाँव के बहुत से लोगों से ज़्यादा शक्तिशाली और सक्षम थे। सड़क पर वरिष्ठ नागरिक, बच्चे और अपंग लोग हैं, जिन सभी की आवश्यकता हमसे ज़्यादा बड़ी है।

“मैं बुरा महसूस करता हूँ,” एक संन्यासी कहता है। “यह हमारे लिए कुछ समय की बात है। उनके लिए यह हमेशा की बात है।”

“मैं सोचता हूँ कि हम कुछ चूक रहे हैं," मैं जोड़ता हूँ। “हम इस गाँव में ज़िंदा रहने से ज़्यादा भी कर सकते हैं।” हमें हेलन केलर की कही बात याद आती है, “मैं रोई थी, क्योंकि मेरे पास जूते नहीं थे, जब तक कि मुझे एक ऐसा इंसान नहीं मिल गया, जिसके पैर ही नहीं थे।” दुर्भाग्य से यह कोई अतिशयोक्ति नहीं है। भारत में आपको बहुत से अपंग लोग अक्सर दिख जाते हैं।

मुझे अहसास होता है कि अब जब हमें अपना रास्ता मिल गया है, तो हम ख़ुद को मिला वह भोजन और पैसा उन लोगों को बाँट सकते हैं, जो हमारे जितने योग्य नहीं हैं। जब मैं सोचता हूँ कि मैंने हमारी यात्रा का सबक़ सीख लिया है, तो मुझे एक इलहाम होता है, जिसका मुझ पर गहरा असर होता है : हर व्यक्ति, हममें से वे लोग भी जो अपना जीवन सेवा के प्रति समर्पित कर चुके हैं, हमेशा ज़्यादा दे सकता है।

कायाकल्प की ये तीन अवस्थाएँ पूरे संन्यासी अनुभव के सार जैसी महसूस हुई : सबसे पहले, हम बाहरी चीज़ों और अहं को छोड़ते हैं; दूसरे, हम अपने महत्त्व

और मूल्य को पहचानते हैं और सीखते हैं कि हमें सेवा करने के लिए किसी चीज़ का स्वामी बनने की ज़रूरत नहीं है; और तीसरे, हम लगातार सेवा के ज़्यादा ऊँचे स्तर की तलाश करते हैं।

उस यात्रा में मैंने पहचाना कि हमेशा ऊपर उठने की जगह होती है और हमेशा देने के लिए ज़्यादा होता है। बेनडिक्टीन नन सिस्टर क्रिस्टीन व्लादिमिरॉफ़ ने *द मोनास्टिक वे* में लिखा है, "मठवासी आध्यात्मिकता हमें सिखाती है कि हम एक यात्रा पर हैं। यह यात्रा अंदर की ओर है, जिसमें हम प्रार्थना और मौन में ईश्वर को खोजते हैं। यदि इसे अकेली यात्रा के रूप में लिया जाए, तो हम अपने जीवन के इस पहलू का रूमानीकरण कर सकते हैं... लेकिन संन्यासी बनने के लिए एक और समानांतर यात्रा है - बाहर की तरफ़ की यात्रा। हम समुदाय में रहते हैं, ताकि दूसरों की आवश्यकताओं के प्रति अपनी संवेदनशीलता का विकास कर सकें... मठ तब एक केंद्र बन जाता, जिससे बाहर निकलकर हम दूसरों को अंदर आमंत्रित करते हैं। कुंजी हमेशा दोनों यात्राओं को करते रहना है - अंदर की ओर भी और बाहर की ओर भी।"

सर्वोच्च उद्देश्य

मेरे कॉलेज में अपने व्याख्यान में गौरंग दास ने मुझे प्रेरित किया था, जब उन्होंने कहा था, "ऐसे पेड़ लगाएँ, जिनकी छाया के नीचे तुम बैठने की योजना न बना रहे हो।" उस वाक्य ने मुझे मोहित कर दिया और मुझे एक नई दिशा में चलने के लिए प्रेरित किया, जिसकी मैंने कभी कल्पना नहीं की थी। और अब मुझे एक बात स्वीकार करनी है। मैंने आपसे एक बात छिपाकर रखी है। हमने इस बारे में बात की है कि बाहरी शोर, डर, ईर्ष्या और झूठे लक्ष्यों के प्रभावों को कैसे छोड़ना है। हमने पड़ताल की है कि अपने मन, अपने अहं और अपने धर्म में जीने की अपनी दैनिक आदतों का दोहन करके विकास कैसे करना है। हम यह सब संतुष्टिदायक, अर्थपूर्ण जीवन जीने के लक्ष्य की ख़ातिर करते हैं - एक सराहनीय मार्ग, लेकिन इस पुस्तक की ही तरह मैंने आज तक सोशल मीडिया पर या अपनी कक्षाओं में वह सबसे महत्त्वपूर्ण सबक़ उजागर नहीं किया है, जो मैंने संन्यासी के रूप में सीखा था और जिसे मैं अपने जीवन के हर दिन याद रखता हूँ। कृपया, तालियां बजाएं।

सर्वोच्च उद्देश्य सेवा में जीना है।

ऐसा नहीं है कि मैं सेवा को रहस्य की तरह गोपनीय रख रहा हूँ; मैं अक्सर इसका ज़िक्र करता हूँ, लेकिन अब तक मैंने यह बताने से पहले इंतज़ार किया है कि सेवा को हमारे जीवन में केंद्रीय भूमिका निभानी चाहिए, क्योंकि सच कहा जाए, तो मैं सोचता हूँ कि हम में से ज़्यादातर लोग न जाने क्यों इस विचार का प्रतिरोध

करते हैं। निश्चित रूप से हम ज़रूरतमंद लोगों की मदद करना चाहते हैं और शायद हम पहले से ही ऐसा करने के तरीक़े खोज रहे हों, लेकिन हम अपने खुद के कामकाज और जीवन के दबावों और आवश्यकताओं की वजह से सीमित हो जाते हैं। हम सबसे पहले अपनी खुद की समस्याएँ सुलझाना चाहते हैं। "जय, सहायता की ज़रूरत तो मुझे है! मुझे इतना कुछ हासिल करना है, तभी मैं दूसरों की मदद करने के प्रति खुद को समर्पित कर सकता हूँ।" यह सच है। जब हम संघर्ष कर रहे हों, तब निःस्वार्थता के बारे में सोचना मुश्किल होता है, लेकिन संन्यासी के रूप में मैंने ठीक यही सीखा। निःस्वार्थता आंतरिक शांति और अर्थपूर्ण जीवन का अचूक मार्ग है। **निःस्वार्थता स्व का उपचार करती है।**

संन्यासी सेवा में जीते हैं और संन्यासी की तरह सोचने का मतलब है अंततः सेवा करना। द मोनास्टिक वे में बेनेडिक्टीन संन्यासी डॉम एलरेड ग्राहम का उद्ध रण है, "संन्यासी यह सोच सकता है कि वह खुद के लिए कुछ हासिल करने के लिए मठ में आया है : शांति, सुरक्षा, चैन, प्रार्थना या अध्ययन या शिक्षा का जीवन; लेकिन अगर उसका आह्वान सच्चा है, तो उसे पता चलता है कि वह लेने के लिए नहीं, बल्कि देने के लिए आया है।" **हमें जो जगह जैसी मिली, हम जाते समय उसे ज़्यादा साफ़-सुथरा छोड़ना चाहते हैं। हमें जैसे लोग मिले थे, उनसे विदा लेते समय हम उन्हें ज़्यादा खुश छोड़ना चाहते हैं। संसार हमें जैसा मिला था, उसे पहले से बेहतर छोड़ना चाहते हैं।**

हम प्रकृति हैं और अगर हम प्रकृति का सावधानी से अवलोकन करें, तो प्रकृति हमेशा सेवा करती है। सूर्य गर्मी और रोशनी देता है। पेड़ ऑक्सीजन और छाया देते हैं। पानी हमारी प्यास बुझाता है। हम प्रकृति में हर चीज़ को सेवा करते हुए देख सकते हैं – और संन्यासी भी यही करते हैं। *श्रीमद भागवतम* में कहा गया है, "इन सौभाग्यशाली वृक्षों को देखो। वे पूरी तरह से दूसरों के लाभ के लिए जीते हैं। वे हवा, पानी, गर्मी और बर्फ़ सहन करते हैं, लेकिन फिर भी हमारे लाभ के लिए छाया देते हैं।" प्रकृति के साथ एकाकार होने का एकमात्र तरीक़ा सेवा करना है। इससे यह निष्कर्ष निकलता है कि सृष्टि के साथ उचित रूप से दिशाबद्ध होने का एकमात्र तरीक़ा सेवा करना है, क्योंकि सृष्टि यही करती है।

सोलहवीं सदी के गुरु रूप गोस्वामी ने *युक्त-वैराग्य* की बात की है, जिसका मतलब है हर चीज़ किसी ज़्यादा ऊँचे उद्देश्य की ख़ातिर करना। यही सच्ची अनासक्ति है, परम संन्यास है, पूर्णता है। कुछ संन्यासी संप्रदाय इस मानदंड को अपनी परंपराओं पर कठोरता से लागू करते हैं और पूरी तरह से भौतिक वस्तुओं को छोड़ देते हैं, लेकिन वास्तविकता में बाकी हम लोगों को आजीविका के लिए काम करने की ज़रूरत होती है। हम अंत में चीज़ों के स्वामी बनेंगे, लेकिन हम यह देख सकते हैं कि हमारे पास जो कुछ है, हम उसका किस तरह इस्तेमाल करते हैं। हम

अपने घरों का इस्तेमाल समुदाय को पोषण देने के लिए कर सकते हैं। हम अपने पैसों और संसाधनों का इस्तेमाल उन कल्याणकारी कार्यों के समर्थन के लिए कर सकते हैं, जिनमें हम विश्वास करते हैं। हम ज़रूरतमंद लोगों को अपनी प्रतिभाओं का लाभ देकर स्वयंसेवा कर सकते हैं। चीज़ों का स्वामी होना ग़लत नहीं है, बशर्ते हम उनका इस्तेमाल लोगों की भलाई के लिए करें।

भगवद्गीता पूरे संसार को एक तरह के स्कूल के रूप में देखती है, एक शिक्षा प्रणाली, जिसे इस तरह बनाया गया है, ताकि हमें एक सत्य का अहसास हो जाए : हम सेवा करने के लिए मजबूर हैं और केवल सेवा में ही हम खुश हो सकते हैं। जिस तरह आग गर्म होती है, जिस तरह सूर्य प्रकाश और ऊष्मा है, उसी तरह सेवा भी मानव चेतना का सार है। उस संसार की वास्तविकता को जानें, जिसमें आप रहते हैं। जानें कि यह अस्थायी है, माया है और आपके कष्ट तथा मोहभंग का स्रोत है। इंद्रियों की संतुष्टि - अच्छा महसूस करना - को जीवन का लक्ष्य मानने से दर्द और असंतोष उत्पन्न होता है। सेवा को जीवन का लक्ष्य मानने से संतुष्टि, सुख और संतोष मिलता है।

सेवा शरीर और आत्मा के लिए अच्छी है

सेवा कई स्तरों पर हमें पूर्ण करती है। मेरा विश्वास है कि हम जन्म से ही दूसरों की परवाह करने के लिए बने होते हैं और सेवा से हमें लाभ होता है। यह सहज बोध बच्चों में सबसे स्पष्ट होता है, जिनके समय और ध्यान पर दूसरी माँगें क़ब्ज़ा नहीं करती हैं। इंटरनेट पर एक फ़ोटो वायरल हुआ। इसमें लगभग दो साल की छोटी लड़की जापानी टीवी पर एक नेता को रोते देख रही है। वह एक टिशू निकालती है, टीवी के पास तक जाती है और नेता के आँसू पोंछने की कोशिश करती है। ऐसी चीज़ें इसलिए वायरल होती हैं, क्योंकि हम दूसरे व्यक्ति, एक अजनबी के लिए उस छोटी लड़की की करुणा को पहचानते हैं – और शायद उसकी कमी महसूस करते हैं।

लॉन्ग वॉक टू फ़्रीडम में नेल्सन मंडेला ने कहा था, "कोई भी पैदा होते समय किसी की त्वचा के रंग या उसकी पृष्ठभूमि या उसके धर्म की वजह से दूसरे व्यक्ति से नफ़रत नहीं करता है। लोगों को नफ़रत करना सीखना पड़ता है और अगर वे नफ़रत करना सीख सकते हैं, तो वे प्रेम करना भी सीख सकते हैं, क्योंकि प्रेम मानव हृदय के लिए ज़्यादा स्वाभाविक होता है।" जिस तरह मंडेला विश्वास करते थे कि लोग प्रेम करने के लिए पैदा होते हैं, लेकिन उन्हें नफ़रत करना सिखाया जाता है, उसी तरह संन्यासी विश्वास करते हैं कि हम सेवा करने के लिए पैदा होते हैं, लेकिन बाहरी जगत के व्यवधानों या भटकावों की वजह से हम अपने उद्देश्य भूल जाते हैं। हमें इस सहज बोध के साथ दोबारा जुड़ने की ज़रूरत है, ताकि हम इस तरह महसूस कर सकें, जैसे जीवन अर्थपूर्ण है।

मैं पहले ही पौराणिक हीरो की यात्रा की जोसेफ़ कैंपबेल की अवधारणा बता चुका हूँ। यह एक फ़ॉर्मूला है, जो उन क़दमों का वर्णन करता है, जिनसे हीरो गुज़रता है। वह किसी रोमांचक अभियान पर निकलता है, मुश्किलों तथा बाधाओं का सामना करता है और विजयी होकर लौटता है। हीरो की यात्रा का एक मुख्य तत्व वह है, जिसे हम अक्सर नज़रअंदाज़ कर देते हैं - आख़िरी अवस्था, जिसे कैंपबेल ने 'अमृत के साथ लौटना' कहा है। हीरो की यात्रा तब तक पूरी नहीं होती, जब तक कि वह सुरक्षित रूप से घर नहीं लौट आता और उसने जो हासिल किया है (अमृत), वह दूसरों को दे नहीं देता। सेवा के विचार को आदर्श कहानी के सुखद अंत का मुख्य हिस्सा बनाया गया है।

सीन कॉर्न हीरो की यात्रा को जी रही हैं। उन्होंने योगासन की टीचर के रूप में नाम कमाया है। वे पूरे संसार में योग सम्मेलनों और त्योहारों में टीचर थीं और अब भी हैं, लेकिन योग शिक्षक के रूप में अपने करियर में एक बिंदु पर उन्हें अहसास हुआ कि अपने मंच के ज़रिये वे संसार पर और भी ज़्यादा अर्थपूर्ण प्रभाव डाल सकती हैं, इसलिए उन्होंने अपना ध्यान जोखिम वाले समुदायों पर केंद्रित करने का निर्णय लिया। कॉर्न ने ज़रूरतमंद लोगों को प्राणायाम और ध्यान की तकनीकें सिखाने का निर्णय लिया। यह काम उन्होंने उन बच्चों से शुरू किया, जिनका यौन शोषण हुआ था, फिर उन्होंने इस परंपरा को आगे बढ़ाते हुए दूसरे लोगों के साथ काम किया, जिन्हें समाज परित्यक्त मानता है, जैसे वेश्याएँ और मादक द्रव्य की लत वाले लोग। इस दृष्टिकोण से उन्होंने एक ग़ैर-लाभकारी संस्था ऑफ़ द मैट, इनटू द वर्ल्ड की सह-स्थापना की, जो योग को सामाजिक परोपकार से जोड़ती है, हालाँकि वे सेवा के प्रति बेहद समर्पित हैं, लेकिन इसके बावजूद कॉर्न यह मानती हैं कि वे जितना देती हैं, उन्हें उससे ज़्यादा मिलता है। "मुझे कोई ऐसा व्यक्ति बता दें, जो अपने खुद के चरित्र के सबसे स्याह कोनों में गया हो, जहाँ वह आत्म-विनाश के बहुत क़रीब था, लेकिन उसने ऊपर उठने का तरीक़ा खोज लिया और मैं घुटने टेककर उसे नमन करूँगी... आप मेरे गुरु हैं।"

जैसा कॉर्न ने पाया है, सेवा करने पर हमें बदले में बहुत कुछ मिलता है।

अध्ययन दिखाते हैं कि जब हम 'करुण लक्ष्यों' का पीछा करते हैं - जिनका लक्ष्य दूसरों की या संसार को बेहतर बनाने में मदद करना होता है - तो हमें चिंता और डिप्रेशन की समस्या कम होती है, जबकि अपने स्टेटस या प्रतिष्ठा को बढ़ाने या उसकी रक्षा करने पर यह बढ़ जाती है। दूसरों को देने का काम हमारे मस्तिष्क के आनंद केंद्र को सक्रिय कर देता है। यह जीत-जीत-जीत का सौदा है। इसीलिए शायद जो लोग दूसरों की मदद करते हैं, उनमें ज़्यादा लंबा जीने, ज़्यादा स्वस्थ होने और ज़्यादा खुश होने का बेहतर अहसास होता है।

संन्यासी विश्वास करते हैं कि सेवा का स्तंभ कई मायनों में हमारे जीवन को बेहतर बनाता है।

सेवा हमें जोड़ती है। जब आप सेवा करते हैं, तो अकेले रहना मुश्किल होता है। ज़्यादातर परिदृश्यों में आप अपने घर से बाहर निकलकर दूसरे लोगों की मदद करते हैं।

सेवा से कृतज्ञता बढ़ती है। आपके पास जो भी है, सेवा आपको उसके बारे में एक व्यापक दृष्टिकोण देती है।

सेवा करुणा को बढ़ाती है। जब आप सेवा करते हैं, तो आप देखते हैं कि आपके पास देने के लिए जो है, संसार को उसकी ज़रूरत है।

सेवा आत्म-गौरव को बढ़ाती है। दूसरों की मदद करना आपको बताता है कि आप संसार में फ़र्क़ डाल रहे हैं। आपमें अर्थ और उद्देश्य का अहसास है।

आश्रम सेवा के इरादे के इर्द-गिर्द बना होता है। जब आपके आस-पास का हर व्यक्ति ऐसा ही कर रहा हो, तो अपने सर्वोच्च इरादे के साथ जीना ज़्यादा आसान होता है। सेवा का जीवन आधुनिक जगत में कहीं ज़्यादा चुनौतीपूर्ण होता है और हम यहाँ संन्यासियों के 24/7 मॉडल का पूरी तरह अनुसरण नहीं कर सकते, लेकिन संन्यासी दिनचर्या दिखाती है कि हमें क्यों और कैसे सेवा की मानसिकता अपनानी चाहिए।

सेवा की मानसिकता

सेवा एक संस्कृत शब्द है, जिसका अर्थ है निःस्वार्थ सेवा। भगवद्गीता कहती है कि "सिर्फ़ इसलिए देना, क्योंकि देना सही है, बदले में लौटने के विचार के बिना, उचित समय पर, उचित परिस्थितियों में और उचित इंसान को, यह सात्विक दान है" - नेकी या भलाई की अवस्था में देना। संन्यासी पूरी तरह से निःस्वार्थ सेवा द्वारा प्रेरित होते हैं : दूसरों को अवसर देना जो हमारे पास थे या नहीं थे; दूसरों के जीवन और मानव परिस्थिति को बेहतर बनाना। हमने अपने दिल में यह लक्ष्य छोटे-बड़े तरीक़ों से रखा। आश्रम के भीतर हमने हर दिन एक-दूसरे की सेवा की कोशिश की। संन्यासी बड़े काम नहीं करते हैं। प्रेम छोटी-छोटी चीज़ों में होता है। अगर किसी को समय पर जागने में मुश्किल आ रही हो, तो हम उसकी मदद करते थे। अगर कोई देर तक जागकर काम करता था, तो हम उसके लिए खाना बचाते थे। हम निरंतर और संकल्पित थे। हम याद रखते हैं कि हमें कभी पता नहीं होता कि कोई किस स्थिति से गुज़र रहा है, इसलिए हम उसके साथ उतनी नरमी से पेश आते हैं, जितनी नरमी से किसी दुखी व्यक्ति को देंगे और हम उतनी ही उदारता से पेश आते हैं, जितनी उदारता से हम भूखे व्यक्ति को देंगे और हम उतनी ही करुणा से

पेश आते हैं, जितनी करुणा आप उस व्यक्ति को देंगे, जिसे ग़लत समझा गया है।

यह नज़रिया आश्रम के बाहर भी रहता था। यात्रा करते समय हम हमेशा अपने साथ अतिरिक्त भोजन रखते थे, ताकि हमारे पास देने के लिए कुछ रहे। हम विश्व की भूख समाप्त नहीं कर रहे थे, लेकिन किसी भूखे इंसान की मदद करना करुणा के बीजों को पानी देने की तरह है।

ज़्यादा बड़े पैमाने पर हमने अन्नामृत नामक कार्यक्रम में हिस्सा लिया, जो भारत में ग़रीब बच्चों को एक दिन में दस लाख से ज़्यादा भोजन प्रदान करता है। हम अक्सर मुंबई जाकर किचन में खाना पकाते थे या स्कूलों में भोजन परोसते थे। विद्यार्थियों को *खिचड़ी* दी जाती थी, दाल-चावल का दलिया, जिसे घी में बनाया जाता था, जिसे आयुर्वेद में महत्त्वपूर्ण स्थान दिया गया है। अंत में बच्चों को मीठे में *खीर* दी जाती थी। पहली बार जब मैंने एक बच्ची को *खीर* दी, तो उसकी कृतज्ञता इतनी स्पष्ट थी कि मैं विनम्र हो गया। यह हर बच्चे के साथ, हर बार हुआ; हर चेहरा आनंद से दमक रहा था। मुझे खाना पकाने से नफ़रत है - लोगों से भरे गर्म किचन में बड़े-बड़े बर्तनों को साफ़ करना। लेकिन बच्चों के चेहरे यह दुखद सच्चाई बता रहे थे कि उनके लिए वह भोजन कितना दुर्लभ और ख़ास था, जिससे सेवा करने के अवसर के लिए कृतज्ञता महसूस करना आसान हो गया।

आश्रम में "काम कैसा था?" यह कहने के बजाय हम यह पूछ सकते थे, "क्या आज आपने सेवा की?" यदि आप सोच रहे हों कि संन्यासियों की वाटर-कूलर के आस-पास की बातचीत कैसी लगती होगी - तो यह ऐसी ही होती है। पल भर के लिए बाधाओं को एक तरफ़ रख दें और कल्पना करें कि हर व्यक्ति में सेवा की मानसिकता है। तब हम खुद से नए प्रश्न पूछते : *यह कैसे ज़्यादा व्यापक उद्देश्य की सेवा करता है? मैं अपने आस-पास के लोगों की सेवा कैसे कर रहा हूँ - कामकाज में, घर पर, अपने समुदाय में?* मैं दूसरों की सेवा करने और फ़र्क़ डालने के लिए अपनी प्रतिभाओं का इस्तेमाल कैसे कर सकता हूँ? एमा स्लेड याद हैं, जो अपनी वित्तीय योग्यताओं का इस्तेमाल अपने चैरिटी के कामकाज के लिए करती हैं। उनकी तरह खुद से पूछें, "मैं ऐसा क्या जानता हूँ, जो उपयोगी है?"

हमने देखा है कि खुशी और कृतज्ञता समुदायों में फैलती है। यही सेवा के बारे में सच है। जब आप सेवा करते हैं, तो आप इसका ज़िक्र अपने मित्रों के सामने करते हैं। आप किसी दूसरे को अपने साथ ला सकते हैं। कोई आपके साथ शामिल होता है और वह दो मित्रों को बताता है। जब आप सेवा में भागीदारी करते हैं, तो आप अपनी संस्कृति में सेवा के मूल्य को फैलाने में अपनी भूमिका निभाते हैं।

ज़्यादातर लोग केवल एक ही व्यक्ति के बारे में सोचते हैं : वे खुद। शायद परवाह का उनका दायरा थोड़ा बड़ा हो सकता है, जिसमें उनका तात्कालिक परिवार शामिल हो सकता है, यानी पाँच से दस लोग, जो एक-दूसरे की चिंता कर रहे हैं,

लेकिन अगर आप अपनी परवाह के दायरे को फैलाते हैं, तो मुझे यक़ीन है कि लोग इसे महसूस कर लेते हैं। अगर दूसरे अपनी परवाह के दायरे का विस्तार करते हुए आपको शामिल कर लेते हैं, तो मुझे यक़ीन है कि आपको यह महसूस हो जाएगा और क्या हो, अगर हम यह कल्पना करने की हिमाक़त करें कि हर व्यक्ति इसी तरह सोच रहा है? तब आपके पास 7.7 अरब लोग होंगे, जो आपके बारे में सोच रहे होंगे। और इसका विपरीत भी सच है। मुझे समझ नहीं आता कि हमें बड़ा क्यों नहीं सोचना चाहिए।

इसे आज़माएँ : अपनी परवाह के दायरे का विस्तार करें

उन चार–छह लोगों के बारे में सोचें, जिनकी मदद करने के लिए आप हर चीज़ छोड़ देंगे। आप उन लोगों के बारे में कितनी बार सोचते हैं? क्या आप कभी सचमुच उनके प्रति अपनी परवाह दिखाते हैं? क्या आप ऐसा करना शुरू कर सकते हैं?

अब बीस लोगों के बारे में सोचें, जिनकी आप मदद करेंगे, अगर आपसे कहा जाए। मैं इसे आपके लिए ज़्यादा आसान बना देता हूँ। कम से कम बीस लोगों के समूह के बारे में सोचें, जिनकी आप मदद करना चाहेंगे। यह आपके समुदाय का कोई हिस्सा या एक समूह को सकता है, जिनकी सेवा कोई चैरिटी पहले करती है। आइए इन लोगों को परवाह के ज़्यादा क़रीबी दायरे में लाते हैं।

यदि आप उनके बारे में नहीं जानते हैं, तो इस समूह में बीस लोगों के नाम का शोध करें या कम से कम बीस नामों की सूची संकलित करने का कोई दूसरा तरीक़ा खोजें। उस सूची को दर्पण पर लगा लें, जहाँ आप ब्रश करते हैं। अब आप उनके बारे में दिन में कम से कम दो बार सोचेंगे (मुझे ऐसी आशा है!)। अवलोकन करें कि इससे आपको उनकी सेवा करने की कैसे प्रेरणा मिलती है।

आप सेवा करने के लिए कब तैयार होंगे?

आधुनिक संसार में हम दूसरों की चाहे जितनी मदद करना चाहते हों, हममें वित्तीय और भावनात्मक दृष्टि से स्थिर व सुरक्षित बनने की इच्छा इतनी प्रबल हो जाती है कि हम भटक जाते हैं और सेवा की मानसिकता में व्यवधान पड़ जाता है। यदि आप भटक जाते हैं और जुड़ाव खो देते हैं, तो आपको सेवा बोझ जैसी लगेगी और कम संतुष्टि देगी, लेकिन सही समय कब होगा? क्या यह कभी सही होगा? आंतरिक पड़ताल का कोई अंतिम बिंदु नहीं होता। यह एक निरंतर अभ्यास है। आपकी समस्याएँ कभी पूरी तरह नहीं सुलझ पाएँगी।

खुद की परवाह करें - हाँ, लेकिन तब तक इंतज़ार न करें, जब तक कि आपके पास सेवा करने के लिए पर्याप्त समय और पैसे न आ जाएँ। आपके पास कभी पर्याप्त नहीं होगा। पैसे और भौतिक दौलत के साथ हमारे संबंध का वर्णन करने की तीन मनोदशाएँ हैं। पहली है स्वार्थपूर्ण - मैं ज़्यादा चाहता हूँ - जितना ज़्यादा मुझे मिल सके - और मैं यह सब अपने खुद के लिए चाहता हूँ। दूसरी है पर्याप्तता - मैं बस इतना चाहता हूँ कि गुज़ारा हो जाए। मैं मुश्किल में नहीं हूँ, लेकिन मेरे पास देने के लिए कुछ नहीं है। तीसरी है सेवा - मेरे पास जो है, उसे मैं देना चाहता हूँ और मैं ज़्यादा देने की ख़ातिर ज़्यादा पाना चाहता हूँ।

पर्याप्तता की मानसिकता से सेवा की मानसिकता में पहुँचने का मतलब है स्वामित्व के साथ अपने संबंध को बदलना - हम जितने ज़्यादा अनासक्त होते हैं, अपने समय और धन का दान करना उतना ही ज़्यादा आसान होता है।

संन्यासियों के रूप में हम कुछ तीर्थयात्राएँ करते थे, जहाँ हम पवित्र नदियों में स्नान करते थे। मैंने गंगा, यमुना और कावेरी में स्नान किया। हम पवित्र जल में तैरते या खेलते नहीं थे। इसके बजाय हम प्रार्थना और कर्मकांड करते थे; एक क्रिया में हम अपने हाथों की अंजलि में ज़्यादा से ज़्यादा पानी भर लेते थे और फिर इसे दोबारा नदी को अर्पित कर देते थे। हम पानी लेकर देते थे, यह इस बात की याद दिलाता था कि हम किसी चीज़ के स्वामी नहीं थे। दान करते समय आप कुछ दे नहीं रहे हैं। आप तो कोई चीज़ ले रहे हैं, जो पहले से ही धरती पर थी और आप इसे दोबारा धरती को दे रहे हैं। **देने के लिए आपके पास किसी चीज़ का होना ज़रूरी नहीं है।**

सिंधुताई सपकल की उम्र जब बारह साल थी, तभी उनकी शादी तीस साल के एक आदमी से कर दी गई। जब वे बीस की हुई और उनके तीन बेटे थे और उन्हें नौ महीने का गर्भ था, तो उनकी पिटाई करके उन्हें गोशाला में धकेल दिया गया। उन्होंने वहाँ संतान को जन्म दिया और गर्भनाल एक नुकीले पत्थर से खुद काटी। उनके मायके वालों ने भी उनका परित्याग कर दिया था, इसलिए वे अपने नवजात शिशु के साथ सड़कों पर गुज़ारा करने के लिए विवश थीं। वे गाना गाकर भीख माँगती थीं। उन्होंने देखा कि सड़क पर बहुत से अनाथ बच्चे रहते हैं और उन्होंने उन्हें अपनी शरण में ले लिया, फिर वे अपने साथ-साथ उनके लिए भी भीख माँगने लगीं। उनके प्रयास बढ़े और वे 'अनाथों की माँ' के रूप में मशहूर हो गईं। उनके संगठनों में आज भारत में 1,400 से ज़्यादा बच्चे रहते और पलते हैं। सिंधुताई ने इसलिए सेवा नहीं की, क्योंकि उनके पास देने के लिए कुछ था। उन्होंने तो इसलिए सेवा की, क्योंकि उन्हें दर्द दिखा।

प्रयोगों की श्रृंखला में यूनिवर्सिटी ऑफ़ कैलिफ़ोर्निया, बर्केले के शोधकर्ताओं ने पाया कि कम पैसे वाले लोगों में दरअसल ज़्यादा देने की प्रवृत्ति होती है। एक

प्रयोग में लोगों को 10 डॉलर दिए गए और उनसे कहा गया कि वे किसी अजनबी को इसमें से कितनी भी राशि दे सकते हैं। निचले सामाजिक-आर्थिक तबके के लोग ज़्यादा पैसे वाले प्रतिभागियों की तुलना में ज़्यादा उदार निकले। इन निष्कर्षों की पुष्टि 2011 में परोपकारी दान के सर्वे में भी हुई, जिसमें यह पता लगा कि आमदनी के निचले प्रतिशत वाले अमेरिकियों ने अपनी आमदनी का औसतन 3 प्रतिशत हिस्सा परोपकार में दिया, जबकि शीर्ष 20 प्रतिशत आय वर्ग वाले लोगों ने इसका एक तिहाई ही दिया – 1 प्रतिशत। (वैसे निष्पक्षता से कहें, तो दौलतमंद लोग फिर भी 70 प्रतिशत से ज़्यादा परोपकारी योगदानों के लिए ज़िम्मेदार हैं।)

कम पैसे वाले लोग ज़्यादा क्यों देते हैं, इसका कारण यह हो सकता है कि वे मुश्किलों से संघर्ष करते हैं। है। यूसी बर्केले के मनोवैज्ञानिक डाचर केल्टनर कहते हैं कि कम संसाधनों वाले लोगों में दूसरों की ओर झुकने की ज़रूरत और प्रवृत्ति होती है – परिवार के सदस्यों, मित्रों, समाज के लोगों – ताकि वे उनसे सहायता ले सकें। ज़्यादा पैसे वाले लोग इसके विपरीत सहायता 'ख़रीद' सकते हैं और इसलिए वे इस तरह के रोज़मर्रा के संघर्ष से ज़्यादा दूर होते हैं। ग़रीबों के मन में दूसरे ज़रूरतमंद लोगों के प्रति ज़्यादा परानुभूति हो सकती है। ओपरा विन्फ्रे जैसे कुछ परोपकारी लोगों ने इस बात को स्वीकार किया है कि ग़रीबी के उनके खुद के अनुभव ने उन्हें दान देने के लिए प्रेरित किया है।

मनन करने के लिए प्रश्न यह है : कौन ज़्यादा दौलतमंद है, वह जिसके पास ज़्यादा पैसा है या वह जो सेवा करता है?

संकल्प के साथ सेवा करें

मैं सेवा करने के लिए आश्रम आया था और जब मैं वहाँ से विदा ले रहा था, तो एक संन्यासी जो मेरे लिए बड़े भाई जैसे थे, मुझे अकेले में ले गए। उन्होंने इस तरह की बात कही, "अगर तुम्हारी सेहत और संन्यासी बनना तुम्हारे लिए सही नहीं है, तो इसका मतलब यह नहीं है कि तुम सेवा नहीं कर सकते। अगर तुम्हें महसूस होता है कि तुम शादी करके या शेफ़ बनकर या ज़रूरतमंद लोगों के लिए मोज़े सिलकर बेहतर तरीक़े से सेवा कर सकते हो, तो यह प्राथमिकता बन जाता है। मानवता की सेवा ज़्यादा ऊँचा उद्देश्य है।" उनके शब्दों ने मुझे आश्वस्त किया कि मैं आश्रम छोड़कर जा रहा था, इसका मतलब यह नहीं था कि मुझे अपने इरादे को बदलना था।

कोई व्यापक और संकीर्ण दोनों तरह के मिश्रित इरादों से सेवा कर सकता है। हम सेवा इसलिए कर सकते हैं, ताकि लोग हमें पसंद करें, ताकि हम अपने बारे में अच्छा महसूस करें, ताकि हम अच्छे दिखें, ताकि हम दूसरे लोगों के साथ जुड़ें,

ताकि हमें किसी तरह का पुरस्कार मिले, लेकिन अगर आप घर बदलने में अपने मित्रों की मदद कर रहे हैं, उनके लिए खाना बना रहे हैं, उनका जश्न मना रहे हैं और फिर सोचने लगते हैं, *कोई मेरी मदद करने क्यों नहीं आता? या हर व्यक्ति मेरा जन्मदिन क्यों भूल गया?* – तो आप मुद्दे की बात चूक गए हैं। आप खुद को दानी या दाता के रूप में देख रहे हैं और उन्हें प्राप्तकर्ता के रूप में देख रहे हैं और कल्पना कर रहे हैं कि आपकी सेवा से उन पर एक क़र्ज़ चढ़ जाता है। सच्ची सेवा बदले में किसी चीज़ की अपेक्षा नहीं करती, न ही कुछ चाहती है। बहरहाल, सेवा से अक्सर खुशी मिलती है, जैसा कि भगवद्गीता और विज्ञान दोनों दिखाते हैं। जब मैं आपकी सेवा करने के लिए कुछ करता हूँ और आप खुश होते हैं, तो मैं भी खुश होता हूँ।

लेकिन यदि सेवा करने से आपको खुशी मिलती है, तो क्या सेवा स्वार्थपूर्ण है? यदि यह आपके बच्चों को सबक़ सिखाती है, तो क्या यह स्वार्थपूर्ण है? ज़ाहिर है, नहीं! अगर निश्चित प्रकार का दान देने से आपको खुशी या किसी तरह के लाभ मिलते हैं, तो यह शुरू करने के लिए बेहतरीन जगह है। जब मैंने आश्रम छोड़ा, तो मैंने लंदन से मुंबई तक की रिट्रीट का नेतृत्व किया और इंग्लैंड तथा यूरोप के लोगों को अन्नामृत में 'दोपहर के भोजन' परोसने का अवसर दिया। रिट्रीट में आने वाला एक आदमी अपने तेरह और चौदह साल के दो बच्चों को लेकर आया। जब वे इस यात्रा से लौटे, तो उन्होंने उन लोगों की कृतज्ञता महसूस की और देखी, जिनके पास जीवन में ज़्यादा कुछ नहीं था। पिता रोमांचित था कि उसके बच्चों का कितना कायाकल्प हो गया था। उसकी यात्रा पूरी तरह से निःस्वार्थ नहीं थी – वह चाहता था कि उसके बच्चे सीखें और विकास करें – लेकिन करने के लिए यह फिर भी सही चीज़ थी। दरअसल, उसने अपने बच्चों के लिए जो सीखने का अवसर देखा, वह सेवा के पारस्परिक लाभों का एक उदाहरण है।

हममें से कुछ लोग जिन समस्याओं का सामना करते हैं, वे मानसिक हैं – चिंता, डिप्रेशन, अकेलापन – जबकि जिन लोगों को सेवा की ज़रूरत है, उनमें से कई की सबसे बड़ी चुनौतियाँ ज़्यादा बुनियादी हैं – भोजन, कपड़े, आश्रय। हम उनकी भौतिक ज़रूरतों में उनकी मदद करके अपनी मानसिक चुनौतियों का इलाज कर सकते हैं। इसलिए सेवा एक आपसी आदान-प्रदान है। आप किसी की मदद करके उसे नहीं बचा रहे हैं – आपको भी मदद की उतनी ही ज़रूरत है, जितनी कि उन्हें है।

जब हम सेवारत होते हैं, तो हम कृपा और करुणा के साधन होते हैं। हम इसे महसूस करते हैं और कई बार यह हमारे दिमाग़ पर सवार हो जाता है, लेकिन याद रखें कि आप जो भी दे रहे हैं, वह आपको दिया गया था। अगर आप इसे हस्तांतरित करते हैं, तो आप इसका श्रेय नहीं ले सकते।

अपने धर्म के भीतर सेवा करें

चूँकि सेवा इंसान होने का स्वाभाविक हिस्सा है, इसलिए यह आपकी सोच से ज़्यादा आसान है। बस सेवा करें। हम हमेशा सेवा कर सकते हैं, हर दिन - इसी समय! - हम पहले से जो कर रहे हैं, उसी में सेवा करने के तरीक़े खोजें। अगर आप संगीतकार हैं, तो सेवा करें। अगर आप कोडिंग करते हैं, तो सेवा करें। अगर आप उद्यमी हैं, तो सेवा करें। आपको अपना पेशा बदलने की ज़रूरत नहीं है। आपको अपनी दिनचर्या बदलने की ज़रूरत नहीं है। आप किसी भी स्थिति में, कहीं भी सेवा कर सकते हैं।

अगर आप चारों ओर देखें, तो आपको हर जगह सेवा के अवसर दिख जाएँगे : स्कूलों में, धार्मिक संस्थाओं में, सड़कों पर लोगों में, परोपकारी संस्थाओं में। पड़ोस के आहार कार्यक्रमों में और स्कूल में सेकंड हैंड कॉस्ट्यूम कार्यक्रम। आप किसी चैरिटी के चंदा अभियान वाली दौड़ में हिस्सा ले सकते हैं या लेमोनेड स्टैंड लगा सकते हैं। आप आपदा पीड़ितों को भेजने के लिए मित्रों से सौंदर्य प्रसाधन की वस्तुएँ इकट्ठी करने में मदद कर सकते हैं। आप किसी बीमार या बुज़ुर्ग रिश्तेदार से मिलने जा सकते हैं। यदि आप शहर में रहते हैं, तो रेस्तराँ में आपका जो खाना बचता है, उसे आप पैक कराके किसी बेघर इंसान को दे सकते हैं। सेवा करने के अवसर असीमित हैं। हम उनकी भी सेवा कर सकते हैं, जो हमारे सबसे क़रीब हैं। और हम उनकी भी सेवा कर सकते हैं, जिनका कोई नहीं है। जो हमारे सबसे क़रीब हैं और जिनका कोई नहीं है। आपको हर दिन परोपकार के काम करने की ज़रूरत नहीं है या अपना सारा पैसा दान में देने की ज़रूरत नहीं है। बस यह अहसास कर लें कि आप सेवा कर रहे हैं और तलाश करें कि आप जो पहले से करते हैं, उसे ज़्यादा ऊँचे उद्देश्य से कैसे जोड़ सकते हैं। जिस तरह आप अपने धर्म को कामकाज में लाते हैं, उसी तरह अपने धर्म में सेवा को लाएँ। यह उस नए जज़्बे के बारे में है, जिससे आप उसी पुराने काम को करते हैं। आप या तो संसार को प्रेम और कर्तव्य के लेंस से देख सकते हैं या फिर आवश्यकता और शक्ति के लेंस से देख सकते हैं। प्रेम और कर्तव्य से खुशी मिलने की ज़्यादा संभावना होती है।

इसे आज़माएँ : सेवा करने के तरीक़े

एक सप्ताह में लिखें कि आप कहाँ-कहाँ समय बिताते हैं। हर परिस्थिति में किसी व्यक्ति की तलाश करके अपनी आँखें सेवा के अवसरों की ओर खोलें। कई बार यह एक ज़रूरत होती है, जिसे आप समझते हैं, कई बार

यह कोई मौजूदा प्रोजेक्ट होता है, जिसमें आप शामिल हो सकते हैं, कई बार यह फ़ंड रेज़र को किसी गतिविधि से जोड़ना होता है, जो आप पहले से ही करते हैं, कई बार यह किसी मित्र की सेवा का प्रयास होता है। सप्ताह के अंत में तीन अवसर चुनें, जिनमें आपकी सबसे ज़्यादा रुचि हो और उनमें से प्रत्येक का प्रयास करें।

यहाँ कुछ जगहें दी जा रही हैं, जहाँ आप अवसरों की तलाश कर सकते हैं :

ऑफ़िस/व्यवसाय

स्कूल

मित्र/मित्रों के साथ सामाजिक कार्यक्रम

ऑनलाइन ग्रुप

धार्मिक या अन्य सामुदायिक समूह

जिम

किसी परोपकारी उद्देश्य से मदद के आग्रह, जिसका समर्थन आपने अतीत में किया है

सारा कष्ट हम सभी का है

जब संन्यासी और मैं गाँव में अपने अस्तित्व की रक्षा कर रहे थे, तो मेरे लिए चरम सबक़ यह था कि हमेशा सेवा का एक और स्तर होता है। यह सबक़ इसलिए मिला, क्योंकि हमने अपनी खुद की आवश्यकताओं से आगे देखा, अपने आस-पास के लोगों की ज़रूरतों को महसूस किया और उन पर प्रतिक्रिया की।

मैं करुणा को सक्रिय परानुभूति मानता हूँ - केवल दूसरों के दर्द को देखने, महसूस करने और उसमें राहत देने की इच्छा ही नहीं, बल्कि उसमें से थोड़ा दर्द खुद लेने की इच्छा भी। एक युवक के बारे में एक ज़ेन कहानी है, जो संसार से उकता गया था और उसका मोहभंग हो चुका था। वह एक मठ में जाता है और मास्टर से कहता है कि वह एक बेहतर मार्ग खोजने की आशा रखता है, लेकिन वह स्वीकार करता है कि उसमें धैर्य की कमी है। वह पूछता है, "क्या मैं ध्यान और उपवास के बिना प्रबुद्धता पा सकता हूँ। मैं नहीं सोचता कि मैं यह कर सकता हूँ। क्या कोई और रास्ता है?"

"शायद," मास्टर जवाब देते हैं, "लेकिन तुम्हें एकाग्रता की योग्यता की ज़रूरत होगी। क्या कोई योग्यताएँ हैं, जो तुमने विकसित की हैं?"

युवक नीचे देखता है। वह पढ़ाई में ख़ास अच्छा नहीं था और उसकी कोई ख़ास रुचियाँ नहीं थीं। अंततः वह कंधे उचकाता है और कहता है, "देखिए, मैं शतरंज में बुरा नहीं हूँ।"

मास्टर एक बुज़ुर्ग संन्यासी को बुलवाते हैं और कहते हैं, "मैं चाहूँगा कि आप और यह युवक शतरंज का खेल खेलें। ध्यान से खेलना, क्योंकि जो हारेगा, मैं उसका सिर कटवा दूँगा।"

युवक को पसीना आ जाता है। वह अपनी जान की ख़ातिर खेल रहा है! वह पहले-पहल तो कमज़ोर खेलता है, लेकिन जल्दी ही यह स्पष्ट हो जाता है कि उसके विरोधी की शतरंज संबंधी योग्यता ज़्यादा अच्छी नहीं है। अगर वह सचमुच ठान ले, तो वह निश्चित रूप से जीत जाएगा। वह जल्दी ही एकाग्रता हासिल कर लेता है और बूढ़े संन्यासी को हराने लगता है। मास्टर अपनी तलवार की धार को तेज़ करने लगता है।

तभी युवक टेबल के पार बूढ़े संन्यासी के समझदार, शांत चेहरे को देखता है, जो आज्ञापालन और अनासक्ति में उस मौत से क़तई नहीं डर रहा है, जो निश्चित रूप से उसका इंतज़ार कर रही है। वह युवक, जिसका मोहभंग हो चुका है, सोचता है, मैं इस आदमी की मौत के लिए ज़िम्मेदार नहीं हो सकता। उसकी जान मेरी जान से ज़्यादा क़ीमती है। युवक अपने खेलने का तरीक़ा बदल लेता है – वह जान-बूझकर हारने लगता है।

चेतावनी दिए बिना मास्टर बिसात को उलट देते हैं और मोहरे तितर-बितर कर देते हैं। "आज कोई विजेता नहीं होगा और कोई पराजित भी नहीं होगा," वे घोषणा करते हैं। हारने वाले संन्यासी का शांत भाव नहीं बदलता है, लेकिन हैरान युवक को राहत का भारी अहसास होता है। मास्टर उस युवक से कहते हैं, "तुममें एकाग्र होने की योग्यता है और तुम किसी दूसरे की ख़ातिर अपनी जान देने के इच्छुक भी हो। यही करुणा है। हमारे यहाँ आओ और उस भाव में आगे बढ़ो। तुम संन्यासी बनने के लिए तैयार हो।"

संसार में 15.2 करोड़ बाल श्रमिक होंगे और कैलाश सत्यार्थी ने बाल श्रम को ख़त्म करने के अपने प्रयास में भारी दर्द सहा है। 2016 में नोबेल शांति पुरस्कार विजेता ने 100 मिलियन नामक अभियान छेड़ा, जिसमें वे 100 मिलियन यानी 10 करोड़ युवाओं को शामिल करना चाहते थे, जो बाल श्रम के ख़िलाफ़ बोलें और काम करें। उनके इस काम के दौरान उन्हें कई बार धमकियाँ दी गईं और पीटा गया। वे कहते हैं, "संसार बाल श्रम को ख़त्म करने में सक्षम है। हमारे पास टेक्नोलॉजी है। हमारे पास संसाधन हैं। हमारे पास नियम और अंतरराष्ट्रीय संधियाँ हैं। हमारे पास हर चीज़ है। हमें तो बस दूसरों के लिए करुणा महसूस करने की ज़रूरत है। मेरा संघर्ष करुणा को विश्वव्यापी बनाने की ख़ातिर है।"

सत्यार्थी की तरह ही हम भी सेवा के लिए तब प्रेरित होते हैं, जब हम पूरे संसार को एक परिवार के रूप में देखने और मानने लगते हैं। आप नहीं चाहेंगे कि आपका बच्चा दास बने या आपका अभिभावक बेघर हो, तो फिर आप किसी दूसरे के बच्चे या अभिभावक के लिए ये मुश्किलें क्यों चाहते हैं? अगर आप अपने ही संसार में बंद रहते हैं और कभी इस ओर नहीं देखते हैं कि दूसरे लोग कैसे रहते हैं, तो आप कभी सेवा पर केंद्रित नहीं हो पाएँगे। जब हम दूसरों के दर्द के गवाह बनते हैं, तो हम अपनी साझी मानवता को महसूस करते हैं और कर्म करने के लिए प्रोत्साहित होते हैं।

सत्यार्थी और संन्यासी जैसे नायकों के लिए – और आदर्श रूप से हम सभी के लिए – हम सब एक हैं – कोई हम और वे का अंतर नहीं है।

अपने दिल के दर्द का अनुसरण करें

असीमित लोगों और परोपकारी उद्देश्यों को इस वक़्त हमारी मदद की ज़रूरत है। इस बात की ज़रूरत है कि संसार में हर व्यक्ति हर चीज़ करे। उन्हें और हमें इससे तत्काल लाभ होगा।

हालाँकि हमें दूसरों की ज़रूरत दिखने पर उनकी मदद करने से कभी नहीं बचना चाहिए, लेकिन हम इसका अहसास विकसित कर सकते हैं और हमें करना भी चाहिए कि हम किस तरह की सेवा करने में सर्वश्रेष्ठ हैं और हमें उन्हीं क्षेत्रों पर अपना ध्यान केंद्रित करना चाहिए। अपनी खुद की करुणा के आधार पर यह चुनें कि सेवा कहाँ करना है। बौद्ध बुद्धिजीवी और पर्यावरण कार्यकर्ता जोआना मैसी कहती हैं, "आपको हर चीज़ करने की ज़रूरत नहीं है। वही करें, जिसे करने को आपका दिल कहता हो; प्रभापी कार्य प्रेम से होता है। इसे रोका नहीं जा सकता और यह पर्याप्त होता है।"

इसे आज़माएँ : उस दर्द की सेवा करें, जिसे आप सबसे अच्छी तरह जानते हों

सेवा का एक मार्ग उस दर्द का उपचार करना है, जिसे हम सबसे अच्छी तरह जानते हैं। अपने जीवन के तीन पल लिखें, जब आप खोए हुए या ज़रूरतमंद महसूस कर रहे थे। शायद आप डिप्रेशन में थे और सहायता की तलाश में थे। शायद आप ऐसी शिक्षा चाहते थे, जिसका ख़र्च नहीं उठा सकते थे। शायद आपको मार्गदर्शन की ज़रूरत थी, लेकिन आपके पास सही शिक्षक नहीं थे। दर्द के हर क्षेत्र में कार्यरत परोपकारी संस्था या उद्देश्य से अपने खुद के दर्द की तुलना करें। किशोर हॉटलाइन। स्कॉलरशिप फ़ंड। मार्गदर्शक योजना। नेता। अब देखें कि क्या इनमें से किसी विकल्प में सेवा करने के अवसर हैं, जो आपके धर्म के अनुरूप हो।

अपने धर्म के ज़रिये सेवा करना, जिस दर्द से आप जुड़ाव रखते हैं उसका उपचार करना – यह नीति काफ़ी हद तक भगवद्गीता के दर्शन के अनुरूप है। इसकी सलाह यह है कि आप जहाँ भी हैं, वहीं काम शुरू कर दें। यह दर्शन आपको ज़्यादा ऊँचाई पर पहुँचने के लिए प्रोत्साहित करता है। जब मैं संन्यासी था, तो मैंने अन्नामृत में बच्चों के लिए भोजन तैयार किया, मंदिरों की सफ़ाई की, अजनबियों को बाँटने के लिए भोजन लेकर गया और दूसरे तरीक़ों से सेवा की, जो उस वक़्त मुझे समझदारी भरे लगे। अब एक अलग मंच पर मैं एक यूट्यूब अभियान के माध्यम से कैलाश सत्यार्थी चिल्ड्रन्स फ़ाउंडेशन ऑफ़ अमेरिका के लिए लगभग 1,50,000 डॉलर इकट्ठे करने में मदद करने में कामयाब रहा हूँ। मेरे फ़ेसबुक समुदाय ने पेंसिल्स ऑफ़ प्रॉमिस के लिए 60,000 डॉलर से ज़्यादा इकट्ठे किए हैं। (एक बच्चे की एक साल की शिक्षा के लिए 75 डॉलर।) जब मेरे देने का मार्ग विकसित होता है, तो मुझे अर्थ और कृतज्ञता का निरंतर अहसास होता है।

जीवन की कुंजी, जीवन का सार यह है : सेवा हमेशा जवाब है। यह बुरे दिन को सही कर देती है। यह हमारे बोझ के अहसास को हल्का कर देती है। सेवा दूसरे लोगों की मदद करती है और यह हमारी मदद करती है। हम बदले में किसी चीज़ की उम्मीद नहीं करते, लेकिन हमें बदले में सेवा करने की ख़ुशी मिलती है। यह प्रेम का आदान-प्रदान है।

जब आप सेवा में जी रहे हों, तो आपके पास शिकायत करने और आलोचना करने का समय नहीं होता।

जब आप सेवा में जी रहे हों, तो आपके डर दूर चले जाते हैं।

जब आप सेवा में जी रहे हों, तो आप कृतज्ञ महसूस करते हैं। आपकी भौतिक आसक्तियाँ कम हो जाती हैं।

सेवा अर्थपूर्ण जीवन का सीधा मार्ग है।

ध्यान

जप

हमने इस बारे में पड़ताल की है कि कृतज्ञता, संबंधों और सेवा के ज़रिये अपने आस-पास के लोगों से कैसे जुड़ें। इसके अलावा हमें ध्वनि ध्यान को भी अपनी दिनचर्या में शामिल कर लेना चाहिए, ताकि हम सृष्टि की ऊर्जा के साथ जुड़ जाएँ।

ध्वनि हमें दूसरी जगह ले जाती है। कोई गीत हमें हाई स्कूल की याद की ओर ले जा सकता है, हमारे अंदर नाचने की इच्छा उत्पन्न कर सकता है, हमें प्रेरित कर सकता है। शब्दों में भी अपनी शक्ति होती है - वे संसार को देखने के हमारे तरीक़े को बदल सकते हैं और विकास करने के हमारे तरीक़े को बदल सकते हैं। जब हम जप करते हैं, तो हम खुद यह ऊर्जा उत्पन्न कर रहे हैं। ध्वनि ध्यान हमें शब्दों और गीत के ज़रिये अपनी आत्मा और सृष्टि से जुड़ने की अनुमति देता है।

प्राचीन आध्यात्मिक ग्रंथ, जिनमें अग्नि पुराण और वायु पुराण शामिल हैं, इस बारे में बातचीत करते हैं कि जप क्यों और कैसे किया जाए। वे सुझाव देते हैं कि ध्वनि के दोहराव से हमारा शुद्धिकरण होता है। ध्वनि हमें डुबा देती है, जैसे हम अपनी आत्मा को नियमित स्नान करा रहे हों। आप अपने शरीर पर पानी की एक बूँद रखकर साफ़ नहीं हो सकते - आपको पानी के नीचे जाना होता है।

ध्वनि के महत्त्व को आधुनिक युग में भी स्वीकार किया गया है। महान आविष्कारक निकोला टेस्ला ने कहा था, "अगर आप सृष्टि के रहस्य खोजना चाहते हैं, तो ऊर्जा, फ्रीक्वेंसी और कंपन के संदर्भ में सोचें।" टेस्ला ने ऐसी मशीनों के साथ वृहद प्रयोग किए, जिन्होंने कंपनों का इस्तेमाल करके उपचारक क्षेत्र निर्मित किए। यह आपको थोड़ा अजीब लग सकता है, लेकिन आधुनिक विज्ञान दरअसल कंपन द्वारा उपचार पर टेस्ला के शोध को पुनर्जीवित कर रहा है। आधुनिक मस्तिष्क शोध भी प्राचीन शमनिक कर्मकांडों की उपचारक शक्ति के वैज्ञानिक स्पष्टीकरण उजागर

करने लगा है, जैसे यह कि बार-बार ड्रम बजाने और गाने से अवचेतन के मार्ग कैसे खोले जा सकते हैं।

संन्यासी ध्यान के दौरान दृढ़ कथन दोहराकर या मंत्र दोहराकर ध्वनि की शक्ति का इस्तेमाल करते हैं। दृढ़ कथन एक शब्द या वाक्य होता है, जिसे आप इरादे या संकल्प के रूप में तय करना चाहते हैं। जो भी चीज़ आपको प्रेरित करती है, वह कारगर हो सकती है। मेरी एक क्लाएंट कहती है कि उसका प्रिय कथन है : "अपनी खुद की गति से, अपने खुद के समय से।" मेरी एक मित्र ने रेशमा सौजानी की पुस्तक *ब्रेव, नॉट परफ़ेक्ट* पढ़ी और इस शीर्षक को कुछ समय के लिए अपना मंत्र बना लिया। मैं इसे भी पसंद करता हूँ : "यह भी गुज़र जाएगा।" या किसी कवि के शब्द, जैसे "हर चीज़ जियो" (रिल्के); खेल कथन, जैसे "यह पल आपका है" (ऑलंपिक आइस हॉकी कोच हर्ब ब्रुक्स); गीत के बोल ("अपने कंधे से झटक दो" (जे-जेड), फ़िल्म का कथन, जैसे *"वूसा"* (*बैड बॉयज़ सेकंड*)। कोई भी चीज़ प्रभावी हो सकती है, जो आपको उस ऊर्जा या विचार के साथ जोड़ती है, जिसे आप अपने जीवन में विकसित करना चाहते हैं। मैं आपकी सुबह और/या शाम की ध्यान क्रिया में एक मंत्र जोड़ने की सलाह देता हूँ। अपनी खुद की आवाज़ के जप या मंत्रोच्चार करने की ध्वनि को सुनते हुए जागना या सोना सुंदर होता है।

जहाँ दृढ़ कथन आपके खुद से बोलने के तरीक़े को बदलते हैं, वहीं मंत्र आपके सृष्टि से बोलने के तरीक़े को बदल देते हैं। *मंत्र* का मतलब है 'मन से परे जाना,' और मंत्र एक आध्यात्मिक ध्वनि है, जो विचार और अर्थ को व्यक्त करती है, जो हमसे ज्यादा बड़ी किसी शक्ति का आह्वान करती है। मंत्रों का जप किया जा सकता है या उन्हें गाया जा सकता है। हम सुनने और स्पष्टता खोजने के लिए ध्यान करते हैं। हम ज्यादा ऊँची शक्ति से जुड़ने के लिए प्रार्थना करते हैं। जप करना दोनों है - सृष्टि के साथ संवाद।

ओम् सबसे प्राचीन, सबसे लोकप्रिय और सबसे पवित्र मंत्र है। वेदों में ध्वनि को अर्थ के कई सूक्ष्म अंतर दिए गए हैं, जिनमें असीमित ज्ञान से लेकर हर चीज़ का सार तक मौजूद है। ओम् को *प्रणव* भी कहा गया है, जिसका मतलब है, "वह ध्वनि जिसके द्वारा ईश्वर की प्रशंसा की जाती है।" जप में ओम् में तीन हिज्जे होते हैं - अ-ओ-म्। वैदिक परंपरा में यह महत्त्वपूर्ण है, क्योंकि हर ध्वनि एक अलग अवस्था का प्रतिनिधित्व करती है (जाग्रत, स्वप्न और गहरी निद्रा) या समय की अवधि भी (अतीत, वर्तमान और भविष्य)। आप कह सकते हैं कि 'ओम्' शब्द हर चीज़ का प्रतिनिधित्व करता है।

ओम् के कंपनों से वेगस नर्व सक्रिय होती है, जिससे इनलेमेशन में कमी आती है। वेगस नर्व को सक्रिय करने का इस्तेमाल डिप्रेशन के उपचार के लिए भी किया जाता है और शोधकर्ता यह अध्ययन कर रहे हैं कि क्या ओम् के जाप से मनोदशा

पर सीधा प्रभाव पड़ सकता है। (यह साबित किया जा चुका है कि इससे मस्तिष्क का एक भावनात्मक केंद्र शांत हो जाता है।)

जब किसी मंत्र को संगीतबद्ध किया जाता है, तो इसे कीर्तन कहा जाता है, जो हम आश्रम में अक्सर करते थे। यह ऐसा ही अनुभव है, जैसे किसी टीम के प्रशंसक स्टेडियम में गाते हैं - शराब और गालियों के बिना। लेकिन जो माहौल बन सकता है, उसमें समेकित ऊर्जा का वही भाव रहता है।

हालाँकि ध्वनि अपने आप में महत्त्वपूर्ण है, लेकिन जब किसी बीमारी की वजह से मेरी आवाज़ कुछ समय के लिए चली गई, तो मैं एक संन्यासी गुरु के पास पहुँचा। मैंने कहा, "मैं मंत्रों का जाप नहीं कर सकता। मैं ध्यान कैसे लगा सकता हूँ?"

वे बोले, "जाप कभी आपके मुँह से नहीं किया जाता। यह हमेशा आपके हृदय से किया जाता है।" उनका मतलब था कि सभी कामों की तरह यहाँ भी यही मायने रखता था कि क्या इरादा निष्ठा और प्रेम से भरपूर है। हृदय निर्देशों और पूर्णता के पार जाता है।

इसे आज़माएँ : ध्वनि के ज़रिये देखना

नीचे मैंने ध्वनि के जो अभ्यास बताए हैं, उनका अभ्यास नीचे दिए क़दमों के साथ शुरू करें।

1. कोई आरामदेह जगह खोजें – कुर्सी पर बैठें, गद्दी लगाकर सीधे बैठें या लेटें।
2. अपनी आँखें बंद कर लें।
3. अपनी निगाह झुका लें।
4. खुद को इस मुद्रा में आरामदेह बनाएँ।
5. अपनी जागरूकता शांति, संतुलन, आराम और स्थिरता पर लाएँ।
6. जब भी आपका मन भटके, तो धीरे से और नरमी से इसे दोबारा शांति, संतुलन, आराम और स्थिरता पर लाएँ।
7. इनमें से हर मंत्र का तीन बार जप करें। जब आप उनका जप करें, तो हर हिज्जे पर ध्यान दें। इसका उचित उच्चारण करें, ताकि आप कंपन को स्पष्टता से सुन सकें। सचमुच मंत्र को महसूस करें, इसे पूरी संजीदगी से दोहराएँ और ज़्यादा ज्ञानवर्धक, कृपापूर्ण और सेवा से भरे जीवन का मानसिक चित्र देखें।

1. ओम् नमो भगवते वासुदेवाय

"मैं हर हृदय के भीतर उपस्थित देवत्व को नमन करता हूँ; जो सौंदर्य, बुद्धि, शक्ति, दौलत, शोहरत और अनासक्ति का प्रतीक है।"

इस मंत्र का जाप योगी और मुनि युगों–युगों से करते आ रहे हैं। यह सफ़ाई करता है, शक्ति देता है और इंसान को हर चीज़ में व्याप्त देवत्व से जोड़ता है। इसका ख़ास तौर पर तब जाप किया जा सकता है, जब आप ज्ञान और मार्गदर्शन की तलाश कर रहे हों।

2. ओम तत् सत

"पूर्ण सत्य शाश्वत है।"

यह मंत्र भगवद्गीता में दिया गया है। यह दिव्य ऊर्जा का प्रतिनिधित्व करता है और शक्तिशाली वरदान प्रदान करता है। सारा कार्य प्रेम और सेवा के मनोभाव से किया जाता है। इस मंत्र का उच्चारण ख़ास तौर पर किसी महत्त्वपूर्ण काम को शुरू करने से पहले किया जाता है, ताकि हमारे इरादे आदर्श और शुद्ध बनें और संतुलन तथा पूर्णता आ सके।

3. लोकः समस्तः सुखिनो भवन्तु

"हर जगह सभी जीव खुश और स्वतंत्र रहें और मेरे खुद के जीवन के विचार, शब्द और कार्य किसी न किसी तरह सबकी खुशी और स्वतंत्रता में योगदान दें।"

इस मंत्र को जीवमुक्ति योगी ने लोकप्रिय किया था और यह एक सुंदर यादगार है कि हम अपने से आगे देखें और सृष्टि में अपने स्थान को याद रखें।

निष्कर्ष

मुझे आशा है कि इस पुस्तक ने आपको प्रेरित किया होगा और संभवतः आप इसके बाद एक नई शुरुआत की योजना बनाएँगे। शायद आप यह सोच रहे होंगे कि अपनी दिनचर्या कैसे बदलनी है, नए तरीक़ों से अपने मन की बात कैसे सुनना है, अपने जीवन में कृतज्ञता कैसे बढ़ाना है आदि, लेकिन कल जागने के बाद ये परिस्थितियाँ गड़बड़ा सकती हैं। हो सकता है कि आप अलार्म बजने के बाद भी सोते रहें। कोई न कोई चीज़ गड़बड़ा जाएगी। कोई महत्त्वपूर्ण अपॉइंटमेंट कैंसल हो जाएगा। सृष्टि अचानक आपको ऑफ़िस के रास्ते की सारी बत्तियाँ हरी नहीं देगी। जब हम कोई पुस्तक पढ़ते हैं, किसी क्लास में जाते हैं और परिवर्तनों पर अमल करते हैं, तो यह सोचना ग़लत है कि इसके बाद हम हर चीज़ सही कर देंगे। बाहरी चीज़ें कभी आदर्श नहीं होंगी और लक्ष्य आदर्श होना है भी नहीं। जीवन आपके मनचाहे तरीक़े से नहीं चलेगा। आपको अपनी राह पर चलना होगा और जीवन को अपने साथ लेकर चलना होगा। यट बात समझ लें, क्योंकि इससे परिस्थितियाँ कैसी भी रहें, आपको हर चीज़ के लिए तैयार रहने में मदद मिलेगी।

शांति और उद्देश्य के लिए कोई शाश्वत योजना नहीं है। वहाँ तक पहुँचने का तरीक़ा यह है कि हम अपने मस्तिष्क को इस पर ध्यान केंद्रित करने के लिए प्रशिक्षित करें कि हम जीवन में जो चाहते हैं, उस पर अपनी खुद की गति से, अपने खुद के समय में, प्रतिक्रिया कैसे करें और समर्पित कैसे हों। फिर जब जीवन झटके से मुड़ता है, तो हम उस एकाग्रता पर लौट आते हैं। यदि आपने दयालु बनने का निर्णय लिया है और कोई आपके प्रति असभ्यता करता है, तो आप जानते हैं कि आप किस ओर लौटना चाहते हैं। यदि आप ऑफ़िस में अपने धर्म पर एकाग्र होने का संकल्प लेकर जागते हैं, लेकिन आपका बॉस आपको कोई असाइनमेंट देता है, जो आपकी शक्तियों के तालमेल में नहीं है, तो अपने धर्म के उपयोग का तरीक़ा खोजना आप पर निर्भर करता है। जब आप असफल होते हैं, तो प्रक्रिया की आलोचना न

करें और खुद की आलोचना न करें। खुद को सँभलने और अपनी मनचाही चीज़ पर लचीली एकाग्रता लौटाने का स्थान दें। संसार आपके पक्ष या विपक्ष में नहीं है। आप ही हर पल में अपनी वास्तविकता का निर्माण करते हैं।

इस पूरी पुस्तक में हमने विरोधाभासों की बात की है। हम डर दूर करने के लिए इसके क़रीब जाने की बात करते हैं, अपनी दिनचर्या में नएपन को खोजने की बात करते हैं, आत्मविश्वास और विनम्रता एक साथ रखने की बात करते हैं, निःस्वार्थ बनने के लिए स्वार्थी बनने की बात करते हैं। हम एक द्वैत जगत में रहते हैं, लेकिन विरोधाभास की सुंदरता यह है कि दो विरोधी विचार एक साथ अस्तित्व में रह सकते हैं। जीवन कोई कंप्यूटर प्रोग्राम नहीं है – यह तो एक नृत्य है।

द कराटे किड में मि. मियागी कहते हैं, "कभी किसी आध्यात्मिक गुरु पर भरोसा न करें, जो नाच न सकता हो।" जब हम नाचते हैं, तो कोई नियम नहीं होते। जो भी गीत आता है, हमें उसका स्वागत करना होता है। हमारी अपनी शक्तियाँ और कमज़ोरियाँ होती हैं। हम गिर सकते हैं या अपने अगले क़दम के बारे में हिचक सकते हैं या अति उत्साह का पल हो सकता है, लेकिन हम बहते रहते हैं, खुद को स्वतःस्फूर्त और सुंदर बनने की अनुमति देते हैं। किसी नर्तक की तरह संन्यासी का मन भी लचीला और नियंत्रित होता है तथा हमेशा वर्तमान पल में मौजूद रहता है।

संन्यासी प्रणाली

अगर आप लचीलापन और नियंत्रण पाना चाहते हैं, तो मेरे विचार से ज़्यादा से ज़्यादा अच्छा कोई साधन नहीं है। ध्यान यह पता लगाने में आपकी मदद करता है कि नृत्य में कौन सा क़दम उठाना है। ध्यान में हम यह स्पष्टता पाते हैं कि हमें इस समय क्या बनने की ज़रूरत है, ताकि हम उस पल में अपने सर्वश्रेष्ठ स्वरूप में रह सकें। हमारी साँस हमारे मन के साथ जुड़ती है, हमारी आत्मा संगीत में ऊपर उठती है और ऊर्जा तथा एकत्व के उस स्थान में हमें जवाब मिल जाते हैं।

मैंने ध्यान के तीन अलग-अलग प्रकार बताए हैं और अब मैं आपको एक दैनिक अभ्यास देने जा रहा हूँ, जिसमें ये सभी शामिल हैं : प्राणायाम, मानसिक चित्रण और जप। मैं हर दिन इस ध्यान के किसी न किसी रूप का अभ्यास करता हूँ। मेरी सलाह है कि आप इसे सुबह ब्रश करने और नहाने के ठीक बाद करें और सोने जाने से ठीक पहले रात को करें। दिन में एक बार 21 मिनट से शुरू करें। एक टाइमर का इस्तेमाल करके प्राणायाम, मानसिक चित्रण और मंत्र प्रत्येक के लिए खुद को सात-सात मिनट का समय दें। जब आप ज़्यादा के लिए तैयार हों, तो दिन में यह काम दो बार इक्कीस-इक्कीस मिनट तक करें, आदर्श रूप से सुबह पहली चीज़ और रात को आख़िरी चीज। यह सुनिश्चित करें कि आप हमेशा प्राणायाम से

शुरू करें। जैसे व्यायाम से पहले वार्म-अप कभी नहीं छोड़ना चाहिए, उसी तरह इसे भी नहीं छोड़ना चाहिए!

1. एक आरामदेह मुद्रा खोजें - कुर्सी पर बैठें, गद्दी लगाकर सीधे बैठें या लेटें।

2. अपनी आँखें बंद करें और अपनी निगाह झुका लें। अपनी जागरूकता शांति, संतुलन, आराम और स्थिरता पर लाएं। यह स्वाभाविक है कि आपके मन में चटर-पटर और शोरगुल की हलचल होगी। जब भी आपका मन भटके, तो धीरे से और नरमी से इसे शांति, संतुलन, आराम और स्थिरता की ओर ले आएँ।

3. खुद को इस स्थिति में आरामदेह बना लें। अपने कंधे सीधे करें, अपनी गर्दन और शरीर को तानें और शांति, संतुलन, आराम व स्थिरता की भौतिक जगह खोजें।

4. अब अपने स्वाभाविक श्वसन चक्र के बारे में जागरूक बनें। अपनी नाक से साँस अंदर लें और मुँह से छोड़ें।

5. गहरी साँस लें। 1 - 2 - 3 - 4 की गिनती तक साँस अंदर लें। 1 - 2 - 3 - 4 की गिनती तक साँस बाहर निकालें।

6. आप जितने समय तक साँस अंदर लेते हैं, उतने ही समय तक साँस छोड़कर अपने शरीर और साँस में सामंजस्य करें।

7. इसे तब तक करें, जब तक कि आपको पाँच मिनट पूरे होने का अहसास न हो जाए। पहले-पहल पाँच मिनट के संकेत के लिए किसी मधुर टोन वाले टाइमर को लगाने की ज़रूरत हो सकती है।

8. खुद से पूछें, "मैं आज किस चीज़ के लिए कृतज्ञ हूँ?" कृतज्ञता में साँस अंदर लें और साँस छोड़ते समय नकारात्मक, विषादत ऊर्जा को बाहर निकालें।

9. अब खुशी, आनंद और कृतज्ञता से भरी स्मृति का मानसिक चित्र देखें। उन पाँच चीज़ों के बारे में सोचें जिन्हें आप देख सकते हों, चार चीज़ें जिन्हें आप छू सकते हों, तीन चीज़ें जिन्हें आप सुन सकते हों, दो चीज़ें जिन्हें आप सूँघ सकते हों और एक चीज़ जिसका आप स्वाद ले सकते हों। प्रेम, आनंद और खुशी को सोख लें। उस पल के प्रेम को लें और अपने पूरे शरीर में इसके प्रवाहित होने का मानसिक चित्र देखें। अपने पंजों से, अपने पैरों तक, अपने नितंबों तक, अपने पेट तक, अपने सीने तक, बाँहों, पीठ, गर्दन और सिर तक। अपने शरीर के हर हिस्से को प्रेम, खुशी और कृतज्ञता दें। यह पाँच मिनट तक करें।

10. खुद से पूछें, "आज के लिए मेरा संकल्प क्या है?" क्या यह दयालु होना, आत्मविश्वासी होना, एकाग्र होना है? उस संकल्प को इसी समय तय करें।

11. खुद के सामने इनमें से प्रत्येक को तीन बार दोहराएँ : "मैं उस बारे में खुश

हूँ, जो मैं बन रहा हूँ। मैं सारे अवसरों और संभावनाओं के प्रति खुला हूँ। मैं सच्चे प्रेम के लिए योग्य हूँ। मेरे पास जो भी है, उस सबके साथ मैं सेवा करने के लिए तैयार हूँ।"

12. अपने अभ्यास का पूरा करने के लिए इस मंत्र को तीन बार दोहराएँ : लोकः समस्तः सुखिनो भवन्तु।

कैसे जानें कि यह काम कर रहा है

एक नौसिखिया संन्यासी अपने गुरु के पास गया और बोला, "मैं ध्यान करने में बहुत बुरा हूँ। मेरे पैर सो जाते हैं और बाहरी आवाज़ों से मेरा ध्यान भटक जाता है। जब मैं परेशानी में नहीं होता हूँ, तो मेरी आँख लग जाती है।"

"यह गुज़र जाएगा," गुरु ने कहा और उनके चेहरे के भाव से नौसिखिया समझ गया कि बातचीत ख़त्म हो गई है।

एक महीना बीत गया। इसके बाद नौसिखिये संन्यासी ने गर्व से मुस्कराकर गुरु को बताया, "मैं सोचता हूँ कि मैंने इसका तरीक़ा मालूम कर लिया है! मैं बहुत जागरूक, बहुत शांत, बहुत केंद्रित महसूस करता हूँ! मेरा ध्यान सुंदर है!"

"यह गुज़र जाएगा," गुरु ने जवाब दिया।

किसी ध्यान अभ्यास की सफलता का कोई पैमाना नहीं है, कोई लक्ष्य नहीं है और कोई उद्देश्य नहीं है। परिणामों की तलाश न करें। बस इसे करते रहें। चार से बारह सप्ताह तक लगातार अभ्यास करते रहें और तब आपको परिणाम दिखने शुरू होंगे।

आप इसे सही कर रहे हैं, इसका पहला संकेत यह है कि अगर आप इसे किसी दिन नहीं करते हैं, तो आपको इसकी कमी खलेगी। आपको किसी व्यक्ति की कमी तभी खलती है, जब आप उसे नहीं देखते हैं। जब आप हर दिन खाते हैं, तो आप पोषण के बारे में ज़्यादा नहीं सोचते हैं, लेकिन अगर आप एक दिन के लिए भी नहीं खाते हैं, तो आप तुरंत ही भोजन की शक्ति पर ग़ौर करने लगते हैं। यही ध्यान के बारे में भी सच है - आपको पहले आदत डालनी होती है, तभी आपको पता चल पाएगा कि आपको उसकी कमी खल रही है या नहीं।

दूसरा परिणाम जिस पर आप ग़ौर करेंगे, वह यह है कि आपके मन में क्या चल रहा है, इस बारे में आपकी जागरूकता बढ़ जाएगी। अगर आप ध्यान करते हैं और थकान महसूस करते हैं, तो आप समझ जाएँगे कि ध्यान आपसे ज़्यादा सोने को कह रहा है। ध्यान एक संकेत या दर्पण है। अगर आप ध्यान करते हैं और एकाग्र नहीं हो सकते, तो आप देखेंगे कि आप एक भटकाव भरा जीवन जी रहे हैं और आपको व्यवस्था, संतुलन तथा सादगी महसूस करने की ज़रूरत है। अगर आप

अपने विचारों के साथ पंद्रह मिनट तक नहीं बैठ सकते, तो यह इस बात का स्पष्ट सूचक है कि आपको काम करने की ज़रूरत है।

ध्यान का तीसरा और सबसे महत्त्वपूर्ण लाभ यह है कि हालाँकि आप हर बार शांत और आदर्श महसूस करते हुए इससे बाहर नहीं आएँगे, लेकिन धीरे-धीरे आप ख़ुद पर दीर्घकालीन नियंत्रण हासिल कर लेंगे। जब आप हरा जूस पीते हैं, तो इसका स्वाद हमेशा बेहतरीन नहीं होता है। ताज़े संतरे का रस बेहतर दिखता है और इसका स्वाद भी बेहतर होता है, लेकिन दीर्घकालीन दृष्टि से कम आनंददायक हरा जूस आपको ज़्यादा फ़ायदा पहुँचाता है। जब आप ध्यान में प्रवीण बन जाते हैं, तो आप यह महसूस करेंगे कि आपका सामान्य नज़रिया बदल गया है। आपका अंतर्बोध ज़्यादा पैना होगा। आप आत्म-केंद्रित बने बिना अपने जीवन को ज़्यादा निष्पक्षता से देखने में सक्षम होंगे। आपकी विस्तृत अनुभूति आपको शांति और उद्देश्य का अहसास देगी।

अब और हमेशा

जीवन साँस से शुरू होता है, साँस आपको हर दिन जीवित रखती है और जीवन तथा साँस का अंत एक साथ होता है। संन्यासी वर्तमान पल में मौजूद रहने की कोशिश करते हैं, लेकिन हमें अभी और हमेशा के बारे में हमेशा चेतन रहना होता है। हम अपना जीवन इस बात से नहीं मापते हैं कि हमारा प्रभाव कितना बड़ा या छोटा है, बल्कि इससे नापते हैं कि हम लोगों को कैसा महसूस कराते हैं। हम अपने समय का इस्तेमाल यह तय करने में करते हैं कि हम कैसे जिएँगे, प्रेम और परवाह देते हुए, समर्थन करते हुए, संवाद करते हुए, सृजन करते हुए - उस प्रभाव के ज़रिए जो हम मानवता पर डालते हैं।

हमें कैसे याद किया जाएगा? हम क्या पीछे छोड़ जाएँगे?

अंततः मृत्यु को सबसे महान मनन बिंदु के रूप में देखा जा सकता है - आख़िरी पल की कल्पना करके आप हर चीज़ पर विचार कर सकते हैं, जो इसकी ओर ले जाती है।

मृतशैया पर लोग जो सबसे आम अफ़सोस व्यक्त करते हैं, वे हैं :

काश! मैंने उन लोगों के प्रति अपना प्रेम व्यक्त किया होता, जिनकी मैं परवाह करता हूँ।

काश! मैंने इतना ज़्यादा काम नहीं किया होता।

काश! मैंने जीवन में ज़्यादा आनंद लिया होता।

काश! मैंने दूसरे लोगों की ख़ातिर ज़्यादा किया होता।

ग़ौर करें कि इनमें से ज़्यादा अफ़सोस इस बारे में हैं, जो व्यक्ति ने नहीं किया। संन्यासी विश्वास करते हैं कि हमें मृत्यु की तैयारी करनी चाहिए। हम अपने दिनों के अंत में इस अहसास के साथ नहीं पहुँचना चाहते कि हमने एक उद्देश्यपूर्ण, सेवा पर केंद्रित, अर्थपूर्ण जीवन नहीं जिया।

हमने इस पुस्तक में जिन विषयों पर विचार किया है, उनके बारे में सोचें। मृत्यु के समय आपको पूरी तरह से साफ़ होना चाहिए, उससे मुक्त जो आप सोचते हैं कि आपको करना चाहिए, तुलना और आलोचना से मुक्त, अपने डर की जड़ से मुक्त, भौतिक इच्छाओं से मुक्त, अपने धर्म में जीते हुए, अपने समय का अच्छा इस्तेमाल करते हुए, मन की माँगों के सामने हार न मानते हुए, अहं से मुक्त, आपने जितना लिया है उससे ज़्यादा देते हुए, हक़ के दावों से मुक्त, झूठे जुड़ावों और अपेक्षाओं से मुक्त। कल्पना करें कि ऐसे जीवन को पलटकर देखना कितना पुरस्कारदायक होगा, जहाँ आप शिक्षक भी रहे हैं और विद्यार्थी भी रहे हैं।

इसे आज़माएँ : मृत्यु के दो ध्यान

अपनी खुद की मृत्यु की कल्पना करने से आपको अपने जीवन का विहंगम दृष्टिकोण मिल जाता है। एक मृत्यु ध्यान आज़माएँ, जब भी आप इस बारे में प्रश्न कर रहे हों कि कोई चीज़ करनी है या नहीं – महत्त्वपूर्ण परिवर्तन करना, कोई नई योग्यता सीखना, यात्रा पर जाना। मैं सलाह देता हूँ कि आप किसी नए साल की शुरुआत में मृत्यु ध्यान हमेशा करें, ताकि आने वाले साल में नए मार्ग प्रेरित हों।

1. अवश्यंभावी अंत की कल्पना करने से आपको हर वह सबक़ मिलेगा, जिसकी ज़रूरत आपको संतुष्टिदायक जीवन जीने के लिए है। खुद को आगे बढ़ाकर अस्सी या नब्बे की उम्र तक ले जाएँ, जितना लंबा आप जीना चाहते हैं और मृत्युशैया पर अपनी कल्पना करें। अपने भावी स्वरूप से ये प्रश्न पूछें :

   मेरी क्या हसरत है कि मैंने यह भी किया होता?

   मेरी क्या हसरत है कि मुझे और कौन से अनुभव मिले होते?

   मुझे किस पर ज़्यादा ध्यान न देने का अफ़सोस है?

   मेरी क्या हसरत है कि मैंने इन योग्यताओं पर काम किया होता?

   मेरी क्या हसरत है कि मैं इसके प्रति अनासक्त रहा होता?

   इन प्रश्नों का इस्तेमाल प्रेरित होने के लिए करें – अपनी मृत्युशैया पर अफ़सोस करने के बजाय उन हसरतों को आज ही सक्रिय रूप दें।

2. कल्पना करें कि आप अपनी ख़ुद की अंत्येष्टि में कैसे याद किया जाना पसंद करेंगे। इस पर ध्यान केंद्रित न करें कि लोगों ने आपके बारे में क्या सोचा, किसने आपसे प्रेम किया और वे आपको खोकर कितने दुखी होंगे। इसके बजाय उस प्रभाव के बारे में सोचें, जो आपका रहा। फिर कल्पना करें कि अगर आप आज मर गए, तो आपको कैसे याद किया जाएगा। क्या इन दोनों छवियों के बीच खाई है? आपको अपनी विरासत बनाने के लिए यह चीज़ भी प्रेरित कर देगी।

हम किसी दिन मरेंगे, इस ज्ञान पर मनन करने से हम उस समय को महत्त्व देने के लिए विवश होते हैं, जो हमारे पास है। हम सोच-विचार करके अपनी ऊर्जा ख़र्च करने के लिए मजबूर होते हैं। जीवन इतना छोटा है कि इसे उद्देश्य के बिना नहीं जीना चाहिए। हमें सेवा करने का अपना अवसर नहीं गँवाना चाहिए। हमें अपने सपनों और हसरतों को अपने साथ दम नहीं तोड़ने देना चाहिए। सबसे बढ़कर मैं चाहता हूँ कि आपको लोग और जगहें जैसी मिलीं, आप उन्हें उससे बेहतर और ज़्यादा ख़ुशनुमा छोड़ें।

ख़ुद पर काम करना एक अंतहीन अभ्यास है। धैर्य रखें। एक विद्यार्थी अपने शिक्षक के पास गया और गंभीरता से कहा, "मैं अपने धर्म के प्रति समर्पित हूँ। प्रबुद्धता हासिल करने में मुझे कितना समय लगेगा?"

शिक्षक ने सामान्य अंदाज़ में जवाब दिया, "दस साल।"

अधीरता से विद्यार्थी ने जवाब दिया, "लेकिन अगर मैं बहुत मेहनत करूँ, तो? अगर करना पड़े, तो मैं हर दिन दस घंटे या इससे ज़्यादा अभ्यास करूँगा। तब इसमें कितना समय लगेगा?"

शिक्षक ने पल भर सोचा, "बीस साल।"

विद्यार्थी अपने काम को तेज़ी से करना चाहता था, यह विचार ही इस बात का प्रमाण था कि उसे दस अतिरिक्त वर्षों तक अध्ययन करना होगा।

जैसा मैं ज़िक्र कर चुका हूँ, संन्यासी के लिए संस्कृत शब्द *ब्रह्मचारी* है, जिसका अर्थ है 'विद्यार्थी,' लेकिन इसका मतलब 'ऊर्जा का सही उपयोग' भी है। ऐसा नहीं है कि एक बार जब आपमें संन्यासी की मानसिकता आ जाती है, तो आप हर चीज़ को समझ लेते हैं। इसके बजाय संन्यासी मानसिकता यह स्वीकार करती है कि ऊर्जा का सही उपयोग विद्यार्थी बने रहना है। आप कभी सीखना नहीं छोड़ सकते। आप एक बार अपने बाल नहीं कटाते हैं या अपनी लॉन नहीं तराशते हैं। आपको यह बार-बार करना होता है। इसी तरह संन्यासी मानसिकता को क़ायम रखने के लिए स्व-जागरूकता, अनुशासन, मेहनत, एकाग्रता और सतत अभ्यास की ज़रूरत

होती है। यह कड़ी मेहनत है, लेकिन औज़ार पहले से ही आपके दिमाग़, हृदय और हाथों में हैं।

आपको तो बस संन्यासी की तरह सोचने की ज़रूरत है।

सृष्टि में अपने रास्ते को खोजते समय हमें सचमुच प्रश्न पूछकर शुरुआत करनी चाहिए। आप किसी नई जगह की यात्रा पर जा रहे हैं या किसी ऐसी जगह जा रहे हैं, जहाँ कोई आपको नहीं जानता। अपने ऑटोपायलट को देखना छोड़ दें और खुद को तथा अपने आस-पास के संसार को नई नज़रों से देखें। **पकड़ें, रोकें, बदलें।** जो शक्तियाँ आपको प्रभावित करती हैं, उनका अवलोकन करने के लिए अपने मन को प्रशिक्षित करें। माया और झूठी मान्यताओं से विरक्त हों और लगातार तलाश करते रहें कि आपको क्या प्रेरित करता है और क्या अर्थपूर्ण महसूस होता है।

कोई संन्यासी इस पल क्या करेगा?

जब आप कोई निर्णय ले रहे हों, जब आप कोई विवाद कर रहे हों, जब आप अपने वीकएंड की योजना बना रहे हों, जब आप डरे हुए या विचलित या नाराज़ या खोए हुए हों, तो यह प्रश्न पूछें। आपको 99 प्रतिशत बार जवाब मिल जाएगा।

और अंततः जब आप अपने सच्चे स्व को उजागर कर लेंगे, तो आपको खुद से पूछने की ज़रूरत भी नहीं पड़ेगी कि कोई संन्यासी क्या करेगा। आप बस यह पूछ सकते हैं, "मैं क्या करूँगा?"

परिशिष्ट

वैदिक व्यक्तित्व परीक्षण

इन सवालों के जवाब दें, जैसा आप खुद के बारे में मानते हों कि आप मूलतः हैं। चाहे आपके मित्रों, परिवार वालों, समाज ने आपसे जो भी चुनाव कराया हो।

1. आपके अंदर जो है, उसके बारे में निम्न में से कौन सा *सबसे ज़्यादा* क़रीब लगता है?

    अ. जीवनमूल्य और बुद्धिमत्ता

    ब. सत्यनिष्ठा और पूर्णता

    स. जमकर मेहनत, जमकर मौज

    द. स्थिरता और संतुलन

2. आप अपने मित्रों के दायरे या परिवार में कौन सी *भूमिका* निभाते हैं?

    अ. मैं संघर्ष से निपटने और लोगों की सहायता करने में आरामदेह हूँ। मैं मध्यम मार्ग खोजता हूँ। मेरी भूमिका मध्यस्थ की है।

    ब. मैं सुनिश्चित करता हूँ कि हर चीज़ और हर व्यक्ति का ध्यान रखूँ। मेरी भूमिका रक्षक की है।

    स. मैं अपने परिवार को कार्य-नैतिकता, तीव्र गति और संसाधन होने के महत्त्व को समझने में मदद करता हूँ। मेरी भूमिका भौतिक समर्थन की है।

    द. मैं पोषण देने और स्वस्थ व संतुष्ट परिवार चाहने पर ध्यान केंद्रित करता हूँ। मेरी भूमिका भावनात्मक समर्थन की है।

3. किसी साझेदार में आपके लिए सबसे ज़्यादा महत्त्वपूर्ण क्या है?

    अ. ईमानदार और स्मार्ट

> ब. सशक्त उपस्थिति और शक्ति
>
> स. मज़ेदार और प्रगतिशील
>
> द. विश्वसनीय और सम्मानजनक

4. आप टीवी पर सबसे ज़्यादा क्या देखते हैं?

> अ. डॉक्युमेंट्री, जीवनी, मानव अवलोकन
>
> ब. मनोरंजन, राजनीति, करेंट अफ़ेयर्स
>
> स. कॉमेडी, खेल, नाटक, प्रेरक कहानियाँ
>
> द. सोप ओपेरा, रिएलिटी टीवी, पारिवारिक शो, गपशप, दिन के समय के शो

5. आप तनाव में किस तरह व्यवहार करते हैं?

> अ. शांत, संतुलित
>
> ब. चिड़चिड़े, कुंठित, नाराज़
>
> स. मूडी, शोर, बेचैन
>
> द. आलसी, निराश, चिंतित

6. आपको सबसे ज़्यादा दर्द किस चीज़ से होता है?

> अ. यह महसूस करना कि मैं अपनी अपेक्षाओं के अनुरूप नहीं जीता हूँ
>
> ब. संसार की स्थिति से
>
> स. अस्वीकृति के अहसास से
>
> द. मित्रों और परिवार से अलगाव महसूस करने से

7. काम करने का आपका प्रिय तरीका क्या है?

> अ. अकेले, लेकिन मार्गदर्शकों के साथ
>
> ब. टीम में, लीडर के रूप में
>
> स. स्वतंत्र रूप से, लेकिन एक शक्तिशाली नेटवर्क के साथ
>
> द. टीम के सदस्य के रूप में

8. आपका आदर्श स्वरूप ख़ाली समय कैसे गुज़ारेगा?

> अ. पढ़ने में, गहरी चर्चा में और चिंतन-मनन में
>
> ब. मुद्दों के बारे में सीखना और/या राजनीतिक कार्यक्रमों में जाना
>
> स. ख़ाली समय जैसी कोई चीज़ नहीं है! नेटवर्किंग, जुड़ना, काम करना
>
> द. परिवार और मित्रों के साथ समय का आनंद लेना

9. आप अपना वर्णन तीन शब्दों में कैसे करेंगे?

   अ. आदर्शवादी, अंतर्मुखी, पैनी दृष्टि वाला

   ब. प्रबल उत्साहित, समर्पित, संकल्पित

   स. जोशीला, प्रेरित, दोस्ताना

   द. परवाह करने वाला, प्रेमपूर्ण, वफ़ादार

10. आप किस तरह के माहौल में सबसे अच्छी तरह काम करते हैं?

    अ. दूरस्थ, ख़ामोशी, प्राकृतिक

    ब. मीटिंग रूम या इकट्ठे होने की जगह

    स. कहीं भी (अपनी यात्रा के दौरान, कॉफ़ी शॉप में, बेडरूम में)

    द. काम की निश्चित जगह पर : घर, ऑफ़िस, प्रयोगशाला

11. आपकी कामकाजी शैली क्या है?

    अ. धीमी और सुविचारित

    ब. एकाग्र और व्यवस्थित

    स. तेज़ और फुर्तीली

    द. विशिष्ट और विचारपूर्वक

12. आप संसार में किस तरह फ़र्क़ डालना पसंद करेंगे?

    अ. ज्ञान का प्रसार करके

    ब. राजनीति और सक्रिय मुहिम के ज़रिये

    स. व्यवसाय और/या नेतृत्व के ज़रिये

    द. स्थानीय समुदाय के ज़रिये

13. आप वैकेशन की तैयारी कैसे करते हैं?

    अ. अपनी पढ़ने की सामग्री उठाकर

    ब. एक केंद्रित योजना बनाकर कि कौन सी मुख्य जगहें देखनी हैं

    स. सर्वश्रेष्ठ बार, क्लबों और रेस्तराँओं की सूची के साथ

    द. आरामदेह नज़रिये के साथ

14. आप कठोर चर्चा से कैसे निपटते हैं?

    अ. समझौते की तलाश करके

    ब. सबसे निष्पक्ष सत्य के लिए संघर्ष करके

स. मैं सही हूँ, यह साबित करने के लिए संघर्ष करके

द. टकराव से बचकर

15. यदि आपके किसी क़रीबी का सप्ताह बुरा रहा हो, तो आप क्या करते हैं?

अ. उन्हें सलाह और मार्गदर्शन देना

ब. रक्षक बनना और उन्हें बेहतर बनने के लिए प्रोत्साहित करना

स. उन्हें ड्रिंक लेने या अपने साथ टहलने की सलाह देना

द. उनके पास जाना और उन्हें सानिध्य देना

16. आप अस्वीकृति को कैसे देखते हैं

अ. यह जीवन का हिस्सा है

ब. यह एक चुनौती है, जिसका सामना करने के लिए मैं ऊपर उठ सकता हूँ

स. यह कुंठाजनक है, लेकिन मैं चलता रहूँगा

द. यह एक ज़ोरदार झटका होती है

17. किसी समारोह या पार्टी में आप अपना समय कैसे बिताते हैं?

अ. मेरा एक-दो लोगों के साथ अर्थपूर्ण विचार-विमर्श होता है

ब. मैं आम तौर पर लोगों के एक समूह से बात करता हूँ

स. मैं किसी तरह ध्यान का केंद्र बन जाता हूँ

द. जो भी करने की ज़रूरत होती है, मैं उसमें मदद करता हूँ

18. अगर आपने ग़लती कर दी हो, तो आपको कैसा महसूस होता है?

अ. मैं अपराधी और शर्मिंदा महसूस करता हूँ

ब. मुझे हर को बताना होता है

स. मैं इसे छिपाना चाहता हूँ

द. मैं किसी समर्थन करने वाले व्यक्ति से सहायता लेता हूँ

19. जब आपको कोई बड़ा निर्णय करना होता है, तो आप क्या करते हैं?

अ. मैं अकेले में चिंतन करता हूँ

ब. मैं अपने मार्गदर्शकों से मशविरा लेता हूँ

स. मैं अच्छे और बुरे परिणामों को तौलता हूँ

द. मैं परिवार वालों और मित्रों से बात करता हूँ

20. निम्न में से कौन सा आपकी दिनचर्या का सर्वश्रेष्ठ वर्णन है?

    अ. यह पल-पल बदलती है

    ब. यह बहुत केंद्रित और व्यवस्थित है

    स. मैं सामने आने वाले सर्वश्रेष्ठ अवसर का अनुसरण करता हूँ

    द. यह सरल और तय होती है

उत्तर कुंजी

अपने जवाब देखें। आपने जिस अक्षर का वर्णन चुना है, उसके अनुसार आपका संभावित वर्ण यह है :

    अ. मार्गदर्शक

    ब. लीडर

    स. सृजनकार

    द. निर्माता

आभार

मुझे आपको यह कालजयी और कायाकल्पकारी बुद्धिमत्ता बताने का जो अवसर मिला, उसके लिए मैं सचमुच कृतज्ञ और विनम्र महसूस करता हूँ, लेकिन मैं यह काम अकेले नहीं कर सकता था। भगवद्‌गीता को एक टीम ने संकलित किया था, सुरक्षित रखा था, बताया था और पुनर्जीवित किया था और यह पुस्तक भी इससे भिन्न नहीं है। मैं डैन स्क्वाबेल को धन्यवाद देना चाहूँगा, जिन्होंने तीन साल पहले मेरे अद्भुत एजेंट जेम्स लेवाइन से मेरा परिचय कराया। जिम सचमुच कमाल के इंसान हैं और वे जिस प्रोजेक्ट पर काम करते हैं, उसमें गहरा विश्वास करते हैं। उनके मार्गदर्शन, रणनीति और मित्रता ने इस पुस्तक को एक बेहद आनंददायक यात्रा बना दिया है। असीमित दयालुता, नींद उड़ी रातों और इस उद्देश्य के प्रति शाश्वत समर्पण के लिए ट्रूडी ग्रीन का धन्यवाद। ईमॉन डोलन को, उनके संन्यासी जैसे मस्तिष्क के लिए और पूर्णता के अथक प्रयास के लिए। जॉन कार्प को, मुझ पर विश्वास करने और पूरी प्रक्रिया में मौजूद रहने के लिए। हिलेरी लिपिटन को, सहयोग करने वाली चर्चाओं और प्रगतिशील विचार-विमर्श के लिए। केली मैड्रॉन को, उनके अनंत उत्साह और कर-सकती-हूँ नज़रिये के लिए। रूला जाबरी को, यह सुनिश्चित करने के लिए कि मैं एक भी डेडलाइन न चूकूँ। बेन कैलिन को, ऑक्सफ़ोर्ड सेंटर फ़ॉर हिंदू स्टडीज़ को और ख़ास तौर पर शौनक ऋषि दास को हमारे स्रोतों की पुष्टि में सहायता करने के लिए। साइमन एंड शुस्टर की पूरी टीम को, जिन्होंने मेरे स्वप्न को जीवन देने में कोई कसर नहीं रखी। लंदन में हार्पर कॉलिन्स के ऑलिवर और उनकी टीम को।

टॉमस पॉवर को धन्यवाद, जिन्होंने मुझे अपनी क्षमता को पहचानने के लिए प्रेरित किया, जब मुझे खुद पर भरोसा नहीं था। एलिन शुक को, मेरे जोश में विश्वास करने और मेरे काम से एरियाना हफ़िंगटन को परिचित कराने के लिए। डैनी शिया और डैन काट्ज़ को, जिन्होंने *हफ़पोस्ट* में मेरा करियर शुरू करने में मदद की। कारा प्रीस को, जो पहली व्यक्ति थीं, जिन्हें मैंने 2016 में इस पुस्तक का विचार बताया

और जो मेरी विचार-साझेदार तथा अमेरिका में सबसे बड़ी समर्थक थीं। सवाना, होडा, क्रेग, अल और कारसन को, जिन्होंने टुडे शो में मुझ पर ध्यान दिया। एलेन को, जिन्होंने मुझ पर विश्वास किया और अपने समूह तक पहुँचने के लिए अपना मंच दिया। जाडा पिंकेट स्मिथ, विलो स्मिथ और एड्रिएन बैनफ़ील्ड-नॉरिस को, जो मुझे रेड टेबल तक लाए।

मेरे सचमुच कुछ वर्ष अद्भुत रहे हैं, लेकिन आपने जो भी ऑनलाइन देखा है, हर चीज़ उन लोगों की वजह से ही संभव हुई है, जिन्होंने मुझमें निवेश किया है। परम आदरणीय राधानाथ स्वामी को धन्यवाद, जिन्होंने मुझे जीवन का सच्चा अर्थ याद दिलाया। गौरंग दास को, जिन्होंने यह सब पहले दिन से देखा है और जो हमेशा मेरे साथ रहे हैं। मेरे मार्गदर्शक श्रुतिधर्म दास को, जो हमेशा चाहे जो हो जाए, इस पुस्तक में बताए गए सभी गुण सर्वोच्च स्तर पर दर्शाते हैं। सुतपा दास को, जिन्होंने मुझे हमेशा मुझे लिखने के लिए प्रोत्साहित किया, जब मैंने उन्हें बताया कि मैं बस बोलना चाहता हूँ। उन मार्गदर्शकों को जिनसे मैं मिलने की हसरत रखता हूँ और धन्यवाद देता हूँ, परम आदरणीय दलाई लामा और तिक न्यात हन्ह। उन सभी को, जिन्होंने मुझे आपका मार्गदर्शक बनने की अनुमति दी; इस प्रक्रिया में आपने मुझे इतना कुछ सिखाया है, जितनी मैं कभी कल्पना भी नहीं कर सकता था।

यह पुस्तक वेदों, भगवद्गीता और उन शिक्षकों के बिना नहीं लिखी जा सकती थी, जिन्होंने अथक रूप से इसे पूरे संसार में फैलाया। श्रीला प्रभुपाद और एकनाथ ईश्वरन को धन्यवाद, जिन्होंने आज सबसे व्यापक रूप से वितरित होने वाली गीता के संस्करण बनाए। आश्रम और पूरे संसार में मेरे सभी गुरुओं को, जिनमें से कई को तो पता ही नहीं है कि उन्होंने मुझे कितना कुछ दिया है।

मेरी माँ को, जो निःस्वार्थ सेवा की जीती-जागती मूर्ति हैं। मेरे पिता को, जिन्होंने मुझे वह बनने दिया, जो मैं बनना चाहता था। मेरी बहन को, हमेशा मेरे पागलपन भरे निर्णयों का समर्थन करने के लिए और चाहे हो जाए, मुझसे हमेशा प्रेम करने के लिए।

और ज़ाहिर है, आपमें से प्रत्येक को, जिसने यह पुस्तक पढ़ी। आप पहले से ही संन्यासियों की तरह सोच रहे थे, अब आप यह बात जान गए हैं।

लेखक की टिप्पणी

इस पुस्तक में मैंने कई धर्मों, संस्कृतियों, प्रेरक लीडर्स और वैज्ञानिकों की बुद्धिमत्ता को समाहित किया है। प्रत्येक प्रकरण में मैंने उद्धरणों और विचारों का उल्लेख करने का सर्वश्रेष्ठ प्रयास किया है। कुछ प्रकरणों में मुझे कुछ अद्भुत उद्धरण या विचार मिले, जिनका श्रेय कई अलग-अलग स्रोतों को दिया गया था या कोई स्पष्ट स्रोत नहीं था या प्राचीन ग्रंथों का उल्लेख था, जहाँ मुझे मूल पंक्ति नहीं मिली। इन प्रकरणों में मैंने एक शोधकर्ता की सहायता से पाठक को सामग्री के संबंध में यथासंभव अधिकतम उपयोगी जानकारी देने का प्रयास किया है।

नोट्स

प्रस्तावना

viii. ऐसे पेड़ लगाएँ, जिनकी छाया के नीचे आप बैठने की योजना न बना रहे हों : Paraphrase of Nelson Henderson from Wes Henderson, *Under Whose Shade: A Story of a Pioneer in the Swan River Valley of Manitoba* (Ontario, Canada: W. Henderson & Associates, 1986).

x. 2002 में तिब्बत के योगी मिंग्युर रिनपोचे नामक संन्यासी : Daniel Goleman and Richard J. Davidson, *Altered Traits: Science Reveals How Meditation Changes Your Mind, Brain, and Body* (New York: Penguin Random House, 2017); Antoine Lutz, Lawrence L. Greischar, Nancy B. Rawlings, Matthieu Ricard, and Richard J. Davidson, "Long-Term Meditators Self- Induce High Amplitude Gamma Synchronicity During Mental Practice," *Proceedings of the National Academy of Sciences* 101, no. 46 (November 16, 2004): 16369– 16373, https://doi.org /10.1073 /pnas.0407401101.\

xi. इकतालीस साल के संन्यासी के मस्तिष्क का स्कैन किया गया। इससे यह पता चला कि उनकी उम्र उनके समकक्षों की तुलना में धीमी गति से बढ़ रही थी : Goleman and Davidson, *Altered Traits*.

xi. जिन शोधकर्ताओं ने बौद्ध संन्यासी मैथ्यू रिकार्ड के मस्तिष्क की स्कैनिंग की : Frankie Taggart, "This Buddhist Monk Is the World's Happiest Man," *Business Insider,* November 5, 2012. https://www.businessinsider.com /how -scientists -figured-out-who-the-worlds-happiest-man-is-2012-11; Daniel Goleman and Richard J. Davidson, *Altered Traits: Science Reveals How Meditation Changes Your Mind, Brain, and Body* (New York: Penguin Random House, 2017); Antoine Lutz, Lawrence L. Greischar, Nancy B. Rawlings, Matthieu Ricard, and Richard J. Davidson, "Long-Term Meditators Self- Induce High- Amplitude Gamma Synchronicity During Mental Practice," *Proceedings of the National Academy of Sciences* 101, no. 46 (November 16, 2004): 16369–16373, https://doi.org /10.1073 /pnas.0407401101.

xi. जिन इक्कीस अन्य संन्यासियों : Taggart, "This Buddhist Monk" and Lutz et al., "Long-Term Meditators."

xi. नींद के दौरान भी : Fabio Ferrarelli, Richard Smith, Daniela Dentico, Brady A. Riedner, Corinna Zennig, Ruth M. Benca, Antoine Lutz, Richard J. Davidson, and Guilio Tononi, "Experienced Mindfulness Meditators Exhibit Higher Parietal-Occipital EEG Gamma Activity During NREM Sleep," PLoS One 8, no. 8 (August 28, 2013): e73417, https://doi.org /10.1371 / journal .pone.0073417.

xii बेनडिक्टीन संन्यासी ब्रदर डेविड स्टिंडल-रैस्ट : David Steindl-Rast, *i am through you so i: Reflections at Age 90* (New York: Paulist Press, 2017), 87.

xiv. विश्व को भारत का सबसे महत्त्वपूर्ण उपहार : And general background on Vedic times from *The Bhagavad Gita,* introduction and translation by Eknath Easwaran (Tomales, CA: Nilgiri Press, 2007), 13–18.

xv. मेरा और मेरे मित्र का : Ralph Waldo Emerson, *The Bhagavad- Gita: Krishna's Counsel in Time of War,* translation, introduction, and afterword by Barbara Stoler Miller (New York: Bantam Dell, 1986), 147.

अध्याय 1 : पहचान

3. मैं वह हूँ, जो मैं सोचता हूँ कि मैं हूँ : Charles Horton Cooley, Human Nature and the Social Order (New York: Charles Scribner's Sons, 1902), 152.

4. 1998 से अब तक उन्होंने केवल छह फ़िल्मों में : Daniel Day-Lewis filmography, IMDb, accesse November 8, 2019, https://www.imdb.com / name /nm0000358 /?ref_=fn_al_nm_1

4. मैं स्वीकार करूँगा कि मैं पागल हो गया था, पूरी तरह पागल : Chris Sullivan, "How Daniel Day-Lewis's Notorious Role Preparation Has Yielded Another Oscar Contender," *Independent,* February 1, 2008, https://www. independent.co .uk /arts -entertainment /films /features /how-daniel-day-lewis-notoriously   -rigorous-role-preparation-has-yielded-another-oscar-contender-776563 .html.

8. चैतन्य के शब्दों : Śrī Caitanya-caritāmr̥ta, Antya, 20.21.

8. सभी की परंपराओं की बुनियाद : "Social and Institutional Purposes: Conquest of the Spiritual Forces of Evil," Encyclopaedia Britannica, accessed November 8, 2019, https://www.britannica.com /topic /monasticism /Social-and-institutional-purposes.

12 . यह प्रवृत्ति होती है कि हम मौन या ख़ामोशी से बचें :Timothy D. Wilson, David A. Reinhard, Erin C. Westgate, Daniel T. Gilbert, Nicole Ellerbeck, Cheryl

Hahn, Casey L. Brown, and Adi Shaked, "Just Think: The Challenges of the Disengaged Mind," *Science* 345, no. 6192 (July 4, 2014): 75–77, doi: 10.1126 /science.1250830.:

13. बिस्तर पर 33 साल बिताएगा : Gemma Curtis, "Your Life in Numbers," Creative Commons, accessed November 15, 2019, https://www.dreams. co.uk/sleep-matters-club/your-life-in-numbers-infographic/.

14. ज़्यादा समय टीवी और सोशल मीडिया देखने में : Ibid.

16. गीता के अनुसार उच्च मूल्य और गुण ये हैं : Verses 16.1–5 from *The Bhagavad Gita,* introduction and translation by Eknath Easwaran (Tomales, CA: Nilgiri Press, 2007), 238–239.

19. मैसाचुसेट्स के एक कस्बे में रहने वाले लोगों का बीस साल का अध्ययन किया गया : James H. Fowler and Nicholas A. Christakis, "Dynamic Spread of Happiness in a Large Social Network: Longitudinal Analysis over 20 Years in the Framingham Heart Study," *BMJ* 337, no. a2338 (December 5, 2008), doi: https:// doi.org /10.1136 /bmj.a2338.

अध्याय 2 : नकारात्मकता

23. बुद्ध ने सलाह दी थी : Verse 4.50 from *The Dhammapada,* introduction and translation by Eknath Easwaran (Tomales, CA: Nilgiri Press, 2007), 118.

24. स्टैनफर्ड के मनोवैज्ञानिकों ने 104 प्रतिभागियों को लिया : Emily M. Zitek, Alexander H. Jordan, Benoît Monin, and Frederick R. Leach, "Victim Entitlement to Behave Selfishly," *Journal of Personality and Social Psychology* 98, no. 2 (2010): 245–255, doi: 10.1037 /a0017168.

25. 1950 के दशक में सोलोमन एश : Eliot Aronson and Joshua Aronson, *The Social Animal,* 12th edition (New York: Worth Publishers, 2018).

26. हम अनुकूलन करने के लिए बनाए गए हैं : Zhenyu Wei, Zhiying Zhao, and Yong Zheng, "Neural Mechanisms Underlying Social Conformity," *Frontiers in Human Neuroscience* 7 (2013): 896, doi: 10.3389 /fnhum.2013.00896.

26. जो लोग भड़ास निकालने के बाद बेहतर महसूस करते हैं : Brad J. Bushman, "Does Venting Anger Feed or Extinguish the Flame? Catharsis, Rumination, Distraction, Anger, and Aggressive Responding," *Personality and Social Psychology Bulletin* (June 1, 2002), doi: 10.1177 /0146167202289002.

27. अध्ययनों से यह भी पता चलता है कि दीर्घकालीन तनाव : Robert M. Sapolsky, "Why Stress Is Bad for Your Brain," *Science* 273, no. 5276 (August 9, 1996): 749–750, doi: 10.1126 /science.273.5276.749

30. कैथोलिक संन्यासी टॉमस कीटिंग ने कहा था : Thomas Keating, *Invitation to Love 20th Anniversary Edition: The Way of Christian Contemplation* (London: Bloomsbury Continuum, 2012).

31. छोड़ने से हमें स्वतंत्रता मिलती है : Thich Nhat Hanh, *The Heart of the Buddha's Teaching: Transforming Suffering into Peace, Joy, and Liberation* (New York: Harmony, 1999).

32. "किसी दूसरे के मुँह के दाँत मत गिनो : Arthur Jeon, *City Dharma: Keeping Your Cool in the Chaos* (New York: Crown Archetype, 2004), 120.

33. सिस्टर क्रिस्टाइन व्लादिमिरॉफ़ कहती हैं : Hannah Ward and Jennifer Wild, eds., *The Monastic Way: Ancient Wisdom for Contemporary Living: A Book of Daily Readings* (Grand Rapids, MI: Wm. B. Eerdmans, 2007), 183.

33. प्रतिस्पर्धा से ईर्ष्या उत्पन्न होती है : William Buck, *Mahabharata* (Delhi: Motilal Banarsidass Publishers, 2004), 341.

37. शुरुआती बौद्ध धर्मग्रंथों के वाक्सूत्र : Thanissaro Bhikku, trans., "Vaca Sutta: A Statement," AccesstoInsight.org, accessed November 11, 2019, https://www. accesstoinsight.org /tipitaka /an /an05 /an05.198.than.html.

38. विचलित करने वाली घटनाओं के बारे में जरनल में लिखने : Bridget Murray, "Writing to Heal: By Helping People Manage and Learn from Negative Experiences, Writing Strengthens Their Immune Systems as Well as Their Minds," *Monitor on Psychology* 33, no. 6 (June 2002): 54.

38. हार्वर्ड बिज़नेस रिव्यू नौ ज़्यादा विशिष्ट शब्दों : Susan David, "3 Ways to Better Understand Your Emotions," *Harvard Business Review*, November 10, 2016, https://hbr.org /2016 /11 /3-ways-to-better-understand -your-emotions.

39. राधानाथ स्वामी मेरे आध्यात्मिक गुरु : Radanath Swami, interview Jay Shetty, *#FollowTheReader with Jay Shetty, HuffPost*, November 7, 2016, https://www. youtube.com /watch?v=JW1Am81L0wc.

41. भगवद्गीता तीन गुणों का वर्णन करती है : Verse 14.5–9 from *The Bhagavad Gita*, introduction and translation by Eknath Easwaran (Tomales, CA: Nilgiri Press, 2007), 224–225.

42. लूथर कॉलेज का शोध : Loren L. Toussaint, Amy D. Owen, and Alyssa Cheadle, "Forgive to Live: Forgiveness, Health, and Longevity," *Journal of Behavioral Medicine* 35, no. 4 (August 2012), 375–386. doi: 10.1007/ s10865-011-9632-4

43. कायाकल्पकारी क्षमा के बहुत से स्वास्थ्य संबंधी लाभ : Kathleen A. Lawler, Jarred W. Younger, Rachel L. Piferi, Rebecca L. Jobe, Kimberly A. Edmondson, and Warren H. Jones, "The Unique Effects of Forgiveness on Health: An

Exploration of Pathways," *Journal of Behavioral Medicine* 28, no. 2 (April 2005): 157–167, doi: 10.1007 /s10865-005-3665-2.

43. 68 विवाहित दंपतियों पर शोध : Peggy A. Hannon, Eli J. Finkel, Madoka Kumashiro, and Caryl E. Rusbult, "The Soothing Effects of Forgiveness on Victims' and Perpetrators' Blood Pressure," *Personal Relationships* 19, no. 2 (June 2012): 279–289, doi: 10.1111 /j.1475-6811.2011.01356.x.

46. "मैं बौद्ध इसलिए बनी, क्योंकि मैं अपने पति से नफ़रत करती थी : Pema Chödrön, Why I Became a Buddhist," *Sounds True*, February 14, 2008, https://www.youtube.com /watch?v=A4slnjvGjP4&t=117s; Pema Chödrön, "How to Let Go and Accept Change," interview by Oprah Winfrey, *Super Soul Sunday*,Oprah Winfrey Network, October 15, 2014. https://www.youtube.com /watch?v=SgJ1xfhJneA.

46. एलेन डीजेनेरस इस रेखा को स्पष्टता से देखती हैं : Anne-Marie O'Neill, "Ellen De- Generes: 'Making People Feel Good Is All I Ever Wanted to Do,'" *Parade,* October 27, 2011, https://parade.com /133518 /annemarieoneill /ellen -degeneres-2 /.

अध्याय 3 : डर

49. येल यूनिवर्सिटी में अपने दीक्षांत भाषण में : Tom Hanks Addresses the Yale Class of 2011," Yale University, May 22, 2011, https://www.youtube .com / watch?v=baIlinqoExQ.

52. विश्व के अग्रणी सुरक्षा विशेषज्ञों में से एक : Gavin de Becker, *The Gift of Fear* (New York: Dell, 1998).

52. बायोस्फ़ियर 2 : Tara Brach, "Nourishing Heartwood: Two Pathways to Cultivating Intimacy," *Psychology Today,* August 6, 2018, https://www. psychology today.com /us /blog /finding-true-refuge /201808 /nourishing-heartwood.

52. अलेक्स होनोल्ड ने संसार को स्तब्ध कर दिया : *Free Solo,* directed by Jimmy Chin and Elizabeth Chai Vasarhelyi, Little Monster Films and Itinerant Films, 2018.

58. शांतिदेव के शब्दों में : Śāntideva, *A Guide to the Bodhisattva Way of Life,* trans. Vesna A. Wallace and B. Alan Wallace (New York: Snow Lion, 1997).

63. गहरी साँस लेने से हमारे नर्वस सिस्टम का वह हिस्सा प्रेरित हो जाता है, जिसे वेगस नर्व कहते हैं : Christopher Bergland, "Deep Breathing Exercises and Your Vagus Nerve," *Psychology Today,* May 16, 2017, https://www.psychol ogy today.com /us /blog /the-athletes-way /201705 /diaphragmatic -breathing -exercises-and-your-vagus-nerve.

66. **आप जिससे दूर भागते हैं** : Chuck Palahniuk, *Invisible Monsters Remix* (New York: W. W. Norton & Company, 2018).

66. **मिथेन गैस के सबसे बड़े उत्पादकों** : "Basic Information About Landfill Gas," Landfill Methane Outreach Program, accessed November 12, 2019, https://www.epa.gov /lmop /basic-information-about-landfill-gas.

अध्याय 4 : इरादा

68. **जब मस्तिष्क, हृदय और संकल्प के बीच एकरूपता** : Some sources attribute this to commentaries on the Rig Veda.

69. **चार बुनियादी अभिप्रेरणाओं का वर्णन** : Bhaktivinoda Thakura, "The Nectarean Instructions of Lord Caitanya," Hari kírtan, June 12, 2010 https://kirtan.estranky.cz/clanky/philosophy---english/sri-sri-caitanya--siksamrta--the-nectarean-instructions-of-lord--caitanya.html.

71. **तारा ब्रच अमेरिकी आध्यात्मिक हस्ती हैं** : Tara Brach, "Absolute Cooperation with the Inevitable: Aligning with what is here is a way of practicing presence. It allows us to respond to our world with creativity and compassion," *HuffPost,* November 4, 2013, https://www.huffpost.com /entry /hap piness-tips_b_4213151.

72. **कवि कबीर की कविता से ली गई है** : Kabir, "'Of the Musk Deer': 15th Century Hindi Poems," Zócalo Poets, accessed November 11, 2019, https://zocalopoets.com/2012/04/11/kabir-of-the-musk-deer-15th-century-hindi -poems/.

72. **ज़रूरत पूरी होने के बाद पैसा खुशी नहीं देता** : Daniel Kahneman and Angus Deaton, "High Income Improves Evaluation of Life But Not Emotional Well-Being," *PNAS* 107, no. 38 (September 21, 2010): 16489–16493, doi:10.1073 /pnas.1011492107.

73. **खुशी की दर अमेरिकी वयस्कों में लगातार कम हुई है** : Jean M. Twenge, "The Evidence for Generation Me and Against Generation We," *Emerging Adulthood* 1, no. 1 (March 2, 2013): 11–16, doi: 10.1177 /2167696812466548 /.

73. **आम तौर पर अमेरिकी आमदनी 2005 से बढ़ी है** : Brigid Schulte, "Why the U.S. Rating on the World Happiness Report Is Lower Than It Should Be—And How to Change It," *Washington Post,* May 11, 2015, https:// www.washingtonpost.com /news /inspired-life /wp /2015 /05 /11 /why-many -americans-are-unhappy-even-when-incomes-are-rising-and-how-we -can -change-that /.

74. **धन और महल** : Some sources attribute this to commentaries on the Atharva Veda.

74. हम परेशानी को ज़्यादा अच्छी तरह झेल सकते हैं : Kelly McGonigal, *The Upside of Stress* (New York: Avery, 2016)

80. पादरियों की शिक्षा संस्था के विद्यार्थियों से संक्षिप्त भाषण तैयार करने को कहा : John M. Darley and C. Daniel Batson, "From Jerusalem to Jericho: A Study of Situational and Dispositional Variables in Helping Behavior," *Journal of Personality and Social Psychology* 27, no. 1 (1973): 100–108, doi: 10.1037 / h0034449.

80. हर चीज़ जो आप करते हैं, वह आपका आध्यात्मिक जीवन है : Laurence Freeman, *Aspects of Love: On Retreat with Laurence Freeman* (Singapore: Medio Media /Arthur James, 1997).

85. पीछा किए बिना : Benedicta Ward, ed., *The Desert Fathers: Sayings of the Early Christian Monks* (New York: Penguin Classics, 2003).

ध्यान : साँस लें

89. अगर मछली को पकड़कर : Verse 3.34 from *The Dhammapada*, introduction and translation by Eknath Easwaran (Tomales, CA: Nilgiri Press, 2007), 115.

90. साँस हमारे अंतरतम जीवन का विस्तार है : Rig Veda, 1.66.1, and for discussion Abbot George Burke, "The Hindu Tradition of Breath Meditation,"BreathMeditation.org, accessed November 8, 2019, https:// breath meditation.org /the-hindu-tradition-of-breath-meditation.

90. बुद्ध आनापानासाति का वर्णन करते हैं :Thanissaro Bhikku, trans., "Anapanasati Sutta: Mindfulness of Breathing," AccesstoInsight.org, accessed November 8, 2019, https://www.accesstoinsight.org /tipitaka /mn /mn.118 .than .html.

90. यह हृदय को बेहतर बनाता है, तनाव को कम करता है और यहाँ तक कि स्कूल-कॉलेज की परीक्षाओं के प्रदर्शन को भी बेहतर बनाता है : improving cardiovascular health, lowering overall stress, and even improving academic test performance: Tarun Sexana and Manjari Saxena, "The Effect of Various Breathing Exercises (Pranayama) in Patients with Bronchial Asthma of Mild to Moderate Severity," *International Journal of Yoga* 2, no. 1 (January–June 2009): 22–25, doi: 10.4103 /0973-6131.53838; Roopa B. Ankad, Anita Herur, Shailaja Patil, G. V. Shashikala, and Surekharani Chinagudi, "Effect of Short-Term Pranayama and Meditation on Cardiovascular Functions in Healthy Individuals," *Heart Views* 12, no. 2 (April–June 2011): 58–62, doi: 10.4103 /1995-705X.86016; Anant Narayan Sinha, Desh Deepak, and Vimal Singh Gusain, "Assessment of the Effects of Pranayama /Alternate Nostril Breathing on the Parasympathetic Nervous System in Young Adults," *Journal of Clinical & Diagnostic Research* 7, no. 5 (May 2013): 821–823, doi: 10.7860 /

JCDR /2013 /4750.2948; and Shreyashi Vaksh, Mukesh Pandey, and Rakesh Kumar, "Study of the Effect of Pranayama on Academic Performance of School Students of IX and XI Standard," *Scholars Journal of Applied Medical Sciences* 4, no. 5D (2016): 1703–1705.

अध्याय 5 : उद्देश्य

97. जब आप अपने धर्म की रक्षा करते हैं : *The Manusmriti,* Verse 8.15.

100. संवाद के मनोविज्ञान : Albert Mehrabian, *Nonverbal Communication* (London: Routledge, 1972).

100. तंजानिया के जंगलों में दाख़िल हुईं : "About Jane," Jane Goodall Institute, accessed November 11, 2019, https://janegoodall.org /our-story /about-jane.

103. ज़्यादातर लोग इतनी जल्दी अपनी स्वाभाविक लय में नहीं आ पाते हैं : Rich Karlgaard , *Late Bloomers: The Power of Patience in a World Obsessed with Early Achievement* (New York: Currency, 2019)

104. आत्मकथा में आंद्रे अगासी ने संसार में एक बम फोड़ा : Andre Agassi, *Open: An Autobiography* (New York: Vintage, 2010).

104. स्व की सीमाओं में विश्वास हमें खोलता है : Joan D. Chittister, *Scarred by Struggle, Transformed by Hope* (Grand Rapids, MI: Eerdmans, 2005).

110. अस्पताल की साफ़-सफ़ाई करने वाले दलों का अध्ययन : Amy Wrzesniewski, Justin M. Berg, and Jane E. Dutton, "Managing Yourself: Turn the Job You Have into the Job You Want," *Harvard Business Review,* June 2010, https:// hbr.org /2010 /06 /managing-yourself-turn-the-job-you-have-into-the-job-you-want; "Amy Wrzesniewski on Creating Meaning in Your Own Work," re:Work with Google, November 10, 2014v, https://www.youtube.com / watch?v=C_igfnctYjA.

113. खुद की कठोर जाति प्रणाली लादी : Sanjoy Chakravorty, *The Truth About Us: The Politics of Information from Manu to Modi* (Hachette India, 2019).

122. जोसेफ़ कैंपबेल के पास किसी ऐसे करियर का कोई मॉडल नहीं था : Robert Segal, "Joseph Campbell: American Author," *Encyclopaedia Britannica,* accessed November 11, 2019, https://www.britannica.com /biography /Joseph-Campbell-American -author; "Joseph Campbell: His Life and Contributions," Center for Story and Symbol, accessed November 11, 2019, https://folkstory. com /campbell /psychology_online_joseph_campbell.html; Joseph Campbell with Bill Moyers, *The Power of Myth* (New York: Anchor, 1991).

124. जो लोग अपने धर्म की रक्षा करते हैं, यह उनकी रक्षा करता है : *The Mahabharata,* Manusmriti verse 8.15.

125. अप्रवासी एम्मा स्लेड हाँगकाँग में रहती थीं : "My Path to Becoming a Buddhist," TEDx Talks, February 6, 2017, https://www.youtube.com/ watch?v=QnJIjEAE41w; "Meet the British Banker Who Turned Buddhist Nun in Bhutan," *Economic Times*, August 28, 2017, https://economic times .indiatimes.com /news /international /world-news /meet-the-british-banker -who-turned-buddhist-nun-in-bhutan /being-taken-hostage /slide show /60254680.cms; "Charity Work," EmmaSlade.com, accessed November 11, 2019, https://www.emmaslade.com /charity-work.

126. "जिस तरह लाल, नीला या सफ़ेद कमल, पानी में पैदा हुआ" : *The Dona Sutta,* Anguttara Nikaya verse 4.36.

अध्याय 6 : दिनचर्या

130. 85 प्रतिशत को ऑफ़िस समय पर पहुँचने के लिए अलार्म क्लॉक की ज़रूरत होती है : Til Roenneberg, *Internal Time: Chronotypes, Social Jet Lag, and Why You're So Tired* (Cambridge, MA: Harvard University Press, 2012).

130. यह दरअसल आत्मसम्मान और प्राथमिकताओं की गहरी असफलता है : Maria Popova, "10 Learnings from 10 Years of *Brain Pickings*," Brain Pickings, accessed November 11, 2019, https://www.brainpickings.org /2016 /10 /23 /10-years-of-brain-pickings /.

130. दस मिनट के भीतर हममें से आधे अपने संदेश चेक कर लेते हैं। : RootMetrics, "Survey Insights: The Lifestyles of Mobile Consumers," October 24, 2018, http://rootmetrics.com /en-US /content /rootmetrics-survey-results-are-in- mobile-consumer-lifestyles.

130. केवल छह कारें हैं : "Fastest Cars 0 to 60 Times," accessed November 11, 2019, https://www.zeroto60times.com /fastest-cars-0-60-mph-times /.

131. टिम कुक अपना दिन सुबह : Lev Grossman, "Runner-Up: Tim Cook, the Technologist," TIME, December 19, 2012, http://poy.time.com /2012 /12 /19/ runner-up-tim-cook-the-technologist /; Michelle Obama, "Oprah Talks to Michelle Obama," interview by Oprah Winfrey, O, *The Oprah Magazine,* April 2000, https://www.oprah.com /omagazine /michelle-obamas-oprah- interview-o-magazine-cover-with-obama /all#ixzz5qYixltgS.

134. जल्दी सोने से आपका मूड बेहतर हो सकता है : Jacob A. Nota and Meredith E. Coles, "Duration and Timing of Sleep Are Associated with Repetitive Negative Thinking," *Cognitive Therapy and Research* 39, no. 2 (April 2015): 253–261, doi: 10.1007 /s10608-014-9651-7.

134. हमारे शरीर में 75 प्रतिशत तक एचजीएच तब प्रवाहित होता है : M. L. Moline, T.

H. Monk, D. R. Wagner, C. P. Pollak, J. Kream, J. E. Fookson, E. D. Weitzman, and C. A. Czeisler, "Human Growth Hormone Release Is Decreased During Sleep in Temporal Isolation (Free-Running)," *Chronobiologia* 13, no. 1 (January– March 1986): 13–19.

134. केविन ओ'लियरी ने कहा था कि सोने से पहले वे : Ali Montag, "These Are Kevin O'Leary's Top 3 Productivity Hacks—and Anyone Can Use Them," CNBC, July 23, 2018, https://www.cnbc.com /2018 /07 /19 /kevin-olearys-top-productivity-tips-that-anyone-can-use.html.

135. हर निर्णय उन्हें उनके मार्ग से भटका सकता है : Christopher Sommer, "How One Decision Can Change Everything," interview by Brian Rose, *London Real,* October 2, 2018, https://www.youtube.com /watch ?v =jgJ3xHyOzsA.

137. शहरों में रहने वाले लोग इस बारे में विकल्प चुन सकते हैं : Hannah Ward and Jennifer Wild, eds., *The Monastic Way: Ancient Wisdom for Contemporary Living: A Book of Daily Readings* (Grand Rapids, MI: Wm. B. Eerdmans, 2007), 75–76.

138. किसी चीज़ को देखने और उस पर ध्यान देने में फ़र्क़ होता है : Alan D. Castel, Michael Vendetti, and Keith J. Holyoak, "Fire Drill: Inattentional Blindness and Amnesia for the Location of Fire Extinguishers," *Attention, Perception, & Psychophysics* 74 (2012): 1391–1396, doi: 10.3758 /s13414-012-0355-3

139. कोबे ब्राएंट यह बात समझते थे : "Kobe Bryant: On How to Be Strategic & Obsessive to Find Your Purpose," interview by Jay Shetty, *On Purpose,* September 9, 2019, https://jayshetty.me /kobe-bryant-on-how-to be -strategic-obsessive-to-find-your-purpose /.

141. बर्तन धोना अप्रिय काम है : Thich Nhat Hanh, *At Home in the World: Stories and Essential Teachings from a Monk's Life* (Berkeley, CA: Parallax Press, 2019).

142. बीता कल सिर्फ़ एक याद है : Kālidāsa, *The Works of Kālidāsa,* trans. Arthur W. Ryder (CreateSpace, 2015).

146. हममें से केवल 2 प्रतिशत लोग ही मल्टीटास्किंग अच्छी तरह कर सकते हैं : This Is Your Brain on Multitasking: Brains of Multitaskers Are Structurally Different Than Brains of Monotaskers," *Psychology Today,* February 24, 2012, https://www.psychology today.com /us /blog /brain-trust /201202 /is-your-brain-multitasking.

146. इस तरह ध्यान बँटने से दरअसल हमारी एकाग्र होने की योग्यता ख़त्म हो जाती है : Cal Newport, *Deep Work: Rules for Focused Success in a Distracted World* (New York: Grand Central Publishing, 2016).

147. शोधकर्ताओं ने कुछ विद्यार्थियों को दो समूहों में बाँट दिया : Eyal Ophir, Clifford

Nass, and Anthony D. Wagner, "Cognitive Control in Media Multitaskers," *PNAS* 106, no. 37 (September 15, 2009): 15583–15587, doi: 10.1073 / pnas.0903620106

148. हम डोपामीन (पुरस्कार) चैनल को अति उत्तेजित कर देते हैं : Robert H. Lustig, *The Hacking of the American Mind: The Science Behind the Corporate Takeover of Our Bodies and Brains* (New York: Avery, 2017).

अध्याय : 7 मन

152. मन की तुलना नशे में धुत्त बंदर से की गई है : Nārāyana, *Hitopadeśa* (New York: Penguin Classics, 2007)

152. दिमाग़ में हर दिन लगभग सत्तर हज़ार अलग–अलग विचार आते हैं : "How Many Thoughts Do We Have Per Minute?," Reference, accessed November 12, 2019, https://www.reference.com /world-view /many-thoughts-per-minute-cb7fcf22ebbf8466.

152. मन एक बार में लगभग तीन सेकंड तक ही वर्तमान पल : Ernst Pöppel, "Trust as Basic for the Concept of Causality: A Biological Speculation," presentation, accessed November 12, 2019, http://www.paralimes.ntu.edu.sg /NewsnEvents /Causality %20 -%20Reality /Documents /Ernst%20Poppel. pdf.

153. आपका मस्तिष्क उस पर प्रतिक्रिया नहीं करता है, जो हो रहा है : Lisa Barrett, "Lisa Barret on How Emotions Are Made," interview by Ginger Campbell, *Brain Science with Ginger Campbell, MD*, episode 135, July 31, 2017, https:// brain sciencepodcast.com /bsp /2017 /135-emotions-barrett.

153. हमारा मन बंदर जैसा है : Piya Tan, "Samyutta Nikaya: The Connected Sayings of the Buddha, Translated with Notes in the Sutta Discovery Series," Buddhism Network, accessed January 22, 2020, http://buddhismnetwork. com/2016/12/28/samyutta-nikaya/.

153. जिस तरह सिंचाई करने वाला पानी को अपनी मनचाही जगह पर ले जाता है : Verse 6.80 from *The Dhammapada*, introduction and translation by Eknath Easwaran (Tomales, CA: Nilgiri Press, 2007), 126.

154. जिसने अपने मन को जीत लिया है, उसके लिए मन सर्वश्रेष्ठ मित्र है : Verse 6.6 from A. C. Bhaktivedanta Swami Prabhupada, Bhagavad Gita As It Is (The Bhaktivedanta BookTrust International, Inc.). https://apps.apple.com /us / app /bhagavad-gita -as-it-is /id1080562426.

154. ऑक्सफ़ोर्ड इंग्लिश डिक्शनरी के अनुसार शत्रु का मतलब है : *Paperback Oxford English Dictionary* (Oxford, UK: Oxford University Press, 2012).

154. बुरे निर्णय का वज़न केवल आलंकारिक ही नहीं होता : Martin V. Day and D. Ramona Bobocel, "The Weight of a Guilty Conscience: Subjective Body Weight as an Embodiment of Guilt," *PLoS ONE* 8, no. 7 (July 2013), doi: 10.1371 /journal.pone.0069546.

154. चाहता हूँ-स्वरूप' : Max. H. Bazerman, Ann E. Tenbrunsel, and Kimberly Wade-Benzoni, "Negotiating with Yourself and Losing: Making Decisions with Competing Internal Preferences," *Academy of Management Review* 23, no. 2 (April 1, 1998): 225–241, doi: 10.5465 /amr .1998.533224.

155. विचारों के हमारे हर दिन के बवंडर में : *The Dhammapada,* introduction and translation by Eknath Easwaran (Tomales, CA: Nilgiri Press, 2007), 65–66.

157. मन की तुलना रथ से की गई है, जिसे पाँच घोड़े खींच रहे हैं : Katha Upanishad, Third Valli, 3–6, from *The Upanishads,* trans. Vernon Katz and Thomas Egenes (New York: Tarcher Perigee, 2015), 55–57.

158. शाओलिन संन्यासी इस बात का बेहतरीन उदाहरण पेश करते हैं : Elliot Figueira, "How Shaolin Monks Develop Their Mental and Physical Mastery," BBN, accessed November 12, 2019, https://www.bbncommunity.com /how-shaolin-monks -develop-their-mental-and-physical-mastery

158. उनकी कलाइयों पर थर्मल स्टिमुलेटर बाँध दिया : Daniel Goleman and Richard J. Davidson, *Altered Traits: Science Reveals How Meditation Changes Your Mind, Brain, and Body* (New York: Penguin Random House, 2017).

161. सबवे स्टेशन के बाहर वायलिन बजाने का निर्णय लिया : Gene Weingarten, "Pearls Before Breakfast: Can One of the Nation's Great Musicians Cut Through the Fog of a D.C. Rush Hour? Let's Find Out," *Washington Post,* April 8, 2007, https://www.washingtonpost.com /lifestyle /magazine /pearls-before-breakfast-can-one-of-the-nations-great-musicians-cut -through-the-fog-of-a-dc-rush-hour-lets-find-out /2014 /09 /23 /8a6d46da -4331 -11e4 -b47c-f5889 e061e5f_story.html.

163. विशिष्ट चीज़ें खोजने को कहा गया : Gary Lupyan and Daniel Swingley, "Self-Directed Speech Affects Visual Search Performance," *Quarterly Journal of Experimental Psychology* (June 1, 2012), doi: 10.1080/17470218.2011.647039.

163. खुद से बात करने से "आपके विचार स्पष्ट होते हैं : "Linda Sapadin, "Talking to Yourself: A Sign of Sanity," *Psych Central,* October 2, 2018, https:// psychcentral.com /blog /talking-to-yourself-a-sign-of-sanity /.

167. 'सबसे गहरे विचार और भावनाएँ' लिखीं : James W. Pennebaker and Janel D. Seagal, "Forming a Story: The Health Benefits of Narrative," *Journal of Clinical Psychology* 55, no. 10 (1999): 1243–1254.

167. लेखिका क्रिस्टा मैकग्रे उड़ान भरने के बारे में आतंकित थीं : www.krystamacgray. com and personal interview, July 10, 2019.

170. वर्तमान पल में मौजूद कैसे रहना है : Richard Rohr, "Living in the Now: Practicing Presence," Center for Action and Comtemplation, November 24, 2017, https://cac.org /practicing-presence-2017-11-24 /.

170. *अभी यहाँ रहो* : Ram Dass, *Be Here Now* (New York: Harmony, 1978)

171. गीता में अलगाव या अनासक्ति की परिभाषा : Verses 2.48 and 12.12 from the Bhagavad Gita, introduction and translation by Eknath Easwaran (Tomales, CA: NilgiriPress, 2007), 94, 208.

172. अनासक्ति का मतलब यह नहीं है कि आप किसी चीज़ के स्वामी नहीं : This quote is attributed to Alī Ibn Abi Talib, the cousin and son-in-law of Muhammad, the last prophet of Islam.

175. हंसरत्न विजयजी महाराज साहब ने 423 दिन तक उपवास किया : Bhavika Jain, "Jain Monk Completes 423 Days of Fasting," *Times of India,* November 1, 2015, http://timesofindia.indiatimes.com /articleshow /49616061.cms?utm_ source=contentofinterest&utm _medium=text&utm_campaign=cppst.

175. सोकुशिनबुत्सु जापान का एक ममिफ़िकेशन शैली का अभ्यास है : Krissy Howard, "The Japanese Monks Who Mummified Themselves While Still Alive," *All That's Interesting,* October 25, 2016, https://allthatsinteresting.com /sokushinbutsu.

176. एक मील की दौड़ 3:59.4 सेकंड में पूरी की : Sir Roger Bannister: First Person to Run a Mile in Under Four Minutes Dies at 88," BBC, March 4, 2018, https:// www.bbc.com /sport /athletics /43273249.

179. अगर आप दुख और नकारात्मकता पर सोचते रहते हैं : Matthieu Ricard, interview by Jay Shetty, *#FollowTheReader with Jay Shetty, HuffPost,* October 10, 2016, https://www.youtube.com /watch?v=_HZznrniwL8&feature=youtu.be.

179. अपनी बुद्धि को विकसित करें : Jayaram V, "The Seven Fundamental Teachings of the Bhagavad-Gita," Hinduwebsite.com, accessed January 22, 2020, https:// www.hinduwebsite.com/seventeachings.asp.

अध्याय : 8 अहं

181. वे हमेशा के लिए स्वतंत्र हो जाते हैं : Verse 2.71 from the Bhagavad Gita, introduction and translation by Eknath Easwaran (Tomales, CA: Nilgri Press, 2007), 97.

181. भगवद्गीता अहं और झूठे अहं में फ़र्क करती है : Verses 7.4 and 16.18 from *The*

Bhagavad Gita, introduction and translation by Eknath Easwaran (Tomales, CA: Nilgiri Press, 2007), 152, 240.

181. दौलत का घमंड दौलत को नष्ट करता है : Some sources attribute this to commentaries on the Sama Veda.

182. आत्मा के सबसे विनाशकारी पतन का कारण : Dennis Okholm, *Dangerous Passions, Deadly Sins: Learning from the Psychology of Ancient Monks* (Grand Rapids, MI: Brazos Press, 2014), 161.

185. आदर्श योगी वे हैं : Verse 6.32 from A. C. Bhaktivedanta Swami Prabhupada, *Bhagavad Gita As It Is* (The Bhaktivedanta Book Trust International, Inc.), https://apps.apple.com /us /app /bhagavad-gita-as-it-is /id1080562426.

187. अपनी लोकप्रिय टेड टॉक : Julia Galef, "Why You Think You're Right Even If You're Wrong," TEDx PSU, February 2016, https://www.ted.com / talks /julia_galef_why_you_think_you_re_right_even_if_you_re_wrong / transcript#t-68800.

188. नेटफ्लिक्स के सह-संस्थापक रीड हेस्टिंग्स ने 2000 में अपनी कंपनी की 49 प्रतिशत हिस्सेदारी ब्लॉकबस्टर को बेचने की कोशिश की : Ken Auletta, "Outside the Box: Netflix and the Future of Television," *New Yorker,* January 26, 2014, https://www .newyorker.com /magazine /2014 /02 /03 /outside-the-box-2; Paul R. LaMonica, "Netflix Joins the Exclusive $100 Billion Club," CNN, July 23, 2018, https://money.cnn.com /2018 /01 /23 /investing /netflix-100-billion -market-value /index.html.

189. ज़ेन गुरु नैन-इन के पास एक यूनिवर्सिटी प्रोफेसर ज़ेन के बारे में पूछने आए थे : Osho, *A Bird on the Wing: Zen Anecdotes for Everyday Life* (India: Osho Media International, 2013)

189. याद रखो, तुम इंसान हो : Mary Beard, *The Roman Triumph* (Cambridge, MA: Harvard University Press, 2009).

189. एक इंटरव्यू में रॉबर्ट डाउनी जूनियर ने : Robert Downey Jr., interview, *Cambridg Union,* December 19, 2014, https://www.youtube.com/ watch?v=Rmpysp5mWlg.

192. वे जुगनू जैसे हैं : Srimad-Bhagavatam, The Summum Bonum, 14.9-10.

194. मैरी जॉनसन का बेटा लैरेमियन बर्ड : Steve Hartman, "Love Thy Neighbor: Son's Killer Moves in Next Door," CBS News, June 8, 2011, https:// www.cbsnews. com /news /love-thy-neighbor-sons-killer-moves-next -door /; "Woman Shows Incredible Mercy as Her Son's Killer Moves In Next Door," *Daily Mail,* June 8, 2011, https://www.dailymail.co.uk /news /article -2000704/Woman-shows-incredible-mercy-sons-killer-moves-door.html; "Mary Johnson and

Oshea Israel," The Forgiveness Project, accessed November 12, 2019, https://www.theforgivenessproject.com/stories/mary-johnson-oshea-israel/.

196. जो आपका है, वह कल किसी और का था : Kamlesh J. Wadher, *Nature's Science and Secrets of Success* (India: Educreation Publishing, 2016); Verse 2.14 from the Bhagavad Gita, introduction and translation by Eknath Easwaran (Tomales, CA: Nilgiri Press, 2007), 90.

197. असफलता से सचमुच तबाह होना : Thomas Moore, *Care of the Soul: A Guide for Cultivating Depth and Sacredness in Everyday Life* (New York: Harper Perennial, 1992), 197.

198. सारा ब्लैकली लॉ कॉलेज जाना चाहती थीं : Sarah Lewis, *The Rise: Creativity, the Gift of Failure, and the Search for Mastery* (New York: Simon & Schuster 2014), 111; "Spanx Startup Story," Fundable, accessed November 12, 2019, https://www.fundable.com /learn /startup-stories /spanx.

201. ओलिंपिक में तैराकी की स्वर्ण पदक विजेता : "Goal Setting Activities of Olympic Athletes (And What They Can Teach the Rest of Us)," Develop Good Habits, September 30, 2019, https://www.developgoodhabits.com / goal -setting-activities /.

205. बाल अधिकार कार्यकर्ता : Rajesh Viswanathan, "Children Should Become Their Own Voices," *ParentCircle*, accessed November 12, 2019, https:// www. parentcircle.com /article /children-should-become-their-own-voices /.

ध्यान : मानसिक चित्रण करें

208. अपनी छोटी अँगुली की मांसपेशी खींचने की कल्पना की : Vinoth K. Ranganathan, Vlodek Siemionow, Jing Z. Liu, Vinod Sahgal, and Guang H. Yue, "From Mental Power to Muscle Power—Gaining Strength by Using the Mind," *Neuropsychologia* 42, no. 7 (2004): 944–956, doi: 10.1016 /j.neuropsychologia.2003.11.018.

अध्याय 9 : कृतज्ञता

215. कृतज्ञता को कद्र की भावना के रूप में परिभाषित करते हैं : What Is Gratitude?" ANetwork for Grateful Living, accessed November 12, 2019, https://gratefulness.org /resource /what-is-gratitude /.

216. वे दिन के दौरान जरनल में लिखें : Robert A. Emmons and Michael E. Mc- Cullough, "Counting Blessings Versus Burdens: An Experimental Investigation of Gratitude and Subjective Well-Being in Daily Life," *Journal of Personality and Social Psychology* 84, no. 2 (2003): 377–389, doi: 10.1037 /0022-3514.84.2.377.

217. सकारात्मक और नकारात्मक दोनों तरह की भावनाओं पर ध्यान केंद्रित नहीं कर सकते : "The Grateful Brain: The Neuroscience of Giving Thanks," *Psychology Today,* November 20, 2012, https://www.psychologytoday.com /us /blog / prefrontal-nudity /201211 /the -grateful-brain.

217. वियतनाम युद्ध के जिन सैनिकों में कृतज्ञता का स्तर ज़्यादा था : Todd B. Kashdan, Gitendra Uswatte, and Terri Julian, "Gratitude and Hedonic and Eudaimonic Well-Being in Vietnam War Veterans," *Behaviour Research and Therapy* 44, no. 2 (February 2006): 177–199, doi: 10.1016 /j.brat.2005.01.005.

217. अगर कृतज्ञता कोई दवा होती : Mikaela Conley, "Thankfulness Linked to Positive Changes in Brain and Body," ABC News, November 23, 2011, https://abcnews.go.com /Health /science-thankfulness /story?id=15008148

218. संन्यासियों, आपको खुद को इस तरह प्रशिक्षित करना चाहिए : Samyutta Nikaya, Sutta Pitaka, 20.21.

220. नेटिव अमेरिकियों की एक परंपरा : Joanna Macy, *World as Lover, World as Self: Courage for Global Justice and Ecological Renewal* (Berkeley, CA: Parallax Press, 2007), 78–83.

221. ग़रीबी की मानसिकता : Roshi Joan Halifax, "Practicing Gratefulness by Roshi Joan Halifax," Upaya Institute and Zen Center, October 18, 2017, https:// www.upaya.org /2017 /10 /practicing-gratefulness-by-roshi-joan-halifax /.

222. ब्रायन एक्टन कृतज्ञता के इस चेतन अभ्यास के उदाहरण हैं : Bill Murphy Jr., "Facebook and Twitter TurnedHim Down. Now He's Worth $4 Billion," Inc., accessed November 13, 2019, https://www.inc.com /bill-murphy-jr / facebook-and-twitter-turned-him   -down-now-hes-worth-4-billion.html; Brian Acton (@brianacton), Twitter post, May 23, 2009, https://twitter.com /brianacton /status /1895942068; Brian Acton (@brianacton), Twitter post, August 3, 2009, https://twitter .com /brianacton /status /3109544383.

223. जब खुशी का एक दरवाज़ा बंद होता है, तो दूसरा खुल जाता है : "Helen Keller," Biography, accessed November 13, 2019, https://www.biography.com /activist /helen-keller; Helen Keller, *We Bereaved* (New York: L. Fulenwider, 1929).

223. लोग आम तौर पर सोचते हैं कि कृतज्ञता धन्यवाद देना है, : Rob Sidon, "The Gospel of Gratitude According to David Steindl-Rast," *Common Ground,* November 2017,42–49, http://onlinedigitaleditions2.com /commonground / archive /web-11-2017 /.

225. अपने प्रति ज़्यादा दयालु बनें : Pema Chödrön, *Practicing Peace in Times of War* (Boston: Shambhala, 2007).

225. क्या दयालुता अनजान लोगों के बीच भी संक्रामक होती है : James H. Fowler and

Nicholas A. Christakis, "Cooperative Behavior Cascades in Human Social Networks," *Proceedings of the National Academy of Sciences,* 107, no. 12 (March 23, 2010): 5334–5338, doi: 10.1073 /pnas.0913149107.

226. शिकागो सबवे पर कुछ दैनिक यात्रियों को प्रोत्साहित किया गया : Nicholas Epley and Juliana Schroeder, "Mistakenly Seeking Solitude," *Journal of Experimental Psychology: General* 143, no. 5 (October 2014): 1980–1999, doi: 10.1037 / a0037323.

229. स्वयंसेवा करने से डिप्रेशन की भावनाएँ कम होती हैं : Caroline E. Jenkinson, Andy P. Dickens, Kerry Jones, Jo Thompson-Coon, Rod S. Taylor, Morwenna Rogers, Clare L. Bambra, Iain Lang, and Suzanne H. Richards, "Is Volunteering a Public Health Intervention? A Systematic Review and Meta-Analysis of the Health and Survival of Volunteers," *BMG Public Health* 13, no. 773 (August 23, 2013), doi: 10.1186 /1471-2458-13-773

अध्याय 10 : संबंध

232. हर व्यक्ति एक संसार है : Thich Nhat Hanh, *How to Love* (Berkeley, CA: Parallax Press, 2014).

232. दीर्घायु का संबंध समुदाय के विभिन्न पहलुओं से होता है : Dan Buettner, "Power 9: Reverse Engineering Longevity," Blue Zones, accessed November 13, 2019, https://www.bluezones.com /2016 /11 /power-9 /.

238. इराक़ में सैन्य नेतृत्व की एक फ़ील्ड स्टडी : Michael D. Matthews, "The 3 C's of Trust: The Core Elements of Trust Are Competence, Character, and Caring," *Psychology Today,* May 3, 2016, https://www.psychologytoday .com /us /blog / head-strong /201605 /the-3-c-s-trust.

240. स्वर्णिम तरीक़ा संसार के साथ मित्रता रखना और पूरे मानव परिवार को एक मानना है : K. S. Baharati, *Encyclopaedia of Gandhian Thought* (India: Anmol Publications, 2006).

240. लोग एक कारण, एक मौसम या जीवन भर के लिए आपके जीवन में आते हैं : Jean Dominique Martin, "People Come Into Your Life for a Reason, a Season, or a Lifetime," accessed November 14, 2019, http://youmeandspirit.blogspot. com /2009 /08 /ebb-and-flow.html.

242. दंपती संघर्ष को सुलझाने : John Gottman, "John Gottman on Trust and Betrayal," *Greater Good Magazine,* October 29, 2011, https:// greatergood. berkeley.edu /article /item /john_gottman_on_trust_and_be trayal.

243. बीस प्रतिशत व्यवहार में बेईमान रहते हैं : Bella M. DePaulo, Deborah A. Kashy, Susan E. Kirkendol, Melissa M. Wyer, and Jennifer A. Epstein, "Lying

in Everyday Life," *Journal of Personality and Social Psychology* 70, no. 5 (June 1996): 979–995, doi: 10.1037 /0022-3514.70.5.979.

244. हम दूसरों को प्रभावित करने के लिए झूठ बोलते हैं : *The Lies We Tell and the Clues We Miss: Professional Papers* (CreateSpace, 2009).

244. उन लोगों पर विश्वास करने की प्रवृत्ति होती है, जो हमें आकर्षक लगते हैं : Dawn Dorsey, "Rice Study Suggests People Are More Trusting of Attractive Strangers," Rice University, September 21, 2006, https://news.rice.edu /2006 /09 /21 /rice-study-suggests-people-are -more -trusting-of-attractive-strangers /

244. हमने पाया कि आकर्षक लोगों को 'सौंदर्य लाभ' मिलता है : Dawn Dorsey, "Rice Study Suggests People Are More Trusting of Attractive Strangers," *Rice News,* September 21, 2006, http://news.rice.edu /2006 /09 /21 /rice -study-suggests-people-are-more-trusting-of-attractive-strangers /.

245. हर सदस्य को एक कोरा काग़ज़ देते थे : Don Meyer, "Fox-Hole Test," CoachMeyer.com, accessed November 13, 2019, https://www.coachmeyer. com /Information Players_Corner /Fox%20Hole%20Test.pdf.

248. ब्रह्मचर्य का चेतन चयन : www.malamadrone.com and personal interview, September 7, 2019.

249. अकेले रहने के दो पहलुओं को : Paul Tillich, *The Eternal Now* (New York: Scribner, 1963).

250. माताओं के समय के प्रभाव : Melissa A. Milke, Kei M. Nomaguchi, and Kathleen E. Denny, "Does the Amount of Time Mothers Spend with Children or Adolescents Matter?" *Journal of Marriage and Family* 77, no. 2 (April 2015): 355–372, doi: 10.1111 /jomf.12170.

252. छह प्रेमपूर्ण आदान-प्रदान : *Sri Upadesamrta: The Ambrosial Advice of Sri Rupa Gosvami* (India: Gaudiya Vedanta Publications, 2003), https://archive.org / details /upadesamrta /page /n1.

256. हार्वर्ड ग्रांट स्टडी : Joshua Wolf Shenk, "What Makes Us Happy? Is There a Formula—Some Mix of Love, Work, and Psychological Adaptation—for a Good Life?" *Atlantic,* June 2009, https://www.theatlantic .com /magazine / archive /2009 /06 /what-makes-us-happy /307439 /.

256. हम तो इसलिए फ़िदा होते हैं : Thich Nhat Hanh , *How to Love* (Berkeley, CA: Parallax Press, 2014).

256. मैसिव अटैक के अनुसार : "Teardrop," *Mezzanine,* Circa /Virgin, April 27, 1998; *Dan in Real Life,* directed by Peter Hedges, Touchstone Pictures, Focus Features, and Jon Shestack Productions, 2007.

258. जब तक आप अपने अतीत के घाव नहीं भर लेते : Iyanla Vanzant, "How to Heal the Wounds of Your Past," Oprah's Life Class, October 11, 2011, http://www.oprah.com /oprahs-lifeclass /iyanla-vanzant-how-to-heal-the-wounds-of -your-past.

259. ज़्यादा मज़बूत बंधन बनाते हैं : Arthur Aron, Christina C. Norman, Elaine N. Aron, Colin McKenna, and Richard E. Heyman, "Couples' Shared Participation in Novel and Arousing Activities and Experienced Relationship Quality," *Journal of Personality and Social Psychology* 78, no. 2 (2000): 273– 84, doi: 10.1037 //0022-3514.78.2.273

261. हम अक्सर आसक्ति को प्रेम समझने की ग़लती करते हैं : Jetsunma Tenzin Palmo, "The Difference Between Genuine Love and Attachment," accessed November 13, 2019, https://www.youtube.com /watch?v=6kUoTS3Yo4g.

262. शोधकर्ताओं ने नए आने वाले कॉलेज विद्यार्थियों का अध्ययन : Sanjay Srivastava, Maya Tamir, Kelly M. McGonigal, Oliver P. John, and James J. Gross, "The Social Costs of Emotional Suppression: A Prospective Study of the Transition to College," *Journal of Personality and Social Psychology* 96, no. 4 (August 22, 2014): 883– 897, doi: 10.1037 /a0014755.

अध्याय 11 : सेवा

264. अज्ञानी अपने खुद के लाभ के लिए काम करते हैं : Verse 3.25 from *The Bhagavad Gita,* introduction and translation by Eknath Easwaran (Tomales, CA: Nilgiri Press, 2007), 107.

266. हम एक यात्रा पर हैं : Hannah Ward and Jennifer Wild, eds., *The Monastic Way: Ancient Wisdom for Contemporary Living: A Book of Daily Readings* (Grand Rapids, MI: Wm. B. Eerdmans, 2007), 183.

267. संन्यासी यह सोच सकता है : Hannah Ward and Jennifer Wild, eds., *The Monastic Way: Ancient Wisdom for Contemporary Living: A Book of Daily Readings* (Grand Rapids, MI: Wm. B. Eerdmans, 2007), 190.

267. इन सौभाग्यशाली वृक्षों को देखो : Srimad-Bhagavatam, The Summum Bonum, 22.32.

267. सोलहवीं सदी के गुरु रूप गोस्वामी ने युक्त-वैराग्य की बात की है : Verse 1.2.255 from Srila Rupa Goswami, *Bhakti Rasamrta Sindhu (In Two Volumes): With the Commentary of Srila Jiva Gosvami and Visvanatha Cakravarti Thakur* (The Bhaktivedanta Book Trust, Inc, 2009).

268. कोई भी पैदा होते समय नफरत नहीं करता है : Nelson Mandela, *Long Walk to Freedom: The Autobiography of Nelson Mandela* (Boston: Back Bay Books, 1995).

269. जिसे हम अक्सर नज़रअंदाज़ कर देते हैं : Joseph Campbell, *The Hero with a Thousand Faces* (Novato, CA: New World Library, 2008).

269. सीन कॉर्न हीरो की यात्रा : Seane Corn, "Yoga, Meditation in Action," interview by Krista Tippett, *On Being,* September 11, 2008, https://onbeing. org /programs /seane-corn-yoga-meditation-in-action /.

269. जब हम 'करुण लक्ष्यों' का पीछा करते हैं : M. Teresa Granillo, Jennifer Crocker, James L. Abelson, Hannah E. Reas, and Christina M. Quach, "Compassionate and Self-Image Goals as Interpersonal Maintenance Factors in Clinical Depression and Anxiety," *Journal of Clinical Psychology* 74, no. 4 (September 12, 2017): 608–625, doi: 10.1002 /jclp.22524.

269. उनमें ज़्यादा लंबा जीने : Stephen G. Post, "Altruism, Happiness, and Health: It's Good to Be Good," *International Journal of Behavioral Medicine* 12, no. 2 (June 2005): 66–77, doi: 10.1207 /s15327558ijbm1202_4.

270. सिर्फ़ इसलिए देना, क्योंकि देना सही है : Verse 17.20 from *The Bhagavad Gita,* introduction and translation by Eknath Easwaran (Tomales, CA: Nilgiri Press, 2007), 248.

273. सिंधुताई सपकल की उम्र जब बारह साल थी : About Sindhutai Sapkal (Mai)/ Mother of Orphans," accessed November 13, 2019, https://www.sindhuta isapakal.org /about-Sindhutail-Sapkal.html.

274. लोगों को 10 डॉलर दिए गए : Paul K. Piff, Michael W. Krauss, Stéphane Côté, Bonnie Hayden Cheng, and Dacher Keltner, "Having Less, Giving More: The Influence of Social Class on Prosocial Behavior," *Journal of Personality and Social Psychology* 99, no. 5 (November 2010): 771–784, doi: 10.1037 / a0020092.

274. परोपकारी दान के सर्वे : Ken Stern, "Why the Rich Don't Give to Charity: The Wealthiest Americans Donate 1.3 Percent of Their Income; The Poorest, 3.2 Percent. What's Up with That?" The Atlantic, April 2013, https:// www.theatlantic.com/magazine/archive/2013/04/why-the-rich-dont- give/309254/.

274. 70 प्रतिशत से ज़्यादा परोपकारी योगदानों के लिए : Kate Rogers, "Poor, Middle Class and Rich: Who Gives and Who Doesn't?" FOXBusiness, April 24, 2013, https://www.foxbusiness.com/features/poor-middle-class-and-rich- who-gives-and-who-doesnt.

274. कम पैसे वाले लोग ज़्यादा क्यों देते हैं, : Daniel Goleman, *Focus: The Hidden Driver of Excellence* (New York: HarperCollins, 2013), 123.

274. कुछ परोपकारी लोगों ने इस बात को स्वीकार किया है : Kathleen Elkins, "From

Poverty to a \$3 Billion Fortune: The Incredible Rags-to-Riches Story of Oprah Winfrey," *Business Insider,* May 28, 2015, https://www.businessinsider. com /rags-to –riches-story-of-oprah-winfrey-2015-5.

278. कैलाश सत्यार्थी ने बाल श्रम को ख़त्म करने : Ryan Prior, "Kailash Satyarthi Plans toEnd Child Labor In His Lifetime," CNN, March 13, 2019, https:// www .cnn.com /2019 /02 /19 /world /kailash-satyarthi-child-labor /index. html.

279. आपको हर चीज़ करने की ज़रूरत नहीं : Joanna Macy, *World as Lover, World as Self: Courage for Global Justice and Ecological Renewal* (Berkeley, CA: Parallax Press, 2007), 77.

ध्यान : जप

281. जप क्यों और कैसे किया जाए : Agni Purana 3.293 and Vayu Purana 59.141.

281. ध्वनि के महत्त्व को आधुनिक युग में भी स्वीकार किया गया है : "Tesla's Vibrational Medicine," Tesla's Medicine, accessed November 12, 2019, https://teslasmedicine.com /teslas-vibrational-medicine /; Jennifer Tarnacki, "This Is Your Brain on Drumming:The Neuroscience Behind the Beat," Medium, September 25, 2019,https://medium.com /indian-thoughts /this-is-your-brain-on-drumming -8ed6eaf314c4.

282. जो भी चीज़ आपको प्रेरित करती है, वह कारगर हो सकती है : Rainer Maria Rilke, *Letters to a Young Poet* (New York: W. W. Norton & Company, 1993); "29 Inspiring HerbBrooks Quotes to Motivate You," Sponge Coach, September 13, 2017,http://www.spongecoach.com /inspiring-herb-brooks-quotes /; Jay-Z, "DirtOff Your Shoulder," *The Black Album,* Roc-A-Fella and Def Jam, March 2,2004; Bad Boys II, directed by Michael Bay, Don Simpson /Jerry Bruckheimer Films, 2003.

282. ओम् सबसे पवित्र मंत्र है : "Why Do We Chant Om?"Temples in India Info, accessed November 12, 2019, https://templesinindiainfo.com /why-do-we-chant-om /; "Om," Encyclopedia Britannica, accessed November 12, 2019, https://www.britannica.com /topic /Om-Indian-religion.

282. वेगस नर्व सक्रिय होती है : Bangalore G. Kalyani, Ganesan Venkatasubramanian, Rashmi Arasappa, Naren P. Rao, Sunil V. Kalmady, RishikeshV. Behere, Hariprasad Rao, Mandapati K. Vasudev, and Bangalore N. Gangadhar, "Neurohemodynamic Correlates of 'OM' Chanting: A Pilot Functional Magnetic Resonance Imaging Study," *International Journal of Yoga* 4, no. 1 (January–June 2011): 3–6, doi: 10.4103 /0973- 6131.78171; C. R. Conway, A. Kumar, W. Xiong, M. Bunker, S. T. Aronson, and A. J. Rush, "Chronic

Vagus Nerve Stimulation Significantly Improves Quality of Life in Treatment Resistant Major Depression," *Journal of Clinical Psychiatry* 79, no. 5 (August 21, 2018), doi: 10.4088 / JCP.18m12178

284. ओम तत् सत : Verse 17.23 from *The Bhagavad Gita,* introduction and translation by Eknath Easwaran (Tomales, CA: Nilgiri Press, 2007), 249.

निष्कर्ष

289. मृतशैया पर लोग जो सबसे आम अफ़सोस व्यक्त करते हैं : Grace Bluerock, "The 9 Most Common Regrets People Have at the End of Life," mindbodygreen, accessed on November 13, 2019, https://www.mindbodygreen.com /0-23024 /the-9-most -common-regrets-people-have-at-the-end-of-life.html.

अगले क़दम

जीनियस कोचिंग कम्युनिटी

यदि आपने इस किताब का आनंद लिया है और आप आगे यह जानना चाहते हैं कि आप अपने जीवन के हर क्षेत्र में सुधार और अनुकूलन कैसे कर सकते हैं, तो जय शेट्टी के जीनियस कोचिंग कम्युनिटी में प्रवेश लें।

ऐसा करने पर आप दुनियाभर के 100 से अधिक देशों में 12,000 से अधिक सदस्यों के साथ, एक कायाकल्पकारी व्यक्तिगत विकास समुदाय का हिस्सा होंगे।

शक्तिशाली निर्देशित ध्यान और अत्यंत व्यवस्थित कोचिंग सत्र के लिए हर हफ़्ते जय लाइव में शामिल हों, जहाँ वे उन रणनीतियों, साधनों और रूपरेखाओं को साझा करते हैं, जो आपकी सबसे बड़ी क्षमता को अनलॉक करते हैं और आपकी आंतरिक प्रतिभा को उजागर करते हैं। ये रणनीतियाँ, साधन और रूपरेखाएँ संन्यासी के रूप में उनके व्यक्तिगत अनुभव और वर्षों के अध्ययन पर आधारित हैं।

एक सदस्य के रूप में, आपको इन लाइव सत्रों और सैकड़ों रिकॉर्ड किए गए सत्रों में रिश्तों से लेकर करियर, आध्यात्मिक विकास से लेकर स्वास्थ्य और कल्याण तक सभी की जानकारी प्राप्त होगी।

आप दुनियाभर में 140 से ज़्यादा स्थानों पर हमारे मासिक 'इन पर्सन मीटअप्स' में भी शामिल हो सकते हैं और समान विचारधारा वाले लोगों के साथ जुड़ सकते हैं।

अधिक जानकारी के लिए, कृपया www.jayshetty.me/genius देखें।

जय शेट्टी सर्टिफिकेशन स्कूल

यदि आप व्यक्तिगत बदलाव की यात्रा में दूसरों का मार्गदर्शन करना चाहते हैं, तो विज्ञान, सामान्य ज्ञान और संन्यासियों के प्राचीन ज्ञान से परिपूर्ण जय शेट्टी सर्टिफिकेशन स्कूल आपके लिए ही है।

एक मान्यता प्राप्त प्रमाणित कोच बनकर दुनिया को प्रेरित करने और प्रभावित करने के लिए अपनी खोज पर निकले जय से आप जुड़ें। यह पाठ्यक्रम, निर्देशित अध्ययन, सहयोगी कोच की देखरेख और इंटरैक्टिव समूह सत्र से युक्त है, जो आपको नए दृष्टिकोण और व्यक्तिगत बदलाव की दिशा में किसी का मार्गदर्शन करने के लिए ज़रूरी कौशल, तकनीक और रणनीति प्रदान करेगा।

इसके अलावा, आप सीखेंगे कि एक उन्नतिशील पेशेवर कोचिंग कार्यप्रणाली कैसे विकसित की जाए और जय शेट्टी के अनुमोदित कोचों के हमारे वैश्विक डेटाबेस में स्वयं को कैसे सूचीबद्ध कराया जाए।

आप दुनिया में कहीं से भी ऑनलाइन, अपने हिसाब से और अपने समय पर अध्ययन कर सकते हैं। यहां तक कि आप अलग-अलग देशों में होने वाले हमारे ट्रेनिंग इवेंट्स के दौरान स्वयं जय शेट्टी के साथ लाइव ट्रेनिंग करने का विकल्प भी चुन सकते हैं।

अधिक जानकारी के लिए, कृपया www.jayshettycoaching.com देखें।

अनुवादक के बारे में

डॉ. सुधीर दीक्षित *टाइम मैनेजमेंट* सहित सात लोकप्रिय पुस्तकों के लेखक हैं, जिनमें से कुछ के मराठी व गुजराती भाषाओं में अनुवाद हो चुके हैं। उन्होंने जे.के. रोलिंग की हैरी पॉटर सीरीज़ सहित 150 से भी अधिक अंतरराष्ट्रीय बेस्टसेलर्स का हिंदी अनुवाद भी किया है। पाठक *sdixit123@gmail.com* पर लेखक से संपर्क कर सकते हैं।